Atendei, agora, vós que dizeis: hoje ou amanhã,
iremos para a cidade tal, e lá passaremos um ano,
e negociaremos, e teremos lucros.

No entanto, não sabeis o que sucederá amanhã.
Que é a vossa vida? Sois um vapor que aparece
por um pouco, e logo se desvanece.

Tiago 4.13 e 14

MEDICINA LEGAL

À LUZ DO DIREITO PENAL E DO DIREITO PROCESSUAL PENAL

WILLIAM DOUGLAS
ROGÉRIO GRECO
AMANDA CSI

MEDICINA LEGAL

À LUZ DO DIREITO PENAL E DO DIREITO PROCESSUAL PENAL

15ª EDIÇÃO, REVISTA E ATUALIZADA

EDITORA IMPETUS

Niterói, RJ
2022

Editora Impetus Ltda.
Av. Ernani do Amaral Peixoto, 507 – Loja 05 - Centro – Niterói – RJ
CEP: 24.020-072 – Telefax: (21) 2621-7007

Projeto Gráfico: SBNigri Artes e Textos Ltda
Editoração Eletrônica: Rodrigo Chagas Machado
Capa: Bruno Pimentel Francisco
Revisão de Português: C&C Criações e Textos
Revisão Técnica: Patrícia Mello
Impressão e encadernação: Editora e Gráfica Vozes

S237m

Grego, Rogério (Coord.)

Medicina Legal à Luz do Direito Penal e do Direito Processual Penal: teoria resumida / William Douglas Resinente dos Santos, Rogério Greco, Amanda Melo. 15ª ed. Rio de Janeiro: Impetus, 2022.

412 p. ; 16 X 23cm.

ISBN: 978-65-86044-38-6

1. Serviço Público – Brasil – Concursos. 2. Medicina Legal. I. Santos, William Douglas Resinente dos. II. Calhau, Lélio Braga. III. Krymchantowski, Abouch Valenty. IV. Greco, Rogério. V. Ancillotti, Roger. VI. Título.

Cdd – 354.81003

Dedicatórias

Dedico este livro a minha mãe, que me alfabetizou; a ela e a meu pai, que me ajudaram a descobrir que o conhecimento abre novos horizontes para quem estuda; a Fernanda Luísa, Lucas e Samuel, com quem quero ler as novidades que cada dia trouxer.

William Douglas

A Jesus Cristo, o autor e consumador da Fé, pois tudo é possível ao que crê.

Rogério Greco

"A Deus, que me trouxe até aqui e operou maravilhas sobre minha vida. A Ele, toda a honra e toda a glória".

Amanda Melo

Dedicamos esta obra aos nossos familiares, que têm sido a fonte de ânimo e coragem, para que nos dediquemos cada vez mais ao magistério e à pesquisa. Também dedicamos este livro a todos aqueles que abnegadamente contribuem para o engrandecimento da Polícia Técnica e da Medicina Legal, em prol de uma maior harmonia entre o Direito e a Medicina, e também em prol da busca científica da verdade.

Os Autores

Os Autores

William Douglas

- Desembargador Federeal do TRF2 e Professor Universitário
- Mestre em Direito pela Universidade Gama Filho/UGF
- Presidente e membro de Bancas Examinadoras
- Conferencista e autor de diversos livros e artigos
- Professor-conferencista da Emerj e da EPEG/FGV
- Doutor *honoris causa* da Escola Superior de Advocacia – OAB/RJ
- 1º colocado para Juiz de Direito no Rio de Janeiro
- 1º colocado para Defensor Público/RJ
- 1º colocado para Delegado de Polícia/RJ
- 4º colocado para Professor de Direito na UFF
- 5º colocado para Analista Judiciário/TRF da 2ª Região
- 8º colocado para Juiz Federal
- 1º colocado no CPOR/RJ
- 1º colocado no Vestibular para Direito na UFF
- Mais de 1,3 milhão de livros vendidos
- Já proferiu palestras para mais de 3,0 milhões de pessoas
- Integrante da Educafro (Oicip de origem franciscana, para educação e cidadania de afro-descendentes e carentes)
- É colunista dos portais Correio Web, UOL e Jornal dos Concursos, do jornal *O Fluminense*, das revistas *Geração JC* e *Consulex*. É colaborador de diversos outros veículos de mídia impressa, televisiva e internet.
- Considerado o maior especialista em concursos pela *Revista Veja*, *Você S/A* e *Valor Econômico*. Em 2012, figurou em 1º lugar nas principais listas de livros mais vendidos do país
- Presidente do Conselho Editorial da Editora Impetus e membro do Conselho Editorial da Revista *Cristianismo Hoje*.

Obras publicadas:

- *Como Passar em Provas e Concursos* (Ed. Impetus)
- *25 Leis Bíblicas do Sucesso* (Ed. Impetus)
- *Como Passar em Provas e Concursos* – Resumo (Ed. Impetus)
- *Arte da Guerra para Provas e Concursos* (Ed. Impetus)

- *Como Falar Bem em Público* (Ed. Impetus)
- *Administração do Tempo* (Ed. Impetus)
- *Manual de Português e Redação Jurídica* (Ed. Impetus)
- *Leitura Dinâmica e Memorização* (Ed. Impetus)
- *Como Usar o Cérebro para Passar em Provas e Concursos* (Ed. Impetus)
- *Mapas Mentais e Memorização* (Ed. Impetus)
- *25 Leis Bíblicas da Sociedade com Deus* (Ed. Impetus)
- *Sociedade com Deus* (Ed. Sextante)
- *O Poder dos 10 Mandamentos* (Ed. Impetus)
- *Comentários ao Decreto 6499/09* (Ed. Impetus)
- *Omissão Inconstitucional e Revisão Geral dos Servidores Públicos* (Ed. Impetus)
- *A Nova Gestão na Era do Conhecimento* (Ed. Leader)
- *Formigas* (Ed. Sextante)
- *Como Vencer Gigantes* (Ed. Sextante)
- *Viva Melhor e Venda Mais* (Ed. Gente)
- *Sabedoria para Vencer* (Ed. Pórtico)
- *A Última Carta do Tenente* (Ed. Planeta)

Rogério Greco

- Procurador de Justiça, tendo ingressado no Ministério Público de Minas Gerais em 1989;
- Pós-doutor pela Universitá Degli Studi di Messina (Itália);
- Doutor pela Universidade de Burgos (Espanha);
- Mestre em Ciências Penais pela Faculdade de Direito da Universidade Federal de Minas Gerais (UFMG);
- Formado pela National Defense University (William J. Perry Center for Hemispheric Defense Studies) (Estados Unidos);
- Especialista em teoria do crime pela Universidade de Salamanca (Espanha);
- Foi vice-presidente da Associação Mineira do Ministério Público (biênio 1997-1998) e membro do conselho consultivo daquela entidade de classe (biênio 2000-2001);
- É membro fundador do Instituto de Ciências Penais (ICP) e da Associação Brasileira dos Professores de Ciências Penais;
- Membro eleito para o Conselho Superior do Ministério Público de Minas Gerais para os anos de 2003, 2006 e 2008;
- Coordenador do Curso de Pós-graduação em Ciências Penais e Segurança Pública;
- Palestrante em congressos e universidades em todo o país;
- É embaixador de Cristo.

Obras publicadas:

- *Direito Penal* (Belo Horizonte: Cultura)
- *Estrutura Jurídica do Crime* (Belo Horizonte: Mandamentos)
- *Concurso de Pessoas* (Belo Horizonte: Mandamentos)
- *Direito Penal* – Lições (Rio de Janeiro: Impetus)
- *Direito Penal do Equilíbrio* – Uma Visão Minimalista do Direito Penal (Rio de Janeiro: Impetus)
- *Curso de Direito Penal* – Partes Geral e Especial (Rio de Janeiro: Impetus)
- *Virado do Avesso* – Um romance histórico-teológico sobre a vida do Apóstolo Paulo (Rio de Janeiro: Nahgash)
- *Código Penal Comentado* (Rio de Janeiro: Impetus)
- *Atividade Policial: Aspectos Penais, Processuais Penais, Administrativos e Constitucionais* (Rio de Janeiro: Impetus)
- *Vade Mecum Penal e Processual Penal* (Rio de Janeiro: Impetus)
- *Resumos Gráficos de Direito Penal – Parte Geral e Especial* (Rio de Janeiro: Impetus)
- *Direitos Humanos, Sistema Prisional e Alternativas à Privação da Liberdade* (São Paulo: Saraiva)
- *A Retomada do Complexo do Alemão* (Rio de Janeiro: Impetus)
- *Comentários ao Projeto do Novo Código Penal* (Rio de Janeiro: Impetus)
- *Sistema Prisional* – Colapso Atual e Soluções Alternativas (Rio de Janeiro: Impetus)
- *Leis Penais Especiais* (Rio de Janeiro: Impetus)

Amanda Melo

- Perita Oficial Criminal da Polícia Civil da Paraíba, tendo ingressado em 2015;
- Primeiro lugar geral na Academia de Polícia Civil (2014);
- Mestre em Produtos Naturais e Sintéticos Bioativos pela Universidade Federal da Paraíba (2011);
- Especialista em Genética e Biologia Molecular pela Universidade de Pernambuco (2011);
- Especialista em Criminalística Aplicada a Locais de Crime pela Academia Nacional de Polícia - Polícia Federal (2021);
- Graduada em Farmácia pela Universidade Federal da Paraíba (2006);
- Graduada em Direito pelo Centro Universitário Uniesp (2018);
- Aprovada no Exame da Ordem dos Advogados do Brasil (2018);
- Professora de pós-graduações em diversos Estados brasileiros;
- Palestrante em congressos e universidades em todo o país;
- Cristã.

Obra publicada:

- *Criminalística* (Ed. JusPodivm)

Apresentação

É com muita satisfação que a Editora Impetus traz ao público mais uma edição do livro "Medicina Legal à Luz do Direito Penal e do Direito Processual Penal". A obra tem por finalidade condensar os pensamentos mais importantes na área da Medicina Legal, facilitando, dessa forma, o estudo não somente dos estudantes universitários, mas também dos profissionais do Direito e daqueles que pretendem prestar concursos públicos, pois que, de forma singular, reúne, de maneira simplificada, temas que, normalmente, só eram encontrados nos manuais tradicionais que, embora ricos em informações, não permitiam uma análise rápida dos referidos temas.

O livro se destaca, ainda, pelo fato de que, conjuntamente com os temas específicos de Medicina Legal, são levadas a efeito considerações de natureza penal e processual penal, facilitando, ainda mais, a compreensão dos temas estudados.

A presente edição, que tive a honra e o privilégio de coordenar, encontra-se, portanto, no rol daquelas consideradas como de consulta obrigatória, tendo em vista a facilidade de seu manuseio, bem como a clareza dos assuntos nela discutidos, sem deixar, no entanto, de ter a necessária profundidade.

Esta 14ª edição foi ampliada, revista e atualizada de acordo com os entendimentos mais recentes dos Tribunais Superiores atinentes ao Direito Processual Penal e Direito Penal, naquilo que toca direta e indiretamente às temáticas da Medicina Legal.

Espero que gostem do texto, pois foi o resultado de um conjunto de ideias dos autores que fizeram parte deste projeto.

Fiquem na paz.

Rogério Greco

Procurador de Justiça

Mestre em Ciências Penais pela UFMG

Doutor pela Universidade de Burgos (Espanha)

Sumário

Capítulo 1

Introdução à Medicina Legal

1.1. CONCEITO E IMPORTÂNCIA

CONCEITO

A Medicina Legal não chega a ser necessariamemte uma especialidade médica, visto que o seu conhecimento é aplicado para servir o Direito, esclarecendo, de forma objetiva e racional, aquilo que esta ciência jurídica não consegue compreender. Trata-se de uma disciplina de cunho jurídico, apesar de ser subsidiada na Medicina e em ciências afins. Hélio Gomes ditava que "o laudo pericial, muitas vezes, é o prefácio de uma sentença". O juiz não está adstrito a ele, mas é inegável a contribuição que tal peça técnica traz para o processo.

Vários têm sido os conceitos dados à Medicina Legal, dentre os quais se destacam:

> "Medicina Legal é o conjunto de conhecimentos médicos e paramédicos destinados a servir ao Direito, cooperando na elaboração, auxiliando a interpretação e colaborando na execução dos dispositivos legais atinentes ao seu campo de ação de medicina aplicada" (Hélio Gomes).
>
> "Medicina Legal é a aplicação de conhecimentos médico-biológicos na elaboração e execução das leis que deles carecem" (Flamínio Fávero).
>
> "Medicina Legal é a aplicação de conhecimentos médicos e científicos aos problemas judiciais que podem ser por eles esclarecidos" (Marc, Vilbert e N. Rojas).
>
> Ambroise Paré definiu como "a arte de fazer relatórios em juízio".
>
> "É a ciência do médico aplicada aos fins da ciência do Direito", lecionou Buchner.
>
> "A arte de pôr os conceitos médicos a serviço da administração da Justiça (Lacassagne)

> Por fim, e entre tantos outros conceitos reconhecidos, Bonnet a define como "uma disciplina que utiliza a totalidade das ciências médicas para dar repostas a questões judiciais".

Como se vê, destacam-se, assim, na definição da Medicina Legal, as expressões "ciência", "conhecimentos médico-biológicos" e "aplicação ao Direito" (resolução dos problemas judiciais). Qualquer conceituação feita pelo candidato, se fizer referência a estas três expressões, será, em princípio, satisfatória. Faz-se necessário referenciar o papel da Medicina em contribuir para o Direito, seja na elaboração de leis, na administração da justiça e/ou na consolidação da doutrina.

Sinonímia. É possível que sejam utilizadas outras designações para fazer-se referência à Medicina Legal. São elas: Medicina Judiciária ou dos Tribunais, Medicina da Lei (ou Criminal), Medicina Política (Pública/Social), Biologia Criminal (Legal/Forense), Medicina Pericial, Antropologia Jurídica, Medicina Forense etc.

IMPORTÂNCIA

A Medicina Legal se ocupa de todas as questões relacionadas com as leis penais, civis e trabalhistas, para cujas soluções sejam necessários conhecimentos das ciências médicas. Esta ciência pode decidir questões sobre a honra, a liberdade e até a vida dos cidadãos, questões que afetam o homem desde sua concepção até depois de sua morte. Estuda ainda a capacidade, a responsabilidade, os crimes, os defeitos do depoimento, a qualidade e a quantidade do dano, os meios empregados, o transtorno mental, a identidade, a natureza jurídica da morte etc.

Ao jurista é necessário o seu estudo a fim de que saiba avaliar os laudos que recebe, bem como suas limitações, quando e como solicitá-los, além de estar capacitado a formular quesitos procedentes em relação aos casos em estudo. É imprescindível que tenha noções sobre como ocorrem as lesões corporais, as consequências dela decorrentes, as alterações relacionadas com a morte e os fenômenos cadavéricos, conceitos diferenciais em embriaguez e uso de drogas, as asfixias mecânicas e suas características, os crimes sexuais e sua análise pericial etc.[1] Caso o juiz não detenha uma cultura médico-legal aceitável, poderá ocasionar um erro judicial ao apreciar efeitos erroneamente, acarretando um dos mais temerários problemas da justiça: uma sentença equivocada.

1 BENFICA, Francisco Silveira; VAZ, Márcia. *Medicina legal*. Porto Alegre: Livraria do Advogado, 2008, p. 11.

Esse conhecimento também se faz necessário ao advogado no curso da defesa dos interesses dos seus representados, devendo, de forma ética e racional, ser um crítico da prova.

Já no campo legislativo, a influência da Medicina Legal pode ser percebida em três aspectos:

a) acende luzes para a elaboração de novas leis;

b) coopera na execução das leis existentes;

c) interpreta dispositivos legais de significação médica.

Desse modo, a Medicina Legal auxilia o Direito na elaboração, execução (aplicação) e interpretação das leis.

Relações. Na busca da solução dos problemas judiciais, a Medicina Legal socorre-se das mais diversas fontes. Podemos citar: Física (fotografia, radiografia, balísticas), Química (toxicologia, exames de laboratório), Anatomia (normal e patológica), Biologia, Microbiologia, Patologia, Parasitologia, Psicologia, Psiquiatria etc.

No campo do Direito, a Medicina Legal mantém relações com inúmeras matérias:

- Direito Penal (lesões corporais, imputabilidade, aborto, emoção etc.);
- Direito Processual Civil (produção e valoração de provas etc.);
- Direito Processual Penal (incidente de sanidade, exame toxicológico etc.);
- Direito Constitucional (matrimônio, família, velhice, infância etc.);
- Direito Administrativo (pensões, aposentadorias etc.);
- Direito do Trabalho (acidentes de trabalho etc.).

Autonomia. Sobre a discussão a respeito da autonomia da Medicina Legal, há três correntes:

1ª) **restritiva** – entende que a Medicina Legal nada tem de ciência individualizada. A matéria será utilizada pontualmente, conforme a necessidade, havendo, no entender de Filippi, uma “Medicina Legal em pílulas”;

2ª) **ampliativa** – esta corrente sustenta que a Medicina Legal é uma ciência autônoma, por possuir método, objeto e objetivos próprios (Ascarelli);

3ª) **intermediária ou mista** – vê a Medicina Legal como ciência auxiliar do Direito. Não chega a ser autônoma, mas também não se reduz a meras aplicações pontuais.

A primeira corrente não dá o devido valor à Medicina Legal, ao passo que a segunda é muito contestada, porque o método da Medicina Legal é comum aos outros ramos da Medicina, o objeto não é próprio, porque várias ciências estudam o homem (ex.: a Sociologia), e o objetivo – finalidade de auxiliar o Direito – é compartilhado por outras matérias. Assim, atenta ao princípio *in medio est virtus*, a corrente mais acertada e razoável é a intermediária.

1.2. DIVISÕES

Várias são as maneiras de dividir o vastíssimo campo da Medicina Legal.

A *primeira divisão* é:

a) Introdução à Medicina Legal; e

b) Medicina Legal propriamente dita.

A Introdução à Medicina Legal estuda os aspectos genéricos da matéria, o histórico e o ensino da Medicina Legal, seu conceito e definições, suas relações e finalidades, seu método e alcance, as perícias e peritos médico-legais, seus atos e documentos, normas, requisitos, princípios e regras do funcionamento sobre as quais se dedicará a Medicina Legal propriamente dita.

Hélio Gomes divide a *Medicina Legal propriamente dita* em três grupos, tomando em consideração o indivíduo:

1º) **o indivíduo em relação a si próprio** – identidade, capacidade e responsabilidade e psicologia da prova, através da Antropologia Forense, da Psicologia Forense e da Psicologia Judiciária;

2º) **o indivíduo em relação ao meio** – fatos referentes à vida, em que, v.g., encontramos a Sexologia Forense, subdividida em razão do casamento (Himeneologia), da procriação (Obstetrícia Forense) e do amor (Erotologia Forense); fatos referentes à morte, destacando os traumas e acidentes do trabalho (Traumatologia Forense e Infortunística), asfixias (Asfixiologia Forense), envenenamentos (Toxicologia Forense) e, por final, a morte em si (Tanatologia Forense);

3º) **o indivíduo em relação às decisões dos juízes e tribunais** – no tocante aos problemas médico-legais e em referência às investigações policiais, emergindo daí a Jurisprudência Médico-legal e a Polícia Técnica (Policiologia).

A *segunda divisão* é a seguinte:

Medicina Legal Judiciária – estuda a Introdução à Medicina Legal, Criminalística, Tanatologia, Sexologia, Traumatologia e Psiquiatria Forense;

Medicina Legal Profissional – trata dos direitos (diceologia) e deveres (deontologia) dos médicos;

Medicina Legal Social – preocupa-se com as áreas trabalhista, securitária e preventiva da Medicina Legal.

A *terceira divisão* – e a mais importante – é aquela que apresenta a Medicina Legal propriamente dita em seus grandes capítulos: Antropologia Forense, Traumatologia Forense, Asfixiologia Forense, Toxicologia Forense, Infortunística, Sexologia Forense, Tanatologia Forense, Psicologia Judiciária, Policiologia, Jurisprudência Médico-legal, Deontologia e Diceologia, Criminologia, Criminalística (Física e Química).

Antropologia Forense – estuda a identidade e a identificação (que pode ser médico-legal ou judiciária). A identidade médico-legal é dada pela idade, sexo, raça, altura, peso, sinais individuais e profissionais, dentes, tatuagens etc., e a identidade judiciária é dada pela antropometria, datiloscopia etc.

Tanatologia – estuda a cronologia da morte e os sinais desta, o diagnóstico de morte real e aparente, súbita e agônica, a determinação da natureza jurídica da morte, os fenômenos cadavéricos etc.

Sexologia Forense – estuda os problemas médico-legais relacionados com o sexo. Subdivide-se em Himeneologia, Obstetrícia Forense e Erotologia.

Himeneologia – é o ramo da Sexologia Forense que estuda o casamento, o divórcio, a eugenia, a esterilização dos tarados etc.

Obstetrícia Forense – é o ramo da Sexologia Forense que cuida da fecundação, da gestação e do parto, da gravidez simulada, dissimulada e ignorada, do estado mental das puérperas, do aborto, da anticoncepção e da determinação ou exclusão da paternidade.

Erotologia – é o ramo da Sexologia Forense que estuda os estados intersexuais, as perversões, os crimes sexuais e a prostituição.

Deontologia – refere-se ao estudo dos deveres dos médicos.

Diceologia – refere-se ao estudo dos direitos dos médicos.

Psicologia Forense – estuda os problemas da Psicologia normal e patológica (Psicopatologia). É a parte mais ampla, estudando os limites e modificadores da responsabilidade e da capacidade, as doenças mentais e suas aplicações forenses, a periculosidade e ligeiras referências à Medicina Legal das prisões. Alguns chamam o estudo das anormalidades de Psiquiatria Forense.[2]

---

2 O papel do psicólogo forense é, na verdade, muito simples e direto: ele auxilia o sistema legal. HUSS, Mattew T. *Psicologia forense*. Tradução de Sandra Maria Mallman da Rosa. Porto Alegre: Artmed, 2011, p. 23.

Psicologia Judiciária – corresponde a um estudo mais específico, tratando, em especial, da prova testemunhal, sua formação, conservação e reprodução. Estuda o depoimento dos acusados, vítimas e testemunhas, dedicando particular atenção ao depoimento de idosos, crianças, portadores de distúrbios mentais etc.

Asfixiologia – estuda as mortes produzidas por gases, estrangulamentos, enforcamentos, afogamentos, sufocações etc.

Traumatologia – é o estudo das lesões e mortes causadas por energias mecânicas.

Toxicologia – é o ramo da Medicina Legal que faz estudos relativos aos dados de laboratório, pesquisando os envenenamentos.

Infortunística – é o estudo dos acidentes de trabalho e das doenças profissionais. Alguns consideram a Infortunística como parte da Traumatologia Forense.

Criminalística – é uma disciplina autônoma (apesar de ter nascido da Medicina Legal), regida por leis e princípios próprios, que estuda os elementos extrínsecos ao crime para determinar a autoria, a dinâmica dos fatos e a materialização do evento.

Criminologia – a Criminologia é ciência empírica e interdisciplinar, que se ocupa do estudo do crime, da pessoa do infrator, da vítima e do controle social do comportamento delitivo, e que trata de subministrar uma informação válida, contrastada, sobre a gênese, dinâmica e variáveis principais do crime – contemplado este como problema individual e como problema social – assim como sobre os programas de prevenção eficaz do mesmo e técnicas de intervenção positiva no homem e nos diversos modelos ou sistemas de resposta ao delito (LFG/Molina, RT, 6ª ed, p. 32).[3]

Vitimologia – busca a independência metodológica da Criminologia e aprofunda o estudo da vítima e dos processos de vitimização (primária, secundária e terciária). Vitimização primária é o dano direto causado à vítima (físico, emocional etc). Vitimização secundária é o dano adicional causado pela vítima ao entrar em contato com as agências de controle do crime (Poder Judiciário, Ministério Público, Polícias e sistema prisional) e receber um atendimento inadequado e deficiente (ex.: burocracia excessiva, falta de informações sobre o andamento do caso etc.). Vitimização terciária ocorre pelo atendimento deficiente do Poder Público (em órgãos diferentes das agências de controle do crime) como, por exemplo, Creas, Caps etc. e a falta de receptividade social com a vítima (em especial, na sua comunidade), fazendo com que a vítima se sinta, na realidade, a verdadeira culpada pelo crime que a vitimou.

3 Ver CALHAU, Lélio Braga. *Resumo de criminologia*. 8ª ed. Niterói: Impetus, 2013.

Jurisprudência Médico-legal - é o estudo das decisões dos juízes e tribunais, a respeito de assuntos médico-legais.

Policiologia - interessa-se pelos processos científicos utilizados nas investigações policiais, sendo volume autônomo da Medicina Legal. Polícia Técnica.

1.3. PERÍCIAS E PERITOS

Inúmeras vezes o juiz se defronta com situações em que, para decidir uma causa, precisa dispor de conhecimentos técnicos específicos sobre determinada matéria ou área. Nessas situações, em que o juiz não puder prescindir (dispensar) da colaboração de um técnico (v.g., economista, engenheiro, botânico, armeiro, psiquiatra etc.), é que se realizam as perícias. Assim, pessoas especializadas neste ou naquele assunto – os peritos – realizam as perícias a serviço da Justiça.

Perícias são procedimentos técnicos que visam a esclarecer um fato de interesse da Justiça. Elas podem ser realizadas sobre um fato a ser apurado (*peritia percipiendi*) ou sobre um exame já realizado, envolvendo fatos pretéritos que possam trazer discordância das partes ou do juiz (*peritia deducendi*).

De acordo com o art. 155 e seu parágrafo único do CPP, o juiz formará sua convicção pela livre apreciação da prova produzida em contraditório judicial, não podendo fundamentar sua decisão exclusivamente nos elementos informativos colhidos na investigação, ressalvadas as provas cautelares, não repetíveis e antecipadas. Somente quanto ao estado das pessoas serão observadas as restrições estabelecidas na lei civil.

Por provas cautelares entende-se aquelas em que há risco de desaparecimento do objeto da prova em razão do decurso do tempo, em relação às quais o contraditório será diferido, ou seja, será oportunizado após a formação da prova. É o que acontece, por exemplo, com uma interceptação telefônica. O contraditório diferido se opõe ao contraditório real, que demanda que as partes atuem na própria formação do elemento de prova, sendo indispensável que sua produção ocorra na presença do órgão julgador e das partes.

As provas não repetíveis são, por sua vez, as que, uma vez produzidas, não há mais possibilidade de serem novamente coletadas ou produzidas, em virtude do desaparecimento, destruição ou perecimento da fonte probatória. Um exemplo é o caso de lesões corporais de natureza leve, em que o exame pericial deve ser realizado imediatamente, uma vez que os vestígios da infração penal tendem a desaparecer. Nesse caso, conforme o art. 159, § 5º, I, do CPP, o contraditório também será diferido.

Provas antecipadas são as produzidas mediante observância do contraditório real, perante a autoridade judicial, contudo, são realizadas em momento processual distinto daquele legalmente previsto, ou até mesmo antes do início do processo, em virtude de situação de urgência e relevância. Essas provas podem ser produzidas na fase investigatória ou judicial, sendo indispensável a prévia autorização judicial. Um exemplo de prova antecipada é o depoimento *ad perpetuam rei memoriam* previsto no art. 225 do CPP e o caso previsto no art. 366 do CPP. Sobre o assunto dispõe a Súmula nº 455 do STJ que *"a decisão que determina a produção antecipada de provas com base no art. 366 do CPP deve ser concretamente fundamentada, não a justificando unicamente o mero decurso do tempo"*.

Leciona Denilson Feitoza que *Perícia* é o exame técnico feito em pessoa ou coisa para comprovação de fatos e realizado por alguém que tem determinados conhecimentos técnicos ou científicos adequados à comprovação. A perícia é realizada porque o magistrado não tem tais conhecimentos ou porque a lei a exige.[4]

A finalidade da perícia é a produção de prova para demonstrar a ocorrência do fato e auxiliar na formação da convicção do juiz. Ela se materializa através de uma peça escrita e formal denominada laudo e elaborada pelo perito.

Os peritos são, dessa forma, profissionais que esclarecem os julgadores e as partes a respeito de suas especialidades e, ao fazê-lo, elaboram documentos que integrarão o processo judicial. Os peritos podem ser oficiais ou nomeados (não oficiais). As partes podem indicar assistentes técnicos.

PROVA PERICIAL

Toda infração que deixar vestígios faz imprescindível a realização do exame de corpo de delito, seja na sua forma direta ou indireta, conforme preconiza o caput do art. 158 do CPP. O dispositivo completa a exigência legal não admitindo que a confissão do acusado possa supri-lo.

O exame de corpo de delito e outras perícias serão realizados por perito oficial, portador de diploma de curso superior. Conforme esclarece o art. 159 e seus parágrafos (1º ao 7º) do CPP, *verbis*:

> **Art. 159.** O exame de corpo de delito e outras perícias serão realizados por perito oficial, portador de diploma de curso superior *(redação dada pela Lei nº 11.690, de 2008).*

4 PACHECO, Denilson Feitoza. *Direito processual penal:* teoria, crítica e práxis. 6ª ed. Niterói: Impetus, 2009, p. 729.

§ 1º Na falta de perito oficial, o exame será realizado por 2 (duas) pessoas idôneas, portadoras de diploma de curso superior preferencialmente na área específica, dentre as que tiverem habilitação técnica relacionada com a natureza do exame *(redação dada pela Lei nº 11.690, de 2008).*

§ 2º Os peritos não oficiais prestarão o compromisso de bem e fielmente desempenhar o encargo. *(redação dada pela Lei nº 11.690, de 2008).*

§ 3º Serão facultadas ao Ministério Público, ao assistente de acusação, ao ofendido, ao querelante e ao acusado a formulação de quesitos e indicação de assistente técnico *(incluído pela Lei nº 11.690, de 2008).*

§ 4º O assistente técnico atuará a partir de sua admissão pelo juiz e após a conclusão dos exames e elaboração do laudo pelos peritos oficiais, sendo as partes intimadas desta decisão *(incluído pela Lei nº 11.690, de 2008).*

§ 5º Durante o curso do processo judicial, é permitido às partes, quanto à perícia *(incluído pela Lei nº 11.690, de 2008):*

I – requerer a oitiva dos peritos para esclarecerem a prova ou para responderem a quesitos, desde que o mandado de intimação e os quesitos ou questões a serem esclarecidas sejam encaminhados com antecedência mínima de 10 (dez) dias, podendo apresentar as respostas em laudo complementar *(incluído pela Lei nº 11.690, de 2008);*

II – indicar assistentes técnicos que poderão apresentar pareceres em prazo a ser fixado pelo juiz ou ser inquiridos em audiência *(incluído pela Lei nº 11.690, de 2008).*

§ 6º Havendo requerimento das partes, o material probatório que serviu de base à perícia será disponibilizado no ambiente do órgão oficial, que manterá sempre sua guarda, e na presença de perito oficial, para exame pelos assistentes, salvo se for impossível a sua conservação *(incluído pela Lei nº 11.690, de 2008).*

§ 7º Tratando-se de perícia complexa que abranja mais de uma área de conhecimento especializado, poder-se-á designar a atuação de mais de um perito oficial, e a parte indicar mais de um assistente técnico *(incluído pela Lei nº 11.690, de 2008).*

A lei é clara ao destacar a exigência de apenas um perito oficial para a realização do exame de corpo de delito e das perícias em geral. Isso não afasta a possibilidade da atuação de mais de um profissional quando se tratar de perícia complexa, que aborda mais de uma área de conhecimento especializado. Nesta última situação, tem-se uma discricionariedade, e não uma obrigação.

Importante destacar que na falta de peritos oficiais na comarca é válido laudo pericial elaborado por duas pessoas idôneas e portadoras de diploma de curso superior (chamado perito *ad hoc*), **ainda que tais pessoas sejam policiais.** Tal entendimento foi firmado pela 5ª Turma do STJ em caso de laudo pericial para reconhecer rompimento de obstáculo em furto, no *informativo* 532, REsp 1.416.392-RS, Rel. Min. Moura Ribeiro, julgado em 19/11/2013. Ou seja, não há nenhuma proibição de que as pessoas que façam a perícia sejam policiais. O que é imprescindível é que possuam diploma de curso superior. Nesse sentido: STJ, 5ª Turma, HC 245.836/RS, Rel.ª Min.ª Regina Helena Costa, julgado em 10/09/2013.

Cabe ressaltar que a atuação do perito se fará em qualquer fase do processo, inclusive, após a sentença, em situações especiais. Em se tratando de peritos *ad hoc*, um termo de compromisso de aceitação obrigatória deverá ser assinado para que se comprometam formalmente a bem e fielmente desempenharem sua função. Os peritos nomeados não podem recusar a indicação, salvo se escusa atendível.

Na audiência de instrução e julgamento do *procedimento comum,* a ser realizada no prazo máximo de 60 (sessenta) dias, proceder-se-á à tomada de declarações do ofendido, à inquirição das testemunhas arroladas pela acusação e pela defesa, nesta ordem, ressalvado o disposto no art. 222 do Código de Processo Penal, bem como aos *esclarecimentos dos peritos,* às acareações e ao reconhecimento de pessoas e coisas, interrogando-se, em seguida, o acusado. As provas serão produzidas numa só audiência, podendo o juiz indeferir as consideradas irrelevantes, impertinentes ou protelatórias. Os *esclarecimentos dos peritos* dependerão de prévio requerimento das partes (art. 400, *caput* e §§ 1º e 2º, do CPP).

Atenção!

(CPP, art. 159) § 5º Durante o curso do processo judicial é permitido às partes, quanto à perícia: *(incluído pela Lei nº 11.690, de 2008)*

I – requerer a oitiva dos peritos para esclarecerem a prova ou para responderem a quesitos, desde que o mandado de intimação e os quesitos ou questões a serem esclarecidos sejam encaminhados **com antecedência mínima de 10 (dez) dias**, podendo apresentar as respostas em laudo complementar; *(incluído pela Lei nº 11.690, de 2008)*

II – indicar assistentes técnicos que poderão apresentar pareceres em prazo a ser fixado pelo juiz ou ser inquiridos em audiência. *(incluído pela Lei nº 11.690, de 2008)*

Na audiência de instrução e julgamento do *procedimento sumário*, a ser realizada no prazo máximo de 30 (trinta) dias, proceder-se-á à tomada de declarações do ofendido, se possível, à inquirição das testemunhas arroladas pela acusação e pela defesa, nesta ordem, ressalvado o disposto no art. 222 do Código de Processo Penal, bem como aos *esclarecimentos dos peritos*, às acareações e ao reconhecimento de pessoas e coisas, interrogando-se, em seguida, o acusado e procedendo-se, finalmente, ao debate (art. 531 do CPP).

Perícia ou diligência médico-legal é, segundo Sousa Lima, citado por Flamínio Fávero, "toda sindicância promovida por autoridade policial ou judiciária, acompanhada de exame em que, pela natureza do mesmo, os peritos são ou devem ser médicos".[5]

As provas periciais ganharam notoriedade na comunidade mundial com a repercussão, em 1994, do "Caso O. J. Simpson" que, ao mesmo tempo, trouxe o questionamento acerca da idoneidade da coleta, do transporte e da manipulação das evidências. Anos depois, o tema perícias e peritos criminais ganhou grande popularidade junto ao público mundial com o surgimento, no ano 2000, da série *CSI: Crime Scene Investigation*. Este seriado trata das investigações de cientistas forenses da polícia de Las Vegas. O sucesso mundial foi tão grande que foram produzidas, ao menos, mais duas séries ligadas diretamente à primeira: *CSI: Miami* e *CSI: Nova York*. No Brasil, no ano de 2008, o "Caso Isabela Nardoni", de repercussão nacional, provou a importância das provas periciais para a análise de vários tipos de crimes.

Hélio Gomes[6] identifica quatro grupos de perícias:

a) exame médico-legal, feito em pessoas vivas;
b) exame de necroscopia, feito em cadáveres;
c) exame de exumação, em que se retira o cadáver da sepultura;
d) exames de laboratório, por exemplo, de toxicologia (ex.: dosagem alcoólica), hematologia (RH, grupo sanguíneo, pesquisa de sêmen) e patologia (ex.: exame das vísceras).

As *perícias* podem ser realizadas em pessoas vivas, cadáveres, animais e coisas. Vejamos alguns exemplos:

a) **pessoas vivas** – identidade, idade, cor, sexo, lesão corporal, conjunção carnal, doença venérea, estupro, sanidade física e mental, dependência toxicológica, gravidez, influência do estado puerperal, moléstia grave ou contagiosa;

5 FÁVERO, Flamínio. *Medicina legal*. 11ª ed. Belo Horizonte: Itatiaia, 1980, p. 40.

6 GOMES, Hélio. *Medicina legal*, p. 28.

b) **cadáveres** – diagnóstico da morte, a causa jurídica, os meios, a data, as lesões *intra vitam* e *post morten*, exame toxicológico das vísceras;

c) **animais** – os exames podem ajudar a desvendar um crime porque, às vezes, pela proximidade com o local do fato, encontram-se indícios (pistas) esclarecedores, como, por exemplo, respingos de sangue do acusado ou da vítima;

d) **coisas** – panos, roupas, pelos, armas, copos etc. Podem ser achados e analisados digitais, manchas, sangue, esperma, urina, líquido amniótico, saliva, pus, secreções etc.

e) **locais** – ambiente onde se deu um homicídio, um suicídio, um acidente, um desastre ambiente etc.

OUTRAS OBSERVAÇÕES A RESPEITO DAS PERÍCIAS

DISCIPLINA LEGAL – sobre as perícias, também de diligências, é indispensável o estudo dos arts. 156/158 e 464/480 do CPC e 155/184 do CPP.

CORPO DE DELITO – é o conjunto de vestígios materiais (ou sensíveis) deixados pela prática de uma infração penal.[7]

LAUDO DE CORPO DE DELITO – é a peça técnica elaborada pelo(s) perito(s), na qual são descritos os vestígios da prática da infração penal. Importante observar que o art. 77, § 1º, da Lei nº 9.099/95, modificou o tratamento legal quanto à imprescindibilidade do exame do corpo de delito nas infrações penais de competência dos Juizados Especiais Criminais (arts. 60 e 61 da Lei nº 9.099/95). Além disso, a questão do exame de corpo de delito é disciplinada nos arts. 158 a 184 do CPP. Ainda na legislação extravagante, existem outras disposições específicas acerca do laudo de corpo de delito, a saber: art. 14 da Lei nº 4.898/65 e art. 50, §§ 1º e 2º, da Lei nº 11.343/2006, entre outras.

REALIZAÇÃO DAS PERÍCIAS – as perícias podem ser realizadas em qualquer dia e hora. Exceção: quando a realização da perícia à noite possa prejudicar a segurança ou observação dos peritos (arts. 161 e 797 do CPP).

INTERVENÇÃO DOS PERITOS – os peritos intervêm em qualquer fase da persecução criminal: inquérito, instrução, julgamento e execução (ex.: o exame do interessado em receber livramento condicional).

No procedimento relativo aos processos de competência do **tribunal do júri**, na audiência de instrução, proceder-se-á à tomada de declarações do ofendido, se possível, à inquirição das testemunhas arroladas pela acusação e pela defesa,

7 PACHECO, Denilson Feitoza. *Direito processual penal:* teoria, crítica e práxis. Niterói: Impetus, 2009, p. 730.

nesta ordem, bem como aos *esclarecimentos dos peritos*, às acareações e ao reconhecimento de pessoas e coisas, interrogando-se, em seguida, o acusado e procedendo-se ao debate. Os *esclarecimentos dos peritos* dependerão de prévio requerimento e de deferimento pelo juiz (art. 411, *caput*, do CPP).

PERÍCIA CONTRADITÓRIA – é aquela que se realiza por peritos da Justiça e das partes, ou, então, a que se processa para corrigir perícia anterior (Flamínio Fávero). Hélio Gomes refere-se à divergência entre peritos, informando que o CPP prevê a solução para esta eventualidade (arts. 180 e 182 do CPP).

LAUDOS IRREGULARES, FALHOS, OMISSOS E NULOS – os laudos são inaceitáveis quando não esclarecem a questão, quando não apresentam fundamentação científica, quando são dúbios, eivados de parcialidade etc. Nestes casos, o laudo deve ser refeito. Quando, porém, o laudo contiver defeitos sanáveis ou pequenas omissões, poderá ser devolvido pelo juiz aos peritos, para que estes o emendem (art. 181 do CPP). Ver também a Súmula nº 361[8] do STF, que prevê ser "nulo o exame realizado por um só perito, considerando-se impedido o que tiver funcionado anteriormente na diligência de apreensão."

Sobre a validade da Súmula nº 361, o STF se manifestou, recentemente, no *informativo* de jurisprudência nº 763, no sentido de que a nulidade preconizada pelo enunciado sumular não se aplica ao caso em que o perito é oficial, adequando o teor da súmula à modificação operada pela reforma processual de 2008. Vejamos:

> "*HABEAS CORPUS*. DIREITO PENAL E PROCESSUAL PENAL MILITAR. CRIME DE USO E POSSE DE ENTORPECENTE EM LUGAR SUJEITO À ADMINISTRAÇÃO MILITAR (CPM, ART. 290). ARGUIÇÃO DE INCONSTITUCIONALIDADE DA ORGANIZAÇÃO DA JUSTIÇA PENAL MILITAR (LEI Nº 8.457/92). IMPROCEDÊNCIA. EXISTÊNCIA DE GARANTIAS PRÓPRIAS E IDÔNEAS À IMPARCIALIDADE DO JULGADOR. SIMETRIA CONSTITUCIONAL. ALEGAÇÃO DE AUSÊNCIA DE PROVA DO FATO CRIMINOSO. COMPROVAÇÃO DO ILÍCITO POR LAUDO PERICIAL SUBSCRITO POR UM ÚNICO PERITO. VALIDADE. INAPLICABILIDADE DA SÚMULA 361 DO STF. PERITO OFICIAL. PRECEDENTES. INTERROGATÓRIO NAS AÇÕES DE COMPETÊNCIA DA JUSTIÇA MILITAR. ATO QUE DEVE PASSAR A SER REALIZADO AO FINAL DO PROCESSO. NOVA REDAÇÃO DO ART. 400 DO CPP. PRECEDENTE DO PLENÁRIO DO SUPREMO TRIBUNAL FEDERAL (AÇÃO PENAL Nº 528). ORDEM CONCEDIDA.

8 A Súmula nº 361 do STF é anterior à nova redação do art. 159 do CPP (Lei nº 11.690, de 2008).

1. A Lei nº 8.457/92, ao organizar a Justiça Militar da União criando os Conselhos de Justiça (art. 1º c/c art. 16) e confiando-lhes a missão de prestar jurisdição criminal, não viola a Constituição da República ou a Convenção Americana de Direitos Humanos (Pacto de São José da Costa Rica), porquanto assegura a seus respetivos membros garantias funcionais idôneas à imparcialidade do ofício judicante, ainda que distintas daquelas atribuídas à magistratura civil.

2. O Enunciado nº 361 da Súmula da Jurisprudência Dominante do Supremo Tribunal Federal não é aplicável aos peritos oficiais, de sorte que, na espécie, exsurge válido o laudo pericial assinado por um só perito da Polícia Federal. Precedentes do Supremo Tribunal Federal: HC 95.595, Rel. Min. Eros Grau, Segunda Turma, julgado em 04/05/2010. HC 72.921, Rel. Min. Carlos Velloso, 2ª T., julgado em 21/11/1995).

3. O art. 400 do Código de Processo Penal, com a redação dada pela Lei nº 11.719/2008, fixou o interrogatório do réu como ato derradeiro da instrução penal, sendo certo que tal prática, benéfica à defesa, deve prevalecer nas ações penais em trâmite perante a Justiça Militar, em detrimento do previsto no art. 302 do Decreto-Lei nº 1.002/69, como corolário da máxima efetividade das garantias constitucionais do contraditório e da ampla defesa (CRFB, art. 5º, LV), dimensões elementares do devido processo legal (CRFB, art. 5º LIV) e cânones essenciais do Estado Democrático de Direito (CRFB, art. 1º, *caput*). Precedente do Supremo Tribunal Federal (Ação Penal nº 528 AgR, rel. Min. Ricardo Lewandowski, Tribunal Pleno, julgado em: 24/03/2011, DJe 109, divulg. 07/06/2011).

4. *In casu*, o Conselho Permanente de Justiça para o Exército (5ª CJM) rejeitou, 27/02/2012, o requerimento da defesa quanto à realização do interrogatório do paciente ao final da sessão de julgamento, negando aplicação do art. 400 do Código de Processo Penal, o que contraria a jurisprudência do Supremo Tribunal Federal.

5. Ordem de *habeas corpus* concedida para anular os atos processuais praticados após o indeferimento do pleito defensivo e permitir o interrogatório do paciente antes da sessão de julgamento, com aplicação subsidiária das regras previstas na Lei nº 11.719/08 ao rito ordinário castrense" (HC nº 115.530/PR, Rel. Min. Luiz Fux, DJe de 14/8/13). Grifos nossos.

CREDIBILIDADE DA PERÍCIA – a perícia é apenas uma das provas dentro do processo. Assim, a opinião do perito não vincula o juiz, que não fica adstrito ao laudo. O juiz é chamado de *peritus peritorum* (perito dos peritos) (ver art. 479 do CPC, e 155, 158 e 182 do CPP). Sobre o tema, vale ressaltar que o CPP adota, para a tema da apreciação da prova, o sistema da persuasão racional (livre convencimento motivado), pelo qual o juiz formará, de forma livre e racional, o seu convencimento através do conjunto de provas contidas no processo, sem valer-se da estipulação legal (art. 157, CPP). Após, deverá fundamentar os motivos que o levaram a tal decisão, sempre se embasando nos elementos probatórios do processo. Neste sistema não há instalação de valores às provas e nem se estabelece uma hierarquia entre elas.

PERITOS – são as pessoas que detêm os conhecimentos de natureza técnica (ou científica) que realizam os exames periciais[9] (ver arts. 159 e parágrafos do CPP e 465 do CPC".. Sobre o compromisso que devem prestar, ver arts. 159 e § 2º do CPP, e 466 do CPC).

De acordo, ainda, com Denilson Feitoza Pacheco:

> "**PERITO OFICIAL:** é a pessoa investida na função por lei, para a realização de exames periciais em geral, e não por nomeação do juiz ou da autoridade administrativa (geralmente a autoridade policial).

> Atenção!
>
> STF. Perito (oficial) criminal e formação acadêmica
>
> Inquérito 2.116
>
> O Plenário iniciou julgamento de agravo regimental interposto de decisão do Min. Joaquim Barbosa, proferida nos autos de ação penal, da qual relator, movida pelo Ministério Público Federal contra diversas pessoas acusadas da suposta prática de **crimes** ligados ao esquema denominado "Mensalão". A decisão questionada indeferira pleito defensivo em que se pretendia o fornecimento de dados sobre a formação acadêmica e experiência profissional de peritos criminais que atuaram no processo. O relator desproveu o agravo, no que foi acompanhado pelos Ministros Luiz Fux, Cármen Lúcia e Ellen Gracie. Afirmou que os peritos seriam oficiais, designados pelo Instituto Nacional de Criminalística – INC, e que, a partir da leitura do disposto no art. 159,

9 PACHECO, Denilson Feitoza. *Direito processual penal*: teoria, crítica e práxis. Niterói: Impetus, 2009, p. 729.

caput, do CPP ("O exame de corpo de delito e outras **perícias** serão realizados por perito oficial, portador de diploma de curso superior"), não haveria essa obrigatoriedade. Em divergência, o Min. Celso de Mello deu provimento parcial ao recurso, para determinar que o INC forneça apenas a qualificação acadêmica dos peritos. Afirmou que essa exigência seria razoável, dada a possibilidade de que a formação técnica do perito designado, embora oficial, não seja compatível com o exame pretendido. Reputou, ademais, que tal prática permitiria à defesa impugnar a prova colhida a partir da **perícia.** Após os votos dos Ministros Gilmar Mendes, Marco Aurélio e Cezar Peluso, Presidente, que seguiam a divergência, determinou-se colher, na próxima assentada, o voto dos Ministros faltantes. AP 470 Décimo Quarto AgR/MG, Rel. Min. Joaquim Barbosa, 28/4/2011. (AP-470) – *Informativo* 624 do STF.

PERITO NÃO OFICIAL OU INOFICIAL: é a pessoa nomeada pelo juiz ou por autoridade administrativa (geralmente autoridade policial) para realizar determinado exame pericial. A expressão "perito leigo", para este perito, não é muito adequada, pois o perito inoficial pode ser nomeado exatamente porque detém uma especialização necessária que não é possuída por peritos oficiais ou mesmo porque não há um perito oficial disponível, conforme autorizado pelo art. 159, § 1º, do CPP.

EXAMES COMPLEMENTARES – sobre sua necessidade: art. 168 e parágrafos do CPP.

LEI Nº 9.099/95 – arts. 60 a 97.

PROVA PERICIAL – "produzida por terceiro especialista, que auxilia o juízo com questões técnicas próprias de sua arte, que refogem do conhecimento do julgador, limitado à esfera jurídica".[10]

PROVA PLENA – "a que nos infunde um juízo de certeza. Por exemplo, a necessária para a condenação" (PACHECO, Denilson Feitoza. *Direito processual penal.* 3ª ed. Rio de Janeiro: Impetus, 2005, p. 810).

PROVA NÃO PLENA – "a que nos infunde um juízo de credibilidade ou de probabilidade. Na legislação, aparece sob expressões como 'indícios veementes', 'fundadas razões' etc. Por exemplo, a prova exigida para o decreto de prisão preventiva".[11]

10 PRADO, Leandro Cadenas. *Provas ilícitas no processo penal:* teoria e interpretação nos tribunais superiores. Rio de Janeiro: Impetus, 2006, p. 04.

11 PACHECO, Denilson Feitoza. *Direito processual penal.* 3ª ed. Rio de Janeiro: Impetus, 2005, p. 810.

PROVA EMPRESTADA – "é aquela produzida em outro processo e, através da reprodução documental, juntada no processo criminal pendente de decisão" (NUCCI, Guilherme de Souza).[12]

Diante dos princípios constitucionais que regem o ordenamento jurídico vigente é possível afirmar que uma prova pode validamente ser emprestada a outro processo desde que algumas exigências sejam atendidas.

São elas: a) que sejam processos da mesma jurisdição; b) que a prova emprestada tenha sido produzida em processo em que figurem as mesmas partes, ou que, pelo menos, tenha figurado como parte aquele contra quem se valerá a prova; c) a ciência prévia das partes, em obediência ao princípio do contraditório. Parte da doutrina flexibiliza a primeira exigência (mesma jurisdição).

Neste ponto, vale destacar decisão do Superior Tribunal de Justiça:

> "*HABEAS CORPUS*. JÚRI. PROVA EMPRESTADA, PRESENÇA DO RÉU NA AUDIÊNCIA DE INSTRUÇÃO E FUNDAMENTAÇÃO DA SENTENÇA DE PRONÚNCIA: NÃO CONFIGURAÇÃO DE NULIDADE: PRECEDENTES. ORDEM DENEGADA. 1. Não há nulidade por terem sido juntadas aos autos do processo principal – e eventualmente relevadas na sentença de pronúncia – provas emprestadas de outro processo-crime, pois o que se exige é que não tenha sido a prova emprestada "a única a fundamentar a sentença de pronúncia" (*Habeas Corpus* nº 67.707. Rel. Min. Celso de Mello, DJ 14/8/1992) (STF, HC 95.549/SP, Rel.ª Min.ª Carmen Lúcia, 1ª T., LEXSTF v. 31, nº 365, 2009, p. 450-466).

Foi exatamente esse o entendimento firmado pelo STF no *Informativo* nº 548 – HC 95.186-SP. Nessa linha, se tais condições forem preenchidas, não haverá qualquer ilicitude no empréstimo da prova. Isto é: a prova produzida num determinado processo penal pode ser juntada em outro, devendo o juiz valorá-la (normalmente).

No entanto, se a prova emprestada for transportada para o segundo processo com violação aos princípios do contraditório e da ampla defesa, deverá, sem sombra de dúvidas, ser considerada ilícita e, consequentemente, excluída do processo.

1.4. DOCUMENTOS MÉDICO-LEGAIS

Hélio Gomes ensina que documentos médico-judiciários são instrumentos escritos ou simples exposições verbais, mediante os quais o médico fornece esclarecimentos à Justiça. Os documentos médicos também são chamados de atos médico-legais.

12 *Manual de processo penal e execução penal.* 2ª ed. São Paulo: Revista dos Tribunais, 2006, p. 365.

Hélio Gomes[13] nomeia cinco modalidades:

- atestado;
- relatório;
- consulta;
- parecer; e
- depoimento oral.

Genival Veloso de França[14] acrescenta a estas mais uma espécie:

- notificação.

Flamínio Fávero[15] discrimina três espécies:

- atestado;
- relatório; e
- parecer.

ATESTADO MÉDICO ou **CERTIFICADO MÉDICO** – "É a afirmação simples e por escrito de um fato médico e suas consequências"[16] (Souza Lima). Trata-se de um documento particular, desprovido de formalidades, produzido por médico inscrito regularmente no Conselho Regional de Medicina Competente e que independe de compromisso legal. Os atestados podem ser oficiosos, quando solicitados por particulares a cujos interesses atenderem; administrativos, quando exigidos por autoridade administrativa; e judiciários, se requisitados por juiz. É crime fornecer atestado falso (art. 302 do CP).

RELATÓRIO MÉDICO-LEGAL – é a descrição (narração) escrita e minuciosa de um fato médico e de suas consequências, requisitada por autoridade competente. Deve ser claro, preciso, conciso, metódico e simples, contendo todas as etapas (operações) da perícia. É feito por um ou mais profissionais nomeados e compromissados na forma da lei. Quando ditado ao escrivão, sendo necessária a presença de testemunhas, logo após o exame, o relatório ganha nome de *AUTO*; se redigido por um dos peritos, é chamado de *LAUDO*, não exigindo a presença de testemunhas.

O *relatório* é contituído das seguintes partes: preâmbulo, quesitos, histórico ou comemorativo, descrição (*visum et repertum*), discussão, conclusões, resposta aos quesitos e encerramento. Podem ser anexados diagramas, pareceres, fotografias, radiografias etc. A parte mais importante é a descrição.

13 GOMES, Hélio. *Medicina legal*, p. 44/45.

14 FRANÇA, Genival Veloso. *Medicina legal*. 10ª ed. Rio de Janeiro: Guanabara Koogan, 2015, p. 29.

15 FÁVERO, Flamínio. *Medicina legal*, p. 46/55.

16 SOUZA LIMA, Agostinho J., *apud* FÁVERO, Flamínio. *Medicina legal*, p. 46.

CONSULTA E PARECER – há, aqui, divergência entre os doutos. Flamínio Fávero opina que *parecer* é a resposta a uma consulta, porque, como dizia Souza Lima, "consulta é pergunta, e não resposta".[17] Porém, Hélio Gomes[18] e vários outros autores diferenciam os dois termos: *PARECER MÉDICO-LEGAL* é dado a uma das partes, sendo documento particular, feito por autoridade científica no assunto consultado, possuindo preâmbulo, exposição, discussão e conclusões; *CONSULTA MÉDICO-LEGAL* é o meio pelo qual os interessados esclarecem suas dúvidas acerca de um relatório médico-legal.

Quando se levantam dúvidas em um processo ou quando há contradição das partes, faz-se necessário ouvir a voz experiente e respeitada do perito para clarear as ideias do julgador e muni-lo de subsídios de convicção. Em geral, as partes esclarecem suas dúvidas através da autoridade processante.

O parecer é formado por todas as partes de um relatório, exceto a descrição. Assim, a discussão e a conclusão tornam-se os pontos mais importantes desse documento.

NOTIFICAÇÂO – Segundo Genival Veloso de França, notificações "são comunicações compulsórias feitas pelos médicos às autoridades competentes de um fato profissional, por necessidade social ou sanitária, como acidentes de trabalho, doenças infectocontagiosas e a morte encefálica à autoridade pública, quando em instituição de saúde pública ou privada, de acordo com o art. 12 da Lei nº 8.489,[19] de 18 de novembro de 1992".[20]

DEPOIMENTO ORAL – Ocorre quando o perito é chamado a juízo para prestar esclarecimentos orais a respeito de um relatório apresentado ou para relatar sobre qualquer assunto de interesse da lei. É comum acontecer nos processos julgados pelo tribunal do júri. Mesmo sem a apresentação prévia de laudo, não é incomum a oitiva de peritos em juízo, para que prestem esclarecimentos sobre fatos obscuros ou conflitantes. Também recebe o nome de Esclarecimento.

1.5. ELABORAÇÃO DO LAUDO PERICIAL

Os estudiosos da matéria fornecem diferentes maneiras de confeccionar-se um relatório, inclusive em relação às suas etapas e ao ordenamento das mesmas.

17 SOUZA LIMA, Agostinho J., *apud* FÁVERO, Flamínio. *Medicina legal*, p. 46.

18 GOMES, Hélio. *Medicina legal*, p. 48/49.

19 A lei mencionada foi revogada e substituída pela Lei nº 9.434, de 04 de fevereiro de 1997.

20 FRANÇA, Genival Veloso de. *Medicina legal*. 9ª ed. Rio de Janeiro: Guanabara Koogan, 2012, p. 25.

Flamínio Fávero[21] apresenta-nos as seguintes partes: preâmbulo, quesitos, histórico, descrição ou exposição, discussão, conclusões e respostas aos quesitos.

Ainda de acordo com o mesmo autor, estudaremos abaixo cada uma dessas fases.

PREÂMBULO – conterá nome, título e residência dos peritos, nome da autoridade que determinou o exame, local, dia e hora exatos, qualificação do examinado, finalidade do exame e transcrição dos quesitos.

HISTÓRICO – conterá todos os informes colhidos do interessado ou de seus parentes, que possam auxiliar as ações periciais, sobre o modo como foi feita uma lesão, o instrumento, a posição e a distância do ofensor e ofendido, o local da violência etc. Estes informes colhidos do interessado têm, em princípio, quase que uma presunção de falsidade, devendo ser comparados com as lesões para confirmação ou não de sua veracidade. Nesta parte, são registrados os fatos mais significativos que motivaram a perícia. Ressalta-se que a norma processual civil assegura ao perito o direito de ouvir testemunhas e recorrer a qualquer fonte de informação que possa orientar seu trabalho. Quando se trata de laudo cadavérico, o histórico, normalmente, é retirado do Registro de Ocorrência. O Histórico pode conter, ainda, referências a laudos anteriores, porventura existentes (ex.: art. 129, e parágrafos, do CP, ou seja, caso seja um segundo exame, para verificar se as lesões foram graves, o histórico deve mencionar o[s] laudo[s] anterior[es]).

DESCRIÇÃO OU EXPOSIÇÃO – é a parte básica e a mais importante do relatório, contendo o *visum et repertum* ("ver e repetir"). Essa parte do laudo deve ser a reprodução fiel e minuciosa de todos os exames praticados e de todas as verificações feitas. Deve conter todos os dados colhidos. A reprodução do que for visto deve ser completa, metódica, sem dar lugar a ideias ou hipóteses preconcebidas.

Os vários itens dessa parte do laudo devem ser assim distribuídos:

a) registro dos elementos que permitam a identificação do examinado;
b) registro do estado geral do examinado;
c) exame do local propriamente dito, como, por exemplo, exame das lesões, número, local, forma, dimensões, direção, profundidade, coloração, áreas circunvizinhas etc.

DISCUSSÃO – nesta parte, os peritos fazem os diagnósticos que julgarem necessários, exteriorizando suas impressões pessoais devidamente respaldadas na ciência, comentando os dados obtidos pelo exame. Aqui, o perito analisa os fatos, de forma a afastar as eventuais dúvidas e a examinar as hipóteses possíveis afastando-se das conjecturas pessoais. O perito deve, ainda, cotejar as suas impressões com o histórico trazido pelo interessado, a fim de determinar a veracidade das informações deste, se há nexo de causalidade etc.

O perito não julga; ele esclarece, demonstra, ilumina.

21 FÁVERO, Flamínio. *Medicina legal*, p. 48 e 52.

CONCLUSÕES - conterão uma síntese do que os peritos conseguiram deduzir do exame e da discussão, redigida com clareza e de forma ordenada. O perito, é bom lembrar, não deve afirmar senão o que puder demonstrar cientificamente. Havendo mais de uma possibilidade quanto ao que ocorreu, deve mencionar todas as alternativas e a probabilidade de acerto de cada uma. As partes devem ter acesso a todas as versões cientificamente possíveis, sobre as quais debaterão, sendo que apenas ao juiz (ou juízes) cabe decidir qual será a linha admitida. Para compreender-se isto, basta ver que o juiz ou jurados pode(m) optar entre duas correntes probatórias (princípio do livre convencimento e da íntima convicção, respectivamente), bastando que, no caso, o juiz togado *fundamente* sua decisão (os jurados não fundamentam seus votos). Por tudo isso, a perícia deve servir não como a realização de um julgamento antecipado e por quem não tem para isso atribuição, mas sim como vetor de esclarecimento dos fatos e análise científica dos dados disponíveis. O relatório deve oferecer elementos de convicção a quem julga o fato.

RESPOSTA AOS QUESITOS - deve ser sumária e o mais possível concludente, e não deve deixar dúvidas. Sabemos, todavia, que nem sempre é possível uma certeza em Medicina Legal. No caso de várias alternativas, podem ser marcadas as respectivas probabilidades. Todos os quesitos devem ser respondidos, de preferência com monossílabos (sim/não) ou com a afirmação de que a perícia não tem condições de esclarecer a dúvida levantada.

Findo o relatório, deve ser ele datado e assinado pelos peritos, além de ter seu número de páginas citado, o que caracteriza o encerramento do documento. A responsabilidade técnica e científica do relatório é de todos os peritos que o assinarem. Podem ser anexados fotogramas, esquemas, exames complementares etc., os quais, obviamente, também devem ser assinados.

É comum haver um perito relator e um perito revisor, sendo absolutamente incorreto que este último se limite a assinar o laudo. Com a reforma do CPP em 2008, o exame de corpo de delito e outras perícias serão realizados por perito oficial, portador de diploma de curso superior. Ou seja, não há necessidade mais de dois peritos oficiais. Todavia, não há prejuízo se for realizada por dois. Sobre esse ponto, verificar nossas considerações anteriores sobre a nova interpretação da Súmula nº 361 do STF.

1.6. O CORPO DE DELITO

Corpo de delito é o conjunto de vestígios materiais deixados por uma infração penal (delito ou contravenção). Podem ser ostensivos (visíveis a olho nu) ou latentes (quando necessitam da utilização de recurso para promover sua revelação. O exame pericial sobre esse vestígios compõe o exame de corpo de delito e a falta ou omissão da sua realização nas infrações que deixam vestígios pode levar à nulidade do processo (inteligência dos arts. 158 e 564, III, "b" do CPP).

Dar-se-á prioridade à realização do exame de corpo de delito quando se tratar de crime que envolva: violência doméstica e familiar contra mulher; violência contra criança, adolescente, idoso ou pessoa com deficiência.

Suponhamos que, com a intenção de matar, uma pessoa entra em luta corporal com a vítima, num bar. Durante a luta, dois copos e uma garrafa são quebrados, uma cadeira é danificada, a parede é suja de sangue, a faca ensanguentada cai em cima de uma mesa e, por fim, a vítima cai morta no chão. O corpo de delito é o conjunto de todos esses vestígios sensíveis, ou seja, perceptíveis pelos sentidos humanos, que foram deixados pela prática da infração penal (crime de homicídio doloso). Portanto, os dois copos e a garrafa quebrados, a cadeira danificada, o sangue na parede, a faca ensanguentada e o cadáver da vítima são o corpo do delito.[22]

Delicta factis transeuntis e *delicta factis permanentis* são os termos que diferenciam as infrações penais, conforme não deixem ou deixem, respectivamente, vestígios materiais no mundo. Não confundir infrações não transeuntes (*delicta factis permanentis*) com infrações permanentes ou crimes permanentes. Infrações não transeuntes são aquelas que deixam vestígios, que poderão vir a ser examinadas, ao passo que infrações permanentes são aquelas cuja consumação se protrai no tempo, como é o caso do crime de sequestro.

Fatos transeuntes podem ser provados através de testemunhas, de confissão, de indícios, presunções etc. Os fatos não transeuntes necessitam de prova pericial (exame do corpo de delito). Nesses casos, o juiz deve recorrer a técnicos, peritos, para esclarecimentos.

O exame do corpo de delito pode ser **DIRETO** ou **INDIRETO**.

É **DIRETO** quando feito sobre os próprios vestígios materiais do fato, e **INDIRETO** quando feito através de prova testemunhal[23] (ver arts. 158, 167 e 184 do CPP). Apesar do ensino do festejado doutrinador, a comparação dos arts. 158 e 167 do CPP nos indica que a prova testemunhal supre a falta do exame do corpo de delito, que pode ser direto ou indireto (ou seja, é forma de suprimento, e não o próprio exame indireto).

22 FEITOZA, Denilson. *Direito processual penal:* teoria, crítica e práxis. 6ª ed. Niterói: Impetus, 2009, p. 730.

23 FILHO, Fernando da Costa Tourinho. *Processo penal*. 31ª ed. São Paulo: Saraiva, 2009, p. 258-259. v. 3.

"O perito não se confunde com a testemunha. O perito é, necessariamente, técnico, além de imparcial (ver art. 342 do CP). O perito é auxiliar do juízo, não sendo propriamente fonte de prova, mas instrumento para iluminar e conhecer melhor a prova."

A falta do exame do corpo de delito pode gerar a nulidade do processo, sendo matéria da mais alta relevância (ver arts. 564, III, *b*, do CPP e 77, § 1º, c/c arts. 60 e 61 da Lei nº 9.099/95). Nesse sentido:

> De acordo com o art. 158 do Código de Processo Penal, "quando a infração deixar vestígios, será indispensável o exame de corpo de delito, direto ou indireto, não podendo supri-lo a confissão do acusado". Conquanto o exame de corpo de delito seja necessário para a comprovação da materialidade do crime de tentativa de homicídio nos casos em que os vestígios materiais estejam presentes, o Ministério Público pode deflagrar a ação penal sem que tal documento esteja anexado aos autos, permitindo-se que a sua juntada seja feita durante a persecução criminal, exatamente como ocorreu na espécie, em que as perícias realizadas nas vítimas e na garrafa de café supostamente envenenado foram anexadas ao processo no curso da fase instrutória (STJ, RHC 91.823/MG, Rel. Min. Jorge Mussi, DJe 27/04/2018).
>
> O art. 6º, VII, e o art. 156, I, ambos do Código de Processo Penal, com base no poder geral de cautela e na busca da verdade real, autorizam, mesmo antes do início da ação penal, que o Magistrado determine a produção antecipada de provas que entender urgentes e relevantes. Atendendo a requisição da autoridade policial, o Juiz de primeiro grau, na busca da verdade real e por entender que a perícia era necessária e relevante para afastar as dúvidas existentes sobre as causas do óbito e a eventual ocorrência de crime, determinou a exumação do corpo e a realização da perícia, nomeando posteriormente os assistentes técnicos da família da vítima para acompanhar o procedimento, tudo sob a mais rigorosa supervisão judicial, não havendo que se falar em ilegalidade. No momento em que foi autorizada a realização do exame pericial para verificar as causas da morte repentina da vítima, em circunstâncias que não estavam muito bem esclarecidas, não existia sequer o indiciamento do paciente. Dessa forma, fica afastada a alegação de ofensa ao princípio do contraditório, pois não há que se falar em contraditório de quem não é suspeito da prática de crime. É pacífico o entendimento do Superior Tribunal de Justiça no sentido de que fica postergada

para a fase judicial o contraditório relativo às provas cautelares produzidas no curso do inquérito policial (STJ, HC 413.104/PA, Rel. Min. Joel Ilan Paciornik, DJe 15/02/2018).

Mostra-se necessária a realização do exame técnico-científico válido para qualificação do crime ou mesmo para sua tipificação, pois o exame de corpo de delito direto é imprescindível nas infrações que deixam vestígios, podendo apenas ser suprido pela prova testemunhal quando não puder ser mais colhido. Logo, se era possível a realização da perícia, e esta não ocorreu de acordo com as normas pertinentes (art. 159 do CPP), a prova testemunhal e o exame indireto não suprem a sua ausência (STJ, AgRg no REsp 1.629.753/RS, Rel.ª Min.ª Maria Thereza de Assis Moura, 6ª T., DJe 15/12/2016).

É fato que a jurisprudência desta Corte Superior, interpretando os arts. 158 e 159 do Código de Processo Penal – CPP, consolidou entendimento no sentido de ser necessário o exame de corpo de delito nas infrações que deixam vestígios, indicando, ainda, que não supre sua ausência a prova testemunhal ou a confissão do acusado, quando possível a realização da perícia, nos termos dos arts. 158 e 159 do CPP. O caso vertente, todavia, apresenta a peculiaridade de que o arrombamento foi comprovado pela confissão do acusado na fase policial e corroborado, em juízo, pelo relato das testemunhas e da ofendida. Ademais, a dispensa da prova técnica foi motivada pelo desaparecimento dos vestígios, haja vista o reparo da porta e da janela danificadas após o cometimento do crime. Com efeito, a interpretação sistêmica do ordenamento jurídico processual penal autoriza que se dispense a confecção da prova inútil, aqui entendida tanto como aquela que, produzida, viria a provar algo irrelevante ou que não seja objeto de controvérsia. Assinale-se, ainda, que o art. 167 do CPP traz autorização legal para que a prova pericial seja suprida pela testemunhal (STJ, HC 372.309/SC, Rel. Min. Joel Ilan Paciornik, 5ª T., DJe 24/11/2016).

Havendo laudo médico, embora não oficial, atestando que a vítima sofreu politraumatismos, fratura exposta no fêmur esquerdo e teve parte do pênis amputado, não há falar em ausência de materialidade pela simples falta do exame de corpo de delito de que trata o art. 158 do Código de Processo Penal, até porque o pedaço do órgão genital fora encontrado em via pública, na presença de vários populares, de policiais e do corpo de bombeiros acionado para o salvamento da vítima que fora achada dentro de uma fossa sanitária. O quadro que se mostra no caso concreto supre, pelas particularidades que encerra, qualquer dúvida acerca da materialidade do delito de tentativa de homicídio. Concluir de modo contrário é dar exagerado valor à forma em detrimento do conteúdo, até porque, ainda que já pronunciados os réus, o processo ainda não encontrou termo e até que haja sentença final pode ser juntado exame de corpo de delito que, na espécie, pode ainda ser direto, por óbvios motivos (mutilação de órgão genital), ou indireto, pela análise do mencionado laudo médico (STJ, HC 334.953/AL, Rel.ª Min.ª Maria Thereza de Assis Moura, 6ª T., DJe 19/02/2016).

"*Habeas Corpus*. Processual penal. Homicídio. Exame de corpo de delito. Prescindível. Existência de outros meios de provas. Nulidade não demonstrada.

1. A prova técnica não é exclusiva para poder atestar a materialidade das condutas. Havendo nos autos outros meios de provas capazes de levar ao convencimento do julgador, não há de se falar em nulidade processual por ausência do exame de corpo de delito. Precedentes.

2. *Writ* denegado" (STJ, *HC* 36.309/RJ; *Habeas Corpus* 2004/0087766-2, Rel.ª Min.ª Laurita Vaz. 5ª T., DJ 13/12/2004, p. 391).

"Crime de falsidade material. Exame de corpo de delito. Vestígios. Art. 158 do CPP. Em se tratando de crime que deixa vestígios, como o do falso material, estando à disposição para exame os documentos representativos do objeto material do crime, torna-se indispensável o exame do corpo de delito, e a sua falta induz nulidade absoluta, posto que essencial à apuração da verdade e à decisão da causa. Recurso de *habeas corpus* provido, em parte" (*HC* nº 62.743/PR: DJ 2/8/1985, p. 12.047, ement. vol. 01385-01, p. 00182, *RTJ* vol. 00114-03, p. 01.064, Fonte: *JUIS* – Ed. Saraiva).

Por fim, *não confundir corpo de delito com exame do corpo de delito*. O primeiro é o conjunto de vestígios materiais deixados pelo fato, ao passo que o segundo é o conjunto de diligências periciais realizadas sobre o corpo de delito.

Anote-se que há quem entenda que, por exemplo, o exame de local não seja exame do corpo de delito, já que este exame não prova a existência do crime, mas apenas sua mecânica. Esta é uma visão restrita do que seja corpo de delito. Preferimos uma concepção mais abrangente, que inclui todo e qualquer vestígio material da infração penal. Obviamente, a falta do exame cadavérico (prova da existência de um homicídio) é muito mais grave do que a falta do exame de local. Todavia, se há a possibilidade de fazer-se este exame (de local), não se deve desprezá-lo. Afinal, a mecânica, a autoria etc. são dados imprescindíveis à elucidação da verdade (ver art. 6º, I; arts. 159/184 do CPP, e Lei nº 5.970/73).

Cabe ressaltar que o art. 167 do CPP admite o uso da prova testemunhal em substituição ao exame de corpo de delito quando, e unicamente quando, os vestígios houverem desaparecido.

JUIZADO ESPECIAL CRIMINAL (JEC) – para o oferecimento da denúncia em sede de JEC, que será elaborada com base no termo circunstanciado de ocorrência (TCO) referido no art. 69 da Lei nº 9.099/95, com dispensa do inquérito policial, prescindir-se-á do exame do corpo de delito quando a materialidade do crime estiver aferida por boletim médico ou prova equivalente.

A Lei nº 11.343/2006 já admitia a confecção de laudo de constatação de natureza e quantidade de entorpecente por apenas um perito (art. 50, § 1º). Além disso, o Código de Processo Penal Militar estabelece que, "sempre que possível, as perícias serão feitas por dois peritos, especializados no assunto ou com habilitação técnica" (art. 318).

1.7. INTERVENÇÕES CORPORAIS (EXAMES DE DNA, BAFÔMETRO, IDENTIFICAÇÃO CRIMINAL DATILOSCÓPICA ETC.)

1.7.1. Introdução

Por *intervenções corporais* tem se entendido, em resumo, uma série ampla de medidas que se possam realizar no corpo de uma pessoa e com consequências jurídicas fundamentais para a solução de casos criminais.

Para Nicolas Gonzalez-Cuellas Serrano, citado por Denilson Feitoza, por intervenções corporais, cabe entender, dentro do processo, as medidas de investigação que se realizam sobre o corpo das pessoas, sem necessidade de se obter o seu consentimento e, se necessário, por meio de coação direta, com o fim de descobrir circunstâncias fáticas que sejam de interesse para o processo, em relação com as condições ou o estado físico ou psíquico do sujeito, ou com o fim de encontrar objetos escondidos nele.[24]

Abarcam, na realidade brasileira, uma série infindável de situações, e que nos interessam de forma especial por suas relações entre a Medicina Legal e o Direito Penal e Processual Penal. São questões que ainda não se encontram resolvidas de forma definitiva em lei e se encontram em um estágio inicial de discussão por parte da comunidade jurídica, da doutrina e, em especial, da jurisprudência dos tribunais superiores.

24 FEITOZA, Denilson. *Direito processual penal:* teoria, crítica e práxis. 6ª ed. Niterói: Impetus, 2009, p. 814.

A Constituição Federal não estabeleceu a cláusula de reserva de jurisdição para a determinação das intervenções corporais, ou seja, não há previsão de prévia determinação judicial para que possam ser realizadas. Em algumas hipóteses, aliás, a exigência de prévia determinação judicial poderia ser inadequada às circunstâncias em que a medida normalmente se faz necessária, como ocorre, por exemplo, com as revistas ou buscas pessoais (art. 244 do CPP).[25]

Dentro desse contexto, o exame de DNA e bafômetro se apresentam como exemplos claros de intervenções corporais, e espelham, em parte, a confusão que tem reinado sobre o tema, gerando, em várias situações, insegurança jurídica para os aplicadores do Direito e deixando perplexa a sociedade como um todo.

Percebe-se, cada vez mais, que uma grande polêmica tem se consolidado em torno da questão da obrigatoriedade ou não dos exames de bafômetro e DNA. A criação do Código Nacional de Trânsito, através da Lei nº 9.503/97 e suas modificações posteriores, e o aperfeiçoamento do exame de DNA, proporcionado pelo avanço da engenharia genética, foram fatores determinantes para solução de problemas antigos, mas também para o surgimento de novas divergências dentro do Direito.

A divergência consiste em saber se um acusado pode ser obrigado ou não a se submeter a esses exames. Deve-se obrigar um suposto pai a realizar um exame de DNA, a fim de saber se o autor da ação de investigação de paternidade proposta é realmente seu filho? Autoridades policiais podem compelir um motorista a se submeter ao exame de bafômetro?

A discussão para se encontrar respostas a essas perguntas gira em torno de garantias e princípios constitucionais e processuais,[26] dos quais decorrem direitos igualmente importantes, e que não devem ser desprezados.

Essa equivalência de direitos acarretou o surgimento de posições divergentes: uma delas defende que não se pode obrigar réu algum a se submeter a tais exames. Alegam que a Constituição Federal de 1988 garantiu, em seu art. 5º, inciso LXIII, que ninguém pode ser obrigado a produzir prova contra si mesmo; e, no inciso X, consigna que são invioláveis a intimidade, a vida privada, a honra e a imagem das pessoas. Tal corrente, assim, defende que a obrigatoriedade significa uma ofensa à integridade física, à dignidade pessoal do acusado. A segunda posição, por sua vez, defende que, indiscutivelmente, acima dos

25 FEITOZA, Denilson. *Direito processual penal:* teoria, crítica e práxis. 6ª ed. Niterói: Impetus, 2009, p. 816.

26 Vários princípios e direitos fundamentais previstos na Constituição da República Federativa do Brasil podem ser afetados diretamente pelas intervenções corporais, a saber, o princípio da dignidade da pessoa humana (art. 1º, III, CR), o princípio da proporcionalidade (arts. 1º, *caput*, e 5º, LXVI, CR), o princípio do devido processo legal (art. 5º, LIV, CR), o direito à intimidade (art. 5º, X, CR), o direito à integridade física e psíquica (art. 5º, *caput*, III e XLIX, CR), o direito ao silêncio (art. 5º, LXIII, CR), o princípio da liberdade (art. 5º, *caput*, II, XI, XV, LIII, LIV, LXI, LXII, LXIII, LXIV, LXV, LXVI, LXVII, LXVIII, CR) e o direito à liberdade (art. 5º, *caput*, CR). FEITOZA, Denilson. *Direito processual penal:* teoria, crítica e práxis. 6ª ed. Niterói: Impetus, 2009, p. 815.

interesses individuais do acusado, está o interesse do filho (no primeiro caso) de saber sua origem biológica e identidade pessoal, e o interesse público (no segundo caso) de manter fora das ruas um indivíduo que dirige alcoolizado. Todavia, diante da brevidade de tal polêmica, tem-se ainda muitos pontos que poderão ser trazidos à discussão pelos juristas.

As questões em torno dos exames de DNA e bafômetro, em síntese, possuem o mesmo teor. Contudo, pertencem a áreas distintas do Direito, uma vez que o primeiro encontra-se no campo do Direito Civil, pois trata de questões de Direito de Família, mas também com alguns aspectos essencialmente constitucionais. Já o segundo encontra-se no campo do Direito Penal, tratado na Lei nº 9.503/97 (alterada pelas Leis nºs 11.275/2006, 12.760/2012, 12.971/2014 e 13.281/2016) e nas consequências de seu descumprimento.

No que se refere às questões atinentes ao Código de Trânsito, a Lei nº 12.760/2012 teve o objetivo de amenizar o grande número de mortes e lesões corporais decorrentes de acidentes automobilísticos, além de corrigir um erro do legislador pretérito, trazido pela Lei nº 11.275/2006.

A Lei nº 12.760/2012 alterou o Código de Trânsito Brasileiro – Lei nº 9.503/1997 –, especificamente os arts. 165, 262, 276, 277 e 306.

O ponto-chave da referida lei é a mudança operada no art. 306 do CTB, que tipifica o crime de embriaguez ao volante.

Nesse sentido, citamos abaixo a redação original do art. 306 do Código de Trânsito Brasileiro, vigente desde o ano de 1997 e que somente foi alterado pela Lei nº 11.705, de 19 de junho de 2008:

> Conduzir veículo automotor, na via pública, sob a influência de álcool ou substância de efeitos análogos, expondo a dano potencial a incolumidade de outrem.

A redação originária deste artigo vinculava a consumação do crime à exposição de perigo de dano à incolumidade de outrem, ou seja, o delito era à época da redação original um crime de perigo concreto.

Considerando a dificuldade de configuração do tipo penal previsto no art. 306, entrou em vigor no dia 19 de junho de 2008 a nova redação do referido artigo legal com a seguinte disposição:

> Conduzir veículo automotor, na via pública, estando com concentração de álcool por litro de sangue igual ou superior a 6 (seis) decigramas, ou sob a influência de qualquer outra substância psicoativa que determine dependência.

O crime deixou de ser de perigo concreto e passou a ser de perigo abstrato, não exigindo a comprovação do risco ao bem protegido. Isso significa que há uma presunção legal do perigo, que, por esse motivo, não precisa ser comprovado.

A partir da referida modificação legal, a exigência de determinada dosagem alcóolica no sangue do condutor somente poderia ser aferível com a utilização do aparelho etilômetro ou com a doação de material sanguíneo para análise, o que, apesar das divergências doutrinárias, em virtude do direito constitucional de não produção de provas contra si mesmo *(nemo tenetur se detegere) – art. 5º, LXIII, da CF/88* e no art. 8º, § 2º, alínea "g" da Convenção Americana de Direitos Humanos, somente é possível em caso de anuência do condutor.

Portanto, esta norma criou outro óbice à sua aplicação, qual seja: a prova necessária à consumação do crime, que somente seria obtida no caso de anuência do condutor. Caso contrário, o motorista aparentemente embriagado somente se submetia às punições meramente administrativas, como a multa que não exigia a aferição de determinado nível de álcool no sangue para a sua aplicabilidade.

Após mais de 4 (quatro) anos da edição da Lei nº 11.276/2006, o Poder Legislativo, por meio da Lei nº 12.760/2012, aprovou a nova redação do art. 306 do Código de Trânsito Brasileiro, que trata da embriaguez ao volante nos seguintes termos:

> Conduzir veículo automotor com capacidade psicomotora alterada em razão da influência de álcool ou de outra substância psicoativa que determine dependência.

Analisando-se o art. 306, percebe-se que a exigência de determinada quantidade de álcool no organismo do indivíduo não foi excluída do tipo, mas sim deslocada para o parágrafo primeiro, transmutando-se em um dos meios de constatação da embriaguez. Ou seja, a dosagem alcóolica no sangue passou a ser apenas um dos meios possíveis de se aferir a embriaguez, juntamente com os demais meios de prova elencados neste determinado parágrafo, transcrito abaixo:

> As condutas previstas no *caput* serão constatadas por:
>
> I – concentração igual ou superior a 6 decigramas de álcool por litro de sangue ou igual ou superior a 0,3 miligrama de álcool por litro de ar alveolar; ou
>
> II – sinais que indiquem, na forma disciplinadas pelo Contran, alteração da capacidade psicomotora.

Referido parágrafo é complementado pelo parágrafo segundo que determina que "a verificação do disposto neste artigo poderá ser obtida mediante teste de alcoolemia ou toxicológico, exame clínico, perícia, vídeo, prova testemunhal ou outros meios de prova em direito admitidos, observado o direito à contraprova".

O inciso II foi regulamentado pela Resolução nº 432, de 23 de janeiro de 2013, editada pelo Conselho Nacional de Trânsito - Contran, que dispõe sobre os procedimentos a serem adotados pelas autoridades de trânsito e seus agentes na fiscalização do consumo de álcool ou de outra substância psicoativa que determine dependência, para aplicação do disposto nos arts. 165, 276, 277 e 306 da Lei nº 9.503, de 23 desetembro de 1997 - Código de Trânsito Brasileiro (CTB).

Banco de dados genéticos para coleta de perfil genético como forma de identificação criminal

O exame de DNA é comparativo. Quando se consegue extrair um perfil genético de uma amostra biológica coletada em um local de crime, faz-se necessário compará-lo com o perfil genético de uma pessoa previamente identificada, o que é chamado amostra padrão ou amostra referência. Solicita-se ao suspeito, se existir, uma amostra biológica. Na letra do art. 5º, inciso II, da Constituição Federal brasileira[27] e na ausência de lei específica, a doação de material biológico pelos suspeitos só era possível quando voluntária, o que dificultava o andamento dos exames em casos criminais. Como outro fator negativo, os perfis genéticos doados voluntariamente não eram inseridos em bancos de dados.

Através da Lei Federal nº 12.654/2012 foi criado o "banco de dados genético" para prever a coleta de perfil genético como forma de identificação criminal. Essa lei estabeleceu as circunstâncias em que a identificação genética torna-se compulsória, através da modificação de duas outras leis. Por meio da modificação da Lei 12.037/2009 (Lei de Identificação Criminal), a identificação criminal, tradicionalmente feita pela fotografia e pela impressão digital, sendo esencial às investigações e por meio de despacho da autoridade judiciária, poderá incluir a identidicação pelo DNA. A medida é polêmica e dará motivo a muitos questionamentos no Poder Judiciário, mas entendemos ser ela necessária.

Segundo o art. 2º da Lei 12.654/2012, os dados relacionados à coleta do perfil genético deverão ser armazenados em banco de dados de perfis genéticos, gerenciado por unidade oficial de perícia criminal. As informações

27 "NINGUÉM SERÁ OBRIGADO A FAZER OU DEIXAR DE FAZER ALGUMA COISA SENÃO EM VIRTUDE DE LEI"

genéticas contidas nesses bancos não poderão revelar traços somáticos ou comportamentais das pessoas, exceto determinação genética de gênero, consoante as normas constitucionais e internacionais sobre direitos humanos, genoma humano e dados genéticos (art. 2º, § 1º).

Os dados constantes dos bancos de dados de perfis genéticos terão caráter sigiloso, respondendo civil, penal e administrativamente aquele que permitir ou promover sua utilização para fins diversos dos previstos nessa lei ou em decisão judicial (art. 2º, § 2º).

As informações obtidas a partir da coincidência de perfis genéticos deverão ser consignadas em laudo pericial firmado por perito oficial devidamente habilitado (art. 2º, § 3º).

> Art. 7º-A. A exclusão dos perfis genéticos dos bancos de dados ocorrerá no término do prazo estabelecido em lei para a prescrição do delito.
>
> Art. 7º-B. A identificação do perfil genético será armazenada em banco de dados sigiloso, conforme regulamento a ser expedido pelo Poder Executivo.

No sentido da constitucionalidade da lei, temos Luiz Flávio Gomes e Rogério Sanchez.[28]

Eugênio Pacceli de Oliveira aceita a identificação criminal pelo perfil genético, mas levanta dúvidas sobre a constitucionalidade de um "banco" de dados da espécie.

Segundo ele, a identificação associada à indispensabilidade da descoberta da autoria é submetida ao controle judicial, quanto à necessidade e quanto à pertinência – a ser feita por decisão motivada, como ocorre em qualquer tangenciamento das inviolabilidades constitucionais (comunicações telefônicas, domicílio etc.) – nada tem de inconstitucional. tema que já esgotamos em nosso *Processo e Hermenêutica na Tutela dos Direitos Fundamentais*, cuja síntese pode ser também encontrada no artigo "Breves notas sobre a autoincriminação", disponível em nosso site. Basta que os meios de coleta respeitem a regra de proibição de ingerências abusivas e desnecessárias, conforme estipulado em tratados internacionais sobre a matéria. Inconstitucionalidade alguma, portanto. Nem aqui e nem no resto do mundo ocidental.

28 GOMES, Luiz Flávio; SANCHEZ, Rogério. *Lei 12.654/12 (identificação genética):* nova inconstitucionalidade. Disponível em: <http://atualidadesdodireito.com.br/rogeriosanches/2012/06/04/lei-12-65412-identificacao-genetica-nova-inconstitucionalidade/>. Acesso em: 9 out. 2012.

Já em relação à outra (Cadastro genético de condenados), ainda estamos em dúvida quanto à respectiva constitucionalidade. Deixo os amigos com pequeno recorte de texto atualizado da 3ª edição do citado *Processo e Hermenêutica*, a ser lançado em agosto deste ano pela Editora Atlas. "A medida, para além de seu caráter estigmatizante, viola o verdadeiro direito daquele que, após o cumprimento de sua pena, deve retornar ao estado pleno de cidadania e de inocência, em relação a fatos futuros – ressalvada apenas a possibilidade de valoração da condenação para fins de nova imposição penal (reincidência). Não se justifica a manutenção indefinida de seu registro genético, afastada de finalidades probatórias, isto é, ligadas à efetividade do processo penal. Nesse passo, bastaria aos interesses do Estado a manutenção sigilosa dos registros sobre o processo e sobre a condenação, conforme o disposto no art. 95, Código Penal, a cuidar da reabilitação.[29]

Lei nº 12.654, de 28 de maio de 2012

Altera as Leis nºs 12.037, de 1º de outubro de 2009, e 7.210, de 11 de julho de 1984 – Lei de Execução Penal, para prever a coleta de perfil genético como forma de identificação criminal, e dá outras providências.

A Presidenta da República. Faço saber que o Congresso Nacional decreta e eu sanciono a seguinte Lei:

Art. 1º O art. 5º da Lei nº 12.037, de 1º de outubro de 2009, passa a vigorar acrescido do seguinte parágrafo único:

"Art. 5º .(...)

Parágrafo único. Na hipótese do inciso IV do art. 3º, a identificação criminal poderá incluir a coleta de material biológico para a obtenção do perfil genético." (NR)

Art. 2º A Lei nº 12.037, de 1º de outubro de 2009, passa a vigorar acrescida dos seguintes artigos:

"Art. 5º-A. Os dados relacionados à coleta do perfil genético deverão ser armazenados em banco de dados de perfis genéticos, gerenciado por unidade oficial de perícia criminal.

§ 1º As informações genéticas contidas nos bancos de dados de perfis genéticos não poderão revelar traços somáticos

29 OLIVEIRA, Eugenio Pacceli de. *A identificação criminal*: Lei nº 12.654/2012. Disponível em: <http://jurisprudenciaeconcursos.com.br/espaco/a-identificacao-criminal-lei-1265412>. Acesso em: 8 out. 2012.

ou comportamentais das pessoas, exceto determinação genética de gênero, consoante as normas constitucionais e internacionais sobre direitos humanos, genoma humano e dados genéticos.

§ 2º Os dados constantes dos bancos de dados de perfis genéticos terão caráter sigiloso, respondendo civil, penal e administrativamente aquele que permitir ou promover sua utilização para fins diversos dos previstos nesta Lei ou em decisão judicial.

§ 3º As informações obtidas a partir da coincidência de perfis genéticos deverão ser consignadas em laudo pericial firmado por perito oficial devidamente habilitado."

"Art. 7º-A. A exclusão dos perfis genéticos dos bancos de dados ocorrerá no término do prazo estabelecido em lei para a prescrição do delito."

"Art. 7º-B. A identificação do perfil genético será armazenada em banco de dados sigiloso, conforme regulamento a ser expedido pelo Poder Executivo."

Art. 3º A Lei nº 7.210, de 11 de julho de 1984 – Lei de Execução Penal, passa a vigorar acrescida do seguinte art. 9º-A:

"Art. 9º-A. Os condenados por crime praticado, dolosamente, com violência de natureza grave contra pessoa, ou por qualquer dos crimes previstos no art. 1º da Lei nº 8.072, de 25 de julho de 1990, serão submetidos, obrigatoriamente, à identificação do perfil genético, mediante extração de DNA – ácido desoxirribonucleico, por técnica adequada e indolor.

§ 1º A identificação do perfil genético será armazenada em banco de dados sigiloso, conforme regulamento a ser expedido pelo Poder Executivo.

§ 2º A autoridade policial, federal ou estadual, poderá requerer ao juiz competente, no caso de inquérito instaurado, o acesso ao banco de dados de identificação de perfil genético."

Art. 4º Esta Lei entra em vigor após decorridos 180 (cento e oitenta) dias da data de sua publicação.

Brasília, 28 de maio de 2012; 191º da Independência e 124º da República.

Dilma Rousseff

José Eduardo Cardozo

Luiz Inácio Lucena Adams

Este texto não substitui o publicado no DOU de 29.5.2012

A criação de bancos de dados genéticos é um avanço para a elucidação de crimes violentos no Brasil, haja vista que, em muitos casos (execuções, crimes sexuais etc.) os atos são praticados em locais sem a presença de testemunhas. Por outro lado, são crimes graves que, geralmente, deixam vestígios e, portanto, esses bancos facilitarão bastante a descoberta da sua autoria.

Não há dúvida de que a adoção desses bancos de dados é um avanço para o Brasil e que já é uma prática há muitos anos em alguns países, como os Estados Unidos, por exemplo. Havendo os investimentos necessários, muito contribuirão no combate aos elevados índices de impunidade e criminalidade no Brasil.

Em março de 2013 foi sancionado o Decreto Federal nº 7.950/2013, que regulamentou a Lei Federal nº 12.654/2012.

Decreto nº 7.950, de 12 de março de 2013

Institui o Banco Nacional de Perfis Genéticos e a Rede Integrada de Bancos de Perfis Genéticos.

A Presidenta da República, no uso das atribuições que lhe confere o art. 84, *caput*, incisos IV e VI, alínea "a", da Constituição, e tendo em vista o disposto na Lei nº 12.654, de 28 de maio de 2012,

Decreta:

Art. 1º Ficam instituídos, no âmbito do Ministério da Justiça, o Banco Nacional de Perfis Genéticos e a Rede Integrada de Bancos de Perfis Genéticos.

§ 1º O Banco Nacional de Perfis Genéticos tem como objetivo armazenar dados de perfis genéticos coletados para subsidiar ações destinadas à apuração de crimes.

§ 2º A Rede Integrada de Bancos de Perfis Genéticos tem como objetivo permitir o compartilhamento e a comparação de perfis genéticos constantes dos bancos de perfis genéticos da União, dos Estados e do Distrito Federal.

§ 3º A adesão dos Estados e do Distrito Federal à Rede Integrada ocorrerá por meio de acordo de cooperação técnica celebrado entre a unidade federada e o Ministério da Justiça.

§ 4º O Banco Nacional de Perfis Genéticos será instituído na unidade de perícia oficial do Ministério da Justiça, e administrado por perito criminal federal habilitado e com experiência comprovada em genética, designado pelo Ministro de Estado da Justiça.

Art. 2º A Rede Integrada de Bancos de Perfis Genéticos contará com um Comitê Gestor, com a finalidade de promover a coordenação das ações dos órgãos gerenciadores de banco de dados de perfis genéticos e a integração dos dados nos âmbitos da União, dos Estados e do Distrito Federal, que será composto por representantes titulares e suplentes, indicados da seguinte forma:

I – cinco representantes do Ministério da Justiça;

II – um representante da Secretaria de Direitos Humanos da Presidência da República; e

III – cinco representantes dos Estados ou do Distrito Federal, sendo um representante de cada região geográfica.

§ 1º O Comitê Gestor será coordenado por membro indicado nos termos do inciso I do *caput*, que ocupará a função de administrador do Banco Nacional de Perfis Genéticos.

§ 2º Os representantes referidos nos incisos II e III do *caput* e seus suplentes serão indicados pelo dirigente máximo de seus respectivos órgãos.

§ 3º Serão indicados peritos criminais habilitados aprovados pelas unidades federadas das regiões signatárias do acordo de cooperação, para a representação a que se refere o inciso III do *caput*.

§ 4º Na ausência de entendimento entre as unidades da região geográfica, será adotado o revezamento entre os Estados e o Distrito Federal, por ordem alfabética, na forma do regimento interno do Comitê Gestor.

§ 5º Serão convidados para participar das reuniões, sem direito a voto, um representante de cada um dos seguintes órgãos:

I – do Ministério Público;

II – da Defensoria Pública;

III – da Ordem dos Advogados do Brasil; e

IV – da Comissão Nacional de Ética em Pesquisa.

§ 6º Compete ao Ministro de Estado da Justiça designar os membros do Comitê Gestor.

§ 7º As deliberações do Comitê Gestor serão adotadas por maioria absoluta, admitido o voto do coordenador somente com a finalidade de desempate.

§ 8º O mandato dos membros do Comitê Gestor será de dois anos, permitida uma única recondução por igual período.

Art. 3º O Comitê Gestor poderá convidar especialistas e representantes de outros órgãos e entidades, públicas e privadas, para acompanhar as reuniões ou participar de suas atividades.

Art. 4º A participação no Comitê Gestor será considerada prestação de serviço público relevante, não remunerada.

Art. 5º Compete ao Comitê Gestor:

I – promover a padronização de procedimentos e técnicas de coleta, de análise de material genético, e de inclusão, armazenamento e manutenção dos perfis genéticos nos bancos de dados que compõem a Rede Integrada de Perfis Genéticos;

II – definir medidas e padrões que assegurem o respeito aos direitos e garantias individuais nos procedimentos de coleta, de análise e de inclusão, armazenamento e manutenção dos perfis genéticos nos bancos de dados;

III – definir medidas de segurança para garantir a confiabilidade e o sigilo dos dados;

IV – definir os requisitos técnicos para a realização das auditorias no Banco Nacional de Perfis Genéticos e na Rede Integrada de Banco de Perfis Genéticos; e;

V – elaborar seu regimento interno.

Art. 6º Compete ao Ministério da Justiça adotar as providências necessárias:

I – à preservação do sigilo da identificação e dos dados de perfis genéticos administrados no seu âmbito; e

II – à inclusão, no convênio celebrado com as unidades federadas, de cláusulas que atendam ao disposto no inciso I do *caput*.

Art. 7º O perfil genético do identificado criminalmente será excluído do banco de dados no término do prazo estabelecido em lei para prescrição do delito, ou em data anterior definida em decisão judicial.

Art. 8º O Banco Nacional de Perfis Genéticos poderá ser utilizado para a identificação de pessoas desaparecidas.

Parágrafo único. A comparação de amostras e perfis genéticos doados voluntariamente por parentes consanguíneos de pessoas desaparecidas serão utilizadas exclusivamente para a identificação da pessoa desaparecida, sendo vedado seu uso para outras finalidades.

Art. 9º Compete ao Ministério da Justiça auditar periodicamente o Banco Nacional de Perfis Genéticos e a Rede Integrada de Bancos de Perfis Genéticos para averiguar se suas atividades estão em conformidade com este Decreto, na forma disposta no acordo de cooperação técnica de que trata o § 3º do art. 1º, observado os requisitos técnicos previstos no inciso IV do *caput* do art. 5º.

> Parágrafo único. Participarão da auditoria especialistas vinculados a instituições científicas ou de ensino superior sem fins lucrativos.
>
> **Art. 10.** O Ministério da Justiça exercerá a função de Secretaria-Executiva do Comitê Gestor.
>
> **Art. 11.** Este Decreto entra em vigor na data de sua publicação.
>
> Brasília, 12 de março de 2013; 192º da Independência e 125º da República.
>
> DILMA ROUSSEFF
>
> *José Eduardo Cardozo*
>
> Patrícia Barcelos

1.7.2. DNA

A Genética Forense revolucionou a investigação de crimes. Engana-se quem atribui esse sucesso apenas a crimes violentos, dada sua vasta aplicação em crimes contra o patrimônio, tráfico de drogas e de animais etc. Além de comprovar autoria, o uso do DNA forense tem se mostrado indispensável para comprovação de inocência de suspeitos e de pessoas condenadas de forma equivocada.

Em 1953, foi publicado, na revista *Nature*, um pequeno artigo que descrevia, pela primeira vez, a estrutura da molécula de DNA (ácido desoxirribonucleico), intitulada pelos autores James Watson e Francis Crick como "a molécula da vida".

Apenas em 1986, o DNA passou a ser utilizado como ferramenta na investigação criminal. O primeiro caso, acontecido em um vilarejo na Inglaterra, envolveu o assassinato de duas meninas de 15 anos, uma em 1983 e a outra em 1986, com o mesmo *modus operandi*. Sêmen foi coletado de ambos os corpos. O trabalho pioneiro do Prof. Allec Jeffreys, da Universidade de Leicester, demonstrou que ambas as amostras biológicas possuíam o mesmo DNA. Assim, um mesmo indivíduo cometera os dois homicídios. Colin Pitchfork, morador da região, apresentou perfil genético compatível com aquele obtido das amostras coletadas das vítimas e confessou os crimes.

A técnica utilizada por Jeffreys foi chamada de impressão digital de DNA, uma alusão à identificação humana pelas impressões digitais. A partir daí, vestígios de cenas de crime que, até então, eram negligenciados por não serem passíveis de análise, passaram a ser coletados, estudados e a solucionar crimes que, antes, ficariam impunes.

Antes dessa possibilidade, quase 100% garantida, a identificação dos indivíduos era feita através dos sistemas eritrocitários e leucocitários, os quais não determinavam, mas, sim, excluíam a identificação do examinado. Por exemplo: numa ação de investigação de paternidade, não se determinava a paternidade, mas, ao contrário, se excluía ou não a paternidade do examinado. Tal método não era nem prático nem confiável.[30] Dessa maneira, pode-se notar nitidamente a revolução e polêmica causadas pela descoberta da identificação por DNA dentro do Direito.

A ação de investigação de paternidade, que pretende descobrir se ao autor da mesma cabe a condição de filho do réu, tem como fundamento o fato de que saber quem é o próprio pai é um direito moral, patrimonial e, acima de tudo, um direito à vida. Moral, porque garante ao filho a certeza de sua identidade e personalidade; patrimonial, porque assim terá meio e amparo econômicos de ser sustentado até que possa fazê-lo por si próprio; e, finalmente, à vida, porque conhecer sua origem, além de ser fundamental pelos aspectos descritos acima, é importantíssimo e literalmente vital, quando se está diante de questões médicas, que digam respeito a doenças hereditárias ou transplantes.

Em contraposição a esses direitos, porém, como já fora dito acima, a Constituição Federal garante a todos os indivíduos vários outros, como o direito à inviolabilidade da intimidade, da vida, da honra e da imagem, ao silêncio, à não produção de prova contra si mesmo e outros, os quais permitem que o réu se recuse à submissão ao exame de DNA. Tal recusa pode se dar motivada ou imotivadamente, ou seja, o réu pode justificar e explicar por que se recusou a se submeter ao exame (como, por exemplo, por questões religiosas) ou pode apenas declarar que tem o direito de ficar calado, dando margem, neste caso, à presunção[31] dos motivos, em que se alega que, se o réu se nega ao exame, é porque sabe que é o pai e quer esconder isso.

---

30 Todavia, por ser muito barato, ainda continua sendo utilizado amplamente no Brasil. Nesse sentido: "Direito Civil e Processo Civil. Apelação. Ação de investigação de paternidade. Exame hematológico. Prova indireta. *Exceptio plurium concubentium*. Conjunto probatório. Convergência para o reconhecimento da paternidade. Desnecessidade de certeza absoluta. Procedência da ação. Desprovimento.

1. O exame hematológico constitui prova indireta da paternidade, pois, embora não a certifique, conclui pela sua exclusão com base nos elementos do sangue (tipo e fator).

2. A defesa baseada na *exceptio plurium concubentium* confere ao investigado o ônus de demonstrar que a mãe do investigante se entregou a outro(s) homem(ns) no período presumível da concepção.

3. O reconhecimento da paternidade, em que não se vale do DNA, imprescinde do juízo de convicção de certeza plena e absoluta acerca da paternidade alegada, sendo necessário, sim, que do conjunto probatório se possa obter a certeza moral, íntima convicção de que o fato da paternidade é verdadeiro" (TJES, AC nº 01595003432, 2ª C.Cív., Rel. Des. Álvaro Manoel Rosindo Bourguignon, julgado em: 23/03/2004) (grifos nossos).

31 Nesse sentido: "Processual civil. Investigação de paternidade. DNA. Recusa. Agravo regimental.

I – A recusa injustificada do réu em submeter-se ao exame de DNA, aliada às demais provas e circunstâncias dos autos, inclusive de indicativos de esterilidade do pai registral, leva à presunção de veracidade das alegações

Essa recusa do pretenso pai, por sua vez, sob o fundamento processual da teoria da prova, gera a presunção daquilo que se queria provar, ou seja, admite-se a presunção, a confissão ficta dos fatos; admite-se, no caso, a "paternidade processual", além de, nos casos de recusa imotivada, serem presumidos também os motivos da recusa. Presunções essas que, diante da importância e gravidade da questão, não são nem um pouco razoáveis, principalmente porque a teoria da prova se justifica, apenas, quando é impossível determinar a verdade, o que não é o caso aqui.

O princípio do *nemo tenetur se detegere* é direito de igual quilate ao direito à personalidade, uma vez que ambos são dispositivos constitucionais. Diante desse impasse, sendo ambos iguais, a iniciativa mais justa parece ser a de decidir levando-se em consideração os princípios da proporcionalidade e da razoabilidade, e de acordo com cada caso concreto, em particular.

Se avaliarmos os direitos do pretenso pai de proteger sua incolumidade física, de garantir a inviolabilidade de sua intimidade, vida, honra e imagem, de permanecer calado, de se recusar a produzir prova contra si mesmo; e, ainda, se avaliarmos que sua recusa gera uma presunção, que, pela gravidade do assunto, não é razoável e, além disso, acarreta sua condução forçada ao exame pelas autoridades, o que atenta contra o nosso atual estágio civilizatório; e, em seguida, avaliarmos os direitos do suposto filho, de conhecer sua identidade, sua origem, além dos direitos patrimoniais e à vida, percebemos, em rápida análise, que os direitos do primeiro são mais lesados e preponderam.

Neste sentido, inclusive, continua dividido o STJ, como podemos avaliar pelo acórdão a seguir transcrito.

> "Direito civil e processual civil. Família. Ação de investigação de paternidade c.c. petição de herança. Exame de DNA. Recusa. Pedido de conversão de julgamento em diligência.
>
> – A recusa da produção de prova pericial na fase probatória não abre a possibilidade de pleito posterior, no curso do processo, de conversão do julgamento em diligência para a realização do exame de DNA, em investigação de paternidade, isso porque tal prova só pode aproveitar à parte que não criou obstáculo para a sua realização.
>
> – O fato de obstar a realização do exame de DNA, ao impor condições infundadas para sua ocorrência, ou ainda não comparecer no momento aprazado pelo Juízo para a coleta do material

postas na inicial, mesmo porque somente o próprio agravante poderia comprovar, submetendo-se ao exame, a tese negativa da paternidade.

II – Não havendo o que modificar na decisão agravada, nega-se provimento ao agravo regimental" (STJ, AGA nº 322.374/RS, 3ª T., Rel. Min. Antônio de Pádua Ribeiro, DJU 12/5/2003, p. 00299.).

hematológico, corresponde à recusa de a ele se submeter, e tal recusa poderá suprir a prova que se pretendia obter com o exame.

- Embora a presunção de paternidade que surge da recusa ao exame de DNA não seja absoluta, a matéria fática tal como descrita no acórdão impugnado testifica favoravelmente ao pedido do investigante, o que é suficiente para a procedência do pedido.

- O direito da conversão do julgamento em diligência para produção de prova essencial, como o exame de DNA, deve aproveitar àquele que busca efetivamente desvendar a sua verdade biológica; jamais àquele que se agarra à prova que pretende produzir como último subterfúgio para obter ainda um alongamento no curso do processo.

Recurso especial conhecido, mas não provido."

(REsp nº 819.588/MS; Recurso Especial: 2006/0028379-2; Rel.ª Min.ª Nancy Andrighi; 3ª T., julgado em: 24/03/2009, DJe 03/04/2009).

Por outro lado, é preciso que comentemos três outros pontos relevantes, que são muitas vezes esquecidos, mas que alteram consideravelmente a ótica da questão:

1º) Identificação[32] de cidadãos e nome

Basta nascermos para que deixemos nosso primeiro registro. Temos arquivados nos institutos de identificação nossa digital, foto, qualificação, filiação etc., mas isso é tão comum, que ninguém considera um abuso ou um desrespeito à inviolabilidade da intimidade. E se ainda não se tem tais registros, ninguém resiste à sua colheita. Por que isso não ocorre com o exame de DNA? Não ocorre simplesmente porque é novidade, e todos, inconscientemente ou não, tendem a resistir a novidades, a mudanças. Porém, a evolução da engenharia genética nos indica que, num futuro não muito distante, existirão, da mesma maneira que existem hoje os arquivos de impressões digitais, bancos de dados com os DNAs dos seres humanos, e isso não será desrespeito algum; ao contrário, será uma maneira de garantir a segurança da humanidade, tanto que o FBI já possui alguns arquivos desse tipo.

Assim, se ninguém considera um constrangimento a colheita das impressões digitais, por que classificar dessa forma a colheita de um fio de cabelo ou de um pedaço de unha, para que se faça o exame de DNA?

32 Ainda sobre identificação, ver o problema da "identificação criminal", no Cap. 2 deste livro, em especial o item 2.4, na p. 59.

2º) Incolumidade física e dignidade

Respondendo à pergunta feita anteriormente, não se deve levar a um rigor extremo a ideia de incolumidade física. A colheita de um fio de cabelo, de um pedaço de unha ou, até mesmo, de um pouco de sangue não causa dor, muito menos vexame ou qualquer inconveniente grave. Alegar que isso seja algum sacrifício, ou seja, admitir esse extremo em favor da incolumidade, é muito mais irracional do que proteger com mais rigor o direito à identidade da pessoa, o que é muito mais razoável e lógico. E, hoje, segundo o biólogo e professor de genética da UFRJ, Dr. Rodrigo Moura Neto, em entrevista à *Revista Justiça e Cidadania*, já se faz uso da colheita de pequenas amostras de material biológico, como a saliva e a mucosa bucal, através de uma raspagem da bochecha das partes com um cotonete especial (denominado *swab*). Esse mesmo professor afirma: "O exame não é invasivo e não representa nenhum risco com materiais perfurantes". Ele explica ainda o que é o laboratório itinerante, uma ideia que se pretende instalar ainda no Brasil, e que se caracteriza por ser um pequeno laboratório que funcionaria no Fórum em uma única pequena sala, e serviria para colher as amostras do material biológico das partes, imediatamente após as audiências, acelerando os processos e evitando alguns transtornos pelos quais as partes têm que passar, tais como intimações e oficiais de justiça procurando-as no trabalho.

Superior Tribunal de Justiça. EXUMAÇÃO. EXAME. DNA.

A demanda principal diz respeito à necessidade de realização de exame de DNA por meio de métodos mais avançados, em vista da degradação óssea do investigado – de mais de trinta anos –, além da reiterada recusa dos demais herdeiros em realizar a perícia indireta. Com o avanço das pesquisas tecnológicas, o exame de DNA surge com importância visceral para se aferir a filiação, acarretando profundo impacto na dinâmica das ações investigatórias, permitindo-se a determinação biológica com precisão científica em razão da carga genética do indivíduo, de forma simples, rápida e segura. A jurisprudência sedimentou a presunção *juris tantum* de paternidade que se pretendia provar quando há recusa injustificada do suposto pai em submeter-se ao exame de DNA, nos termos do Enunciado 301 do STJ. Há de se dar prevalência à dignidade da pessoa humana do filho, no direito à descoberta da identidade genética e regularização de seu *status familiae*, em detrimento do direito do pai investigado a não submissão à perícia médica, refutando-se quaisquer óbices de natureza processual ao referido direito fundamental. Esta Corte reconhece ser plenamente possível a conversão do julgamento em diligência para fins de produção de prova essencial, como o exame de DNA em questão, principalmente por se tratar de ação de estado. O processo civil moderno vem reconhecendo – dentro da cláusula geral do devido processo legal – diversos outros princípios que o regem, como a boa-fé processual, efetividade, contraditório, cooperação e a confiança, normativos que devem alcançar não só as partes, mas também a atuação do magistrado, que deverá fazer parte do diálogo processual. Uma vez concedida a produção da prova genética e sendo viável a obtenção de seu resultado por diversas formas, mais razoável seria que o magistrado deferisse a sua feitura sobre alguma outra vertente, e não simplesmente suprimi-la das partes pelo resultado inconclusivo da primeira tentativa, até porque, "na fase atual da evolução do Direito de Família, não se justifica desprezar a produção da prova genética pelo DNA, que a ciência tem proclamado idônea e eficaz" (REsp 192.681/PR, Rel. Min. Sálvio de Figueiredo Teixeira, 4ª T., julg. 02/03/2000, DJ 24/03/2003). Não se pode olvidar que esta Corte já reconheceu, em ação de investigação de paternidade, que "a presunção de paternidade enunciada pela Súmula nº 301/STJ não está circunscrita à pessoa do investigado, devendo alcançar, quando em conformidade com o contexto probatório dos autos, os réus que opõem injusta recusa à realização do exame" (REsp 1.253.504/MS, Rel.ª Min.ª Maria Isabel Gallotti, 4ª T., julg. 13/12/2011, DJe 01/02/2012). Neste caso, já houve exumação do corpo e os herdeiros recusam-se reiteradamente a realizar a perícia indireta, o que justifica, assim, o novo teste de DNA nos ossos do falecido pai pela técnica indicada (STJ, AgInt no REsp 1.563.150/MG, Rel. Min. Luis Felipe Salomão, 4ª T., DJe 19/10/2016).Como consabido, a jurisprudência acolhe a exumação para fins de exame de DNA. Assim, o agravante não logrou comprovar a presença do *fumus boni iuris* e do *periculum in mora* a ponto de autorizar o processamento do especial retido (art. 542, § 3º, do CPC) que busca impedir tal providência. Precedentes citados: AgRg no Ag 1.159.165-MG, DJe 4/12/2009; MC 17.554-DF, DJe 30/3/2011; AgRg no Ag 595.766-RJ, DJ 17/12/2004; Ag 436.704-SP, DJ 18/8/2003; AgRg na MC 2.430-PR, DJ 18/12/2000, e AgRg na Pet 7.942-DF, DJe 17/9/2010. STJ. AgRg na Pet 8.321-DF, Rel. Min. Massami Uyeda, julgado em 5/4/2011. *Informativo* STJ 468/2011.

Segundo o Prof. Dr. Jesus Antônio Velho[33], na obra *Locais de Crime*: dos vestígios à dinâmica criminosa (Editora Millenium, 2018), a coleta com *swab* da mucosa oral apresenta várias vantagens, como se tratar de uma técnica indolor, não invasiva e que necessita ser realizada por profissional de saúde.

33 Perito Criminal Federal, Professor concursado da USP (Universidade de São Paulo) e autor de livros conceituados na área da Criminalística.

Inclusive, a título informativo, no ano de 2012, a imprensa noticiou que o Tribunal de Justiça do Rio de Janeiro (TJRS) teria autorizado a exumação do corpo do cantor Tim Maia, morto em 1998, para fins de realização de exame de DNA para comprovação da paternidade de uma mulher que alegava ser sua filha.

3º) Princípio do *nemo tenetur se detegere*

Quando qualquer pessoa é identificada ou precisa ser identificada, o princípio do silêncio não é aplicado. E por que, neste caso, deveria ser? Quando se buscam os registros fáticos (corpo de delito) relativos ao réu, apesar de também ser uma identificação, não se cogita sobre o princípio do *nemo tenetur se detegere*; ninguém jamais discutiu o direito de usar-se a digital que o acusado deixou no local do crime. Ou seja, da mesma maneira que não se pergunta ao acusado se ele aceita que as digitais deixadas no local do crime sejam examinadas, não é razoável que se admita a recusa do réu a se submeter ao exame de DNA. Da mesma maneira, ainda que se recuse o réu a entregar seu material biológico, nada impede que seja feita busca desse material nos registros do mesmo ou nos ambientes nos quais vive (ex.: colheita de fibras e pelos).

Resta esclarecer que é comum citarem vários exemplos admitidos no Processo Penal, nos quais exige-se, indispensavelmente, a busca das provas do crime, caso este deixe vestígios; é o caso do art. 158 do CPP. Porém, não nos parece que a persecução criminal seja mais importante do que definir a paternidade certa e segura. Se se admite a produção de provas para efeito processual penal, também deverá ser admitida em alguns casos processuais civis em que a relevância da matéria justifique tal procedimento.

Em resumo:

- Em nosso entender, o princípio da incolumidade, no exame de DNA, não é afetado, já que há meios de obtenção de DNA que não causam maiores transtornos. Qualquer purismo, aqui, desprezaria outros princípios constitucionais de igual importância.
- Não se aplica, ao caso em questão, o princípio do *nemo tenetur se detegere*, porque:

  I - ele é igualmente constitucional e, por isso, não prevalente ao direito à identidade;

  II - o princípio da não autoacusação não tem o condão de impedir que o Estado tenha e utilize os registros de seus cidadãos.

- Havendo possibilidade de certeza biológica, não devemos aceitar, em casos como o presente, a certeza processual. Admitir isso seria cometer um erro comum nos juristas, que é o de atribuir ao Direito maior importância do que às outras ciências. Porém, o caso em discussão trata de questão biológica, passível de solução técnica nesta ciência. Assim, está claro que a Biologia nos deu a solução do problema, mas nós ainda resistimos a aceitá-la, esperando que a moderna tecnologia se molde ao Direito. Contudo, quem deve moldar-se é o Direito, e não a Biologia.

A POLÊMICA NOS TRIBUNAIS

A polêmica da obrigatoriedade ou não do exame de DNA estende-se aos tribunais, mostrando que as divergências são muitas e as discussões, necessárias. Como exemplo, trazemos um caso de investigação de paternidade no qual o réu, de acordo com decisão judicial, ficou obrigado a se submeter ao exame, sob pena de ser conduzido ao mesmo "debaixo de vara". Diante de tal determinação, o réu entrou com um pedido de *habeas corpus*, *writ* que foi levado até ao STF. A decisão e os votos dos ministros serão expostos resumidamente a seguir, como meio de ilustrar as divergências já citadas.

A favor da obrigatoriedade do exame de DNA votaram quatro ministros.

O Ministro Francisco Rezek atenta para a grande eficiência do exame de DNA, que oferece ao julgador elemento probatório sólido, e para a ênfase dada pelo legislador brasileiro aos direitos da criança e do adolescente. Afirma, ainda, que "é alentador observar, na hora atual, que a visão individuocêntrica, preocupada com as prerrogativas do direito do investigado, vai cedendo espaço ao direito elementar que tem a pessoa de conhecer sua origem genética".

Seguindo o mesmo entendimento, o Ministro Ilmar Galvão afirma que um mero indício é insuficiente para autorizar uma presunção de paternidade, e que, com a investigação da mesma, não se busca satisfazer interesse apenas patrimonial, mas sobretudo interesse moral de conhecer-se a identidade real da criança e sua origem, possuindo assim conotação de ordem pública.

Na mesma linha, o Ministro Carlos Velloso ressalta o art. 227, *caput* e § 6º, da CF, concluindo que o filho tem o direito de conhecer seu pai biológico. Defende que o interesse em questão não é meramente o patrimonial, e por isso mesmo a confissão ficta não é suficiente solução ao problema, que envolve, acima de tudo, interesses morais. À dignidade humana da pessoa não é dado o devido valor, se esta vem a ser sustentada economicamente por pessoa que é considerada seu pai por uma presunção decorrente da recusa deste a se submeter ao exame de DNA.

E, finalmente, ainda favorável à obrigatoriedade do exame, o Ministro Sepúlveda Pertence afirma que: "Não se pode opor o mínimo – [...] – ou o risível sacrifício imposto à inviolabilidade corporal à iminência dos interesses constitucionalmente tutelados à investigação da própria paternidade".

Contudo, *contra a obrigatoriedade do exame* votaram cinco ministros.

O Ministro Otávio Gallotti concorda não ser meramente patrimonial o direito que se pretende ver declarado, mas defende que não é indisponível. Defende também que tal direito é individual, e não de interesse coletivo. Afirma que da recusa do paciente pressupõe-se sua paternidade, deferindo o pedido de *habeas corpus*.

Na mesma linha de pensamento, o Ministro Marco Aurélio opina que a realização compulsória do exame sem a concordância do paciente constitui uma violência à ordem constitucional em vigor e às normas instrumentais comuns, aplicáveis à espécie: art. 343, § 2º, do Código de Processo Civil vigente à época (hoje correspondente ao art. 385, § 1º, do novo CPC), o qual estabelece que a recusa à execução da ordem judicial acarretará a admissibilidade ficta dos fatos, e não que será sua execução compulsória e obrigatória, o que, por sua vez, não equivale ao efeito jurídico-processual mais consentâneo. Segundo ele, cabe aos cidadãos colaborar com o Judiciário e, no caso, o sacrifício do corpo do paciente não é tão grande, porém sua recusa é respeitada e amparada pela Constituição Federal, através do Princípio da Legalidade (ninguém pode ser obrigado a fazer ou deixar de fazer alguma coisa, senão em virtude de lei) e do art. 5º, inciso X. Defende, ainda, que a recusa do paciente à realização do exame não deve ser resolvida no campo da violência física, da ofensa à integridade humana, mas sim no plano instrumental, reservado ao juízo competente.

O Ministro Sidney Sanches, de acordo com os dois últimos ministros citados, defende ser uma afronta à natureza das coisas e à própria natureza humana obrigar alguém, contra a sua vontade, a servir como objeto de prova, violando a intimidade do corpo (art. 5º, inciso X, da CF). Lembra situações no processo penal em que a recusa do réu não o leva à realização coercitiva do ato, mas sim a uma outra saída, que pode até ser negativa para ele, considerando provado o que se queria provar com o exame recusado. O ilustre ministro defende, ainda, que o direito do filho não é indisponível, e sim personalíssimo, podendo ser exercitado ou não.

O Ministro Neri da Silveira invoca o art. 339 do Código de Processo Civil vigente à época (hoje correspondente ao art. 378 do novo CPC) e questiona se o mesmo tem o poder de compelir alguém a dispor de direito indisponível, que é o que pretende aqui assegurar o paciente. Invoca, então, o art. 5º, incisos II e X, para mostrar que o réu não pode ser obrigado à realização do exame de DNA. Alega, então, para solucionar a controvérsia, que a própria Constituição

Federal resolve a questão "quando se admite, em matéria de investigação de paternidade, o decreto de sua procedência, não só em razão de provas documentais ou testemunhais, mas também por indícios e presunções". Defende, assim, levando em conta os princípios da legalidade e da privacidade, a possibilidade de recusa do réu.

Finalmente, o Ministro Moreira Alves considera que o direito à investigação de paternidade é direito indisponível e personalíssimo, e a inviolabilidade da intimidade, direito resguardado pela Constituição Federal. Defende, assim, que aquele não pode ser protegido em detrimento deste.

Dessa forma, o STF deferiu, por maioria dos votos, o pedido de *habeas corpus*, decidindo que ninguém pode ser obrigado a se submeter a exame de DNA, admitindo, neste caso, por presunção, aquilo que se queria provar com o exame (STF – *HC* nº 71.373).

Esse entendimento do STF é a confirmação de majoritária jurisprudência dos tribunais estaduais, ou seja, a recusa do suposto pai em se submeter ao exame pericial é aceita, porém leva ao convencimento de que é o pai; caso contrário, não teria motivos para se recusar ao exame. No entanto, entendemos que o princípio do silêncio não pode ser levado tanto ao extremo, como já foi esclarecido anteriormente. O princípio do silêncio deve ser entendido apenas no sentido de que ninguém pode ser compelido a produzir prova contra si mesmo; e, recusando-se o acusado à submissão a essa prova de DNA, nenhuma presunção deve ser feita isoladamente, na medida em que não se saiba ou não se estudem os seus motivos, que, por sua vez, também não podem ser presumidos.

Outro caso que merece ser citado é o do *HC* nº 76.060 – SC, cujo relator foi o Ministro Sepúlveda Pertence. Nesse caso, o paciente, que era o pai presumido do menor, já que este nascera na constância do casamento, respondia à "ação de investigação de paternidade c/c retificação de registro", proposta por terceiro, que se pretendia pai biológico da criança. Tal questão se faz interessante porque não se trata do caso comum no qual o menor é o autor que deseja a prova da paternidade do pretenso pai, mas sim de terceiro, querendo para si a titularidade do poder familiar.

Nesse caso, o Ministro Sepúlveda Pertence, em seu voto, citou o Direito Comparado, demonstrando que, na Europa Ocidental, a regra é a não obrigatoriedade ao exame de sangue, o qual é considerado violação à integridade física, e não deve ser feito compulsoriamente, ficando a exceção, que ele define como notável, com o Direito alemão, que é acompanhado pelos países nórdicos e pelo Direito norte-americano, os quais defendem a obrigatoriedade do exame. O eminente ministro espelha-se, ainda, em semelhante decisão do plenário do Tribunal no *HC* nº 71.373 (por nós já citado), entendendo que o *habeas corpus*, nesse caso agora em análise, deveria ser deferido, vedando a produção da prova questionada. Deixa claro, porém, que tal decisão não decorre do entendimento de que a submissão do paciente ao exame seria uma afronta à sua integridade física, mas sim de que ofenderia a sua dignidade pessoal. Tal fundamentação deu-se tendo em vista a "hipótese atípica" e constrangedora (do réu, até hoje, considerado pai, que vê essa posição sendo questionada por outro homem), e a certeza de solução do conflito, diante da moderna engenharia genética que nos proporciona a certeza da paternidade (e não, como há tempos, a exclusão desta), através da retirada e exame do material genético do autor da ação, sem qualquer participação do réu. Reitera-se, assim, mais uma vez, o entendimento de que não se deve obrigar ninguém a se submeter a exame de DNA. Contudo, diferencia-se essa situação das demais, no tocante à presunção da paternidade; aqui, o réu que se recusa a submeter-se ao exame já é o presumido pai.

Objetivando uniformizar ao menos um dos aspectos dessa controvertida questão, o Superior Tribunal de Justiça editou, em novembro de 2004, a Súmula nº 301, na qual restou consignado que:

Súmula nº 301 do STJ

Em ação investigatória, a recusa do suposto pai a submeter-se ao exame de DNA induz presunção juris tantum de paternidade.

Desse modo, verifica-se que o citado Tribunal buscou compatibilizar a possibilidade de não submissão ao exame de DNA, com o direito da parte contrária em ter a sua paternidade investigada e conhecida. Desse modo, o suposto pai até pode recusar-se a realizar o exame, mas esse fato acarretará uma presunção relativa (*iuris tantum*) de paternidade.

Os limites da coisa julgada também são alvo de revisão de pensamento em face do exame de DNA. Há julgados em sede de ação rescisória de investigação de paternidade, no sentido de flexibilizar o conceito de "documento novo" para permitir a revisão total do caso.

Nesse sentido:

> "Ação rescisória. Investigação de paternidade. Exame de DNA após o trânsito em julgado. Possibilidade. Flexibilização do conceito de documento novo nesses casos. Solução pró-verdadeiro *status pater*. – O laudo do exame de DNA, mesmo posterior ao exercício da ação de investigação de paternidade, considera-se "documento novo" para aparelhar ação rescisória (CPC, art. 485, VII). É que tal exame

revela prova já existente, mas desconhecida até então. A prova do parentesco existe no interior da célula. Sua obtenção é que apenas se tornou possível quando a evolução científica concebeu o exame intracitológico. Acórdão: vistos, relatados e discutidos os autos em que são partes as acima indicadas, acordam os Ministros da Segunda Seção do Superior Tribunal de Justiça, na conformidade dos votos e das notas taquigráficas a seguir, por unanimidade, não conhecer do recurso especial, nos termos do voto do Sr. Ministro Relator. Os Srs. Ministros Cesar Asfor Rocha, Fernando Gonçalves, Aldir Passarinho Junior, Antônio de Pádua Ribeiro e Barros Monteiro votaram com o Sr. Ministro Relator. Impedido o Sr. Ministro Castro Filho. Ausente, ocasionalmente, a Sra. Ministra Nancy Andrighi." (STJ, REsp nº 300.084/GO. Recurso especial. Processo nº 2001/0005257-6. Rel. Min. Humberto Gomes de Barros. Segunda Seção, julgado em: 28/4/2004, DJ 6/9/2004, p. 161).

Recentemente, o próprio STJ emitiu decisões em sentido contrário, o que demonstra que o tema DNA ainda gera grande controvérsia:

"Agravo regimental. Ação declaratória de negativa de paternidade. Coisa julgada. Exame de DNA. Impossibilidade. Divergência. Jurisprudência. Súmula nº 83 do STJ.

1. É inviável a reforma de decisão acobertada pelo manto da coisa julgada, ainda que tenha sido proferida com base em tecnologia já superada.[34]

2. 'Não se conhece do recurso especial pela divergência, quando a orientação do Tribunal se firmou no mesmo sentido da decisão recorrida' – Súmula nº 83 do STJ.

3. Agravo regimental desprovido."

Acórdão: Vistos, relatados e discutidos os autos em que são partes as acima indicadas, acordam os Ministros da Quarta Turma do Superior Tribunal de Justiça, por unanimidade, negar provimento ao agravo regimental nos termos do voto do Sr. Ministro Relator. Os Srs. Ministros Luis Felipe Salomão, Fernando Gonçalves (Presidente) e Aldir Passarinho Junior votaram com o Sr. Ministro Relator. Ausente, justificadamente, o Sr. Ministro Honildo Amaral de Mello Castro (Desembargador convocado do TJ/AP). Brasília, 03 de setembro de 2009 (data de julgamento). Ministro João Otávio de Noronha Relator. AgRg no Recurso Especial nº 646.140/SP (2004/0037886-0) Rel. Min. João Otávio de Noronha. Agravante: W. F. DA S. Agravado: A. C. C. S. Repr. por: J. D. C.

Desde 1984 que aquela que promete ser a mais incontestável técnica para a identificação de um indivíduo tem vindo, firmemente, a ganhar terreno.

34 Grifos nossos.

É comumente conhecida como impressões digitais de DNA (*DNA fingerpriting*). Apesar das afirmações exageradas produzidas a seu favor quando dos primeiros desenvolvimentos, já conseguiu se estabelecer a sua importância, não só na investigação criminal, mas também em questões de paternidade e genealogia – e mesmo em relação à evolução de animais pré-históricos. Ademais, enquanto a identificação através de impressões digitais requer uma significativa parte identificável da impressão completa, a análise do ADN exige apenas umas poucas células corporais individuais.[35]

A lenda urbana do "crime perfeito" é cada vez mais posta em xeque com o aperfeiçoamento da prova pericial. É normal que haja resistência, em especial, das defesas criminais.

Isso aconteceu também no passado quando o exame DNA começou a ser utilizado em processos cíveis de investigação de paternidade, mas a qualidade da prova técnica (DNA) prevaleceu e hoje o exame é realizado por todo o país de forma vitoriosa para os envolvidos, pois sua idoneidade é muito superior à prova testemunhal e o exame negativo hematológico, dando segurança para que os juízes cíveis decidam com segurança a causa.

Nenhuma prova é absoluta e deve ser analisada dentro de um conjunto probatório, lembrando que o ser humano faz a coleta, avaliação e análise dessas provas, de forma que pode haver erro em algum momento da manipulação dos materiais coletados. Havendo observação segura dos protocolos técnicos, não há dúvida que a segurança na utilização dessa prova será cada vez maior.

Sobre controvérsia do uso do DNA em investigações criminais, leia o artigo "A velhinha do DNA", de Ilana Casoy, publicado no site do Canal Discovery.

Disponível em: <http://id.discoverybrasil.uol.com.br/ilana-casoy-a-velhinha-do-dna>.

35 INNES, Brian. Os *cadáveres acusam*. Trad. Joana Manuel. Lisboa: Estampa, 2007, p. 147.

O CASO "GLORIA TREVI" E A COLISÃO DE DIREITOS FUNDAMENTAIS

A respeito do tema, convém citar que o STF conheceu como reclamação o pedido formulado contra a decisão da 10ª Vara Federal da SJ/DF, que autorizara a coleta da placenta de extraditanda grávida, após o parto, para a realização de exame de DNA, com a finalidade de instruir inquérito policial instaurado para a investigação dos fatos relacionados com a gravidez da mesma. A extraditanda engravidou quando já se encontrava presa na Polícia Federal e havia suspeita de que o pai seria algum policial que a custodiava. Considerou-se que, estando a extraditanda em hospital público sob a autorização do STF, e havendo a mesma manifestado-se expressamente contra a coleta de qualquer material recolhido de seu parto, vinculando-se a fatos constantes dos autos da extradição (queixa da extraditanda de que teria sofrido "gravidez não consentida" e "estupro carcerário"), a autorização só poderia ser dada pelo próprio STF. Vencidos os Ministros Sepúlveda Pertence, Ilmar Galvão, Celso de Mello e Marco Aurélio, que não conheciam do pedido como reclamação por entenderem não caracterizada, na espécie, a usurpação da competência do STF, uma vez que o fato de a extraditanda estar presa à disposição do STF não impede o curso paralelo de outros procedimentos penais no Brasil.

Observe-se ainda que, no mérito, o Tribunal julgou procedente a reclamação e, avocando a apreciação da matéria de fundo, deferiu a realização do exame de DNA, cabendo à 10ª Vara Federal da SJ/DF providenciá-lo. Fez-se, assim, no caso, a ponderação dos valores constitucionais contrapostos, quais sejam, o direito à intimidade e à vida privada da extraditanda, e o direito à honra e à imagem dos servidores e da Polícia Federal como instituição – atingidos pela declaração de a extraditanda haver sido vítima de estupro carcerário, divulgada largamente pelos meios de comunicação –, o Tribunal afirmou a prevalência do esclarecimento da verdade quanto à participação dos policiais federais na alegada violência sexual, levando em conta, ainda, que o exame de DNA acontecera sem invasão da integridade física da extraditanda ou de seu filho. Vencido, nesse ponto, o Min. Marco Aurélio, que indeferia a realização do exame de DNA. O Tribunal, no entanto, indeferiu o acesso ao prontuário médico da extraditanda, porquanto, com o deferimento da realização do exame de DNA, restou sem justificativa tal pretensão. Esta decisão foi noticiada no *Informativo* de Jurisprudência 257 do Supremo Tribunal Federal.[36]

36 Rcl-QO 2040/DF. Questão de Ordem na Reclamação. Rel. Min. Néri da Silveira. Julgado em: 21/02/2002 Órgão Julgador: Tribunal Pleno. DJ 27/06/2003, p. 31, ement. vol. 02116-01, p. 129. **Parte(s).** Reclte.: Glória de los Ángeles Treviño Ruiz. Advdo.: José Crescêncio da Costa JR. Recldo.: Juiz Federal da 10ª Vara da Seção Judiciária do Distrito Federal.

Em nossa opinião, a forma não invasiva para obter o material é o ponto principal, mais até do que a proteção da imagem da Polícia Federal. Além disso, buscou-se a verdade real.

O CASO "ROBERTA JAMILLY"

No caso de Roberta Jamilly, um delegado de polícia no Estado de Goiás apreendeu pontas de cigarros (onde havia saliva de Roberta, que não concordou em submeter-se a exame), que ela fumara (durante depoimento policial), e os enviou para exame de DNA. Com o exame realizado, comprovou-se que a mesma não era filha biológica da investigada Vilma.

O princípio da dignidade humana, assim como o da privacidade e intimidade, impede que o corpo humano seja invadido para efeito de se colherem provas. A regra geral, nesse âmbito, é a da concordância do sujeito (STF, HC nº 71.371-RS, Marco Aurélio). Considere-se, ademais, que ninguém está obrigado a emprestar seu corpo ou parte dele para o efeito de se produzir prova. Ninguém é obrigado a incriminar-se. Dessa regra é que decorre o direito de o suspeito não fornecer material gráfico para exame grafotécnico, de não comparecer à reconstituição do crime etc.[37]

O caso de Roberta assemelha-se ao fato de a polícia achar no local do crime outros elementos de prova, como esperma, catarro, sangue etc. Quando qualquer parte do corpo se afasta dele, é possível a realização da perícia. Nesse sentido, entendemos que a prova é claramente válida.

1.7.3. Bafômetro

A questão da obrigatoriedade ou não do exame de bafômetro torna-se, em razão do campo em que se insere (intervenções corporais), uma das mais complexas enfrentadas pelo Direito na atualidade e, enquanto não houver um julgamento definitivo por parte do STF, o assunto não terá um rumo definido. Com o advento da Lei Federal nº 12.760/2012 (que alterou o CTB), a polêmica tende a continuar.

A questão, agora, é saber se uma autoridade policial pode compelir um motorista a submeter-se ao exame do bafômetro ou não. O art. 306 do Código Nacional de Trânsito, com a nova redação que lhe foi dada pelas Leis nº 12.760, de 20 de dezembro de 2012, e nº 12.971, de 09 de maio de 2014, estabeleceu que é crime:

37 GOMES, Luiz Flávio. *Caso Roberta Jamilly:* prova válida. Disponível em: <http://www.lfg.com.br/public_html/article.php?story=20041009114637376p>.

> **Art. 306.** Conduzir veículo automotor com capacidade psicomotora alterada em razão da influência de álcool ou de outra substância psicoativa que determine dependência.
>
> Penas – detenção, de seis meses a três anos, multa e suspensão ou proibição de se obter a permissão ou a habilitação para dirigir veículo automotor.
>
> § 1º As condutas previstas no *caput* serão constatadas por:
>
> I – concentração igual ou superior a 6 decigramas de álcool por litro de sangue ou igual ou superior a 0,3 miligrama de álcool por litro de ar alveolar; ou
>
> II – sinais que indiquem, na forma disciplinada pelo Contran, alteração da capacidade psicomotora.
>
> § 2º A verificação do disposto neste artigo poderá ser obtida mediante teste de alcoolemia ou toxicológico, exame clínico, perícia, vídeo, prova testemunhal ou outros meios de prova em direito admitidos, observado o direito à contraprova.
>
> § 3º O Contran disporá sobre a equivalência entre os distintos testes de alcoolemia ou toxicológicos para efeito de caracterização do crime tipificado neste artigo.

Ainda, o art. 277 do CTB prevê:

> **Art. 277.** O condutor de veículo automotor envolvido em acidente de trânsito ou que for alvo de fiscalização de trânsito poderá ser submetido a teste, exame clínico, perícia ou outro procedimento que, por meios técnicos ou científicos, na forma disciplinada pelo Contran, permita certificar influência de álcool ou outra substância psicoativa que determine dependência
>
> § 1º (Revogado).
>
> § 2º A infração prevista no art. 165 também poderá ser caracterizada mediante imagem, vídeo, constatação de sinais que indiquem, na forma disciplinada pelo Contran, alteração da capacidade psicomotora ou produção de quaisquer outras provas em direito admitidas.
>
> § 3º Serão aplicadas as penalidades e medidas administrativas estabelecidas no art. 165-A deste Código ao condutor que se recusar a se submeter a qualquer dos procedimentos previstos no *caput* deste artigo.

Segundo o CTB (em sua nova redação), constitui infração administrativa:

Art. 165. Dirigir sob a influência de álcool ou de qualquer outra substância psicoativa que determine dependência.

Infração – gravíssima;

Penalidade – multa (dez vezes) e suspensão do direito de dirigir por 12 (doze) meses.

Medida administrativa – recolhimento do documento de habilitação e retenção do veículo, observado o disposto no § 4º do art. 270 da Lei nº 9.503, de 23 de setembro de 1997 – do Código de Trânsito Brasileiro.

Parágrafo único. Aplica-se em dobro a multa prevista no *caput* em caso de reincidência no período de até 12 (doze) meses.

REGULAMENTAÇÃO DA MARGEM DE TOLERÂNCIA DE ÁLCOOL NO SANGUE

Decreto Federal nº 6.488 de 19 de junho de 2008.

Regulamenta os arts. 276 e 306 da Lei nº 9.503, de 23 de setembro de 1997 – Código de Trânsito Brasileiro, disciplinando a margem de tolerância de álcool no sangue e a equivalência entre os distintos testes de alcoolemia para efeitos de crime de trânsito.

O Presidente da República, no uso da atribuição que lhe confere o art. 84, inciso IV, da Constituição, e tendo em vista o disposto nos arts. 276 e 306 da Lei nº 9.503, de 23 de setembro de 1997 – Código de Trânsito Brasileiro,

Decreta

Art. 1º Qualquer concentração de álcool por litro de sangue sujeita o condutor às penalidades administrativas do art. 165 da Lei nº 9.503, de 23 de setembro de 1997 – Código de Trânsito Brasileiro, por dirigir sob a influência de álcool.

§ 1º As margens de tolerância de álcool no sangue para casos específicos serão definidas em resolução do Conselho Nacional de Trânsito – Contran, nos termos de proposta formulada pelo Ministro de Estado da Saúde.

§ 2º Enquanto não editado o ato de que trata o § 1º, a margem de tolerância será de duas decigramas por litro de sangue para todos os casos.

§ 3º Na hipótese do § 2º, caso a aferição da quantidade de álcool no sangue seja feita por meio de teste em aparelho

> de ar alveolar pulmonar (etilômetro), a margem de tolerância será de um décimo de miligrama por litro de ar expelido dos pulmões.
>
> **Art. 2º** Para os fins criminais de que trata o art. 306 da Lei nº 9.503, de 1997 - Código de Trânsito Brasileiro, a equivalência entre os distintos testes de alcoolemia é a seguinte:
>
> I - exame de sangue: concentração igual ou superior a seis decigramas de álcool por litro de sangue; ou
>
> II - teste em aparelho de ar alveolar pulmonar (etilômetro): concentração de álcool igual ou superior a três décimos de miligrama por litro de ar expelido dos pulmões.
>
> **Art. 3º** Este Decreto entra em vigor na data de sua publicação.
>
> Brasília, 19 de junho de 2008; 187º da Independência e 120º da República.
>
> Luiz Inácio Lula da Silva
>
> Tarso Genro
>
> José Gomes Temporão
>
> Marcio Fortes de Almeida
>
> Jorge Armando Felix

As questões atinentes ao tema do bafômetro foram estudadas acima, no item em que tratamos das INTERVENÇÕES CORPORAIS (EXAMES DE DNA, BAFÔMETRO, IDENTIFICAÇÃO CRIMINAL DATILOSCÓPICA ETC.), para onde remetemos o leitor.

1.8. ODONTOLOGIA LEGAL

Não podemos nos esquecer também de relatar a importância da Odontologia Legal. Ela tem sido bastante utilizada, na atualidade, na identificação[38] das vítimas criminais pelo exame da arcada dentária.

A Odontologia Legal é a especialidade que tem como objetivo a pesquisa de fenômenos psíquicos, físicos, químicos e biológicos que podem atingir ou ter atingido o homem vivo, morto ou ossada, e mesmo fragmentos ou vestígios, resultando lesões parciais ou totais reversíveis ou irreversíveis.[39] A atuação

38 Nesse sentido, ver o interessante texto: RADICCHI, Ronaldo. *A odontologia legal e os institutos médico--legais*: uma parceria histórica. Disponível em: <http://www.leliobragacalhau.com.br/a-odontologia-legal-e-os-institutos-medico-legais-uma-parceria-historica/>.

39 Conselho Federal de Odontologia. Resolução nº 22/2001, de 27/12/2001, art. 27.

da Odontologia Legal restringe-se à análise, perícia e avaliação de eventos relacionados com a área de competência do cirurgião-dentista, podendo, se as circunstâncias o exigirem, estender-se a outras áreas, se disso depender a busca da verdade, no estrito interesse da Justiça e da administração.[40]

Segundo Rodrigo Miranda Pereira, a Odontologia Legal é fundamental na perícia de identificação em acidentes aeronáuticos, devido à resistência dos elementos dentários, restaurações e próteses odontológicas, à ação do fogo e de altas temperaturas, características marcantes dos acidentes aeronáuticos.[41]

Lembra, ainda, Pereira que a radiologia odontológica digitalizada facilita sobremaneira o trabalho de uma perícia de identificação humana e os dados obtidos podem ser enviados através de rede de computadores.[42]

As vítimas de atentados terroristas também podem ser identificadas por odontólogos legais, facilitando a investigação criminal.

1.9. RADIOLOGIA FORENSE

É a especialidade médica criada em 1895, a partir da descoberta dos raios X, por Wilhelm Röentgen, cuja evolução tecnológica, no tocante à era digital, trouxe mais colaboração ao diagnóstico nas últimas décadas do século XX, com o advento da tomografia computadorizada, radiologia digital, ressonância magnética e ultrassonografia.

Durante centenas de anos, cirurgiões-dentistas, antropólogos, arqueólogos e paleontólogos basearam-se na forma e condição de dentes encontrados em restos humanos para identificar o sexo, a idade e o estilo de vida.[43]

Pouco tempo após a descoberta dos raios "X", no fim do século XIX, e ao longo do século XX, a análise de registros dentais acompanhados de radiografias *ante* e *post mortem* tornou-se uma ferramenta fundamental no processo de identificação em Odontologia Legal. A partir da segunda metade da década de 80 e até os dias atuais, o grande avanço tecnológico na área de informática culminou em um refinamento da técnica, por meio da radiografia

40 Conselho Federal de Odontologia. Resolução nº 22/2001, art. 27, parágrafo único.

41 PEREIRA, Rodrigo Miranda. *A contribuição da odontologia legal na identificação humana em acidentes aeronáuticos*. Dissertação de mestrado apresentada à Faculdade de Odontologia da Universidade de São Paulo. Área de concentração: Deontologia e Odontologia Legal. São Paulo, 2003.

42 PEREIRA, Rodrigo Miranda. *A contribuição da odontologia legal na identificação humana em acidentes aeronáuticos*. Dissertação de mestrado apresentada à Faculdade de Odontologia da Universidade de São Paulo. Área de concentração: Deontologia e Odontologia Legal. São Paulo, 2003.

43 GRUBER, J.; KAMEYAMA, M. M. O papel da radiologia em odontologia legal. *Pesqui. Odontol. Bras.*, v. 15, nº 3, jul./set., 2001, p. 266.

computadorizada, oferecendo maior acuidade nas identificações, mesmo em indivíduos desdentados, como também na determinação de sua idade.[44]

A radiologia forense tem como objetivo de pesquisas pelos métodos diagnósticos já citados, no vivo ou no morto, lesões, sequelas, corpos estranhos, projéteis de arma de fogo, doenças e até mesmo variantes anatômicas.

No nosso meio, a Radiologia é utilizada principalmente na perícia dos vivos no Auto de Exame de Idade óssea, que se baseia em radiografias das mãos e punhos, que tem como objetivo determinar as idades limites que são utilizadas como balizadores. Na lei penal, essas fronteiras etárias estão nos quatorze, dezesseis e dezoito anos, como dirimentes da imputabilidade. Já a perícia radiológica nos mortos é amplamente utilizada nos serviços de necropsia, tendo como utilização principal a localização de corpos estranhos, principalmente os projéteis de arma de fogo.

Hodiernamente, vimos o surgimento da chamada *necropsia virtual*, baseada em métodos de diagnóstico por imagem, como a tomografia computadorizada e a ressonância magnética. Tais exames têm a possibilidade de fazer imagens em três dimensões do corpo periciado, dispensando muitas vezes o tradicional exame necroscópico.

44 GRUBER, J.; KAMEYAMA, M. M. *Idem*.

Capítulo 2

Antropologia Forense

A Antropologia corresponde à ciência que estuda o ser humano e, quando da sua aplicação no interesse da Justiça, recebe o nome de Antropologia Forense. Na prática, tem uma aplicação de destaque na análise e identificação de restos humanos em avançado estado de decomposição, esqueletizados ou não, dentro de uma investigação criminal.

2.1. IDENTIDADE E IDENTIFICAÇÃO

Faz-se importante iniciarmos este estudo fazendo a diferenciação técnica entre esses dois termos que, numa visão leiga, podem parecer sinônimos, e não o são.

IDENTIDADE

É o conjunto de propriedades particulares (sinais, marcas) e caracteres que individualizam uma pessoa, distinguindo-a das demais. "Identidade é a qualidade de ser a mesma coisa, e não diversa" (Moraes). A identidade pode ser subjetiva ou objetiva. É subjetiva quando se refere à consciência individual; é objetiva, em relação à identidade física (Odon R. Maranhão).

IDENTIFICAÇÃO

É o conjunto de técnicas, métodos e sistemas usados para determinar a identidade de alguém. É o emprego de meios adequados para determinar a identidade ou a não identidade. França complementa que corresponde a um conjunto de diligências que tem por finalidade levantar uma identidade.

A identidade é a qualidade ou o atributo, e a identificação é a sua determinação. A identificação se faz pelos caracteres que provam a identidade. O material de estudo pode ser o indivíduo vivo ou o cadáver, em seu conjunto ou em partes, e ainda coisas (pelos, unhas, cabelos, ossos), sempre com o objetivo de determinar a identidade do indivíduo. Nesse processo diagnóstico é que se qualifica e individualiza o ser.

A identificação – técnica da busca da identidade – pode ser dividida em duas partes distintas, ou seja, pelos dois processos utilizados na identificação:

a) identificação médico-legal ou pericial;

b) identificação policial ou judiciária.

A primeira exige conhecimentos específicos de Medicina, enquanto a segunda, não. A identificação médica destina-se ao estudo da raça, do sexo, da idade, da altura, do peso, dos sinais individuais (malformações, cicatrizes, dentes, tatuagens, digitais, mecânica corporal, íris, voz, forma e cor dos cabelos, altura, sinais particulares) e dos sinais profissionais (também chamados de estigmas). Já a identificação policial ou judiciária não exige, rigorosamente, conhecimentos médicos e utiliza-se, entre outros métodos, da antropometria (criada por Bertillon) e da datiloscopia. Vale mencionar a observação de José Mauro de Moraes: "Normalmente a identificação judiciária não é realizada por médicos, mas por técnicos identificadores, que utilizam vários meios e procedimentos, e em geral a dactiloscopia".

A identificação criminal é um ato complexo e, portanto, resultado de um conjunto de atos isolados, como o preenchimento de um boletim de vida pregressa, a identificação fotográfica de frente e de perfil e a identificação datiloscópica para fins criminais.

Para que um método de identificação seja considerável aceitável, deve possuir os seguintes fundamentos biológicos ou técnicos:

- unicidade ou individualidade. Determinados elementos que são espe-cíficos daquele indivíduo e diferentes dos demais;
- imutabilidade. São as características que não se mudam ou alteram ao longo do tempo;
- perenidade. Consiste na capacidade de certos elementos resistirem à ação do tempo e permanecerem durante toda a vida, e até após a morte;
- praticabilidade. Um processo que não seja complexo, tanto na obtenção como no registro dos caracteres.
- classificabilidade. Este requisito é muito importante, pois é necessária certa metodologia no arquivamento, assim como rapidez e facilidade na busca dos registros.[1]

1 FRANÇA, Genival Veloso de. *Medicina legal*. 9ª ed. Rio de Janeiro: Guanabara Koogan, 2012, p. 49.

2.2. RECONHECIMENTO

Consiste em fazer-se a identificação por meio de comparação empírica, sem utilizar nenhuma técnica de base científica. Para melhor entendermos o tema, basta compreendermos que tanto reconhecer quanto identificar consistem em demonstrar que certo corpo humano, que em dado momento se apresenta a exame, é o mesmo que, em ocasião anterior, já havia se apresentado. A diferença entre ambos reside em que o reconhecimento é feito empiricamente, isto é, sem uso de método científico, ao passo que a identificação realiza-se de modo técnico. Diz-se, assim, que a identificação é um reconhecimento técnico. Em suma, podemos estabelecer que o reconhecimento e a identificação se assemelham, por passar pelos mesmos tempos do processo identificador (primeiro registro, segundo registro, comparação), e não se confundem porque o reconhecimento simples não é técnico-científico, como ocorre com a identificação (retirado dos livros de Odon R. Maranhão[2] e de Costa Jr.[3]).

2.3. TÉCNICAS DE IDENTIFICAÇÃO

Como já dissemos, a identificação – técnica da busca da identidade – pode ser dividida em duas partes distintas, ou seja, pelos dois processos utilizados na identificação:

a) identificação médico-legal ou pericial;

b) identificação policial ou judiciária.

A identificação médico-legal é dividida em três partes: física, funcional e psíquica (Flamínio Fávero).[4]

A identificação médico-legal física é aquela que se preocupa com espécie, raça, sexo, idade, altura, peso, biotipo, conformação e sinais profissionais (ou estigmas). A identidade médico-legal *funcional* se interessa pelo modo como o indivíduo se apresenta, isto é, pelo seu andar, pela voz, pela mímica, pela escrita, pela força, pela acuidade sensorial, pelas aptidões, atitudes etc. A identidade médico-legal *psíquica* é, de certo modo, a continuação da identidade física, sendo, porém, interior, completando a íntegra da identidade da pessoa. É, por assim dizer, a identidade subjetiva (consciência individual). Ressalte-se que a fronteira entre as diversas identidades (física, funcional e psíquica) não é nítida, como afirma Flamínio Fávero.[5]

Importante ressaltar que, para se descobrir a idade no vivo, deve-se observar a aparência, a pele (aparecimento de rugas), os pelos (aparecimento dos

2 MARANHÃO, Odon Ramos. *Curso básico de medicina legal*, p. 54.

3 ALMEIDA JR., A.; COSTA JR., J. B. de O. *Lições de medicina legal*, p. 22.

4 FÁVERO, Flamínio. *Medicina legal*, p. 65.

5 FÁVERO, Flamínio. *Medicina legal*, p. 130.

pelos pubianos, calvície), o globo ocular (arco senil – presente em 20% dos quadragenários e em 100% dos octogenários), os dentes e a radiografia dos ossos. No esqueleto, observação importante se faz na avaliação, por exemplo, das suturas cranianas (quanto mais apagadas, mais idade tem o indivíduo em virtude da calcificação ao longo do tempo) e dos dentes, caso ainda estejam presentes.

Nas palavras do mestre Genival Veloso de França:

"Ottolenghi classifica em cinco os tipos étnicos fundamentais.

Tipo caucásico. Pele branca ou trigueira; cabelos lisos ou crespos, louros ou castanhos; íris azuis ou castanhas; contorno craniofacial anterior ovoide -poligonal; perfil facial ortognata e ligeiramente proganata.

Tipo mongólico. Pele amarela; cabelos lisos; face achatada de diante para trás; fronte larga e baixa; espaço interorbital largo; maxilares pequenos e mento saliente.

Tipo negroide. Pele negra; cabelos crespos, em tufos; crânio pequeno; perfil facial prognata, fronte alta e saliente; íris castanhas; nariz pequeno, largo e achatado; perfil côncavo e curto; narinas espessas e afastadas, visíveis de frente e circulares.

Tipo indiano. Não se afigura como um tipo racial definido. Estatura alta; pele amarelo-trigueira, tendente ao avermelhado; cabelos pretos, lisos, espessos e luzidios; íris castanhas; crânio mesocéfalo; supercílios espessos; orelhas pequenas; nariz saliente, estreito e longo; barba escassa; fronte vertical; zigomas salientes e largos.

Tipo australoide. Estatura alta; pele trigueira; nariz curto e largo; arcadas zigomáticas largas e volumosas; prognatismo maxilar e alveolar; cinturas escapular larga e pélvica estreita; dentes fortes; mento retraído; arcadas superciliares salientes e crânio dolicocéfalo.

Elementos de caracterização racial

Os elementos mais comuns observados na caracterização racial são:

Forma do crânio. Sua relação é com as figuras geométricas vistas de cima para baixo, de diante para trás e lateralmente. Quando vistos de cima para baixo, são classificados em formas longas (dolicocrânios), formas curtas (braquicrânios) e formas médias (mesocrânios). Quando vistos de diante para trás, em crânios altos e estreitos (esternocrânios), em baixos e largos (tapinocrânios) e nos de forma intermediária (metriocrânios). E, por fim, quando vistos lateralmente, em crânios altos (hipsicrânios), nos baixos (platicrânios) e nos intermediários (mediocrânios).

Índice cefálico. Obtém-se pela relação entre a largura e o comprimento do crânio, utilizando-se a fórmula de Retzius:

$$\frac{\text{Largura} \times 100}{\text{Comprimento do crânio}}$$

Daí surgem os seguintes tipos:

- Dolicocefálicos: índice igual ou inferior a 75;
- Mesaticefálicos: índice de 75 a 80;
- Braquicefálicos: índice superior a 80.

Índice tibiofemoral. É o resultado da divisão do comprimento da tíbia vezes 100 pelo comprimento do fêmur. Nos brancos é inferior a 83 e nos negros, superior a esse índice.

Índice radioumeral. É o resultado da divisão do comprimento do rádio vezes 100 pelo comprimento do úmero. Nos negros, é superior a 80 e nos brancos, inferior a 75. Esses dois últimos índices são utilizados também para saber se ambos os ossos pertencem ou não ao mesmo esqueleto (Quadro 3.2).

Quadro 3.2 Identificação racial pelos índices tibiofemoral e radioumeral

$$\text{I.T.F.} = \frac{\text{Tíbia} \times 100}{\text{Fêmur}} \qquad \text{I.R.U.} = \frac{\text{Radio} \times 100}{\text{Úmero}}$$

Índice	**Raça negra**	**Raça Branca**
Tibiofemoral	Superior a 83	Inferior a 83
Radioumeral	Superior a 80	Inferior a 75

Ângulo facial. Sua importância está na determinação do prognatismo, constituindo-se um valioso elemento da distinção racial. Segundo Jacquart, o ângulo é dado por uma linha que passa pelo ponto mais saliente da fronte e pela linha nasal anterior, e por outra linha que vai da espinha nasal anterior ao meio da linha medioauricular, conseguindo, aproximadamente, um ângulo de 76,5 graus para os brancos, de 72 para os amarelos e de 70,3 para os negros.

São importantes também os ângulos de Curvier (uma linha que passa pela parte mais saliente da fronte até o ângulo dentário superior, e por outra linha que vai do ângulo dentário superior até o conduto auditivo externo) e de Cloquet (uma linha que vai da parte mais saliente da fronte até o ponto alveolar, e outra linha que vai do ponto alveolar até o conduto auditivo externo) (Quadro 3.3 e Fig. 3.1).

Quadro 3.3 Identificação racial pelo ângulo facial

VARIANTES	RAÇAS		
	Caucásica	Mongoloide	Negra
Jacquart	76,5°	72°	70,3°
Cloquet	62°	59,4°	58°
Curvier	54°	53°	48°

Finalmente, utilizando-se a anatomia dentária, no que diz respeito à cúspide do primeiro molar inferior, autores diversos, entre eles Vargas Alvarado, falam da predominância da forma *mamelonada* na raça branca, da forma *estrelada* na raça negra e da forma *intermediária* na raça amarela. Galvão e cols. introduzem neste estudo os mulatos, levando em conta mais a cor da pele, e os encontraram em 50% com cúspides de forma *intermediária*. E concluem que nenhum indivíduo da raça negra apresentava o padrão *mamelonado* e nem os de raça branca o formato *estrelado*, o que já contribui como fator excludente para a busca de uma estratégia de identificação.[6]

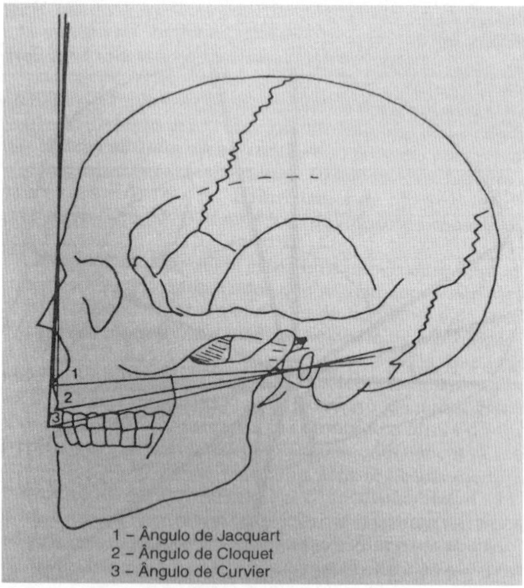

Fig. 3.1. Ângulo facial (1) Ângulo de Jacquart; (2) âgulo de Cloquet; e (3) âgulo de Curvier.

6 FRANÇA, Genival Veloso de. *Medicina legal*, p. 50/51.

O mencionado autor[7] prossegue seus ensinamentos informando que existem nove tipos de sexo: morfológico (representado pela configuração fenotípica do indivíduo), cromossomial (definido pela avaliação dos cromossomas sexuais e pelo corpúsculo fluorescente), gonadal (masculino portador de testículos e feminino como portador de ovários), cromatínico (determinado pelos corpúsculos de Barr: positivos são femininos e negativos masculinos), o da genitália interna (os ductos de Wolff caracterizam o masculino enquanto o feminino desenvolve os ductos de Muller), o da genitália externa (o pênis e o escroto definem o masculino e a vulva, vagina e mamas, o feminino), jurídico (designado no registro civil), sexo de identificação ou psíquico ou comportamental (é aquele cuja identificação o indivíduo faz de si próprio e que se reflete no comportamento – também chamado de sexo moral) e sexo médico-legal (constatado por meio de perícia médica nos portadores de genitália dúbia ou sexo aparentemente duvidoso). "No cadáver mutilado ou em fase de putrefação avançada, a técnica mais comum é a de abrir a cavidade abdominal, ensejando a consequente presença de útero e ovários ou de próstata.

No esqueleto, a separação sexual faz-se pela discriminação dos ossos, principalmente os do crânio, da mandíbula, do tórax e da pelve."[8]

O crânio no sexo masculino tem espessura óssea mais pronunciada, processos mastoideos mais salientes e separados um do outro, fronte mais inclinada para trás, glabela mais pronunciada, arcos superciliares mais salientes, rebordos superorbitários rombos, articulação frontonasal angulosa, apófises estiloides longas e grossas e mandíbula mais robusta. Na mulher, a fronte é mais vertical, a glabela menos pronunciada, os arcos superciliares menos salientes, os rebordos superorbitários cortantes, a articulação frontonasal curva, as apófises estiloides curtas e finas e a mandíbula menos robusta. Os côndilos occipitais são longos, delgados e em forma de sola de sapato no homem, e curtos, largos e em forma de rim na mulher.

O tórax do homem assemelha-se a um cone invertido; o da mulher tem a semelhança de um ovoide. Na mulher, vê-se uma predominância da cintura pélvica, enquanto, no homem, nota-se a cintura escapular mais larga.

A pelve apresenta os caracteres mais palpáveis da diferenciação sexual. No homem, além de existir uma consistência óssea mais forte, com rugas de inserção mais pronunciadas, as dimensões verticais predominam sobre as horizontais; ao passo que, na mulher, dá-se o inverso: o diâmetro transversal

7 FRANÇA, Genival Veloso de. *Medicina legal*, p. 51.

8 FRANÇA, Genival Veloso de. *Medicina legal*, p. 52.

supera a altura da bacia. O ângulo sacrovertebral na mulher é mais fechado e saliente para diante que no homem.

A determinação da idade é feita pela aparência, pele, pelos, globo ocular (arco senil, que se caracteriza por uma faixa periférica e acinzentada da córnea), dentes, radiografia dos ossos (através dos pontos de ossificação e a soldadura das epífises a diáfises), suturas do crânio (que vão desaparecendo à medida que se envelhece) e ângulo mandibular.

A *identificação judiciária* utiliza-se de diversos métodos: a fotografia (ordinária ou sinalética), a antropometria, a datiloscopia, o assinalamento descritivo (e de particularidades) etc.

No campo da identificação judiciária existiram métodos hoje ultrapassados, como os métodos medievais (marcação com ferro em brasa etc.) e o que era chamado de assinalamento sucinto, que consistia em tomar nota da estatura, compleição, idade provável, raça, sistema piloso (ex.: alto, magro, velho, pardo, com poucos pelos). Pelo seu empirismo, esse método só é usado subsidiariamente.

Entre as *modernas técnicas* de *identificação policial*, estão a antropometria e a datiloscopia. Também estão em desenvolvimento técnicas mais avançadas, baseadas na utilização da voz e da íris.

A antropometria é uma técnica criada por Bertillon, funcionário da Polícia de Paris, e consiste, principalmente, em, como diz o nome, medir-se o homem. Universalmente, é considerado o primeiro método científico de identificação e faz uso de dados antropométricos formados por 11 medidas do esqueleto humano preconizadas pelo autor. Essa técnica é complementada pela fotografia, que pode ser ordinária ou sinalética. A ordinária é a fotografia comum, enquanto a fotografia sinalética se utiliza de diversos cuidados para a sua confecção, por exemplo, definição de iluminação e distância padrão para a realização da foto. Há, ainda, o retrato falado, que é a descrição regular dos aspectos do indivíduo.

A *datiloscopia* é uma técnica simples e considerada a mais segura na identificação. Hélio Gomes,[9] citando Locard, ensina que três qualidades conferem às impressões digitais valor sem igual para a identificação: a perenidade, a imutabilidade e a variedade dos desenhos digitais. Flamínio Fávero[10] anota, como sendo os dois grandes princípios da datiloscopia, a imutabilidade e a individualidade. Há várias espécies diferentes de classificação; as mais conhecidas são as decadactilares (de Vucetich e de Galton-Henry) e a monodactilar (de Roberto Thut). O sistema usado no Brasil é o de Vucetich.

9 GOMES, Hélio. *Medicina legal*, p. 75.

10 FÁVERO, Flamínio. *Medicina legal*, p. 144.

Segundo Hélio Gomes, "os desenhos formados na face das mãos (na palma das mãos e na planta dos pés), pelas cristas papilares, aparecem a partir do sexto mês de vida intrauterina e duram toda a vida, e até depois da morte, enquanto não for destruída a pele".[11] Os desenhos papilares não desaparecem, não se modificam, nem pelo desgaste fisiológico da pele nem pela senilidade. São perenes. Os desenhos digitais não são modificáveis, nem patologicamente, nem por vontade de seu portador. Se acaso desaparecem por algum motivo, reaparecem posteriormente, sempre integralmente. São imutáveis. Os desenhos digitais nunca são idênticos em dois indivíduos, nem mesmo em gêmeos univitelinos, ou seja, são variáveis.

A patologia das impressões digitais se interessa pelas raras doenças que podem determinar a destruição progressiva das cristas papilares (ex.: a lepra).

No sistema de *Vucetich*, os desenhos digitais são divididos em quatro tipos fundamentais: arco, presilha interna, presilha externa e verticilo.

No citado sistema,

> "chama-se de desenho digital ao conjunto de cristas e sulcos existentes nas polpas dos dedos, apresentando muitas variedades; e de impressão digital ao reverso do desenho, exibindo-se como um ajuntamento de linhas brancas e pretas sobre determinado suporte.
>
> Um dos elementos mais importantes do desenho digital é o *delta* – pequeno ângulo ou triângulo formado pelo encontro dos três sistemas de linhas.
>
> O delta é característica fundamental na classificação de uma impressão digital. Esta, todavia, põe à vista dois ou três sistemas lineares: *nuclear*, *basilar* e *marginal* e na união deles o *delta*.
>
> O sistema nuclear é representado por linhas colocadas entre as basilares e as marginais. O sistema marginal é constituído pelas linhas superiores que se sobrepõem ao núcleo. E o sistema basilar é composto pelas linhas que ficam na base da impressão digital, isto é, abaixo do núcleo"[12].

Os desenhos digitais são divididos em quatro tipos fundamentais: arco (ausência de deltas e apenas os sistemas de linhas basilares e marginais; não tem núcleo), presilha interna (presença de um delta à direita do observador e de um núcleo voltado à esquerda), presilha externa (presença de um delta

11 GOMES, Hélio. *Medicina legal*, p. 76.

12 FRANÇA, Genival Veloso de. *medicina legal*. 9ª ed. Rio de Janeiro: Guanabara Koogan, 2012, p. 77.

à esquerda do observador e de um núcleo voltado em sentido contrário ao delta) e verticilo (presença de dois deltas e um núcleo central).[13]

Recomenda-se, pela sua extensão e importância, o estudo da identificação médico-legal física em um dos autores de obras sobre Medicina Legal recomendados ao final deste trabalho.

A recente implantação pelo governo do Estado do Rio de Janeiro do "AFIS" *Automatic Fingerprint Identification System*, ou seja, Sistema de Identificação Civil e Criminal, ora disponível para a Diretoria de Identificação Civil do Detran-RJ, permite a pesquisa automática de impressões digitais, inclusive fragmentos colhidos em locais de crime, o que vem sendo realizado com competência pelo Instituto de Identificação Félix Pacheco (IIFP), através das várias equipes de papiloscopistas, cada uma dentro de sua especialidade, ou seja, no caso de, por exemplo, identificação de cadáveres em que as impressões digitais são "digitalizadas" e submetidas ao sistema informatizado "AFIS". Do mesmo modo, são inseridos nesse mesmo sistema as impressões digitais oriundas de PAC – Pedido de Anotação Criminal, referentes a presos em Delegacias ou no Sistema Penitenciário. A grande novidade é o Sistema de Latentes, que contém cerca de 200 mil individuais decadatilares de criminosos registrados no IIFP e permite que sejam inseridos no sistema fragmentos de impressões digitais coletadas, principalmente, em locais de crime que podem ser confrontadas com as dos criminosos, o que traz um excelente resultado na identificação destes. Cabe ressalter que o "AFIS" faz o confronto automático das impressões e apresenta lista de candidatos, porém, o *veredicto* final é sempre do papiloscopista.

Importantes considerações legislativas nessa área da identificação foram alcançadas com as Leis n°s 5.553/68 (alterada pela Lei nº 9.453/97), 12.037/2009 e 9.454/97 que tratam, respectivamente, da Apresentação e Uso de Documentos de Identificação Pessoal[14] e do Número Único de Identidade Civil, cujas redações serão transcritas ao final deste capítulo (item 2.5).

2.4. A IDENTIFICAÇÃO CRIMINAL NO ORDENAMENTO JURÍDICO BRASILEIRO. ART. 5º, LVIII, DA CF E LEI FEDERAL Nº 12.037/2009[15]

INTRODUÇÃO

Identificação criminal, no texto constitucional, significa o registro, a guarda e a recuperação de todos os dados e informações necessários para estabelecer a identidade do acusado. Esse conceito não se confunde com a *identificação*

13 FRANÇA, Genival Veloso de. *medicina legal*. 9ª ed. Rio de Janeiro: Guanabara Koogan, 2012, p. 77-79.

14 Identificação criminal do civilmente identificado.

15 Revogou expressamente a Lei Federal nº 10.054/2000, que tratava do tema.

(da qual é espécie), que é o processo de se estabelecer uma identidade. A propósito, *identidade*, como já mencionado, é o conjunto de características que distingue uma pessoa da outra (arcada dentária, digitais, íris, voz, forma e cor dos cabelos, altura, sinais particulares, cicatrizes, dinâmica corporal, temperamento etc.).

Por meio da identificação criminal, reunem-se informações sobre indivíduo envolvido em prática delituosa para identificá-lo no âmbito penal. Assim, é por meio dessa identificação que se levantam dados válidos e confiáveis das características do provável autor de um ilícito penal, uma vez que dele são extraídas informações peculiares (qualificação, características e sinais físicos, modo de agir, etc.), dentre outras de interesse policial. Os dados são coletados por ocasião da prisão em flagrante ou indiciamento em inquérito policial (ato pelo qual a autoridade policial atribui a alguém a prática de uma infração penal baseado em indícios de autoria) e posteriormente inseridos nos bancos de dados dos Estados para auxiliar os órgãos policiais e o Poder Judiciário.

Convém observar que a Constituição Federal cria restrições à identificação criminal, não se referindo à identificação civil. Portanto, não há inconstitucionalidade se, determinado por edital de concurso público, o candidato, no momento da resolução da prova, vir-se obrigado a se identificar datiloscopicamente para o fiscal.

Como já dissemos, é prudente perceber que a identificação criminal é um ato complexo e, portanto, resultado de um conjunto de atos isolados, como o preenchimento de um boletim de vida pregressa, a identificação fotográfica de frente e de perfil e a identificação datiloscópica, para fins criminais.

Sem dúvida que, de todos os sistemas de identificação (civil ou criminal), um dos mais seguros e mais utilizados é a identificação papiloscópica, que se utiliza das papilas dérmicas presentes nas pontas dos dedos das mãos, ninguém tem as papilas dos dedos iguais às de outra pessoa. Por isso, as impressões que deixam quando a pessoa toca em algo são excelente meio para sua identificação. O inciso LVIII do art. 5º da Constituição, contudo, refere-se à identificação criminal como um todo (ao gênero), e não apenas a uma ou outra espécie, o que torna esse inciso aplicável a qualquer meio de identificação.

Por outro lado, Valdir Sznick faz observação interessante ao dizer que a identificação criminal, apesar da civil, dá mais segurança não só à sociedade, mas também às autoridades policiais no cumprimento da sua função. Contudo, ele ressalta que o problema da identificação criminal não se encontra nela em si, sua finalidade é louvável; o problema está na forma como é conseguida. Segundo ele, o ritual utilizado na coleta das impressões digitais é desnecessário e vexatório, colocando o acusado em situação desconfortável, o que torna o ato repugnante. Porém, apesar disso, o referido autor concorda que a identificação criminal seja realizada nos acusados da prática do crime organizado, mesmo que já possuam identificação civil, uma vez que "o crime organizado, pela sua própria estrutura e funcionamento, usa inúmeros instrumentos e meios para a obtenção de seus objetivos", entre eles, sem dúvida, o emprego de documentos falsos.

Lei Federal nº 12.037/2009 (nova lei da identificação criminal)

O civilmente identificado não será submetido à identificação criminal, salvo nos casos previstos nesta lei.

A identificação civil é atestada por qualquer dos seguintes documentos:

I – carteira de identidade;

II – carteira de trabalho;

III – carteira profissional;

IV – passaporte;

V – carteira de identificação funcional;

VI – outro documento público que permita a identificação do indiciado.

Para as finalidades desta lei equiparam-se aos documentos de identificação civis os documentos de identificação militares.

Embora apresentado documento de identificação, poderá ocorrer identificação criminal quando: o documento apresentar rasura ou tiver indício de falsificação; o documento apresentado for insuficiente para identificar cabalmente o indiciado; o indiciado portar documentos de identidade distintos, com informações conflitantes entre si; a identificação criminal for essencial às investigações policiais, segundo despacho da autoridade judiciária competente, que decidirá de ofício ou mediante representação da autoridade policial, do Ministério Público ou da defesa; constar de registros policiais o uso de outros nomes ou diferentes qualificações e o estado de conservação ou a distância temporal ou da localidade da expedição do documento apresentado impossibilitar a completa identificação dos caracteres essenciais.

As cópias dos documentos apresentados deverão ser juntadas aos autos do inquérito, ou outra forma de investigação, ainda que consideradas insuficientes para identificar o indiciado.

Quando houver necessidade de identificação criminal, a autoridade encarregada tomará as providências necessárias para evitar o constrangimento do identificado.

A identificação criminal incluirá o processo datiloscópico e o fotográfico, que serão juntados aos autos da comunicação da prisão em flagrante, ou do inquérito policial ou outra forma de investigação. A Lei nº 12.654, de 2012, trouxe a novidade da possibilidade de se incluir, ainda, a coleta de material biológico para a obtenção do perfil genético, na hipótese do inciso IV do art. 3º da Lei nº 12.037, de 2009 (quando a identificação criminal for essencial às investigações policiais, segundo despacho da autoridade judiciária competente, que decidirá de ofício ou mediante representação da autoridade policial, do Ministério Público ou da defesa). Os dados relacionados à coleta do perfil genético deverão ser armazenados em banco de dados de perfis genéticos, gerenciado por unidade oficial de perícia criminal, tendo caráter sigiloso e respondendo civil, penal e administrativamente aquele que permitir ou promover sua utilização para fins diversos dos previstos nessa Lei ou em decisão judicial.

É vedado mencionar a identificação criminal do indiciado em atestados de antecedentes ou em informações não destinadas ao juízo criminal, antes do trânsito em julgado da sentença condenatória.

No caso de não oferecimento da denúncia, ou sua rejeição, ou absolvição, é facultado ao indiciado ou ao réu, após o arquivamento definitivo do inquérito ou trânsito em julgado da sentença, requerer a retirada da identificação fotográfica do inquérito ou processo, desde que apresente provas de sua identificação civil.

Embora a Lei nº 12.037/2009 não mencione que o documento deverá ser apresentado em original, como fazia expressamente em seu art. 3º a Lei nº 10.054/2000, a conclusão pela necessidade do original continua válida, pois que o diploma inovador se refere a "documentos" e em nenhum momento faz menção ou qualquer equiparação com cópias ou similares. Certamente, inobstante a possibilidade da conclusão supracitada, essa é uma indefinição que a legislação poderia ter evitado simplesmente mantendo o modelo da lei revogada e constando expressamente a exigência do original. No entanto, a orientação quanto à necessidade do original não somente se apresenta mais coerente gramaticalmente, como acima demonstrado, mas também levando em consideração uma interpretação sistemática do diploma. Note-se que quando a lei trata dos casos em que o civilmente identificado será criminalmente identificado, mesmo apresentando seus documentos, arrola diversos casos em que paira dúvida quanto à autenticidade do documento apresentado. Obviamente, a lei somente dispensa a identificação criminal quando se tem certeza, segurança absoluta de que a pessoa é civilmente identificada e a cópia não apresenta essa necessária segurança. Ademais, ainda numa interpretação sistemática, é de se observar que o art. 3º, parágrafo único, da Lei nº 12.037/2009, trata da juntada de "cópias dos documentos apresentados" nos autos, o que pressupõe que foram apresentados os documentos originais e serão juntadas cópias para instrução dos autos.[16]

OBSERVAÇÕES

Embora já mencionando em parte alguns temas correlatos, cabem algumas observações sobre o tema.

Identificação criminal x identificação civil

Convém observar que a Constituição Federal cria restrições à identificação criminal, não se referindo à identificação civil. A rigor, não deve existir adjetivação para a identificação, não deveria haver uma identificação civil, outra criminal, outra administrativa, mas apenas a identificação do indivíduo, que é um só. Por outro lado, as maiores cautelas protetivas diante da chamada identificação criminal têm sua razão de ser em virtude do maior constrangimento que podem causar ao indivíduo.

Não havendo o risco de constrangimento decorrente da acusação criminal, não cabe alegar as limitações do art. 5º, LVIII, da Constituição Federal. Assim, não há inconstitucionalidade se, determinado por edital de concurso público, o candidato, no momento em que se apresenta para a prova, veja-se obrigado a se identificar datiloscopicamente para o fiscal. O procedimento, ao contrário de ser prejudicial, é útil para a higidez dos concursos e para a preservação da correção de seus resultados. Além de atender ao interesse da Administração de selecionar os melhores candidatos (em vez de os melhores fraudadores), a medida também protege os candidatos do risco de eventualmente perderem a vaga para outros que mandem um terceiro, mais bem preparado, para fazer as provas.

Identificação criminal, indiciamento e constrangimento

Para começar, vale mencionar a Súmula nº 568 do STF, que diz:

> **Súmula nº 568.** A identificação criminal não constitui constrangimento ilegal, ainda que o indiciado já tenha sido identificado civilmente.

16 CABETTE, Eduardo Luiz Santos. *Comentários iniciais à nova lei de identificação criminal* – Lei nº 12.037/2009. Disponível em: <http://www.novacriminologia.com.br/Artigos/ArtigoLer.asp?idArtigo=2667>.

Seu princípio está correto. Em termos jurídicos, a mera identificação não deveria ser motivo de constrangimento, já que tal ato nada faz senão dizer quem é quem. Anote-se, contudo, que a súmula citada é anterior à Constituição de 1988. O outro lado da questão é que, sob o aspecto cultural, alguns atos de rotina podem ser motivo de escárnio ou algo semelhante. Um exemplo é o ser algemado. O constrangimento "real" é uma ordem de prisão em flagrante indevida, mas o que "fere" mais é o ser algemado. O tão só fato de estar sendo investigado não deveria ser motivo de constrangimento, diante do art. 5º, LVII, da Constituição Federal, mas, na prática, a sociedade (imprensa, vizinhos maledicentes etc.) ainda punem o mero indiciado com desprezo e discriminações que não podem ser olvidadas pelo jurista. Estar sendo investigado, em tese, só poderia ser considerado constrangimento se a autoridade abusasse e, nesse caso, esta deve ser punida. Social e psiquicamente, contudo, o estar indiciado, não se pode negar, já traz para cima da cabeça do cidadão a "Espada de Dâmocles".

Por fim, cabe mencionar o RHC 66.881 (*RTJ*, 127/588, 1ª T.), cujo acórdão foi prolatado no sentido de que a Súmula nº 568 está superada, considerando que a Constituição Federal de 1988, em seu art. 5º, LVIII, determina que o civilmente identificado não será submetido à identificação criminal, salvo nas hipóteses previstas em lei. Nesse sentido, veja acórdão do RHC 66.881 (*RTJ*, 127/588), da Primeira Turma.

Identificação criminal e vida pregressa

A identificação criminal, ao buscar informações sobre a vida pregressa do indiciado, se por um lado oferece informações importantes para a descoberta da verdade, também pode ser palco de preconceitos e considerações por parte daqueles que irão estudar o processo. Julgar as pessoas porque elas são tatuadas, usam cabelos desta ou daquela forma ou cor, procedem deste ou daquele lugar aproxima-se dos chamados "tipo de autor", famosos na Alemanha nazista, onde as pessoas não eram julgadas por fatos praticados, mas em decorrência de características pessoais (raça, cor, origem etc.).

Identificação criminal e imprensa

A quarta observação é a necessidade de a imprensa, primeiramente, aprender a lidar, com maior responsabilidade, com a privacidade alheia e a não preferir manchetes bombásticas a um mínimo de serenidade quando uma pessoa está sendo acusada. Em segundo lugar, deveria utilizar seu imenso poder de formar opiniões para levar a sociedade como um todo a entender melhor o direito de defesa, a presunção de inocência e outros princípios de civilidade, ao invés de contribuir para o clima de "caça às bruxas", linchamento moral e perseguição, que é visto com mais frequência do que seria de se esperar num país desenvolvido, ou que quer sê-lo.

Identificação criminal ou identificação datiloscópica?

Analisando a origem histórica do inciso LVIII do art. 5º da Constituição Federal, temos certa dúvida se o constituinte não disse mais do que pretendia, utilizando "criminal" (gênero) em lugar de "datiloscópica" (espécie). A identificação datiloscópica, também conhecida como "tocar piano", era estampada pela mídia em meados da década de 1980, quando constrangia empresários e políticos. Seja como for, o texto constitucional refere-se ao gênero e, assim, necessariamente, abrange todas as modalidades de identificação.

É merecedor de registro o paradoxo da sociedade brasileira. Os atos (algemar, identificar datiloscopicamente, fotografar, indiciar, ouvir na delegacia) deveriam valer por sua própria natureza, sendo admitidos ou não, conforme concorressem ou não seus requisitos e formalidades. Entretanto, em sociedades mal desenvolvidas e com baixo nível de educação geral, cívica e jurídica, os atos não valem por si, mas por quem a eles é submetido. Quando éramos defensor (o primeiro autor), cansamos de ver nossos assistidos, pobres, serem submetidos a todos esses atos e a sofrerem todos os percalços da condição de indiciados, sem que isso causasse qualquer espanto e que a mídia desse importância. Talvez a sociedade e a mídia considerem que esses atos são "coisas de pobre", só causando espécie quando ricos, famosos ou artistas passem por ele. O Brasil precisa caminhar mais um pouco para que os atos e as pessoas valham pelo que são e não pelo que ostentam.

Direito do Estado de identificar o cidadão

Sobre essa questão existem duas correntes diametralmente opostas, cada qual com sua forma de solucionar esse problema. Na primeira, ao Estado deve ser negada a possibilidade de interferir na vida privada dos cidadãos, razão pela qual a identificação civil deve ser limitada aos interesses do indivíduo. Nesse caso, a identificação criminal se justificará apenas diante do suspeito e com as cautelas constitucionais. Em uma segunda visão, muito criticada pelos que defendem a esfera individual, o Estado teria poder para identificar os cidadãos por todos os meios necessários. Nessa hipótese, a distinção entre identificação civil e criminal seria menos importante, pois o Estado teria de antemão todos os dados do particular, dados que seriam acessados em caso de investigação criminal. Esse gigantesco banco de informações permitiria ao Estado maior controle das pessoas, com grandes vantagens para o Fisco e para o combate à criminalidade. Por outro lado, a privacidade seria diminuída a níveis intoleráveis para alguns que veem essa perspectiva como uma reedição do Estado fascista. Uma hipótese, já viável tecnicamente, é a de o Estado ter em seus bancos de dados o DNA de todos os cidadãos (assim como hoje tem as individuais datiloscópicas). Isso simplificaria muito uma investigação de paternidade. Por outro lado, é possível imaginar a recusa de um cidadão como servidor, ou em planos de previdência, em virtude de suas informações genéticas. Apenas por curiosidade, a hipótese pode ser vista no filme "*Gattaca*" e no livro de Apocalipse, na Bíblia, e menciona que a identificação das pessoas não será mais com cartões de identidade, mas com os próprios corpos. Embora a Bíblia não mencione (afinal, foi terminada por volta do ano 100 d.C.), sabe-se que já há tecnologia para a implantação no corpo humano de *chips* de computador, contendo todos os seus dados, até mesmo o saldo de sua conta bancária. Vejam o texto: "A todos, os pequenos e grandes, os ricos e os pobres, os livres e os escravos, faz que lhes seja dada certa marca sobre a mão direita ou sobre a fronte, para que ninguém possa comprar ou vender, senão aquele que tem a marca, o nome da besta ou o número do seu nome" (Ap. 14:16,17).

Exclusão de dados do registro de identificação criminal

Interessante posicionamento que foi sendo construído pela jurisprudência é de entender ser este um direito líquido e certo do acusado em certas situações. O Superior Tribunal de Justiça (STJ) tem entendido que devam ser excluídos dos terminais dos institutos de identificação criminal os dados envolvendo inquéritos arquivados ou processos nos quais tenha ocorrido a reabilitação do condenado, a absolvição por sentença penal transitada em julgado, ou, ainda, o reconhecimento da extinção da punibilidade do acusado, pela prescrição da pretensão punitiva do Estado.

Vejamos o julgado:

> "Processual penal. Petição. Art. 748 do CPP. Antecedentes criminais. Inquéritos arquivados. Reabilitação, absolvição e reconhecimento da prescrição da pretensão punitiva. Exclusão de dados do registro de identificação criminal. Direito líquido e certo. Esta Corte Superior tem entendido que, por analogia ao que dispõe o art. 748 do Código de Processo Penal, que assegura ao reabilitado o sigilo das condenações criminais anteriores na sua folha de

> antecedentes, devem ser excluídos dos terminais dos Institutos de Identificação Criminal os dados relativos a inquéritos arquivados ou a processos nos quais tenha ocorrido a reabilitação do condenado, a absolvição por sentença penal transitada em julgado, ou, ainda, o reconhecimento da extinção da punibilidade do acusado, pela prescrição da pretensão punitiva do Estado (Precedentes). Ordem concedida (STJ, Petição 5.948/SP, 5ª T., 2007/0239617-6. Rel. Min. Félix Fischer DJ 07/04/2008, p. 1)."

Tal posicionamento faz sentido. Se a pessoa não deve nada à Justiça, há um prejuízo efetivo para a mesma que esses dados fiquem expostos em sua ficha de antecedentes criminais (FAC). Isso pode atrapalhar durante um processo de seleção para trabalho em uma empresa, por exemplo, dificultando o processo de ressocialização.

Mais recentemente, em 2012, o Superior Tribunal de Justiça reiterou o referido entendimento, publicado no *informativo* de jurisprudência nº 505, sedimentando ser indevida a manutenção, na folha de antecedentes criminais, de dados referentes a processos nos quais foi reconhecida a extinção da pretensão punitiva estatal.

Tratando de assunto semelhante, no mesmo ano de 2012, foi editada a Lei nº 12.681/2012 que, dentre outras providências, alterou o art. 20 do CPP. Comparando a redação anterior com a nova redação, temos:

Redação do art. 20 do CPP ANTES da Lei nº 12.681/2012	Redação do art. 20 do CPP DEPOIS da Lei nº 12.681/2012
Parágrafo único. Nos atestados de antecedentes que lhe forem solicitados, a autoridade policial não poderá mencionar quaisquer anotações referentes a instauração de inquérito contra os requerentes, **salvo no caso de houver condenação anterior.**	Parágrafo único. Nos atestados de antecedentes que lhe forem solicitados, a autoridade policial não poderá mencionar quaisquer anotações referentes a instauração de inquérito contra os requerentes.

Assim, foi suprimida essa ressalva final que havia no parágrafo único.

A partir de agora, portanto, os atestados de antecedentes fornecidos pelas Polícias não poderão, em nenhuma hipótese, fazer menção à existência de inquéritos instaurados contra o requerente do atestado.

Portanto, a certidão de antecedentes da Polícia perdeu completamente a importância porque será sempre negativa, considerando que ela somente informava a existência de inquéritos policiais, o que agora é vedado.

Todavia, a medida não impede que tanto a Polícia como o Poder Judiciário mantenham esses dados em seus sistemas para fins de análise dentro de um inquérito ou processo criminal, sendo que os mesmos só deverão ser prestados por ordem de autoridade judiciária.

Nesse sentido:

STJ. 6ª Turma. REGISTRO. INSTITUTO. IDENTIFICAÇÃO CRIMINAL

A Turma negou provimento ao recurso em mandado de segurança em que se pretendia a exclusão de registros constantes do banco de dados de instituto de identificação criminal. Segundo o Min. relator, a existência dos registros consubstancia a própria história do condenado e da sociedade, de forma que seu cancelamento pelo Poder Judiciário prejudicaria a organização e as atividades investigatórias da Polícia. Ressaltou, embasado em lições doutrinárias, que a legislação garante o direito ao sigilo dessas informações, ressalvadas apenas as hipóteses de requisição judicial, sem impor seu cancelamento. Precedente citado: RMS 28.838-SP, DJe 4/11/2009. RMS 19.153-SP, Rel. Min. Celso Limongi (Desembargador convocado do TJSP), julgado em 7/10/2010 (ver *Informativo* nº 409) - *Informativo* nº 450 - 4 a 8 out. 2010.

2.5. LEIS Nºs 5.553/1968, 9.454/1997, 12.037/2009, 12.654/2012 E 13.444/2017

Lei nº 5.553, de 6/12/1968

***DOU* 10/12/1968, Ret. 20/12/1968.**

Dispõe sobre a apresentação e uso de Documentos de identificação pessoal.

Art. 1º A nenhuma pessoa física, bem como a nenhuma pessoa jurídica, de direito público ou de direito privado, é lícito reter qualquer documento de identificação pessoal, ainda que apresentado por fotocópia autenticada ou pública-forma, inclusive comprovante de quitação com o serviço militar, título de eleitor, carteira profissional, certidão de registro de nascimento, certidão de casamento, comprovante de naturalização e carteira de identidade de estrangeiro.

Art. 2º Quando, para a realização de determinado ato, for exigida a apresentação de documento de identificação, a pessoa que fizer a exigência fará extrair, no prazo de até 5 (cinco) dias, os dados que interessarem, devolvendo em seguida o documento ao seu exibidor.

§1º Além do prazo previsto neste artigo, somente por ordem judicial poderá ser retido qualquer documento de identificação pessoal.

Primitivo parágrafo único transformado em § 1º pela Lei nº 9.453, de 20/3/1997 (DOU de 21/3/1997, em vigor na data da publicação).

§ 2º Quando o documento de identidade for indispensável para a entrada de pessoa em órgãos públicos ou particulares, serão seus dados anotados no ato e devolvido o documento imediatamente ao interessado.

§ 2º acrescentado pela Lei nº 9.453, de 20/3/1997 (DOU de 21/3/1997, em vigor na data da publicação).

Art. 3º Constitui contravenção penal, punível com pena de prisão simples de 1 (um) a 3 (três) meses ou multa de cinquenta centavos a três cruzeiros novos, a retenção de qualquer documento a que se refere esta Lei.

Parágrafo único. Quando a infração for praticada por preposto ou agente de pessoa jurídica, considerar-se-á responsável quem houver ordenado o ato que ensejou a retenção, a menos que haja, pelo executante, desobediência ou inobservância de ordens ou instruções expressas, quando, então, será este o infrator.

Art. 4º O Poder Executivo regulamentará a presente Lei dentro do prazo de 60 (sessenta) dias, a contar da data de sua publicação.

Art. 5º Revogam-se as disposições em contrário.

Lei nº 9.454, de 7/4/1997 – *DOU* 8/4/1997

Institui o número único de registro de identidade civil e dá outras providências

Art. 1º É instituído o número único de Registro de Identidade Civil, pelo qual cada cidadão brasileiro, nato ou naturalizado, será identificado em suas relações com a sociedade e com os organismos governamentais e privados. *(Redação dada pela Lei nº 12.058, de 2009.)*

Art. 2º É instituído o Cadastro Nacional de Registro de Identificação Civil, destinado a conter o número único de Registro de Identidade Civil, acompanhado dos dados de identificação de cada cidadão. *(Redação dada pela Lei nº 12.058, de 2009.)*

Art. 3º O Poder Executivo definirá a entidade que centralizará as atividades de implementação, coordenação e controle do Cadastro Nacional de Registro de Identificação Civil, que se constituirá em órgão central do Sistema Nacional de Registro de Identificação Civil.

§ 1º Fica a União autorizada a firmar convênio com os Estados e o Distrito Federal para a implementação do número único de registro de identificação civil. *(Redação dada pela Lei nº 12.058, de 2009.)*

§ 2º Os Estados e o Distrito Federal, signatários do convênio, participarão do Sistema Nacional de Registro de Identificação Civil e ficarão responsáveis pela operacionalização e atualização, nos respectivos territórios, do Cadastro Nacional de Registro de Identificação Civil, em regime de compartilhamento com o órgão central, a quem caberá disciplinar a forma de compartilhamento a que se refere este parágrafo. *(Redação dada pela Lei nº 12.058, de 2009.)*

§ 3º *(Revogado pela Lei nº 12.058, de 2009.)*

Art. 4º Será incluída, na proposta orçamentária do órgão central do sistema, a provisão de meios necessários, acompanhada do cronograma de implementação e manutenção do sistema.

Art. 5º O Poder Executivo providenciará, no prazo de cento e oitenta dias, a regulamentação desta Lei e, no prazo de trezentos e sessenta dias, o início de sua implementação.

Art. 6º *(Revogado pela Lei nº 12.058, de 2009.)*

Art. 7º Esta Lei entra em vigor na data de sua publicação.

Art. 8º Revogam-se as disposições em contrário.

Lei nº 12.037, de 1º de outubro de 2009

Constituição Federal, art. 5º, inciso LVIII.

Dispõe sobre a identificação criminal do civilmente identificado, regulamentando o art. 5º, inciso LVIII, da Constituição Federal.

O Vice-Presidente da República, no exercício do cargo de Presidente da República. Faço saber que o Congresso Nacional decreta e eu sanciono a seguinte Lei:

Art. 1º O civilmente identificado não será submetido a identificação criminal, salvo nos casos previstos nesta Lei.

Art. 2º A identificação civil é atestada por qualquer dos seguintes documentos:

I – carteira de identidade;

II – carteira de trabalho;

III – carteira profissional;

IV – passaporte;

V – carteira de identificação funcional;

VI – outro documento público que permita a identificação do indiciado.

Parágrafo único. Para as finalidades desta Lei, equiparam-se aos documentos de identificação civis os documentos de identificação militares.

Art. 3º Embora apresentado documento de identificação, poderá ocorrer identificação criminal quando:

I – o documento apresentar rasura ou tiver indício de falsificação;

II – o documento apresentado for insuficiente para identificar cabalmente o indiciado;

III – o indiciado portar documentos de identidade distintos, com informações conflitantes entre si;

IV – a identificação criminal for essencial às investigações policiais, segundo despacho da autoridade judiciária competente, que decidirá de ofício ou mediante representação da autoridade policial, do Ministério Público ou da defesa;

V – constar de registros policiais o uso de outros nomes ou diferentes qualificações;

VI – o estado de conservação ou a distância temporal ou da localidade da expedição do documento apresentado impossibilite a completa identificação dos caracteres essenciais.

Parágrafo único. As cópias dos documentos apresentados deverão ser juntadas aos autos do inquérito, ou outra forma de investigação, ainda que consideradas insuficientes para identificar o indiciado.

Art. 4º Quando houver necessidade de identificação criminal, a autoridade encarregada tomará as providências necessárias para evitar o constrangimento do identificado.

Art. 5º A identificação criminal incluirá o processo datiloscópico e o fotográfico, que serão juntados aos autos da comunicação da prisão em flagrante, ou do inquérito policial ou outra forma de investigação. (Vide Lei nº 12.654, de 2012) Vigência

Parágrafo único. Na hipótese do inciso IV do art. 3º, a identificação criminal poderá incluir a coleta de material biológico para a obtenção do perfil genético. *(Incluído pela Lei nº 12.654, de 2012.)*

Art. 5º-A. Os dados relacionados à coleta do perfil genético deverão ser armazenados em banco de dados de perfis genéticos, gerenciado por unidade oficial de perícia criminal. *(Incluído pela Lei nº 12.654, de 2012.)*

§ 1º As informações genéticas contidas nos bancos de dados de perfis genéticos não poderão revelar traços somáticos ou comportamentais das pessoas, exceto determinação genética de gênero, consoante as normas constitucionais e internacionais sobre direitos humanos, genoma humano e dados genéticos. *(Incluído pela Lei nº 12.654, de 2012.)*

§ 2º Os dados constantes dos bancos de dados de perfis genéticos terão caráter sigiloso, respondendo civil, penal e administrativamente aquele que permitir ou promover sua utilização para fins diversos dos previstos nesta Lei ou em decisão judicial. *(Incluído pela Lei nº 12.654, de 2012.)*

Art. 6º É vedado mencionar a identificação criminal do indiciado em atestados de antecedentes ou em informações não destinadas ao juízo criminal, antes do trânsito em julgado da sentença condenatória.

Art. 7º No caso de não oferecimento da denúncia, ou sua rejeição, ou absolvição, é facultado ao indiciado ou ao réu, após o arquivamento definitivo do inquérito, ou trânsito em julgado da sentença, requerer a retirada da identificação fotográfica do inquérito ou processo, desde que apresente provas de sua identificação civil.

Art. 7º-A. A exclusão dos perfis genéticos dos bancos de dados ocorrerá no término do prazo estabelecido em lei para a prescrição do delito. *(Incluído pela Lei nº 12.654, de 2012.)*

Art. 7º-B. A identificação do perfil genético será armazenada em banco de dados sigiloso, conforme regulamento a ser expedido pelo Poder Executivo. *(Incluído pela Lei nº 12.654, de 2012.)*

Art. 8º Esta Lei entra em vigor na data de sua publicação.

Art. 9º Revoga-se a Lei nº 10.054, de 7 de dezembro de 2000.

Brasília, 1º de outubro de 2009; 188º da Independência e 121º da República.

JOSÉ ALENCAR GOMES DA SILVA

Luiz Paulo Teles Ferreira Barreto

Lei nº 12.654, de 28 de maio de 2012

Altera as Leis nº 12.037, de 1º de outubro de 2009, e 7.210, de 11 de julho de 1984 – Lei de Execução Penal, para prever a coleta de perfil genético como forma de identificação criminal, e dá outras providências.

A Presidenta da República. Faço saber que o Congresso Nacional decreta e eu sanciono a seguinte Lei:

[...]

Art. 3º A Lei nº 7.210, de 11 de julho de 1984 – Lei de Execução Penal, passa a vigorar acrescida do seguinte art. 9º-A:

"Art. 9º-A. Os condenados por crime praticado, dolosamente, com violência de natureza grave contra pessoa, ou por qualquer dos crimes previstos no art. 1º da Lei nº 8.072, de 25 de julho de 1990, serão submetidos, obrigatoriamente, à identificação do perfil genético, mediante extração de DNA – ácido desoxirribonucleico, por técnica adequada e indolor.

§ 1º A identificação do perfil genético será armazenada em banco de dados sigiloso, conforme regulamento a ser expedido pelo Poder Executivo.

§ 2º A autoridade policial, federal ou estadual, poderá requerer ao juiz competente, no caso de inquérito instaurado, o acesso ao banco de dados de identificação de perfil genético."

Art. 4º Esta Lei entra em vigor após decorridos 180 (cento e oitenta) dias da data de sua publicação.

Brasília, 28 de maio de 2012; 191º da Independência e 124º da República.

DILMA ROUSSEFF

José Eduardo Cardozo

Luiz Inácio Lucena Adams

Lei nº 13.444, de 11 de maio de 2017.

Dispõe sobre a Identificação Civil Nacional (ICN).

O Presidente da República. Faço saber que o Congresso Nacional decreta e eu sanciono a seguinte Lei:

Art. 1º É criada a Identificação Civil Nacional (ICN), com o objetivo de identificar o brasileiro em suas relações com a sociedade e com os órgãos e entidades governamentais e privados.

Art. 2º A ICN utilizará:

I – a base de dados biométricos da Justiça Eleitoral;

II – a base de dados do Sistema Nacional de Informações de Registro Civil (Sirc), criado pelo Poder Executivo federal, e da Central Nacional de Informações do Registro Civil (CRC Nacional), instituída pelo Conselho Nacional de Justiça, em cumprimento ao disposto no art. 41 da Lei nº 11.977, de 7 de julho de 2009;

III – outras informações, não disponíveis no Sirc, contidas em bases de dados da Justiça Eleitoral, dos institutos de identificação dos Estados e do Distrito Federal ou do Instituto Nacional de Identificação, ou disponibilizadas por outros órgãos, conforme definido pelo Comitê Gestor da ICN.

§ 1º A base de dados da ICN será armazenada e gerida pelo Tribunal Superior Eleitoral, que a manterá atualizada e adotará as providências necessárias para assegurar a integridade, a disponibilidade, a autenticidade e a confidencialidade de seu conteúdo e a interoperabilidade entre os sistemas eletrônicos governamentais.

§ 2º A interoperabilidade de que trata o § 1º deste artigo observará a legislação aplicável e as recomendações técnicas da arquitetura dos Padrões de Interoperabilidade de Governo Eletrônico (e-Ping).

Art. 3º O Tribunal Superior Eleitoral garantirá aos Poderes Executivo e Legislativo da União, dos Estados, do Distrito Federal e dos Municípios acesso à base de dados da ICN, de forma gratuita, exceto quanto às informações eleitorais.

§ 1º O Poder Executivo dos entes federados poderá integrar aos seus próprios bancos de dados as informações da base de dados da ICN, com exceção dos dados biométricos.

§ 2º Ato do Tribunal Superior Eleitoral disporá sobre a integração dos registros biométricos pelas Polícias Federal e Civil, com exclusividade, às suas bases de dados.

Art. 4º É vedada a comercialização, total ou parcial, da base de dados da ICN.

§ 1º (Vetado).

§ 2º O disposto no caput deste artigo não impede o serviço de conferência de dados que envolvam a biometria prestado a particulares, a ser realizado exclusivamente pelo Tribunal Superior Eleitoral.

Art. 5º É criado o Comitê Gestor da ICN.

§ 1º O Comitê Gestor da ICN será composto por:

I - 3 (três) representantes do Poder Executivo federal;

II - 3 (três) representantes do Tribunal Superior Eleitoral;

III - 1 (um) representante da Câmara dos Deputados;

IV - 1 (um) representante do Senado Federal;

V - 1 (um) representante do Conselho Nacional de Justiça.

§ 2º Compete ao Comitê Gestor da ICN:

I - recomendar:

a) o padrão biométrico da ICN;

b) a regra de formação do número da ICN;

c) o padrão e os documentos necessários para expedição do Documento Nacional de Identidade (DNI);

d) os parâmetros técnicos e econômico-financeiros da prestação do serviço de conferência de dados que envolvam a biometria;

e) as diretrizes para administração do Fundo da Identificação Civil Nacional (FICN) e para gestão de seus recursos;

II - orientar a implementação da interoperabilidade entre os sistemas eletrônicos do Poder Executivo federal e da Justiça Eleitoral;

III - estabelecer regimento.

§ 3º As decisões do Comitê Gestor da ICN serão tomadas por maioria de 2/3 (dois terços) dos membros.

§ 4º O Comitê Gestor da ICN poderá criar grupos técnicos, com participação paritária do Poder Executivo federal, do Poder Legislativo federal e do Tribunal Superior Eleitoral, para assessorá-lo em suas atividades.

§ 5º A participação no Comitê Gestor da ICN e em seus grupos técnicos será considerada serviço público relevante, não remunerado.

§ 6º A coordenação do Comitê Gestor da ICN será alternada entre os representantes do Poder Executivo federal e do Tribunal Superior Eleitoral, conforme regimento.

Art. 6º É instituído o Fundo da Identificação Civil Nacional (FICN), de natureza contábil, gerido e administrado pelo Tribunal Superior Eleitoral, com a finalidade de constituir fonte de recursos para o desenvolvimento e a manutenção da ICN e das bases por ela utilizadas.

§ 1º Constituem recursos do FICN:

I - os que lhe forem destinados no orçamento da União especificamente para os fins de que trata esta Lei, que não se confundirão com os recursos do orçamento da Justiça Eleitoral;

II - o resultado de aplicações financeiras sobre as receitas diretamente arrecadadas;

III - a receita proveniente da prestação do serviço de conferência de dados;

IV - outros recursos que lhe forem destinados, tais como os decorrentes de convênios e de instrumentos congêneres ou de doações.

§ 2º O FICN será administrado pelo Tribunal Superior Eleitoral, observadas as diretrizes estabelecidas pelo Comitê Gestor da ICN.

§ 3º O saldo positivo do FICN apurado em balanço será transferido para o exercício seguinte, a crédito do mesmo fundo.

§ 4º Observadas as diretrizes estabelecidas pelo Comitê Gestor da ICN, o FICN deverá garantir o funcionamento, a integração, a padronização e a interoperabilidade das bases biométricas no âmbito da União.

Art. 7º O Tribunal Superior Eleitoral estabelecerá cronograma das etapas de implementação da ICN e de coleta das informações biométricas.

Art. 8º É criado o Documento Nacional de Identidade (DNI), com fé pública e validade em todo o território nacional.

§ 1º O DNI faz prova de todos os dados nele incluídos, dispensando a apresentação dos documentos que lhe deram origem ou que nele tenham sido mencionados.

§ 2º (Vetado).

§ 3º O DNI será emitido:

I - pela Justiça Eleitoral;

II - pelos institutos de identificação civil dos Estados e do Distrito Federal, com certificação da Justiça Eleitoral;

III - por outros órgãos, mediante delegação do Tribunal Superior Eleitoral, com certificação da Justiça Eleitoral.

§ 4º O DNI poderá substituir o título de eleitor, observada a legislação do alistamento eleitoral, na forma regulamentada pelo Tribunal Superior Eleitoral.

§ 5º (Vetado).

Art. 9º O número de inscrição no Cadastro de Pessoas Físicas (CPF) será incorporado, de forma gratuita, aos documentos de identidade civil da União, dos Estados e do Distrito Federal.

Art. 10. O documento emitido por entidade de classe somente será validado se atender aos requisitos de biometria e de fotografia estabelecidos para o DNI.

Parágrafo único. As entidades de classe terão 2 (dois) anos para adequarem seus documentos aos requisitos estabelecidos para o DNI.

Art. 11. O poder público deverá oferecer mecanismos que possibilitem o cruzamento de informações constantes de bases de dados oficiais, a partir do número de inscrição no CPF do solicitante, de modo que a verificação do cumprimento de requisitos de elegibilidade para a concessão e a manutenção de benefícios sociais possa ser feita pelo órgão concedente.

Art. 12. O Poder Executivo federal e o Tribunal Superior Eleitoral editarão, no âmbito de suas competências, atos complementares para a execução do disposto nesta Lei.

Art. 13. Esta Lei entra em vigor na data de sua publicação.

Brasília, 11 de maio de 2017; 196º da Independência e 129º da República.

MICHEL TEMER

DOU de 12/05/2017

Capítulo 3

Traumatologia Forense

3.1. INTRODUÇÃO

A Traumatologia Forense estuda os traumas, lesões, instrumentos e ações vulnerantes, produzidos por violência sobre o corpo humano, *visando a elucidar a dinâmica* dos fatos. *Trauma* é o resultado do acréscimo e/ou da ação vulnerante que possui energia capaz de produzir lesão, adaptando os ensinamentos de Roberto Blanco. *Lesão* nada mais será que o dano tecidual temporário ou permanente, resultante do trauma. As lesões são produzidas por variados tipos de energia. De acordo com França (2015), essas energias dividem-se em:

- energias de ordem mecânica;
- energias de ordem física;
- energias de ordem química;
- energias de ordem físico-química;
- energias de ordem bioquímica;
- energias de ordem biodinâmica; e
- energias de ordem mista.

ENERGIAS MECÂNICAS

As *energias de ordem mecânica* são aquelas que, incidindo sobre um corpo, são capazes de modificar o seu estado de repouso ou movimento. Podem atuar de várias maneiras, conforme a natureza dos agentes que as veiculam.[1]

As lesões podem ser produzidas por diferentes espécies de agentes físicos, repercutindo externa e/ou internamente no corpo humano. Podem resultar do impacto de um instrumento em movimento contra o corpo humano em repouso (meio ativo), de um corpo em movimento contra um instrumento em repouso (meio passivo) ou por ambos em movimento, impactando um contra

1 DEL-CAMPO, Eduardo Roberto Alcântara. *Medicina legal*. São Paulo: Saraiva, 2005, p. 97.

o outro (ação mista). Tais ações mecânicas, que agem essencialmente pela alteração da inércia, dividem-se em simples e mistas.

As ações simples podem ser de três espécies: contundentes, cortantes e perfurantes. As ações mistas resultam da combinação das primeiras, podendo ser cortocontundentes, perfurocortantes e perfurocontundentes. Por sua vez, essas ações produzem, respectivamente, feridas contusas, cortantes, puntiformes, cortocontusas, perfurocortantes e perfurocontusas.

Conforme mencionado e para tornar mais esclarecedor o entendimento, nas *contusões ativas*, o instrumento vulnerante vem de encontro à superfície corpórea. Ex.: soco. Nas *contusões passivas*, a superfície corpórea (a vítima) vai de encontro ao instrumento vulnerante. Ex.: a pessoa cai e bate com a cabeça no solo. Assim, a atuação pode ser ativa/direta, passiva/indireta ou mista (a combinação de ambas).

A *localização* das lesões pode ajudar a sugerir a elucidação da verdade e as circunstâncias do incidente:

- lesões na face interna das coxas e nádegas: podem sugerir delitos sexuais;
- lesões semilunares (estigmas ungueais) no pescoço: sugerem esganadura;
- lesões no antebraço e nas mãos (principalmente nas palmas): lesões de defesa.

A *forma* das lesões, isto é, a sua configuração (desenho, extensão, profundidade etc.) permite caracterizar razoavelmente o instrumento utilizado. Além disso, existem as "lesões com assinatura", em que o instrumento da agressão deixa marca peculiar e inconfundível. Ex.: chinelos, martelos, ferros de passar roupa, saltos de sapato, cassetete. Assim também ocorre com os estigmas ungueais, que costumam estar associados a estrangulamento e esganadura, e com os atropelamentos, que costumam deixar lesões extensas, profundas e pergaminhadas como surpefície de pneus).

As lesões também podem ser *intra vitam* ou *post mortem*, ou seja, produzidas em vítima viva ou falecida, ou que faleceu logo após ou em consequência da agressão. Podemos diferenciar as lesões porque nas lesões *intra vitam* existe reação vital, que não é observada nas lesões *post mortem*. As lesões em vida, entre outras características, cobrem-se de camada seroalbuminosa, sangue, equimoses e formam crosta. No cadáver, ou quando a vítima morre logo após a lesão, as escoriações, por exemplo, pergaminham-se, isto é, ficam com aspecto semelhante ao couro ou pergaminho.

Diante de tudo isso, é perceptível o grande valor do estudo dos aspectos e características das lesões. As lesões podem, conforme a hipótese, fornecer elementos informativos sobre:

a) ponto ou área onde se produziu violência;

b) a data provável do evento;

c) a vida ou morte da vítima, quando da agressão;

d) a forma do instrumento;

e) a natureza do atentado ou ação;

f) outros elementos.

Observação importante. O dado essencial caracterizador da natureza de uma lesão não é o instrumento em si, mas a forma de utilização do mesmo. Certos instrumentos são tipicamente causadores de tal ou qual espécie de lesão, mas o que definirá efetivamente a natureza delas será a forma de emprego do objeto. Explica-se: uma agressão a machadadas gera, em princípio, lesões cortocontusas. Porém, se o agressor usar apenas o cabo, a lesão será contusa; se usar apenas a lâmina (deslizando-a sobre a vítima), a lesão será cortante. Assim, nas provas e na atividade profissional, é preciso cuidado para não confundir o instrumento utilizado com a ação produzida, sendo esta última o que determinará a espécie da lesão.

Outro ponto importante a ser ressaltado é, segundo Roberto Blanco, o estudo da área da superfície atingida. De acordo com ele, "a pressão exercida em um ponto é igual à força aplicada dividida pela superfície de aplicação". Com isso, temos que, com a mesma quantidade de força aplicada, podem-se ter lesões completamente diferentes, dependendo da área corpórea onde se dá o impacto (ex.: nádegas e crânio) e da área do objeto que é usado para lesionar (ex.: salto de sapato masculino e feminino).

3.2. LESÕES E MORTES PRODUZIDAS POR AÇÃO CONTUNDENTE

Instrumento contundente é todo objeto rombo, *capaz de agir traumaticamente sobre o organismo.* Não possuem gume nem ponta afiada, podendo ser sólidos, líquidos ou gasosos.

A ação causadora da lesão contusa pode ser por pressão, por deslizamento, por percussão, por compressão, por distensão, por torção, por explosão, por fricção ou de forma mista. A regra é a causação por instrumento duro e rombo, como é o caso de paus, pedras, barras de ferro etc.

Vale consignar que, excepcionalmente, a água e o ar podem causar lesões contundentes. Não é incomum pessoas terem lesões, muitas delas graves, derivadas de mergulhos, cujo choque com a água vem a causar danos. A água funciona como um verdadeiro "muro" em que a pessoa se choca, a depender de velocidade, altura, incidência etc. O deslocamento abrupto de ar, causado por explosões, também pode causar lesões contusas.

Os instrumentos contundentes têm como seus maiores exemplos, como já dissemos, paus, pedras, martelos, bastões, bengalas, barras de ferro etc. Também são contundentes as ações provocadas por chutes, socos, cabeçadas ou outras formas de ataque e defesa usadas pelo homem. Perceba que nenhum dos instrumentos citados como exemplo possui gume ou ponta afiada. A lesão é causada pela superfície, geralmente plana, que pode ser lisa, áspera ou irregular, gerando as mais diversas modalidades de lesão, cuja gravidade tende a ser maior internamente ao corpo humano.

Sabemos que outros podem ser os geradores dessas lesões, como, por exemplo, os atropelamentos. Por fim, note-se que também pode funcionar como instrumento contundente uma superfície resistente contra a qual o corpo se choque (uma parede, o chão), nas lesões passivas.

Não deve ser esquecida, em momento algum, a classificação quanto à atuação ativa ou passiva dos instrumentos. Reprisando, nas contusões ativas o instrumento vulnerante vem de encontro à superfície corpórea (ex.: um martelo que atinja o rosto da vítima); nas contusões passivas, a superfície corpórea (a vítima) vai de encontro ao instrumento vulnerante (ex.: a pessoa se lança contra um muro, a vítima cai e sua cabeça vai de encontro ao solo, ou, ainda, o indivíduo que despenca de um precipício). Também são chamadas de diretas (ativas) ou indiretas (passivas). Há a combinação de ambas, as lesões mistas.

Em geral, as lesões são classificadas também em leves (superficiais) ou profundas.

Como já foi mencionado, a localização das lesões tem grande valor médico-legal, porque ajuda na elucidação da verdade. Lesões na face interna das coxas, nas nádegas: dão notícia, geralmente, de agressões sexuais, como estupro consumado ou tentado.

Lesões semilunares no pescoço noticiam tentativa de esganadura. Lesões no antebraço e nas mãos (principalmente nas palmas) podem ser as conhecidas lesões de defesa. Lesões de defesa, diga-se logo, são aquelas resultantes do esforço da vítima em se defender. Por exemplo, ao tentar evitar uma agressão a facadas, a vítima certamente terá lesões em suas mãos e braços. Roberto Blanco anota ainda as lesões de hesitação que, de acordo com ele, são aquelas produzidas pela hesitação, incerteza da vítima em produzir uma lesão fatal; são as lesões características de suicídio.

A depender de inúmeros fatores, principalmente a forma e força da agressão, existirão diversas modalidades de lesões com repercussões e consequências diferentes, que devem ser estudadas de acordo com suas particularidades: rubefações, escoriações, equimoses, bossas e hematomas, feridas contusas, fraturas, luxações, subluxações, roturas viscerais e esmagamentos.

1. **RUBEFAÇÃO** – Compreende uma congestão sanguínea de pouca intensidade, evidenciada por uma mancha avermelhada. Ex.: uma bofetada de mão aberta. Por não apresentar significativa alteração estrutural, não chega a ser considerada lesão sob a ótica anatomopatológica, mas o é no ponto de vista da Medicina Legal, uma vez que tem origem violenta, interessando ao estudo pericial.

Por desaparecer em pouco tempo (minutos ou horas), uma vez que se reestabelece a normalidade circulatória da região atingida, é preciso rapidez na efetivação do exame pericial para configurá-la em função do seu caráter fugaz.

Representa a forma mais branda e transitória de todas as lesões produzidas por ação contundente, sem qualquer gravidade associada. Tanto é assim que os tribunais, em geral e de acordo com o caso concreto, sequer consideram a rubefação como ofensa à integridade física ou à saúde. Por vezes, nesse caso, punem a agressão como contravenção (vias de fato).

2. **ESCORIAÇÃO** – Tem origem na ação tangencial dos instrumentos contundentes sobre a superfície corpórea, produzindo o arrancamento da epiderme, deixando a derme descoberta. A epiderme é a primeira camada do tecido humano, ao passo que a derme é a segunda.

Trata-se de lesão contusa superficial em que não ocorre cicatrização, mas sim regeneração por reepitelização, estando, muitas vezes, associada a outras lesões contusas de maior gravidade. Clinicamente, tem pequeno valor, porém é de grande relevância para a perícia médica e criminal.

Escoriação não deixa cicatriz. Sua recenticidade é demonstrada por uma mancha rósea que desaparece em poucos dias.

Nas lesões em vida, o processo de regeneração forma uma crosta. Com o tempo, a crosta vai escurecendo e se descolando, das bordas para o centro, deixando uma área despigmentada. Quando a lesão atinge só a epiderme, temos a ruptura de vasos linfáticos, ficando a crosta amarelada. Na lesão que atinge a derme, a crosta já é pardo-avermelhada, pois a lesão atinge os vasos sanguíneos que passam na derme.

Pouco antes da morte ou após esta (*post mortem*), não há tempo para a formação da crosta. Forma-se apenas uma placa apergaminhada, com leito seco e descorado. A derme é branca e não surge sangue ou serosidade.

Segundo Roberto Blanco, é importante a observação da forma, da localização e da evolução das escoriações, pois podem determinar como foram produzidas, o motivo do seu aparecimento e a data em que foram produzidas.

Apesar de terem a ação contundente como principal causa, as escoriações podem ser provocadas por outros instrumentos com ação diversa, como unhas, pregos, pedações de vidro etc. Nesta situação, a escoriação terá forma linear, em vez da forma de placa.

3. **EQUIMOSE** – O agente *vulnerandi* age com maior intensidade do que na rubefação, mas ainda se preserva a integridade e a elasticidade da pele. Os vasos superficiais rompem-se, causando extravasamento de sangue internamente, o qual fica entremeado nas tramas teciduais. O fenômeno dá coloração à pele, em virtude da transparência desta. A pele não se arrebenta, mas sim os vasos abaixo dela.

Em resumo, equimoses são derrames sanguíneos nos quais o sangue extravasado se infiltra e coagula nas malhas dos tecidos do corpo. Ela traduz reação vital, não sendo produzida *post mortem*.

As equimoses podem ser superficiais ou profundas, surgindo, nestas últimas, nos músculos, nas vísceras e no periósteo. Saiba-se também que as equimoses profundas podem levar até dias para se formar.

Há também as equimoses causadas pela emoção (equimoses emotivas), que surgem de forma espontânea, sem estarem associadas a um evento traumático prévio.

As equimoses nem sempre surgem nos locais de traumatismo, sendo chamadas, nesta situação, equimoses à distância. Isto acontece pela ação da gravidade sobre o sangue.

Relevante importância médico-legal está no fato de as equimoses imprimirem, na sua forma, a marca dos objetos que lhe deram origem. Exemplo importante é a impressão dos pneus dos automóveis em casos de atropelamento (as chamadas estrias pneumáticas de Simonin). Quando a equimose é produzida por objetos cilíndricos, como bastões, em vez de uma, deixa duas equimoses longas e paralelas chamadas *víbices*. Isso ocorre porque o extravasamento do sangue se dá ao lado do traumatismo, e não na sua linha de impacto.

Outro aspecto de grande interesse criminalístico é a tonalidade da equimose. O *Espectro equimótico* de Legrand du Saulle é a mudança da coloração da equimose, com o passar do tempo. O estudo da variação da cor da equimose no processo de recuperação é útil para determinar a data aproximada da lesão. Foi observado primeiramente por Legrand du Saulle, que emprestou seu nome ao fenômeno.

Genival Veloso de França[2], em geral, a equimose se mostra vermelha no primeiro dia, violácea no segundo e no terceiro, azul do quarto ao sexto, esverdeada do sétimo ao décimo, amarelada no décimo segundo, desaparecendo em torno do décimo quinto ao vigésimo dia. Hélio Gomes[3] dá a seguinte sequência na coloração: vermelho-escuro, violeta, negro, azul, verde, amarelo. Flamínio Fávero[4] apresenta uma quase igual: vermelho-escuro, roxo, violáceo, azul, verde e amarelo. Devergie e Tourdes, embora com datações diferentes, consignam a seguinte ordem: vermelho, violáceo, azulado, esverdeado, amarelado.

O valor cronológico do espectro equimótico é relativo, uma vez que o tempo de duração da equimose e, por consequência, a variação de sua tonalidade, sofrem variação de acordo com a quantidade e a profundidade do sangue que extravasou, com a elasticidade do tecido para facilitar a reabsorção desse sangue, com o calibre e a quantidade dos vasos rompidos, com a capacidade de coagulação do indivíduo e, ainda, com características individuais, como idade e sexo.

A mudança é causada pela decomposição da hemoglobina presente nas hemácias. O fenômeno ocorre até haver a reabsorção completa do sangue extravasado pelo organismo, que se dá por atividade fagocitária.

No morto, não é observado o espectro, uma vez que não há circulação sanguínea ativa. O colorido da equimose (produzida em vida) se mantém até surgirem os fenômenos putrefativos, que o modificam.

É importante se fazer diagnóstico diferencial entre equimose e livor hipostático. A primeira se dá *intra vitam*, a segunda só surge *post mortem*. Nas equimoses, que têm origem traumática, observam-se sangue fora dos vasos e ruptura destes, sangue coagulado, infiltração hemorrágica, aparecimento em qualquer parte do corpo, transformação da hemoglobina e presença de malhas de fibrina. Já nos livores hipostáticos, que resultam de fenômenos cadavéricos, não há coagulação do sangue, nem sangue extravasado dos vasos, os quais permanecem íntegros, ausência de infiltração hemorrágica e

2 FRANÇA, Genival Veloso. *Medicina legal*, p. 101.

3 GOMES, Hélio. *Medicina legal*, p. 473.

4 FÁVERO, Flamínio. *Medicina legal*, p. 280.

de malhas de fibrina, não há transformação da hemoglobina e só aparece em zonas de decúbito, uma vez que se trata de deposição de sangue por ação da gravidade. Os livores de hipóstase serão abordados em maior detalhe no Capítulo 10, que discutirá Tanatologia Forense.

As equimoses nas regiões conjuntival e da bolsa escrotal, por serem estas regiões densamente vascularizadas, não passam pelo espectro equimótico. Normalmente, estas regiões ficam vermelhas até a total reabsorção.

Percebe-se o quanto o estudo das equimoses confere importantes informações ao perito forense. Sua cor permite determinar o tempo de produção, sua forma pode revelar o tipo de instrumento que as produziu e o local em que se encontram pode falar sobre a natureza jurídica do evento que as provocou e deu origem.

Roberto Blanco anota os *tipos especiais de equimoses.*

a) **Petéquias** – equimoses puntiformes, como cabeças de alfinete, frequentes nas mortes rápidas, septicemias, asfixias, coqueluche. Decorrem do aumento da permeabilidade dos vasos capilares por hipoxia (diminuição do oxigênio) e/ou aumento da pressão nestes vasos (hipertensão capilar).

b) **Manchas equimóticas de Tardieu** – surgem nas vísceras (coração e pulmões), têm o tamanho de uma lentilha, e são patognomônicas de asfixias mecânicas (patognomônicas vem de patognomonia, que é o estudo dos sinais e/ou sintomas considerados característicos das doenças).

c) **Manchas subpleurais de Paltauf** – Também surgem nas vísceras e refletem quadros de asfixias mecânicas, porém são mais extensas e de contornos irregulares.

d) **Cianose cérvico-facial ou máscara equimótica de Morestin** – ocorre nos casos de asfixias mecânicas, sendo mais comum na sufocação indireta (compressão do tórax). A pressão do tórax mantém os vasos cervicais e faciais cheios de sangue, causando o fenômeno.

e) **Equimoses perianais ou vulvo-vaginais** – ocorrem como decorrência de parasitoses locais e das alterações dermatológicas provenientes da coceira ou prurido, que obrigam o seu portador a coçar e arranhar a região, sobretudo em infecções, comuns no Brasil, pelo verme oxiúros. Não confundir com aquelas causadas por atos libidinosos.

f) **Mobilidade equimótica** – noticiam-se aqui as equimoses que se deslocam do ponto de contusão para regiões mais afastadas e as equimoses profundas, que só se fazem visíveis com quatro a cinco dias.

g) **Equimose retrofaringeana de Brouardel** – indica constrição do pescoço (compressão da faringe contra a coluna vertebral).

h) **Equimose nos tecidos moles subjacentes à pele do pescoço** - indica agressão, por estrangulamento, enforcamento, esganadura ou mera contusão local.

i) **Equimoses de etiologia não mecânica** - devem-se diferenciar as equimoses decorrentes de trauma mecânico ou psíquico e as chamadas equimoses espontâneas. As equimoses não traumáticas são chamadas de púrpura e decorrem de entidades mórbidas que evoluem deixando manchas arroxeadas (equimoses) pelo corpo.

j) **Equimose à distância** - equimoses que surgem em pontos completamente diferentes do local onde ocorreu a lesão. Podem decorrer dos efeitos sistêmicos que o trauma exerce no organismo ou do escoamento de sangue, em razão da força da gravidade.

4. **EDEMA** - É o acúmulo de líquido no espaço intersticial, constituído por solução aquosa de sais e proteínas do plasma. Tem como causas principais a torção, a percussão e a pressão. Possui intensidade variada, depende da gravidade e da presença de outras lesões no local. Surge após 1 a 3 minutos. A tríplice resposta de Lewis é até hoje considerada o modelo clássico para explicar as alterações vasculares, sendo ela: hiperemia no ponto de impacto; extensão da hiperemia para a área ao redor; palidez da zona central pelo edema.

5. **HEMATOMA** - Aqui, a pele resiste pela sua elasticidade, mas os vasos (artérias e veias) mais calibrosos, que estão em camadas abaixo da mesma, podem se romper, resultando em extravasamento de sangue para o tecido subcutâneo, culminado com sua não difusão nas malhas dos tecidos moles. Como o sangue não consegue se espalhar, permanece agrupado (colecionado), formando o hematoma. Ao se apalpar a região afetada, percebe-se a sensação de flutuação. Em geral, faz relevo na pele (inchaço) e é de absorção mais demorada que a equimose.

6. **BOSSA SANGUÍNEA** - Apresenta-se sempre sobre um plano ósseo e com saliência bem pronunciada na superfície cutânea. É muito comum nos traumatismos do couro cabeludo. O sangue, sem poder "empurrar" a pele e os tecidos subjacentes para os lados e para baixo, pressiona a própria pele para cima. Vulgarmente conhecido como "galo".

Flamínio Fávero[5] difere a bossa do hematoma de forma diferente. Para ele, as bossas são coleções pequenas e, os hematomas, as coleções maiores. No entanto, discordamos porque a presença de uma bossa depende

5 FÁVERO, Flamínio. *Medicina legal*, p. 283.

fundamentalmente do local onde houve extravasamento sanguíneo, e não da quantidade do mesmo.

Diferença entre equimose e hematoma. Na equimose, o sangue se infiltra nas malhas do tecido subcutâneo; no hematoma, o sangue se coleciona (aglomera) em determinado ponto, formando verdadeiras bolsas. No entanto, ambos podem ocorrer simultaneamente e aparecer aos olhos do examinador em períodos de dias que se seguem.

Hélio Gomes ensina que "algumas das indicações citadas a propósito do valor médico-legal das escoriações podem aplicar-se aos hematomas."[6]

7. **FERIDA CONTUSA** – Aqui, o agente agressor promove a perda da integralidade da pele ou vence a sua elasticidade. A integridade tecidual da pele passa a não ser suficiente para mantê-la e a pele é rompida. Dessa forma, as feridas contusas são lesões abertas. Esta arrebentação atinge a derme (camada abaixo da epiderme ou pele) e possui várias graduações, desde as lesões mais leves até as lesões lácero-contusas. A graduação varia de acordo com a profundidade atingida pela lesão e, portanto, da dimensão da ação contundente aplicada. As lesões lácero-contusas são as mais graves, uma vez que podem atingir e comprometer os músculos, os tendões e até as articulações. Além disso, podem gerar prejuízos funcionais ou estéticos, já que a derme é atingida e a resolução tecidual se dá por cicatrização, com consequências penais (art. 129, e §§, do CP). São produzidas por mecanismos de compressão, pressão, percussão, arrastamento, explosão e tração.

Características das feridas contusas. As características resultam da ação de um instrumento de superfície sem gume, gerando uma ferida de *forma* quase sempre sinuosa ou estrelada e mais raramente retilínea, variando de acordo com a região atingida e com a violência da ação. As *bordas* são irregulares, o que se deve a ação brusca do instrumento causador culminada com a ausência de gume afiado. Em torno do ferimento ou nas suas bordas, observam-se escoriações, que se justificam pelo mecanismo de contusão por ação oblíqua ou perpendicular ao plano cutâneo. O fundo da ferida é irregular e com pontes de tecido íntegro que não chegaram a se romper com a ação violenta e, ainda, vasos, nervos ou tendões que não se rompem devido à maior elasticidade e maior resistência dessas estruturas.

Essas características direcionam o perito sobre a direção da ação, se foi realizada em vida ou após a morte da vítima, sobre a forma do instrumento utilizado, sobre a causa jurídica (homicídio, acidente, suicídio) e sobre a sua gravidade. As causas acidental e homicida são bem mais frequentes que a suicida.

6 GOMES, Hélio. *Medicina legal*, p. 475.

8. **FRATURAS** – Correspondem a uma solução de continuidade dos ossos e decorrem dos mecanismos de compressão, flexão ou torção. Podem ser diretas ou indiretas, fechadas ou abertas, cominutivas (fragmentadas) completas ou incompletas, etc. É *direta* quando o trauma atinge o local fraturado e *indireta* quando provém ação violenta sobre região distante do local fraturado (por exemplo, vítima que sofre queda de altura significativa em pé e fratura, por contragolpe, a base do crânio). A *fratura fechada,* também chamada subcutânea, é a que não se comunica com o exterior do corpo e a *aberta* ou *exposta* é aquela em que os fragmentos ósseos extrapolam os limites do corpo da vítima. *Fratura cominutiva* é aquela reduzida a vários fragmentos ósseos.

As fraturas podem ser classificadas, ainda, como traumáticas ou verdadeiras. Existem fraturas causadas pelo próprio peso do corpo da vítima, por patologias ou esforço imoderado. Aqui, temos as fraturas espontâneas ou patológicas, que devemos exemplificar com uma situação bastante comum e litigante com os idosos. A fratura patológica do colo do fêmur é geralmente decorrente de osteoporose (porosidade óssea por desmineralização ou perda de cálcio pelo osso, comum no envelhecimento, principalmente entre idosos que não ingerem cálcio suficiente e que não se exercitam regularmente) e acarreta a queda aparentemente espontânea do idoso. Tanto este como sua família frequentemente interpretam a fratura como consequência da queda, e não como deve ser encarada, sendo a queda a consequência de uma fratura. Aqui, o simples fato de o idoso se virar para olhar para trás ou se levantar mais rapidamente pode ocasionar a fratura e a queda consequente. De acordo com Roberto Blanco, as fraturas podem ocorrer pela compressão, flexão ou torção.

9. **LUXAÇÃO** – Caracteriza-se pelo deslocamento de ossos cujas superfícies articulares perdem o contato. Esse deslocamento pode ser parcial (luxação incompleta) ou total (luxação completa), podendo ser transitório, com o retorno da articulação e suas superfícies ao seu sítio anatômico normal. Mas deve ser lembrado que, apesar da transitoriedade, havendo lesões ligamentares, elas permanecem e *devem ser lembradas e citadas na caracterização da gravidade da lesão para efeito de pena.* Como exemplos, citamos a luxação de quadril, ombro, joelho e mandíbula. Nesses casos, será comum a ocorrência repetida da luxação até que a mesma seja corrigida cirurgicamente.

10. **ENTORSE** – Decorre de um movimento exagerado, de uma rotação mais violenta do osso, incidindo apenas sobre os ligamentos, causando rupturas, desinserções, derrame seroso ou hemorrágico na cavidade articular, fraturas ósseas e até arrancamento de pequenas porções do osso que estava preso ao ligamento.

11. **ROTURA VISCERAL** – Um impacto violento sobre o corpo humano pode ocasionar lesões internas, gerando a ruptura de órgãos. Todas as vísceras podem sofrer essa lesão, sendo as mais comuns: fígado, baço, rins, pulmões, intestinos, pâncreas e suprarrenais.

A ruptura visceral pode ser gerada pela ação de onda de expansão gasosa e onda de vácuo (sucção), causadas, sequencialmente, por explosão *(BLAST)*, ou seja, situações que provoquem grande pressão no organismo. É importante notar que pode haver roturas parciais, que aparentemente não provocam alterações na vítima até terem decorrido várias horas, quando os sintomas decorrentes do extravasamento interno de sangue e/ou do conteúdo visceral começam a provocar sintomas e sinais no organismo. Logo, nem sempre uma rotura visceral, de um baço, por exemplo, após um golpe ou trauma direto causado por outro agente, pode se manifestar durante as primeiras 12 horas do mecanismo causador da agressão.

12. **ESMAGAMENTO** – Se atinge a maior parte da superfície corporal, pode representar uma das lesões mais graves, causadas por ação contundente. Consiste na compressão completa e destrutiva do corpo, resultando da forte pressão, apenas uma massa amorfa. Deve-se ressaltar a importância médico--legal e trabalhista das lesões por esmagamento parcial ou setorizado. Por vezes, o esmagamento do dedo polegar destrói a capacidade que o homem tem de fazer a apreensão de objetos, o que, para alguns, pode significar toda sua capacidade de trabalho ou lazer.

Deve–se conhecer a definição de síndrome de esmagamento ou de *CRUSH.* É o conjunto de sinais e sintomas que caracterizam as consequências deletérias, causadas pela compressão do corpo por longo período, liberando produtos tóxicos (mioglobina, ureia etc.), os quais atacarão principalmente os rins e, geralmente, são fatais. É importante então que, diante de situações de esmagamento de extremidades, como braços e pernas, aplique-se imediatamente um garrote ou torniquete, para impedir que a mioglobina tenha acesso à corrente sanguínea e ocorram suas consequências. A mioglobina é o pigmento muscular liberado quando a fibra é esmagada e entope os túbulos renais, impedindo a filtração do sangue e levando à morte por insuficiência renal aguda.

13. **LESÕES PRODUZIDAS POR ARTEFATOS EXPLOSIVOS** – "Chama-se de explosão um mecanismo produzido pela transformação química de determinadas substâncias que, de forma violenta e brusca, produz uma quantidade excessiva de gases com capacidade de causar malefícios à vida ou à saúde

de um ou de vários indivíduos. (...) As lesões produzidas por esses artefatos podem ser por ação mecânica e por ação da onda explosiva. As primeiras são provenientes do material que compõe o artefato e dos escombros que atingem as vítimas. As outras são decorrentes das ondas de pressão e sucção, que compõem a chamada *síndrome* explosiva ou *blast injury*.

A *blast injury* é um conjunto de manifestações violentas e produzida pela expansão gasosa de uma explosão potente, acompanhada de uma onda de pressão ou de choque que se desloca brusca e rapidamente numa velocidade muito grande, a pouca distância da vítima e, mais grave, em locais fechados. Segundo William, essa força, para produzir lesões no homem, deve ser no mínimo de 3 libras por polegada quadrada.

As lesões provocadas pela expansão gasosa atingem diversos órgãos e se caracterizam de acordo com a sua forma, disposição e consistência. A lesão mais comum é a rotura do tímpano".[7]

14. ENCRAVAMENTO – "É uma modalidade de ferimento produzida pela penetração de um objeto afiado e consistente, em qualquer parte do corpo"[8]. Quase sempre é acidental.

15. EMPALAMENTO – Forma especial de encravamento. "Caracteriza-se pela penetração de um objeto de grande eixo longitudinal, na maioria das vezes consistente e delgado, no ânus ou na região perianal. As lesões são sempre múltiplas e variadas, sua profundidade varia de acordo com o impacto e as dimensões do objeto contusivo."[9]

16. ATROPELAMENTO FERROVIÁRIO – Ocorre a redução do corpo a diversos e irregulares fragmentos conhecida como espostejamento.

"Nos casos de suicídio, em geral se observa a secção transversal do corpo ao nível do pescoço ou do abdome. Nos acidentes, é mais comum a secção das pernas. Em ambas as situações, o que chama a atenção é a presença acentuada das reações vitais das lesões como manchas equimóticas, infiltrados hemorrágicos dos tecidos e placas de sangue coagulado.

Nos atropelamentos *post mortem* para dissimular homicídio, nota-se um grande número de lesões sem reação vital e apenas se veem tais reações nas

7 FRANÇA, Genival Veloso de. *Medicina legal*. 9ª ed. Rio de Janeiro: Guanabara Koogan, 2012, p. 95-96.
8 FRANÇA, Genival Veloso de. *Medicina legal*. 9ª ed. Rio de Janeiro: Guanabara Koogan, 2012, p. 98.
9 FRANÇA, Genival Veloso de. *Medicina legal*. 9ª ed. Rio de Janeiro: Guanabara Koogan, 2012, p. 98.

lesões produzidas dolosamente. Por fim, nas situações de dissimulação de morte natural, por vezes para adquirir vantagens de seguro, observam-se vestes manchadas de sangue e todas as lesões sem qualquer manifestação de reação vital."[10]

17 **LESÕES POR PRECIPITAÇÃO** – "Pele intacta ou pouco afetada, roturas internas e graves das vísceras maciças e fraturas ósseas de características variáveis."[11] Observa-se uma desproporção entre as lesões externas (cutâneas), que geralmente são leves, e as gravíssimas lesões ósseas e viscerais.

Recomenda-se o estudo mais aprofundado das lesões contusas, em especial as fraturas, luxações, roturas viscerais e esmagamentos, em um dos autores de obras de Medicina Legal referidos ao final deste livro.

3.3. LESÕES E MORTES PRODUZIDAS POR AÇÃO CORTANTE

Instrumento cortante é todo aquele dotado de lâmina que apresente fio, gume ou corte. Sua ação se dá em um mecanismo de deslizamento, gerando a secção dos tecidos. O instrumento cortante típico é a navalha. Outros exemplos: faca, lâmina de barbear, canivete, louça, papel, vidro, folha de flandres.

Características das feridas produzidas por instrumento cortante (feridas incisas). Tais feridas possuem *bordos nítidos, lisos e regulares,* que se deve ao gume afiado do instrumento; a forma é linear devido à ação cortante por deslizamento; *ausência de outros vestígios traumáticos em torno da lesão,* como escoriações ou equimoses, em razão da ação deslizante e do gume afiado; *regularidade do fundo da ferida,* que não apresenta pontes de tecido nem regiões mortificadas; secção perfeita dos tecidos moles subcutâneos; hemorragia geralmente abundante (Hilário Veiga de Carvalho).[12]; comprimento predominando sobre a profundidade; afastamento das bordas da ferida (explica-se pela "elasticidade e tonicidade dos tecidos e é mais acentuado onde os tecidos cutâneos são solicitados pela ação muscular")[13]; centro da ferida mais profundo que as extremidades; paredes da ferida lisas e regulares.

O início da ferida incisa é mais brusco e profundo, sendo o seu final mais superficial, caracterizado por um traço escoriado na epiderme. Essa parte final da ação cortante é chamada "cauda de escoriação" e tem grande

10 FRANÇA, Genival Veloso de. *Medicina legal*. 9ª ed. Rio de Janeiro: Guanabara Koogan, 2012, p. 100.

11 Leon Thoinot, *apud* FRANÇA, Genival Veloso de. *Medicina legal*. 9ª ed. Rio de Janeiro: Guanabara Koogan, 2012, p. 100.

12 CARVALHO, Hilário Veiga de, *et. al*. 2ª ed. São Paulo: Saraiva, 1992, p. 119.

13 FRANÇA, Genival Veloso de. *Medicina legal*. 9ª ed. Rio de Janeiro: Guanabara Koogan, 2012, p. 86.

importância pericial por indicar a direção do movimento do instrumento e, consequentemente, a posição do agressor. É de grande valia no diagnóstico diferencial entre homicídio e suicídio.

Uma questão de grande importância é a ordem das lesões que se cruzam. Como a segunda lesão foi produzida sobre a primeira, de bordas já afastadas, coaptando-se às margens de uma das feridas, sendo ela a primeira a ser produzida, a outra não segue um trajeto em linha reta (*sinal de Chavigny*).[14]

Ferimentos incisos, em geral, têm prognósticos de pouca gravidade, a não ser que atinjam vasos importantes ou nervos.

Das lesões incisas em nível de região cervical, destacamos três: esgorjamento, degola e decapitação. O *esgorjamento* se caracteriza por um corte na região lateral, anterior ou anterolateral do pescoço, de significativa profundidade. "À etiologia, o esgorjamento pode ser homicida ou suicida. Nos casos de suicídio, quando o indivíduo é destro, o ferimento se dá da esquerda para a direita, sua localização é mais anterolateral esquerda e termina ligeiramente voltada para baixo. Sua profundidade é maior no início da lesão, pois no final da ação a vítima começa a perder as forças. As lesões da laringe e da traqueia no suicídio são menos graves. Na maioria das vezes, a mão da vítima que segura a arma está suja de sangue [...] Nos casos de homicídio há características bem diversas que podem fazer a diferença com o suicídio. O autor dessa ocorrência homicida sempre se coloca por trás da vítima, provocando um ferimento da esquerda para a direita, em sentido horizontal, uniforme, terminando com a mesma profundidade do seu início, mas ligeiramente voltada para cima, atingindo algumas vezes a coluna vertebral, onde é comum ficar a marca do instrumento usado."[15]

Na *degola ou degolamento*, o corte se dá na região posterior do pescoço e tem o homicídio como principal causa jurídica. Já a *decapitação* é caracterizada pela separação total da cabeça do corpo; sua etiologia pode ser acidental ou homicida e, mais raramente, suicida.

Cabe citar, ainda, no conjunto de lesões incisas, o esquartejamento e o espostejamento. No primeiro, o corpo é dividido em partes, por amputação ou desarticulação, sendo prática observada na tentativa de ocultação do cadáver após evento homicida. Já o espostejamento compreende a redução do corpo a fragmentos, muito observado em atropelamentos ferroviários.

14 FRANÇA, Genival Veloso de. *Medicina legal*. 9ª ed. Rio de Janeiro: Guanabara Koogan, 2012, p. 86.

15 FRANÇA, Genival Veloso de. *Medicina legal*. 9ª ed. Rio de Janeiro: Guanabara Koogan, 2012, p. 86-87.

3.4. LESÕES E MORTES PRODUZIDAS POR AÇÃO PERFURANTE

Instrumento perfurante é todo aquele que possui uma haste cilíndrico--cônica *dotada de ponta. A ação predominante é o afastamento das fibras dos tecidos, raramente seccionando-as. Os instrumentos perfurantes podem ser de pequeno, médio ou grande calibre e esse calibre interfere na forma das lesões. As lesões provocadas por instrumento perfurante denominam-se feridas punctórias ou punctiformes.*

No caso dos instrumentos de pequeno calibre, as feridas são puntiformes (em forma de ponto), de raro sangramento, quase sempre com diâmetro menor que a do instrumento causador (devido à elasticidade e retrabilidade dos tecidos) e raramente mortais. Exs.: alfinete, agulha, prego, certos espinhos de palmeira. Os instrumentos de médio calibre já podem ser mortais e as lesões produzidas seguem, geralmente, a direção das linhas do corpo, atendendo às Leis de Filhos e de Langer. Exs.: espeto de churrasco, furador de gelo. Os instrumentos de grande calibre (florete, estacas) costumam ser observados em lesões por empalamento e por encravamento, discutidos anteriormente.

As lesões causadas por meios ou instrumentos perfurantes, de aspecto pontiagudo, alongado e fino, e de diâmetro transverso reduzido, têm características bem próprias. Os instrumentos quase sempre atuam por percussão ou pressão, afastando as fibras do tecido e, muito raramente, seccionando-as.[16]

"Têm como características a abertura estreita; são de raro sangramento, de pouca nocividade na superfície e, às vezes, de grande gravidade na profundidade, em face desse ou daquele órgão atingido; e, por fim, quase sempre de menor diâmetro que o do instrumento causador, graças à elasticidade e à retratilidade do tecido cutâneo.

O trajeto dessas feridas é representado por um túnel estreito que se continua pelo tecido lesado, representado no cadáver por uma linha escura."[17]

Não havendo corte do tecido, as feridas são de ângulo arredondado, tendo normalmente forma de gota. As lesões produzidas por instrumento perfurante de médio calibre em uma mesma região do corpo têm a mesma direção, por causa das fibras, que são perfuradas *(Lei de Filhos)*. Dependendo da área, a perfuração será em bico, quadrada ou estrelar *(Lei de Langer)*. Estas duas leis são constante objeto de questionamento em concursos, o que justifica maior atenção do candidato nesse ponto. O Professor José Mauro de Moraes também define as Leis de Filhos e de Langer. Ele as enuncia da seguinte maneira: "Lei de Filhos: as feridas deixadas pelos instrumentos perfurantes são semelhantes às produzidas por instrumentos de dois gumes (lei da semelhança). Lei de Filhos: na mesma

---

16 FRANÇA, Genival Veloso de. *Medicina legal*. 9ª ed. Rio de Janeiro: Guanabara Koogan, 2012, p. 83.

17 FRANÇA, Genival Veloso de. *Medicina legal*. 9ª ed. Rio de Janeiro: Guanabara Koogan, 2012, p. 83.

região, o maior eixo das feridas estará orientado no mesmo sentido das fibras musculares subjacentes (lei do paralelismo). Lei de Langer: nas regiões onde há cruzamento de muitas fibras, a ferida toma a forma de quadrilátero, triângulo ou seta, resultante do equilíbrio dessas forças (lei da elasticidade)".

3.5. LESÕES E MORTES PRODUZIDAS POR AÇÃO PERFUROCORTANTE

Instrumento perfurocortante é aquele dotado de uma ponta (ação perfurante) na extremidade de uma lâmina portadora de um ou mais gumes (ação cortante), atuando por um mecanismo de ação misto: penetram perfurando com a ponta e cortam com o(s) gume(s). Podem ter um só gume (canivete, faca, espada), dois gumes (punhal) ou três gumes (lima).

Hélio Gomes ensina que os instrumentos perfurocortantes podem ser de um só bordo cortante ou de dois gumes ou de dois bordos cortantes. Aqui, classifica tal grupo de instrumentos em três espécies:

a) instrumentos perfurantes propriamente ditos;

b) instrumentos perfurocortantes;

c) instrumentos de pontas e arestas.

Estes últimos são aqueles que possuem várias faces (quatro, cinco ou mais) e três ou mais ângulos diedros. É o caso de objetos como as limas, floretes, certos estoques, baionetas etc.

As soluções de continuidade produzidas por instrumentos perfurocortantes de um só gume resultam em ferimentos em forma de botoeira com uma fenda regular, e quase sempre linear, com um ângulo agudo e outro arredondado. Sua largura é notadamente maior que a espessura da lâmina da arma usada e o seu comprimento, menor que a largura da folha, se o trajeto da arma foi perpendicular ao plano do corpo, saindo da mesma direção, e maior se agiu obliquamente. Se, ao sair, tomou um sentido inclinado, corta mais a pele, aumentando o diâmetro da fenda.

Os ferimentos causados por arma de dois gumes produzem uma fenda de bordas iguais e ângulos agudos.

As armas de três gumes originam feridas de forma triangular ou estrelada. [...]

No diagnóstico da arma usada, devem-se levar em consideração as dimensões, a forma e a profundidade do ferimento, atentando-se para o fato de que o tamanho dessas lesões, devido à elasticidade da pele, pode ser inferior, igual ou superior ao diâmetro da arma. [...]

A ordem de sucessão das lesões fundamenta-se na direção e na quantidade da hemorragia das feridas. Se um indivíduo tem um ferimento no tórax e o sangramento flui em direção vertical, de cima para baixo, e outro no flanco esquerdo derramado para o lado e para dentro, diz-se que a primeira lesão foi a do tórax, quando ele ainda estava de pé, e a segunda, a do flanco esquerdo, com a vítima caída. Quando as feridas se cruzam, a sequência dos ferimentos é dada pelas características discutidas sobre o assunto quando do estudo das feridas cortantes (sinal de Chavigny).[18]

Anote-se que a profundidade do corte pode ser um pouco maior do que a lâmina, por causa da contração dos músculos, da força do agressor, da movimentação aflita da vítima etc. Mais de uma vez viu-se um acusado ser absolvido no júri porque a faca com que foi preso tinha menor comprimento do que a profundidade da lesão na vítima. O fato demonstra não a falha dos jurados, mas da acusação, que deveria ter transmitido aos juízes do fato esse ensinamento da Medicina Legal.

O homicídio se destaque como causa jurídica mais frequente dessas lesões. A diagnose diferencial entre este, suicídio e acidente é feito com base no estudo do número, da direção e do local dos ferimentos. Atenção especial se dá com a observação das chamadas "*lesões de defesa*", observadas em mãos, antebraços e pés, que falam em favor do homicídio como uma tentativa angustiante de a vítima salvar sua vida, usando essas parte do seu corpo como escudo.

3.6. LESÕES E MORTES PRODUZIDAS POR AÇÃO CORTOCONTUNDENTE

Lesões cortocontusas são produzidos por instrumentos que, apesar de serem portadores de gume, a ação predominante é a contundente em virtude do seu peso ou da força ativa de quem o manipula. A ação se dá por deslizamento, por percussão e por pressão. Exemplos: machado, facão de mato, enxada. A lesão associa as características daquelas produzidas pelos instrumentos cortantes e pelos instrumentos contundentes.

Tem grande força viva, que é igual à velocidade ao quadrado multiplicada pela massa do objeto, dividido por dois (lembrar da equação de energia de movimento ou energia cinética, $E_c = M \times V^2 / 2$, em que "M" é massa e "V" é velocidade).

Características. A forma é bem variável, levando em conta a região atingida, a força ativa, o peso do instrumento, o gume e a inclinação. Caso o gume seja afiado, irão prevalecer as características das lesões incisas; caso não o seja,

18 FRANÇA, Genival Veloso de. *Medicina legal*. 9ª ed. Rio de Janeiro: Guanabara Koogan, 2012, p. 101-103.

prevalecem os caracteres de uma lesão contusa. Não são observados pontes de tecido íntegro e nem cauda de escoriação, o que fará o diagnóstico diferencial com as lesões contusas e incisas, respectivamente. As lesões costumam ser graves e fundas. Apresentam ferida bizarra e acompanhada de escoriações e equimoses. Se houver superfície óssea, em geral ocorre fratura. Apesar da combinação das duas ações (cortante e contundente), se assemelham mais, para efeito de descrição, às feridas contusas.

Segundo Flamínio Fávero[19], os dentes causam lesão cortocontusa (mordedura) porque não têm gume vivo.

Já houve ocasião em que o acusado declarou ter cometido o homicídio com um canivete, sendo que o laudo cadavérico indicava apenas a existência de lesões cortocontusas. As lições da Medicina Legal teriam demonstrado, caso utilizadas, a falsidade da declaração do acusado. Vale acrescentar que, no caso concreto, o acusado logrou explicar razoavelmente o motivo de andar com um canivete, o que já não seria tão fácil diante de um facão, instrumento que efetivamente foi utilizado no delito.

Roberto Blanco chama atenção para o fato de um só golpe ser capaz de produzir mais de uma lesão, o que muitas vezes confunde o leigo. Isso pode ocorrer quando a vítima possui pregas na pele.

3.7. LESÕES E MORTES PRODUZIDAS POR AÇÃO PERFURO-CONTUNDENTE

Instrumentos perfurocontundentes são aqueles que, ao atuarem sobre o alvo, perfuram-no e o contundem, com uma ação que partilha estas duas características. O instrumento típico deste grupo de agentes lesivos é o projetil de arma de fogo (PAF). Assim, esta parte da matéria cuidará das lesões e mortes produzidas por projéteis de arma de fogo. Segundo H. V. de Carvalho,[20] em exceções raríssimas, é possível que esta lesão (perfurocontusa) ocorra por instrumentos outros que possuam características similares, como a ponteira de um guarda-chuva que seja acionada contra o corpo humano.

Nas armas de fogo, o instrumento vulnerante é representado pelo projetil (vulgarmente chamado de "bala") ou pelos grãos de chumbo. No primeiro caso, é o chamado projetil único; e, no segundo, os projéteis múltiplos (H. V. de Carvalho e Flamínio Fávero). A língua portuguesa, anote-se, admite também a forma projétil e o plural projetis.

19 FÁVERO, Flamínio. *Medicina legal*, p. 276.

20 CARVALHO, Hilário Veiga de; SEGRE, M. *Compêndio de medicina legal*, p. 128.

Armas de fogo[21] – são instrumentos que constam essencialmente de um cano de aço (ou similar) com uma extremidade aberta e outra obliterada, onde é colocada a munição (cartucho). A atividade básica é a combustão de misturas explosivas (geralmente, a pólvora), que forma gases. Estes, em súbita e violenta expansão, lançam o projetil através do cano, por sua extremidade aberta, a grandes distâncias, possibilitando a produção das lesões desejadas no alvo. De acordo com o inc. XIII do art. 3º do Decreto nº 3.665, de 20 de novembro de 2000, arma de fogo é aquela que arremessa projéteis empregando a força expansiva dos gases gerados pela combustão de um propelente confinado em uma câmara que, normalmente, está solidária a um cano que tem a função de propiciar continuidade à combustão do propelente, além de direção e estabilidade ao projétil.

De acordo com a classificação pela Cartilha de Armamento e Tiro da Polícia Federal,[22] podemos identificar:

> "2.1 – QUANTO AO TAMANHO
>
> 2.1.1
>
> CURTA
>
> Armas curtas são aquelas que podemos operar com uma ou duas mãos, não necessitando do apoio no ombro.
>
> 2.1.2.
>
> LONGA
>
> São aquelas de dimensões e peso maiores que as curtas podendo ser portáteis ou não portáteis.
>
> 2.2 – QUANTO À PORTABILIDADE
>
> 2.2.1 – DE PORTE
>
> Arma de fogo de dimensões e peso reduzido, que pode ser portada por um indivíduo em um coldre e disparado, comodamente, com somente uma das mãos pelo atirador; enquadram-se, nesta definição, pistolas, revólveres e garruchas (art. 3º, inc. XIV do Decreto nº 3.665/2000 – R 105).
>
> REVÓLVER – Arma de fogo de porte, de repetição, dotada de um cilindro giratório posicionado atrás do cano, que serve de carregador, o qual contém perfurações paralelas e equidistantes do seu eixo e que recebem a munição, servindo de câmara.

21 *Vide* Lei Federal nº 10.826/2003 (Estatuto do Desarmamento). Disponível em: <http://www.amperj.org.br/store/legislacao/codigos/desarmamento_L10826.pdf>.

22 Disponível em: <http://www.pf.gov.br/servicos-pf/armas/cartilha-de-armamento-e-tiro.pdf>. Acesso em: 28 maio 2018.

PISTOLA - Arma de fogo de porte, geralmente semiautomática, cuja única câmara faz parte do corpo do cano e cujo carregador, quando em posição fixa, mantém os cartuchos em fila e os apresenta sequencialmente para o carregamento inicial e após cada disparo; há pistolas de repetição que não dispõem de carregador e cujo carregamento é feito manualmente, tiro a tiro, pelo atirador (art. 3º, inc. LXVII, do Decreto nº 3.665/2000 - R 105).

2.2.2 - PORTÁTIL

"Arma cujo peso e cujas dimensões permitem que seja transportada por um único homem, mas não conduzida em um coldre, exigindo, em situações normais, ambas as mãos para a realização eficiente do disparo;" (art. 3º, inc. XXII do Decreto nº 3.665/2000 - R 105).

CARABINA - Arma de fogo portátil semelhante a um fuzil, de dimensões reduzidas, de cano longo - embora relativamente menor que o do fuzil - com alma raiada (art. 3º, inc. XXXVII do Decreto nº 3.665/2000 - R 105). Em alguns países considera-se carabina as armas de fogo de cano longo raiado, com comprimento do cano entre 20 polegadas (50,8 cm) e 22.5 polegadas (57,15 cm). No Brasil usualmente considera-se carabina as armas de fogo de cano longo raiado de calibres permitidos (Ex.: carabinas .22, .38 SPL).

FUZIL - Arma de fogo portátil, de cano longo e cuja alma do cano é raiada. Podem ser de repetição, semiautomáticos ou automáticos.

ESPINGARDA - Arma de fogo portátil, de cano longo com alma lisa, isto é, não raiada.

METRALHADORA - Arma de fogo portátil, que realiza tiro somente no sistema automático.

SUBMETRALHADORA - Conhecida também como metralhadora de mão ou pistola-metralhadora, é uma arma de fogo portátil, que pode ser utilizada no sistema semiautomática ou automática, de tamanho reduzido para uso das mãos, sem fixação por tripé, que utiliza normalmente um calibre usual de pistola, como 9 mm. ou . 40, entre outros.

2.2.3 - NÃO PORTÁTIL

"Arma que, devido as suas dimensões ou ao seu peso, não pode ser transportada por um único homem;" (art. 3º, inc. XX do Decreto nº 3.665/2000 - R 105).

2.3 - QUANTO AO SISTEMA DE CARREGAMENTO

2.3.1 - ANTECARGA

Aquela em que o carregamento é feito pela boca do cano.

2.3.2 RETROCARGA MANUAL

Aquelas em que o carregamento é feito pela parte posterior do cano, com emprego da força muscular do atirador.

2.3.3 RETROCARGA AUTOMÁTICA

Aquelas em que o carregamento é feito pela parte posterior do cano, em regra por meio do aproveitamento da energia do disparo, dispensando a intervenção humana.

2.4 – QUANTO AO FUNCIONAMENTO

2.4.1 – DE REPETIÇÃO

Arma em que o atirador, após a realização de cada disparo, decorrente da sua acabo sobre o gatilho, necessita empregar sua força física sobre um componente do mecanismo desta para concretizar as operações prévias e necessárias ao disparo seguinte, tornando-a pronta para realizá-lo (art. 3º, inc. XVI do Decreto nº 3.665/2000 – R 105). Ex.: revólver.

2.4.2 – SEMIAUTOMÁTICA

Arma que realiza, automaticamente, todas as operações de funcionamento com exceção do disparo, o qual, para ocorrer, requer, a cada disparo, um novo acionamento do gatilho (art. 3º, inc. XXIII, do Decreto nº 3.665/2000 – R 105). Ex.: pistola.

2.4.3 – AUTOMÁTICA

Arma em que o carregamento, o disparo e todas as operações de funcionamento ocorrem continuamente enquanto o gatilho estiver sendo acionado (é aquela que dá rajadas) (art. 3º, inc. X, do Decreto nº 3.665/2000 – R 105). Ex.: metralhadora.

2.5 – QUANTO AO SISTEMA DE ACIONAMENTO

2.5.1 – AÇÃO SIMPLES

No acionamento do gatilho apenas uma operação ocorre, o disparo, pois a ação de armar o cão já foi efetuada (engatilhamento manual). Ex.: pistola IMBEL .380

2.5.2 – AÇÃO DUPLA

É um sistema mecânico de determinadas arma de fogo, onde somente através do acionamento do gatilho podem ser disparadas, não permitindo o engatilhamento manual do mecanismo de disparo. Nesse sistema o gatilho exerce as duas funções: engatilha a arma e libera o cão ou sistema de percusão. Ex.: Revólver Taurus mod. RT 851 Multialloy.

2.5.3 – DUPLA AÇÃO

É o sistema mecânico de determinadas armas de fogo, que permite que as mesmas sejam acionadas em ação simples ou dupla. Na primeira opção o mecanismo de disparo foi engatilhado e no acionamento do gatilho ocorre apenas o disparo. Na segunda opção, no acionamento do gatilho ocorre o engatilhamento e a liberação do cão ou sistema de percusão. Ex.: Revólveres Taurus em sua maioria e Pistolas Taurus PT 58 e PT 938 - Cal. 380.

2.6 - QUANTO À ALMA DO CANO

A alma é a parte oca do interior do cano de uma arma de fogo, que vai geralmente da câmara de explosão até a boca do cano, destinado a resistir pressão dos gases produzidos pela combustão do propelente e orientar o projétil. Pode ser lisa ou raiada, dependendo do tipo de munição para o qual a arma foi projetada.

2.6.1 - LISA

Aquelas cujo interior do cano é totalmente polido, sem raia mento, porque não há necessidade da estabilização dos projéteis. Ex.: as espingardas e o revólver Taurus RT 410 Cal. 36 GA.

2.6.2 - RAIADA

Aquelas cujo interior do cano tem sulcos helicoidais dispostos no eixo longitudinal destinados a forçar o projétil a um movimento de rotação.

2.7 - ARMAS QUANTO AO USO:

2.7.1 - DE USO RESTRITO

- ARMAS CURTAS - armas de fogo curtas, cuja munição comum tenha, na saída do cano, energia superior a (trezentas libras-pé ou quatrocentos e sete Joules e suas munições, como por exemplo, os calibres .357 Magnum, 9 Luger, .38 Super Auto, .40 S&W, .44 SPL, .44 Magnum, .45 Colt e .45 Auto (art. 16, inc. III do Decreto nº 3.665/2000 - R 105).

- ARMAS LONGAS RAIADAS - armas de fogo longas raiadas, cuja munição comum tenha, na saída do cano, energia superior a mil libras-pé ou mil trezentos e cinquenta e cinco Joules e suas munições, como por exemplo, .22-250, .223 Remington, .243 Winchester, .270 Winchester, 7 Mauser, .30-06, .308 Winchester, 7,62 x 39, .357 Magnum, .375 Winchester e .44 Magnum (art. 16, inc. IV do Decreto nº 3.665/2000 - R 105).

- ARMAS LONGAS DE ALMA LISA - armas de fogo de alma lisa de calibre doze ou maior com comprimento de cano menor que vinte e quatro polegadas ou seiscentos e dez milímetros (art. 16, inc. VI, do Decreto nº 3.665/2000 - R 105).

- ARMAS DE PRESSÃO - armas de pressão por ação de gás comprimido ou por ação de mola, com calibre superior a seis milímetros, que disparem projéteis de qualquer natureza;

2.7.2 - DE USO PERMITIDO

- ARMAS CURTAS - armas de fogo curtas, de repetição ou semiautomáticas, cuja munição comum tenha, na saída do cano, energia de até trezentas libras-pé ou quatrocentos e sete Joules e suas munições, como por exemplo, os calibres .22 LR, .25 Auto, .32 Auto, .32 S&W, .38 SPL e .380 Auto (art. 17, inc. I, do Decreto nº 3.665/2000 - R 105).

- ARMAS LONGAS RAIADAS - armas de fogo longas raiadas, de repetição ou semiautomáticas, cuja munição comum tenha, na saída do cano, energia de até mil libras-pé ou mil trezentos e cinquenta e cinco Joules e suas munições, como por exemplo, os calibres .22 LR, .32-20, .38-40 e .44-40 (art. 17, inc. II, do Decreto nº 3.665/2000 - R 105).

- ARMAS LONGAS DE ALMA LISA - armas de fogo de alma lisa, de repetição ou semiautomáticas, calibre doze ou inferior, com comprimento de cano igual ou maior do que vinte e quatro polegadas ou seiscentos e dez milímetros; as de menor calibre, com qualquer comprimento de cano, e suas munições de uso permitido (art. 17, inc III, do Decreto nº 3.665/2000 - R 105).

As armas de fogo funcionam geralmente pelo sistema gatilho-percussor--espoleta-combustão (gases)-disparo.

Os canos das armas podem possuir *raias*, que são pequenos sulcos helicoidais que imprimem ao projetil movimento de rotação sobre seu próprio eixo. A função das raias é aumentar a precisão e o alcance do projetil. Este raiamento deixa marcas de identidade do cano no próprio projetil, permitindo a identificação de arma usada para o disparo (exame de comparação balística). São as "impressões digitais" da arma. Esse exame (comparação balística) depende da apreensão do projetil que atingiu a vítima e da arma do suspeito para permitir que seja feito outro disparo e, assim, a comparação dos dois projéteis que transitaram pelo cano da arma. Para evitar tal perícia, e a consequente prova de que o projetil causador de lesão ou morte foi efetivamente daquela arma, é que muitos delinquentes trocam as armas ou, ainda, apenas os seus canos, o que é mais fácil com pistolas. Atualmente, já existem munições que, através de vários recursos, impedem a obtenção de comparação balística. Em países que respeitam a vida humana, como nos Estados Unidos, algumas Polícias Estaduais e Municipais guardam em arquivos computadorizados as impressões em projéteis de todas as armas utilizadas por seus policiais, antes de lhes serem entregues. Há fábricas de armas que estão começando a desenvolver arquivos semelhantes de todas as armas que são fabricadas e vendidas.

Chamam-se armas de alma lisa aquelas cujos canos não possuem raiamento e de alma raiada aqueles que possuem raias.

Balística. Arte de guerra e problema policial de alta relevância são o estudo do tiro e dos vários movimentos de projetil, na arma e fora dela. A Balística Forense, disciplina integrante da Criminalística, estuda as armas de fogo, sua munição e os efeitos dos tiros quando elas tiverem relação com infrações penais. Divide-se em Balística Interna ou Interior, Balística Externa ou Exterior e Balística dos Efeitos, dos Ferimentos ou Terminal.

A Balística Interior estuda o funcionamento das armas de fogo, a sua estrutura e seu mecanismo. A Balística Exterior estuda os movimentos do projetil no espaço, de propulsão, rotação, vibração, como também a relação destes movimentos de força própria com a ação da gravidade e a resistência do ar; ainda, preocupa-se com a trajetória do projétil, desde a sua saída da arma até o seu impacto ou parada. A Balística dos Efeitos estuda os efeitos produzidos pelo projétil disparado sobre o corpo atingido, seja animado ou inanimado, como as lesões e os danos.

As *lesões por projetil de arma de fogo* (projetil único) podem ser esquematizadas em:

a) orifício de entrada (OE);

b) trajeto; e

c) orifício de saída (OS).

O *orifício de entrada* é o ponto de ingresso do projetil. O *trajeto* é formado pela linha do percurso no interior do corpo. O *orifício de saída* é o ponto de saída do projetil do corpo, presente apenas nos tiros transfixantes, aqueles em que o projetil atravessa o corpo, saindo do mesmo.

Em função das características dos orifícios de entrada, podemos ainda definir a distância da qual foi efetuado o disparo e a angulação em que o PAF penetrou no organismo. Por causa desta possibilidade, os disparos também podem ser classificados em efetuados:

- à longa distância (ou à distância);
- à curta distância;
- encostado.

Nos disparos efetuados à longa distância, o alvo só é atingido pelo projétil, que se faz único responsável pelas alterações morfológicas observadas na vítima, recebendo o nome de *efeitos primários do tiro*. Nos disparos à curta distância, além do projetil, há lesões decorrentes da atuação, na superfície corpórea, de gases superaquecidos e da chama que sai da boca do cano, resultante da queima da pólvora, que respondem pelos chamados *efeitos secundários do tiro*. Finalmente, no disparo encostado, todos os elementos resultantes do tiro alcançam e penetram na superfície corpórea. É importante ressaltar que os disparos encostados, os disparos em que o projetil ricocheteia antes de atingir o alvo e os disparos tangenciais ou de "raspão" podem não apresentar características típicas. A existência de anteparos (travesseiros, lenço etc.) entre o cano da arma e o corpo da vítima pode também descaracterizar os elementos e aspectos encontrados nos orifícios de entrada.

As questões de balística são pontos centrais em diversos julgamentos nos tribunais do júri pelo Brasil afora, sendo que os laudos que tratam da arma de fogo e das lesões produzidas nas vítimas são objeto de intenso debate pelas partes em plenário. Vários júris são solucionados por conta da precisão dos laudos de balística.

Segundo o STJ é causa de nulidade a edição da sentença de pronúncia na pendência da juntada de perícia *balística* requerida e deferida pelo Juiz.[23]

Também, segundo o STJ, o magistrado deve decidir a respeito da realização, ou não, das diligências requeridas, como o exame de balística, de acordo com a necessidade ou conveniência para o processo, sem que isso importe em cerceamento do direito de defesa (*RSTJ* 59/17).[24]

3.8. ESTUDO DAS LESÕES PRODUZIDAS POR PAF

É fonte de inúmeras informações a respeito do fato, sendo imprescindível para a apuração da verdade, além de ser necessária por ser exame do corpo de delito.

FERIDA DE ENTRADA

Aqui importam, principalmente, a forma, as dimensões e as suas zonas de contorno. De acordo com o aspecto desses elementos, pode-se classificar o tiro quanto à sua distância.

Ferimento de entrada nos tiros à distância – diâmetro menor que o do projétil, forma arredondada ou elíptica, orla de escoriação, halo de enxugo,

23 STJ, HC 46.143/PE, *Habeas Corpus* nº 2005/0121649-5. Rel. Min. Hamilton Carvalhido. 6ª T., julgado em 11/09/2007, DJE 04/08/2008. *HABEAS CORPUS*. DIREITO PROCESSUAL PENAL. REVELIA. PRODUÇÃO ANTECIPADA DA PROVA. FUNDAMENTAÇÃO. NECESSIDADE. AUDIÊNCIA SEM A PRESENÇA DO MINISTÉRIO PÚBLICO. ILEGALIDADE. EDIÇÃO DA PRONÚNCIA. CERCEAMENTO DE DEFESA. ORDEM CONCEDIDA. 1. O despacho que determina a produção antecipada das provas reclama fundamentação idônea. Precedentes. 2. "As provas antecipadas serão produzidas na presença do Ministério Público e do defensor dativo" (Código de Processo Penal, art. 366, parágrafo primeiro). 3. É causa de nulidade a edição da sentença de pronúncia na pendência da juntada de perícia balística requerida e deferida pelo Juiz. 4. Ordem concedida. Acórdão: Vistos, relatados e discutidos os autos em que são partes as acima indicadas, acordam os Ministros da Sexta Turma do Superior Tribunal de Justiça, por unanimidade, conceder a ordem de *habeas corpus*, nos termos do voto do Sr. Ministro Relator. Os Srs. Ministros Paulo Gallotti, Maria Thereza de Assis Moura, Carlos Fernando Mathias (Juiz convocado do TRF 1ª Região) e Nilson Naves votaram com o Sr. Ministro Relator. Presidiu o julgamento o Sr. Ministro Nilson Naves.

24 STJ, Recurso Ordinário em *Habeas Corpus* nº 15.551/ES (2004/0006405-2). Rel. Min. José Arnaldo da Fonseca. Recorrente: Elias Asevedo Vermecati Advogado: Luiz Roberto Soares Sarcinelli e outro. Recorrido: Tribunal de Justiça do Estado do Espírito Santo Paciente: Elias Asevedo Vermecati (Preso). Ementa. "Recurso em *Habeas Corpus*. Processual Penal. Diligências do art. 421, parágrafo único do CPP. Perícia. Balística. Desnecessidade. Constrangimento ilegal não configurado. 1. O magistrado deve decidir a respeito da realização, ou não, das diligências requeridas, de acordo com a necessidade ou conveniência para o processo, sem que isso importe em cerceamento do direito de defesa (*RSTJ* 59/17)." Alegado cerceamento de defesa que não se constata na espécie. Recurso desprovido. Acórdão. "A Turma, por unanimidade, negou provimento ao recurso." Os Srs. Ministros Felix Fischer, Gilson Dipp e Laurita Vaz votaram com o Sr. Ministro Relator. Brasília (DF), 15 de junho de 2004 (data do julgamento). Ministro José Arnaldo da Fonseca, Relator.

aréola equimótica e bordas reviradas para dentro (invertidas). Não há efeitos secundários do tiro.

O *diâmetro* menor que o do projétil se explica pela retração das bordas do tecido vivo. Exceção se faz para os projéteis de alta energia, que são capazes de provocar um orifício de entrada muito maior que o seu diâmetro. Diante disto, percebe-se que não se pode afirmar sobre o calibre da arma apenas pelo diâmetro do ferimento de entrada.

A *forma* vai variar com a inclinação do tiro. Se perpendicular, o orifício é arredondado; se oblíquo, a ferida é elíptica.

A *orla de escoriação* ou de contusão corresponde ao arrancamento da epiderme em decorrência do movimento rotatório do projétil antes de penetrar no corpo.

O *halo de enxugo* se forma pela impregnação de impurezas no orifício de entrada originadas do projétil, que "limpou" seu corpo nas paredes do tecido. A tonalidade varia de acordo com as substâncias que o projétil levou consigo ao deixar o cano da arma, sendo, geralmente, escura.

A *aréola equimótica* provém da ruptura de pequenos vasos da periferia do ferimento, tendo coloração violácea.

As *bordas* invertidas devem-se à ação traumática do projétil de fora para dentro do corpo.

Ferimento de entrada nos tiros à curta distância - forma arredondada ou elíptica, bordas invertidas, orla de escoriação, halo de enxugo, aréola equimótica, zona de esfumaçamento, zona de tatuagem e zona de queimadura. Percebam que, a esta distância, temos a manifestação dos efeitos primários e, ainda, dos efeitos secundários do tiro (traduzidos pelas três zonas citadas). Isso acontece porque, à curta distância, a pele é atingida não apenas pelo projétil, mas por gases supra-aquecidos, fuligem e pólvora incombusta que deixam o cano da arma no momento do tiro. Sendo assim, o conceito de tiro à curta distância não diz respeito a essa ou aquela distância entre a rama e o alvo; ele é eminentemente prático, sendo admitido quando se evidenciarem os efeitos secundários, sejam todos ou apenas um.

A *zona ou orla de esfumaçamento* decorre do depósito de fuligem em torno do orifício de entrada, formada por resíduos finos de pólvora combusta. Ao lavar a região, essa zona desaparece, por isso é chamada também de *zona de falsa tatuagem*.

O *halo ou zona de tatuagem* resulta da impregnação de grãos de pólvora que não entraram em combustão e alcançaram o corpo. Não sai com lavagem e se caracteriza por pontilhados violáceos em torno do orifício de entrada.

A *zona de queimadura*, também chamada zona de *chamuscamento*, tem origem na ação de supra-aquecida dos gases que atingem o corpo, queimando-o. Em regiões com presença de pelos, estes se mostram crestados e quebradiços. A presença desse sinal faz o tiro à curta distância receber uma denominação especial, chamada à *queima-roupa*. Logo, perceba que o tiro à queima-roupa não é o encostado, mas o proferido a uma distância muito curta, onde aparece a zona de queimadura.

Todas as zonas (queimadura, esfumaçamento e tatuagem) encontradas no tiro à curta distância podem não estar presentes no tecido humano, isto acontece quando há um anteparo entre a arma e a pele (ex.: roupa, travesseiro etc.).

Ferimento de entrada nos tiros encostados – a lesão provocada pelo disparo dependerá da presença de estrutura óssea embaixo do tecido e da tensão colocada no cano em direção à pele. Quando há um plano ósseo logo abaixo, como o crânio, esse ferimento terá forma irregular, denteada ou com entalhes, o que decorre da ação dos gases que atuam deslocando e dilacerando os tecidos após penetrarem no orifício e refluírem ao encontrar a resistência do plano ósseo. A esta lesão, dá-se o nome de *Câmara de Mina de Hoffman* ou *golpe de mina*, que adota uma forma estrelada e irregular. Em geral, não há zona de tatuagem nem de esfumaçamento, uma vez que todos os elementos da carga penetram no orifício.

No crânio, escápulas e costelas, o tiro sobre a pele pode gerar um halo fuliginoso na lâmina externa do osso, indicando o orifício de entrada, chamado *sinal de Benassi*. Por ser composto por fuligem, esse sinal pode desaparecer com a lavagem ou até mesmo com a putrefação.

Nos tiros encostados, ainda é possível se observar, especialmente contra partes moles, o *sinal de Werkgaertner*, que corresponde à impressão do desenho da boca e da massa de mira do cano da arma sobre a pele, como resultado da sua ação contundente ou do seu aquecimento.

No crânio, tanto o orifício de entrada quanto o orifício de saída produzido pelo projetil de arma de fogo apresentam-se como o *sinal de Bonnet*, que corresponde à formação de um cone, cuja base é voltada para a tábua óssea posterior ao trajeto do projetil. Isso ocorre porque, no crânio, encontramos duas camadas de osso compacto separadas por uma de osso esponjoso –

díploe. O projetil, ao atravessar a primeira camada, dispara fragmentos desta em direção à camada esponjosa e subsequente à camada profunda, formando, com isto, um cone no qual seu vértice fica orientado na direção do atirador. Através deste sinal, em outros ossos chatos, como o omoplata, é possível orientar ao perito a direção do tiro.

Importante observar que, com a modernização tecnológica das armas, algumas possuem o sistema de compensação do recuo, apresentando microfuros na parte posterior do orifício da saída do projetil, permitindo, com isso, a saída dos gases produzidos pela combustão da pólvora. Nesses casos, as lesões provocadas com o cano próximo ou encostado têm suas características modificadas, por exemplo: as lesões do tipo "boca de mina" podem não estar presentes.

COMPARAÇÕES:

DIFERENÇA DO TIRO ENCOSTADO COM SUPERFÍCIE ÓSSEA POR BAIXO E SEM SUPERFÍCIE ÓSSEA

De acordo com o Professor Roberto Blanco, quando, logo abaixo do local onde for efetuado o disparo, houver uma superfície óssea, a ferida será igual àquelas produzidas por disparos à distância. Além disso, com a entrada do projétil e a penetração dos gases provenientes do cone de dispersão, ocorre o descolamento dos tecidos moles dos planos ósseos subjacentes. Há a formação de uma cratera irregular com bordas evertidas, denominada "boca de mina". Os tecidos abaixo da lesão ficam cheios de pólvora e há acúmulo de monóxido de carbono. Pode-se perceber, nos ossos imediatamente abaixo, uma mancha escura e pulverulenta. Ficam aparentemente descaracterizadas as orlas de escoriação, e não se percebem as orlas de esfumaçamento ou de tatuagem. Já, quando não se tem superfície óssea por baixo, não se encontrará a lesão em "boca de mina". Encontrar-se-á uma ferida ovalar ou circular sem resíduos pulverulentos no exterior, em decorrência de o cano estar encostado na pele. Há grande quantidade de resíduos de pólvora no interior da lesão. Ressalta ele, ainda, que, normalmente, o orifício de entrada é menor que o de saída, mas, quando se tem uma superfície óssea por baixo, o orifício de saída é várias vezes menor do que o diâmetro ou espessura do orifício de entrada.

TRAJETO

O trajeto da lesão é o caminho percorrido pelo projetil no interior do corpo. Pode terminar no orifício de saída ou em fundo de saco – ou fundo cego (quando o projetil permanece no corpo). Pode também inexistir, como nos tiros de raspão. O trajeto é o mais variável, podendo ser uma linha reta até mesmo curva, uma vez que as estruturas ósseas podem gerar desvios acentuados do projétil. No canal gerado pelo trajeto, haverá sangue coagulado, um sinal importante de reação vital.

Um único projétil pode transfixar vários segmentos do corpo, gerando, além de orifício de saída, mais de um orifício de entrada (ferimento de *reentrada*), o que se chama "*trajeto em chuleio*" ou "*trajeto em alinhavo*".

Deve-se sempre levar em consideração a relação entre o trajeto do projétil e a posição da vítima em relação ao atirador ou à linha de tiro. O perito relatar em seu Laudo que o projétil teve trajeto descendente não significa, necessariamente, concluir que a vítima estava em posição mais baixa que o seu agressor.

É importantíssimo ressaltar que os grandes avanços na indústria bélica têm enfatizado tipos de munições cada vez mais lesivos ao organismo humano e é por isso que, ao invés de novos calibres, têm sido desenvolvidos, ao longo do tempo, novos tipos de projéteis de armas de fogo, variando-se basicamente o peso ou massa, a velocidade e o formato dos mesmos. Estas variações repercutem grandemente nos mecanismos de lesão, que basicamente são *penetração, cavidade permanente, cavidade temporária* e *fragmentação.* Nas lesões por projéteis de baixa velocidade (menos de 2.000 pés por segundo), como os PAFs de revólveres e pistolas, os mecanismos básicos causadores das lesões são a penetração e a cavidade permanente que é deixada após a passagem do PAF. Aqui, áreas do organismo de papel fisiológico não muito nobre (como músculos, parênquima do pulmão em áreas periféricas, baço, um dos rins e intestinos) podem ser atingidos e geralmente não levam à morte da vítima, a não ser se um vaso sanguíneo calibroso for atingido e provocar sangramento importante. A infecção secundária à lesão ou ao seu tratamento também pode matar, mas após alguns dias.

No entanto, com os PAFs de alta velocidade (acima de 2.000 pés por segundo), como os de um fuzil AR-15, AK-47 ou, mesmo, FAL 7,62, o potencial de lesão torna-se muito maior. Quanto maior a velocidade do PAF, maior a transmissão da energia cinética transmitida ao alvo ($E_c = M \times V^2 / 2$) e maior a lesão produzida. Em análise de trajetos causados por projéteis de mais de 2.000 pés por segundo, chegamos a encontrar lesões importantes, por formação de uma cavidade temporária (virtual), de até 50 vezes o diâmetro original do projetil. Isso se deve principalmente às ondas de pressão provocadas pelo deslocamento de ar e por transmissão de energia cinética (de movimento) que apresentam grandes amplitudes. As energias transmitidas ao alvo se somam quando se chocam com os tecidos do corpo, provocando grande efeito destrutivo, principalmente em tecidos ósseos nos quais pode se evidenciar a explosão do mesmo. Muitas vezes isto leva à produção de outros projéteis secundários de efeito destrutivo comparado ao projetil inicial. Logo, o trajeto não pode ser considerado apenas como o "buraco ou orifício primário" deixado pela passagem do PAF propriamente dita, e suas repercussões médicas e médico-legais devem ser bem analisadas e fundamentalmente, para que se possa aplicar a ciência da perícia forense, descritas em detalhe tanto no atendimento médico como na perícia médico-legal.

É dito popularmente que o uso de munições mais lesivas como a do tipo "*Hollow point + P*", por exemplo, que se abre ao transitar pelo organismo humano e tem mais pólvora, mais velocidade e causa uma lesão maior, seria fator agravante no momento da imputação da pena. Isto dificilmente é referido pelo legista, observado pelo Ministério Público ou notado pelo juiz; portanto, o uso atual deste tipo de munição tornou-se corriqueiro e até "institucionalizado" por algumas forças de segurança. Entretanto, quando for descrito pelo profissional que atendeu a vítima ou que examinou, o corpo deve ser evidenciado, pois a sua utilização subentende o desejo de o agressor produzir lesão com maior eficácia e, portanto, gravidade.

ORIFÍCIO DE SAÍDA

Quando se tem um trajeto transfixante, observa-se um orifício de saída, que adota uma *forma irregular*, com *diâmetro maior* que o orifício de entrada, *bordas reviradas para fora* (evertidas) em razão da ação de dentro para fora e com *sangramento maior* que o orifício de entrada. Não são observados orla de escoriação nem halo de enxugo, apenas aréola equimótica. Os elementos químicos resultantes da decomposição da pólvora também não são observados, desta forma, não há que se falar em zona de tatuagem, zona de esfumaçamento e zona de queimadura.

Roberto Blanco e Genival Veloso de França assinalam que é possível haver orifício de saída com orla de escoriação em uma situação específica: quando o projétil encontra, no orifício de saída, um anteparo, o que acarretará o atrito da pele com este anteparo ao momento da saída do projétil, gerando escoriações na mesma (*sinal de Romanese*).

Observações:

1. Na pele e nos tecidos moles, o orifício de entrada tem seus bordos invertidos, cone de entrada encontrado em todas as feridas, enquanto o orifício de saída tem os bordos evertidos.
2. No crânio, o orifício de entrada tem seus bordos evertidos, devido à hipertensão intracraniana e pressão dos vasos internos do crânio, sendo o orifício de saída igual ao de tecidos moles.

3. Um mesmo projetil pode fazer mais de um orifício de saída, podendo isto ocorrer pela formação de projéteis secundários devido à fragmentação do projetil durante a entrada ou à fragmentação do tecido ósseo atingido pelo projetil primário.

3.9. LESÕES CORPORAIS. LESÕES LEVES, GRAVES, GRAVÍSSIMAS, SEGUIDAS DE MORTE E CULPOSAS

De acordo com Damásio de Jesus,[25] lesões corporais não significam apenas, como sugere o nome, lesões que provoquem dano à saúde física da pessoa. Estendem-se também às lesões causadas à saúde mental do ser humano. França,[26] assim como Delton Croce[27] e Delton Croce Júnior, acredita que a melhor denominação seria "lesões pessoais", já que se trata de danos tanto ao corpo quanto à mente humana.

Para França, o objetivo principal pelo qual se estudam médico-pericialmente as lesões corporais seria caracterizar sua extensão, sua gravidade ou sua perenidade, ou seja, sua qualidade e sua quantidade. Segundo o mestre, constitui fato interessante a distinção entre *causa* e *concausa*. Causa seria aquilo que leva a resultados imediatos – diretamente ligados ao ato praticado pelo agente – responsáveis por determinadas lesões. Já concausa seria o conjunto de fatores, preexistentes ou supervenientes, capazes de modificar o curso normal do resultado das lesões, e que seriam desconhecidos ou impossíveis de ser evitados pelo agente. O autor cita Lazaretti, que dividiu as concausas preexistentes em anatômicas (anomalias orgânicas), fisiológicas (decorrentes de alterações funcionais) e patológicas (resultantes de uma doença já existente na vítima). Porém, ressalta ele, os argumentos a favor das concausas preexistentes só seriam aceitos se o agente não tivesse conhecimento do problema da vítima e se a lesão provocada por ele fosse, por si só, incapaz de produzir o mesmo dano numa pessoa normal.

A autolesão, por sua vez, não constitui crime. De fato, o Código Penal não a prevê como delito em si mesmo. O que, às vezes, pode confundir o estudante é a autolesão praticada com fim diverso, como, por exemplo, a pessoa que se lesiona para receber algum seguro, o que configura estelionato. Neste caso, não se está punindo a autolesão, mas a fraude.

25 JESUS, Damásio de. *Direito penal*. v.II. 28ª ed. São Paulo: Saraiva, 2007, p. 133/134.

26 FRANÇA, Genival Veloso de. *Medicina legal*, p. 156.

27 CROCE, Delton; CROCE JÚNIOR, Delton. *Manual de medicina legal*, p. 114.

LESÕES CORPORAIS LEVES

É por exclusão que se dá o seu conceito, ou seja, essas lesões ocorrem quando não apresentam nenhum dos resultados descritos nos parágrafos seguintes do art. 129 do CP. São representadas, em geral, por "pequenos danos superficiais, comprometendo apenas a pele, a tela subcutânea e pequenos vasos sanguíneos. São de pouca repercussão orgânica e rápida recuperação" (França).[28]

Afirmam Delton Croce et al. que as lesões corporais leves "constituem, pericialmente, cerca de 80% das lesões corporais",[29] e que tais lesões admitem o exame de corpo de delito indireto, devido à "natureza fugaz dos vestígios deixados pela infração, ou em consequência da demora da realização da perícia". Discordamos, porém, no que se refere à admissibilidade do exame indireto: o critério de sua admissibilidade sempre será relacionado com a possibilidade ou não da realização do exame direto. Se este tiver sido razoavelmente possível, não se admitirá aquele.

A partir de 1995, após a edição da Lei nº 9.099, as lesões corporais leves, por possuírem pena máxima não superior a um ano, passaram a ser matéria de competência dos Juizados Especiais Criminais. Ainda segundo a Lei nº 9.099 (art. 77), essas lesões dispensam, em alguns casos, o exame médico-legal. A submissão das lesões leves ao regime da ação penal pública condicionada à representação foi uma maneira de diminuir a incidência de processos relacionados com tais lesões, muitos deles causados em relações familiares.

Por maioria de votos, o Plenário do Supremo Tribunal Federal, julgou, equivocadamente, procedente a Ação Direta de Inconstitucionalidade (ADI 4.424) para, segundo aquela Corte Superior, dar interpretação conforme aos arts. 12, inciso I, e 16, ambos da Lei nº 11.340/2006, a fim de assentar a natureza incondicionada da ação penal em caso de crime de lesão, pouco importando a extensão desta.

O art. 16 da chamada Lei "Maria da Penha" dispõe que as ações penais públicas "são condicionadas à representação da ofendida", mas, para a maioria dos ministros do STF, essa circunstância acaba por esvaziar a proteção constitucional assegurada às mulheres.

Entendemos, com a devida vênia, que essa posição equivocada do STF trará um prejuízo enorme às famílias, uma vez que, em muitos casos, a mulher que foi agredida pelo seu marido, companheiro etc., o perdoa e retoma sua vida conjugal. Com essa decisão, o STF, entregando a iniciativa da ação penal exclusivamente ao Ministério Público, faz com que, na prática, a reconciliação

28 FRANÇA, Genival Veloso de. *Medicina legal*, p. 158.

29 CROCE, Delton; CROCE JÚNIOR, Delton. *Manual de medicina legal*, p. 115.

do casal se inviabilize, uma vez que o fato de ter uma ação penal em curso, ou mesmo uma condenação pelo delito de lesão corporal de natureza leve, será um "fantasma" na vida daquelas pessoas, sendo motivo de novas desavenças.

Ao que parece, com todo respeito, a Suprema Corte deixou de lado as estatísticas em infrações penais dessa natureza e quis assumir um papel superprotetor da mulher vítima de violência doméstica. Obviamente que não somos a favor da impunidade. No entanto, nos casos de lesão corporal de natureza leve, a prática forense nos ensina que o melhor é deixar a decisão da investigação policial e o início da ação penal, com o oferecimento da representação, a cargo da mulher.

O fato de existirem algumas situações, não desconhecidas, onde a mulher, intimidada pelo seu marido ou companheiro, não leva ao conhecimento da autoridade policial a violência por ela sofrida, não permite que o STF chame para si essa responsabilidade, e transforme a natureza da ação penal em pública condicionada à representação. No entanto, agora, infelizmente, caberá, exclusivamente, ao Ministério Público essa decisão. Também foi esclarecido que não compete aos Juizados Especiais julgar os crimes cometidos no âmbito da Lei Maria da Penha.

Cumpre ressaltar que a Lei nº 10.886/2004 acrescentou os §§ 9º e 10 ao art. 129 do CP, e que a Lei nº 11.340/2006 alterou o § 9º e acrescentou o § 11 ao art. 129 do CP, que são referentes à violência doméstica, e aumento de pena:

> § 9º Se a lesão for praticada contra ascendente, descendente, irmão, cônjuge ou companheiro, ou com quem conviva ou tenha convivido, ou, ainda, prevalecendo-se o agente das relações domésticas, de coabitação ou de hospitalidade *(redação dada pela Lei nº 11.340, de 2006):*
>
> Pena – detenção, de 3 (três) meses a 3 (três) anos *(redação dada pela Lei nº 11.340, de 2006).*
>
> § 10. Nos casos previstos nos §§ 1º a 3º deste artigo, se as circunstâncias são as indicadas no § 9º deste artigo, aumenta-se a pena em 1/3 (um terço) *(incluído pela Lei nº 10.886, de 2004).*
>
> § 11. Na hipótese do § 9º deste artigo, a pena será aumentada de um terço se o crime for cometido contra pessoa portadora de deficiência *(incluído pela Lei nº 11.340, de 2006).*

Importante registrar que a lesão prevista no art. 129, § 9º, após a alteração operada pela Lei nº 11.340/2006, não é mais julgada pelo Juizado Especial Criminal, tendo em vista que a pena prevista ultrapassa o limite de sua competência, nos termos do art. 61 da Lei nº 9.099/95.

A Lei nº 13.142, de 06 de julho de 2015, inseriu o § 12 ao art. 129 para dispor que "se a lesão for praticada contra autoridade ou agente descrito nos arts. 142 e 144 da Constituição Federal, integrante do sistema prisional e da Força Nacional de Segurança Pública, no exercício da função ou em decorrência dela, ou contra seu cônjuge, companheiro ou parente consanguíneo até terceiro grau, em razão dessa condição, a pena é aumentada de um a dois terços".

LESÕES CORPORAIS GRAVES

Estão descritas nos art. 129, § 1º, do Código Penal. Caracterizam-se quando ocorre incapacidade para as ocupações habituais por mais de 30 dias; perigo de vida; debilidade permanente de membro, sentido ou função; aceleração do parto.

Também são definidas por exclusão, já que só serão assim consideradas as lesões caso sua gravidade não as leve a ser classificadas como lesões gravíssimas, que são descritas no art. 129, § 2º, do Código Penal.

I – Incapacidade para as ocupações habituais por mais de 30 (trinta) dias

Ab initio, merece ser destacado que o resultado que conduz à qualificação das lesões corporais pretendidas inicialmente pelo agente pode ter sido produzido a título de dolo ou mesmo culposamente. Essa modalidade de crime qualificado pelo resultado permite as duas formas de raciocínio.

Assim, se era a finalidade do agente fazer com que a vítima ficasse impossibilitada de exercer suas ocupações habituais por mais de 30 (trinta) dias, ou se esse resultado adveio culposamente, isso não interfere na definição da mencionada figura típica.

Quando a lei penal utiliza a expressão *incapacidade para as ocupações habituais*, que tipo de ocupação está abrangida pelo mencionado inciso? Estaria a lei penal se referindo às ocupações ligadas diretamente ao trabalho da vítima ou aqui também se incluiriam quaisquer atividades, mesmo as de lazer?

Na verdade, o Código Penal não faz distinção. Qualquer ocupação de natureza habitual está abrangida pelo inciso I. Assim, aquele que fica impedido de trabalhar por um período superior a 30 (trinta) dias se amolda à modalidade qualificada de lesão corporal, da mesma forma que aquele que deixa de praticar suas atividades esportivas.

Contudo, a doutrina faz distinção entre as atividades ilícitas, que, por essa razão, não estariam abrangidas pelo artigo, e as atividades consideradas imorais. Imagine-se a hipótese daquele que, em virtude das agressões sofridas, não pode praticar o crime de estelionato por mais de 30 (trinta) dias, haja vista que, durante esse período, perdeu, momentaneamente, a habilidade em suas mãos, o que o impedia de enganar as pessoas com as quais jogava na rua. Por outro lado, suponha-se que, em razão também das agressões sofridas, uma mulher tenha ficado impedida de se prostituir por mais de 30 (trinta) dias. Neste último caso, embora considerada moralmente reprovável pela sociedade, a atividade praticada não é ilícita, podendo, outrossim, incidir a qualificadora.

Nesse sentido, trazemos à colação as lições de Álvaro Mayrink da Costa:

> "A lei brasileira fala em *ocupações habituais*, o que significa que não se limita ao *trabalho* da vítima, mas a toda atividade laborativa, não entendida só a atividade de natureza lucrativa, pois o conceito é funcional e não econômico. Entenda-se como *atividade corporal*, física ou intelectual, razão pela qual pode ser sujeito passivo tanto o *ancião*, como a criança ou o adolescente incapacitado de continuar sua preparação profissional. Outrossim, é necessário que a atividade não seja juridicamente *ilícita*, podendo ser eticamente desvalorada (a *prostituta* que teve seu braço fraturado pode ser sujeito passivo do tipo agravado)."[30]

Para que se possa configurar a qualificadora, há necessidade de realização do exame de corpo de delito. Quando a vítima se submete a exame pericial, devem os *expertus* concluir por um determinado diagnóstico, não podendo, conforme dissertamos em tópico próprio, realizar um prognóstico antevendo aquilo que com ela acontecerá no futuro. Assim, para que os peritos possam atestar que as lesões corporais sofridas pela vítima a incapacitaram para suas ocupações habituais por mais de 30 (trinta) dias, deverão determinar o seu retorno, para fins de submissão a um novo exame pericial, decorrido o período de 30 (trinta) dias, a fim de que seja levado a efeito o chamado *exame complementar*, sem o qual se torna inviável a aplicação da mencionada qualificadora ao delito de lesão corporal.

O próprio § 2º do art. 168 do Código de Processo Penal, cuidando do *exame complementar*, é claro no sentido de que:

> § 2º Se o exame tiver por fim precisar a classificação do delito no art. 129, § 1º, I, do Código Penal, deverá ser feito logo que decorra o prazo de 30 (trinta) dias, contado da data do crime.

30 COSTA, Álvaro Mayrink da. *Direito Penal* – Parte Especial, p. 227.

Somente não sendo possível a realização do exame complementar é que este poderá ser substituído pela prova testemunhal, embora o § 3º do art. 168 do referido diploma processual diga tão somente que *a falta de exame complementar poderá ser suprida pela prova testemunhal*. Em virtude da gravidade da qualificadora, se a vítima, nas condições em que se encontrava, podia ser submetida a exame complementar, não se justifica substituí-lo pela prova testemunhal. Dessa forma, somente em casos justificáveis (ausência de perito que possa realizar o exame, impossibilidade de a vítima se locomover para que possa ser submetida à perícia complementar etc.) é que se permite que a falta do exame complementar seja suprida pela prova testemunhal. Caso contrário, não deverá ser aplicada a qualificadora.

Por último, vale ressaltar que o prazo em estudo, que qualifica as lesões corporais, é de natureza penal, ou seja, é contado nos moldes preconizados pelo art. 10 do Código Penal, que diz que *o dia do começo inclui-se no cômputo do prazo*. Tal ilação se coaduna com aquilo que determina a parte final do § 2º do art. 168 do Código de Processo Penal, que determina que o exame complementar seja feito *logo que decorra o prazo de 30 (trinta) dias, contado da data do crime*.

II – Perigo de vida

Ao contrário da qualificadora analisada, para que o *perigo de vida* qualifique o crime de lesões corporais, esse resultado não pode ter sido querido pelo agente, isto é, não pode ter agido com dolo de causar perigo à vítima contra a qual eram praticadas as lesões corporais.

Trata-se, portanto, de qualificadora de natureza culposa, sendo as lesões corporais qualificadas pelo perigo de vida um crime eminentemente *preterdoloso*, ou seja, havendo dolo no que diz respeito ao cometimento das lesões corporais e culpa quanto ao resultado agravador.

Se o agente, quando agredia a vítima, atuava com dolo no sentido de causar-lhe perigo de vida, na verdade agia com o dolo do delito de homicídio, razão pela qual, sobrevivendo a vítima, deverá responder por tentativa de homicídio, e não por lesão corporal qualificada pelo perigo de vida.

Merecem destaque as lições do renomado professor de Medicina Legal, Flamínio Fávero, quando esclarece:

> "O perigo de vida, pois, se mede pela *natureza* e sede da lesão. É inútil observar, porque se impõe, que o perito precisa ser rigorosamente criterioso na resposta afirmativa a esse quesito, porquanto depende dela a classificação exata do ferimento.

> Auxilia a solução do problema pericial o seguinte conceito de Biamonte (*apud* Altavilla, *'Delitti Contro la Persona'*): tem-se o perigo de vida ou a probabilidade de morte sempre que no decorrer de processo patológico, gerado pela lesão, há um momento, mais ou menos longe, no qual as condições orgânicas do paciente e o conjunto dos particulares do caso fazem presumir, ao homem de ciência, provável êxito letal. Deve, pois, à anterior experiência genérica do profissional, juntar-se o subsídio da real existência do perigo, por circunstâncias ocasionais, pessoais etc. É o caso de um dano físico, em si, de pouca monta, mas que, incidindo em indivíduo de resistência precária, pode determinar perigo de vida."[31]

E, ainda, como bem observado por Noronha:

> "Não basta a *idoneidade* da lesão para criar a situação de perigo: é mister que esta se tenha *realmente* manifestado. Assim, por exemplo, um ferimento no pulmão é geralmente perigoso; todavia, podem, no caso concreto, a constituição excepcional do ofendido, a natureza do instrumento ou qualquer outra circunstância impedir que se verifique esse risco. A lesão grave só existe, portanto, se, em um dado momento, a vida do sujeito passivo esteve *efetivamente* em perigo. Compete ao perito médico-legal essa verificação".[32]

Não podemos deixar de lembrar que, uma vez adotado o princípio da culpabilidade, que proíbe a chamada responsabilidade penal objetiva, o agente somente poderá ser responsabilizado pela qualificadora do *perigo de vida* se, embora não querendo esse resultado, lhe fosse previsível que seu comportamento pudesse causá-lo, uma vez que o art. 19 do CP, textualmente, afirma: *Pelo resultado que agrava especialmente a pena, só responde o agente que o houver causado ao menos culposamente*.

Dessa forma, ausente a previsibilidade, característica inafastável para que se possa atribuir culposamente um resultado a alguém, embora o comportamento do agente, objetivamente, tenha trazido perigo à vida da vítima, não poderá incidir a qualificadora em estudo.

Aqui, também, vale o alerta levado a efeito na qualificadora anterior de que os peritos não podem realizar prognósticos, mas sim diagnósticos. Devem afirmar que, no momento em que avaliaram a vítima, em virtude da natureza e sede das lesões, por exemplo, estas lhe trouxeram perigo de vida.

31 FÁVERO, Flamínio. *Medicina legal*, v. 1, p. 212.

32 NORONHA, Edgard Magalhães. *Direito penal*, v. 2, p. 69.

III - Debilidade permanente de membro, sentido ou função

A qualificadora da debilidade permanente de membro, sentido ou função permite que tal resultado possa ser atribuído ao agente a título de dolo, direto ou eventual, ou mesmo culposamente, desde que tal resultado tenha sido previsível, em atenção ao art. 19 do diploma repressivo.

Dessa forma, pode o agente dirigir finalisticamente sua conduta no sentido de arrancar um dos olhos da vítima ou, mesmo sem ter essa intenção, pode ter produzido o resultado depois de agredi-la violentamente no rosto.

A *debilidade*, no sentido empregado pela lei penal, significa *enfraquecimento* ou *redução* da capacidade funcional.

Quando se exige *debilidade permanente,* para fins de configuração da qualificadora em estudo, não se deve entender a *permanência* no sentido de eterno, melhor ainda, sem possibilidade de retorno à capacidade original. A melhor ilação do inciso em estudo é aquela que entende a permanência no sentido de *duradouro*, mesmo que reversível após longo tempo.

Nesse sentido, Luiz Regis Prado afirma:

> "Exige-se que a debilidade seja *permanente*, o que não implica perpetuidade. A debilidade permanente é, portanto, a redução duradoura da plena capacidade de um membro, sentido ou função."[33]

Assim, imagine-se o caso daquele que teve seu braço lesionado e, por conta das lesões sofridas, enfraquecido que foi o membro superior, não podia mais, por exemplo, carregar qualquer tipo de peso. Submetida a incontáveis sessões de fisioterapia, anos mais tarde, a vítima consegue fazer regredir a debilidade, retornando ao *status quo*, isto é, voltando a ter a força e a mobilidade anteriores às lesões sofridas.

Embora tenha retornado à sua situação original, deve ser aplicada a qualificadora, uma vez que o seu retorno à situação anterior, graças às sessões fisioterápicas, não tem o condão de afastar o raciocínio correspondente à permanência, pois que esta, conforme conclui Aníbal Bruno, é aquela que "não se pode determinar, previamente, mesmo por aproximação, se e quando terá fim".[34]

Essa debilidade permanente deve estar ligada aos membros, sentidos ou funções.

Os *membros* são subdivididos em superiores e inferiores. Por *membros superiores* devem ser entendidos o braço, o antebraço e a mão. *Inferiores,* a seu turno, são a coxa, a perna e o pé. Os dedos, como salienta Guilherme de

33 PRADO, Luiz Regis. *Curso de direito penal brasileiro*, v. 2, p. 132.

34 BRUNO, Aníbal. *Crimes contra a pessoa*, p. 207.

Souza Nucci, "são apenas partes dos membros, de modo que a perda de um dos dedos constitui-se em debilidade permanente da mão ou do pé".[35]

O ser humano possui cinco *sentidos*: visão, olfato, audição, tato e paladar. Se em razão das lesões sofridas houver debilidade em qualquer um deles, qualifica-se o crime. Assim, por exemplo, a vítima que, agredida violentamente, perdeu um dos olhos, ou mesmo ficou surda de um de seus ouvidos. O caso é tratado como debilidade, isto é, diminuição, redução da capacidade de enxergar ou ouvir. Se tivesse ficado completamente cega ou surda, como veremos adiante, o caso não seria tratado como debilidade, mas sim como perda ou inutilização do sentido, transformando a lesão corporal de grave em gravíssima, nos termos do inciso III do § 2º do art. 129 do Código Penal.

Função, segundo a definição de Hungria, "é a atuação específica exercida por qualquer órgão. As principais funções são em número de sete: *digestiva, respiratória, circulatória, secretora, reprodutora, sensitiva* e *locomotora*".[36] Tratando-se de órgãos duplos, a exemplo dos rins, a perda de um deles se configura em *debilidade permanente* da função renal, e não perda dessa referida função. Obviamente que, no caso sugerido, se a vítima somente contava com um dos rins, uma vez que já havia se submetido a uma cirurgia para extração do outro órgão, a perda do segundo rim, obrigando-a a realizar, em regime de urgência, um transplante, importará na aplicação da qualificadora correspondente à lesão gravíssima, prevista no inciso III do § 2º do art. 129 do Código Penal.

IV - Aceleração de parto

Embora a lei penal se valha da expressão *aceleração de parto* para qualificar a lesão corporal, teria sido melhor a utilização da expressão *antecipação de parto*, uma vez que somente se pode acelerar aquilo que já teve início.

Prima facie, a qualificadora da aceleração de parto somente pode ser atribuída ao agente a título de culpa, sendo a infração penal, ou seja, a lesão corporal qualificada pela aceleração de parto, de natureza preterdolosa.

Se o agente atuava no sentido de interromper a gravidez com a consequente expulsão do feto, o seu dolo era o de aborto, e não o de lesão corporal qualificada pela aceleração de parto.

Se o feto sobrevive, mesmo após o comportamento do agente dirigido finalisticamente à interrupção da gravidez, com a sua consequente expulsão, deverá ser responsabilizado pela tentativa de aborto.

35 NUCCI, Guilherme de Souza. *Código penal comentado*, p. 416.

36 HUNGRIA, Nélson. *Comentários ao código penal*, v. V, p. 323.

Dessa forma, somente se pode classificar o comportamento praticado pelo agente como lesão corporal qualificada mediante aceleração de parto se o seu dolo era tão somente o de produzir lesão em uma mulher que sabidamente se encontrava grávida e que, dada sua particular condição de gestante, veio dar à luz prematuramente o feto, antecipando o parto.

Merece destaque tal raciocínio porque o dolo do agente era o de ofender a integridade corporal da gestante, sendo que daí adveio um resultado agravador, que lhe era perfeitamente previsível. Imagine-se a hipótese daquele que, ao chegar em casa, discute com sua esposa, que se encontrava grávida, sendo tal situação do conhecimento do agente, e este, covardemente, a agride com um soco no rosto. Em virtude da agressão, a gestante cai, começa a sentir contrações e é encaminhada ao hospital mais próximo, sendo que, pouco tempo depois, ocorre a expulsão prematura do feto, que sobrevive.

Em tal hipótese, o agente deverá responder pelo delito de lesão corporal qualificada pelo resultado aceleração de parto.

Mais uma vez, não custa alertar que o resultado agravador deve ter sido previsível para o agente. Se ele, por exemplo, não tinha conhecimento da gravidez de sua esposa, terá de responder tão somente pelas lesões nela produzidas, afastando-se a qualificadora da aceleração de parto, nos termos do art. 19 do Código Penal.

Tal situação não é de todo inviável. Imagine-se que uma gestante, portadora de obesidade mórbida, grávida, não conte esse fato a seu marido, que, dado o excesso de gordura da sua mulher, não percebe a gravidez. Após agredi-la, ela é conduzida ao hospital, havendo a expulsão prematura do feto, que sobrevive. O marido agressor deverá responder tão somente pelos resultados advindos de seu comportamento, excluindo-se a qualificadora da aceleração de parto, uma vez que tal resultado não lhe era previsível, por desconhecer a gravidez.

LESÕES CORPORAIS GRAVÍSSIMAS

I – Incapacidade permanente para o trabalho

A qualificadora em estudo diz respeito à perda ou à inaptidão permanente para o trabalho.

Esse resultado qualificador pode ter sido produzido dolosa ou culposamente. Admite-se tanto o dolo direto quanto o eventual; na modalidade culposa, como já temos alertado nos estudos anteriores, faz-se mister seja o resultado previsível para o agente.

A *incapacidade* diz respeito à impossibilidade, de caráter duradouro, para o trabalho. É conhecida a discutível posição de Hungria quando afirma que a lei penal não se referia:

> "À *ocupação habitual* do ofendido, mas ao trabalho *in genere*. O ofendido deve ficar privado da possibilidade, física ou psíquica, de aplicar-se a qualquer atividade lucrativa. O vocábulo *trabalho* é empregado em sentido restrito, isto é, como livre movimento ou emprego do corpo para um fim econômico".[37]

Damásio de Jesus, corroborando as lições de Hungria, afirma:

> "Devemos considerar o trabalho genérico. Suponha-se que um violinista, em consequência de lesão corporal, fique incapacitado permanentemente para o trabalho. Responde o autor da lesão corporal pela qualificadora da incapacidade permanente para o trabalho? Cremos que não, uma vez que, embora não possa exercer a profissão de violinista, pode exercer outro trabalho. Assim, só funciona a qualificadora quando o ofendido, em face de ter sofrido lesão corporal, ficar permanentemente incapacitado para qualquer espécie de trabalho."[38]

Apesar da força do raciocínio dos renomados tratadistas, *permissa venia*, ousamos discordar da conclusão por eles assumida. Isso porque, quando a lei penal menciona a incapacidade para o trabalho, se fizermos uma interpretação muito elástica do inciso em questão, basicamente ninguém responderá por essa modalidade de lesão corporal qualificada.

Como regra, sempre podemos visualizar uma situação em que a vítima poderia trabalhar. Existem, como sabemos, casos de pessoas que ficaram tetraplégicas e que conseguem fazer pinturas prendendo o pincel entre os dentes. Não podemos chegar a raciocínios que se distanciam, em muito, da *mens legis*.

Se a vítima exercia uma atividade intelectual e, em razão das lesões sofridas, não mais poderá trabalhar em atividades dessa natureza, entendemos ser cabível a qualificadora. Mesmo que só pudesse, agora, depois das lesões sofridas, exercer atividades braçais, ainda assim deveríamos entender pelas lesões qualificadas.

Nesse sentido, são precisas as lições de Álvaro Mayrink da Costa, quando, analisando a natureza do trabalho para o qual está incapacitada a vítima, assevera:

> "A doutrina advoga que significa *qualquer modalidade de trabalho* e não especificamente o trabalho a que a vítima se dedicava. Contudo, há necessidade de serem estabelecidas certas restrições, visto que não se pode exigir de um intelectual ou de um artista que se inicie na atividade de pedreiro. Fixa-se o campo do factualmente possível e não no teoricamente imaginável."[39]

---

37 HUNGRIA, Nélson. *Comentários ao código penal*, v. V, p. 325-326.

38 JESUS, Damásio E. de. *Direito penal*, v. 2, p. 138.

39 COSTA, Álvaro Mayrink da. *Direito penal* – Parte especial, p. 235.

A incapacidade deve ser permanente, isto é, duradoura, mas não necessariamente perpétua. É possível que a vítima, algum tempo depois de sofrida a lesão, volte a se capacitar normalmente para o trabalho. O que importa, aqui, como já afirmamos anteriormente, é que essa incapacidade tenha caráter duradouro, sem tempo certo para se restabelecer.

II - Enfermidade incurável

Cezar Roberto Bitencourt esclarece que enfermidade:

> "*É um processo patológico em curso. Enfermidade incurável* é a doença cuja *curabilidade* não é conseguida no atual estágio da Medicina, pressupondo um processo patológico que afeta a saúde em geral. A *incurabilidade* deve ser conformada com dados da ciência atual, com um *juízo de probabilidade*".[40]

A Medicina aponta algumas doenças que são entendidas como incuráveis, a exemplo da lepra, da tuberculose, da sífilis, da epilepsia etc.

Problema que hoje envolve muita discussão diz respeito à transmissão do vírus HIV. Imagine-se a hipótese em que o agente, querendo, efetivamente, transmitir o vírus HIV à vítima, nela aplique uma injeção contendo sangue contaminado. Pergunta-se: Qual seria o delito imputado ao agente uma vez que, embora contaminada, a vítima ainda se encontra viva? Poderíamos raciocinar em termos de lesão corporal qualificada pela enfermidade incurável?

Entendemos que não. Mais do que uma enfermidade incurável, a AIDS é considerada uma doença mortal, cuja cura ainda não foi anunciada expressamente. Os chamados "coquetéis de medicamentos" permitem que o portador leve uma vida "quase" normal, com algumas restrições. Contudo, as doenças oportunistas aparecem, levando a vítima ao óbito. Dessa forma, mais do que uma enfermidade incurável, a transmissão dolosa do vírus HIV pode se amoldar, segundo nosso ponto de vista, à modalidade típica prevista pelo art. 121 do Código Penal, consumado ou tentado.[41]

---

40 BITENCOURT, Cezar Roberto.*Tratado de direito penal* – Parte especial, p. 192-193.

41 Nesse sentido: STJ. *Habeas Corpus* nº 9.378/RS (1999/0040314-2). Rel. o Sr. Ministro Hamilton Carvalhido. Impetrante: Carlos Eduardo Duarte Colvara. Advogados: Dr. Paulo Eduardo Pellegrim Sastre e outros. Impetrada: Segunda Câmara Criminal do Tribunal de Justiça do Estado do Rio Grande do Sul. Paciente: Carlos Eduardo Duarte Colvara. Ementa. *Habeas Corpus*. Tentativa de Homício. Portador Vírus da AIDS. Desclassificação. Artigo 131 do Código Penal. 1. Em havendo dolo de matar, a relação sexual forçada e dirigida à transmissão do vírus da AIDS é idônea para a caracterização da tentativa de homicídio. 2. Ordem denegada. Acórdão. Vistos, relatados e discutidos estes autos, acordam os Ministros da Sexta Turma do Superior Tribunal de Justiça, na conformidade dos votos e das notas taquigráficas a seguir, por unanimidade, denegar a ordem de *habeas corpus*, nos termos do voto do Sr. Ministro-Relator. Votaram, com o Relator, os Srs. Ministros Fontes de Alencar, Vicente Leal e Fernando Gonçalves. Ausente, por motivo de licença, o Sr. Ministro William Patterson. Brasilia, 18 de outubro de 1999 (Data do Julgamento). Ministro Vicente Leal, Presidente. Ministro Hamilton Carvalhido, Relator.

Admite-se que a qualificadora da *enfermidade incurável* possa resultar do comportamento doloso ou mesmo culposo do agente.

Todavia, em sentido contrário ao nosso entendimento tanto o STJ tem entendido que na hipótese de **transmissão** dolosa de doença incurável, a conduta deverá será apenada com mais rigor do que o ato de contaminar outra pessoa com moléstia grave, conforme previsão clara do art. 129, § 2º, inciso II, do Código Penal.

Nesse sentido:

> STJ. *HABEAS CORPUS* Nº 160.982 - DF (2010/0016927-3). RELATORA : MINISTRA LAURITA VAZ. IMPETRANTE: ANTONIO CARLOS ALVES LINHARES - DEFENSOR PÚBLICO. IMPETRADO: TRIBUNAL DE JUSTIÇA DO DISTRITO FEDERAL E DOS TERRITÓRIOS. PACIENTE: ILDEU MACIEL DA CUNHA.
>
> EMENTA: *HABEAS CORPUS*. ART. 129, § 2º, INCISO II, DO CÓDIGO PENAL. PACIENTE QUE TRANSMITIU ENFERMIDADE INCURÁVEL À OFENDIDA (SÍNDROME DA IMUNODEFICIÊNCIA ADQUIRIDA). VÍTIMA CUJA MOLÉSTIA
>
> PERMANECE ASSINTOMÁTICA. DESINFLUÊNCIA PARA A CARACTERIZAÇÃO DA CONDUTA. PEDIDO DE DESCLASSIFICAÇÃO PARA UM DOS CRIMES PREVISTOS NO CAPÍTULO III, TÍTULO I, PARTE ESPECIAL, DO CÓDIGO PENAL. IMPOSSIBILIDADE. *SURSIS* HUMANITÁRIO. AUSÊNCIA DE MANIFESTAÇÃO DAS INSTÂNCIAS ANTECEDENTES NO PONTO, E DE DEMONSTRAÇÃO SOBRE O ESTADO DE SAÚDE DO PACIENTE. *HABEAS CORPUS* PARCIALMENTE CONHECIDO E, NESSA EXTENSÃO, DENEGADO.
>
> 1. O Supremo Tribunal Federal, no julgamento do HC 98.712/RJ, Rel.Min. MARCO AURÉLIO (1ª Turma, DJe de 17/12/2010), firmou a compreensão de que a conduta de praticar ato sexual com a finalidade de transmitir AIDS não configura crime doloso contra a vida. Assim não há constrangimento ilegal a ser reparado de ofício, em razão de não ter sido o caso julgado pelo Tribunal do Júri.
>
> 2. O ato de propagar síndrome da imunodeficiência adquirida não é tratado no Capítulo III, Título I, da Parte Especial, do Código Penal (art. 130 e seguintes), onde não há menção a enfermidades sem cura. Inclusive, nos debates havidos no julgamento do HC 98.712/RJ, o eminente Ministro Ricardo Lewandowski, ao excluir a possibilidade de a Suprema Corte, naquele caso, conferir ao delito a classificação de "Perigo de contágio de moléstia grave" (art. 131 do Código Penal), esclareceu que, "no atual estágio da ciência, a enfermidade é incurável, quer dizer, ela não é só grave, nos termos do art. 131".

3. Na hipótese de transmissão dolosa de doença incurável, a conduta deverá ser apenada com mais rigor do que o ato de contaminar outra pessoa com moléstia grave, conforme previsão clara do art. 129, § 2º inciso II, do Código Penal.

4. A alegação de que a Vítima não manifestou sintomas não serve para afastar a configuração do delito previsto no art. 129, § 2, inciso II, do Código Penal. É de notória sabença que o contaminado pelo vírus do HIV necessita de constante acompanhamento médico e de administração de remédios específicos, o que aumenta as probabilidades de que a enfermidade permaneça assintomática. Porém, o tratamento não enseja a cura da moléstia.

5. Não pode ser conhecido o pedido de *sursis* humanitário se não há, nos autos, notícias de que tal pretensão foi avaliada pelas instâncias Documento: 1.148.692 - Inteiro Teor do Acórdão - Site certificado - DJe: 28/05/2012.

III - Perda ou inutilização de membro, sentido ou função

Tal como ocorre com a hipótese prevista no inciso II do § 2º do art. 129 do Código Penal, a qualificadora correspondente à perda ou à inutilização de membro, sentido ou função pode ser atribuída ao agente a título de dolo, direto ou eventual, ou mesmo culposamente. O que não se admite, como já frisamos anteriormente, é a responsabilização puramente objetiva, sem que, ao menos, tenha o agente incorrido em culpa, conforme determinação contida no art. 19 do diploma penal.

Perda, como destaca Guilherme de Souza Nucci:

> "Implica em destruição ou privação de algum membro (ex.: corte de um braço), sentido (ex.: aniquilamento dos olhos) ou função (ex.: ablação da bolsa escrotal, impedindo a função reprodutora); inutilização quer dizer falta de utilidade, ainda que fisicamente esteja presente o membro ou o órgão humano. Assim, inutilizar um membro seria a perda de movimento da mão ou a impotência para o coito, embora sem remoção do órgão sexual".[42]

Comparativamente à lesão grave que importe em debilidade, mais do que o simples enfraquecimento, a qualificadora em exame exige a perda, isto é, a ablação de qualquer membro, superior ou inferior, ou mesmo sua completa inutilização. Isso significa que, mesmo existindo o membro, não possui ele qualquer capacidade física de ser utilizado. Quando a vítima, por exemplo,

42 NUCCI, Guilherme de Souza. *Código penal comentado*, p. 417-418.

sofre lesões no braço, tornando-o débil, fraco, mas ainda podendo ser utilizado, embora não mais com a força e a capacidade anteriores, a hipótese será resolvida como sendo *debilidade*; ao contrário, se as lesões sofridas pela vítima fazem com que seu braço, embora fisicamente ainda preso ao seu corpo, não possa mais ser utilizado para qualquer movimento rotineiro, o caso será o de *inutilização*.

No mesmo sentido é o raciocínio quanto à perda ou inutilização de sentido ou função. Se, por exemplo, com a lesão sofrida, a vítima passa a ter dificuldades em sua audição, o caso será resolvido como o de debilidade de sentido. Agora, se com as lesões sofridas fica completamente surda, o comportamento se amoldará à qualificadora constante do inciso III do § 2º do art. 129.

IV - Deformidade permanente

Deformar significa, aqui, modificar esteticamente a forma anteriormente existente. Grande parte de nossos doutrinadores entende que, para que se possa aplicar a qualificadora em estudo, há necessidade de que a deformidade seja aparente, causando constrangimento à vítima perante a sociedade.

Dissertando sobre a deformidade permanente, diz Noronha:

> "Acerca do conceito desta, variam as opiniões: uns exigem que o dano estético seja de vulto, impressionando logo o observador; outros contentam-se com o prejuízo mínimo; e ainda outros colocam-se entre esses dois grupos; a lesão à estética deve ser de certa monta, preocupando, causando mesmo vexame ao portador e desgosto ou desagrado a quem o vê, sem ser necessário atingir os limites de coisa horripilante ou aleijão. É a opinião que nos parece mais certa."[43]

Além do mais, a lei penal não exige que o dano seja visível, isto é, que esteja ao alcance de todos. Pode, em muitas situações, ser visto tão somente por um número limitado de pessoas, a exemplo dos danos ocorridos em partes do corpo da vítima que somente serão percebidos pelo seu marido.

O que se exige para que se configure a qualificadora é que a deformidade tenha certo significado, quer dizer, não seja um dano insignificante, quase que desprezível, como a marca deixada no corpo da vítima que lhe proporciona um aspecto de "arranhão".

A deformidade, de acordo com o raciocínio antes expendido, deverá modificar de forma visível e grave o corpo da vítima, mesmo que essa visibilidade somente seja limitada a algumas pessoas.

43 NORONHA, Edgard Magalhães. *Direito penal*. v. 2, p. 72.

Não se deve entender a *permanência* no sentido de perpetuidade, ou seja, sem possibilidade de retorno à capacidade original. A melhor ilação do inciso em estudo é aquela que entende a permanência num sentido *duradouro*, mesmo que reversível, por exemplo, com o recurso à cirurgia plástica, pois que, conforme corretamente afirmam Calderón Cerezo e Choclán Montalvo, a "enfermidade é apreciável penalmente ainda que sua correção posterior seja possível mediante tratamento cirúrgico".[44]

Poderá a qualificadora ser atribuída a título de dolo, direto ou eventual, ou culpa.

V – Aborto

Tal como a hipótese de aceleração de parto, para que o aborto qualifique as lesões corporais sofridas pela vítima, tal resultado não poderá ter sido querido, direta ou eventualmente, pelo agente, sendo, portanto, um resultado qualificador que somente poderá ser atribuído a título de culpa.

Trata-se, outrossim, de crime preterdoloso. A conduta deve ter sido dirigida finalisticamente a produzir lesões corporais na vítima, cuja gravidez era conhecida pelo agente. Contudo, o resultado aborto não estava abrangido pelo seu dolo, direto ou eventual, sendo-lhe, entretanto, previsível.

O raciocínio é o mesmo levado a efeito quando do estudo da qualificadora relativa à aceleração de parto, devendo ser observadas as disposições contidas no art. 19 do Código Penal.

Caso o agente tenha atuado com dolo de produzir a expulsão do feto, seja esse dolo direto ou eventual, o fato será classificado como delito de aborto (art. 125 do CP).

LESÕES CORPORAIS SEGUIDAS DE MORTE

A lesão corporal seguida de morte veio prevista no § 3º do art. 129 do Código Penal, assim redigido:

> § 3º Se resulta morte e as circunstâncias evidenciam que o agente não quis o resultado, nem assumiu o risco de produzi-lo:
>
> Pena – reclusão, de 4 (quatro) a 12 (doze) anos.

Cuida-se, no caso, de crime eminentemente preterdoloso. A conduta do agente deve ter sido finalisticamente dirigida à produção das lesões corporais, tendo o resultado morte sido produzido a título de culpa.

44 CEREZO, Ángel Calderón; MONTALVO, José Antonio Choclán. *Derecho penal*, t. II, p. 70.

A redação da lei penal é clara no sentido de que o agente, para que seja responsabilizado pelo delito de lesão corporal seguida de morte, não pode ter querido o resultado, agindo, portanto, com dolo direto ou mesmo assumindo o risco de produzi-lo, atuando com dolo eventual.

Ressalte-se, por mais uma vez, que a morte, obrigatoriamente, deve ter sido previsível para o agente, pois, caso contrário, somente poderá ser responsabilizado pelas lesões corporais praticadas, sem a incidência da qualificadora.

Imagine-se a hipótese em que "A" se encontre com seu desafeto "B" numa praia. Assim que o vê, agindo com dolo de lesão, desfere-lhe uma "rasteira", fazendo com que ele caia e bata com a cabeça na areia. Para infelicidade da vítima, no local onde caiu, havia oculta, por debaixo da areia, uma pedra de grandes proporções, sendo que a vítima nela bate a cabeça e sofre traumatismo craniano, vindo a morrer. Pergunta-se: Era previsível que por debaixo daquela areia estivesse oculta uma pedra na qual a vítima, caindo, nela pudesse bater a cabeça? A resposta só pode ser negativa, razão pela qual o crime a ser imputado ao agente seria o de lesão corporal (simples, grave ou gravíssima), dependendo do resultado que nela fora produzido antes da sua morte, afastando-se, contudo, o § 3º do art. 129 do Código Penal, em face da ausência de previsibilidade.

A título de raciocínio, se mudássemos o local da agressão, por exemplo, para o interior de um restaurante, modificaríamos, também, a conclusão do nosso problema? Sim, visto que seria previsível que a vítima, caindo, pudesse bater com a cabeça no chão, vindo a sofrer, devido ao impacto, traumatismo craniano, razão pela qual o delito a ser imputado ao agente seria o de lesão corporal seguida de morte.

LESÕES CORPORAIS CULPOSAS

Entendeu por bem o legislador, seguindo a tradição de nossa legislação penal, punir a lesão corporal de natureza culposa. Conforme explicitado no item 42 da Exposição de Motivos à parte especial do Código Penal,

> [...] não se distingue, aqui, entre a maior ou menor importância do dano material: leve ou grave a lesão, a pena é a mesma, isto é, detenção de 2 (dois) meses a 1 (um) ano.

Isso significa que se a vítima, em virtude das lesões corporais sofridas, ficou paralítica, uma vez concluído que o fato se subsume ao delito de lesão corporal culposa, tal resultado terá repercussão quando da aplicação da pena, não modificando, contudo, a natureza do delito.

O que se exige, na verdade, para a caracterização do § 6º do art. 129 do Código Penal, é que estejam presentes todos os requisitos necessários à configuração do delito culposo, devendo o julgador realizar um trabalho de adequação à figura típica, haja vista tratar-se de tipo penal aberto.

Caso as lesões corporais de natureza culposa tenham sido produzidas pelo agente que se encontrava na direção de seu veículo automotor, em virtude do princípio da especialidade, terá aplicação o art. 303 do Código de Trânsito Brasileiro, que diz:

> **Art. 303.** Praticar lesão corporal culposa na direção de veículo automotor:
>
> Penas – detenção, de seis meses a dois anos e suspensão ou proibição de se obter a permissão ou a habilitação para dirigir veículo automotor.
>
> § 1º Aumenta-se a pena de 1/3 (um terço) à metade, se ocorrer qualquer das hipóteses do § 1º do art. 302. (Renumerado do parágrafo único pela Lei nº 13.546, de 2017)
>
> § 2º A pena privativa de liberdade é de reclusão de dois a cinco anos, sem prejuízo das outras penas previstas neste artigo, se o agente conduz o veículo com capacidade psicomotora alterada em razão da influência de álcool ou de outra substância psicoativa que determine dependência, e se do crime resultar lesão corporal de natureza grave ou gravíssima. (Incluído pela Lei nº 13.546, de 2017)

A perícia da dor

Embora para o perito se torne difícil afirmar a existência de dor, quando não estão presentes sinais visíveis de lesão ou traumatismos, procura-se, através dos "sinais da dor", confirmar ou não a presença dela. São eles:

- **sinal de Mankof** – comprime-se o ponto da dor, contando antes e depois a pulsação radial;
- **sinal de Levi** – observam-se as contrações e dilatações das pupilas, quando comprimido o local da dor;
- **sinal de Müller** – delimita-se o local da dor com um círculo, comprimindo-se fora dele e, imediatamente depois, dentro dele; quem simula não percebe a diferença;
- **sinal de Imbert** – quando o local da dor é o braço ou a perna, pede-se para o paciente se apoiar sobre a perna ou segurar um peso com o braço, marcando-se a pulsação anterior e posterior: o aumento comprova a dor.

Há também os sinais físicos da dor: modificação do humor, a expressão dolorosa, a proteção da região sofrida e a forma, a consistência e as modificações do local onde estaria localizada a dor. Os mais modernos meios de determinação da dor são utilizados através de estímulos térmicos, elétricos e químicos. Por outro lado, a dor não depende exclusivamente do estímulo periférico, e sua sensação é indiretamente proporcional ao estímulo recebido. Assim, para o mestre França, "há certos fatores, independentes da intensidade, qualidade, sede, início, evolução e duração, que podem contribuir de maneira bem decisiva sobre o psiquismo da dor aguda; a saber: a ameaça que representa ou a que o paciente julga representar, a ansiedade e a motivação".[45]

O mesmo autor acima citado explica que, na prática, ocorre que, se não há lesão real acompanhando a queixa da vítima, o perito não se julga em condições de confirmar a dor. Para o autor, parece ser muito simplista julgar sempre pela inexistência da ofensa, quando não há vestígios de traumas corporais. Seria preciso um exame pericial mais sério, no qual o perito deveria ser hábil, perspicaz e até um pouco malicioso. Divergindo dele e de acordo com a prática, estão Delton Croce et al., ao afirmarem que "a dor física, de índole inteiramente subjetiva, envolvendo reações vegetativas e de defesa, podendo adquirir elementos emocionais, que não está, hodiernamente, na competência dos peritos aferir sem o respectivo dano anatômico ou funcional",[46] não caracterizaria o delito do art. 129. Mais recentemente, nos é possível determinar a real existência de dor, sobretudo crônica, com mais de seis meses de evolução, através da ressonância magnética funcional do cérebro. Áreas cerebrais específicas são ativadas (apresentam imagem e fluxo sanguíneo diferentes) quando há dor verdadeira. Isso não permite assegurar que haja dor no local apontado pelo paciente, mas seguramente que há dor crônica sofrida pelo queixoso. A ressonância funcional ainda é um exame disponível a poucos e pouco frequentemente existente em serviços públicos gratuitos. No entanto, como ocorreu com o exame de DNA, acreditamos que em poucos anos os institutos de perícia médico-legal oficiais poderão ter seus próprios equipamentos ou convênios com quem os tenha.

RESPOSTAS AOS QUESITOS OFICIAIS

Conforme já mencionamos, ao tratarmos da realização das perícias (Capítulo 2), as respostas aos quesitos no exame de lesão corporal, como em qualquer relatório, devem ser sempre claras e diretas, evitando-se expressões

45 FRANÇA, Genival Veloso de. *Medicina legal*. p. 168.

46 CROCE, Delton; CROCE JÚNIOR, Delton. *Manual de medicina legal*, p. 115

dúbias ou que causem mais perplexidades do que tragam esclarecimentos. Como muitas vezes faltam condições para responderem-se aos quesitos, ou a própria ciência ainda não tem solução para a dúvida, melhor irá o perito se, diante da incerteza, confessar sua incapacidade, naquele momento e situação, do que trazer aos autos uma resposta.

No caso específico das lesões corporais, França explica que, para ele, não há nenhuma razão para justificar a resposta ao quesito "perigo de vida", já que "a fundamental e elucidativa parte do relatório é, sem dúvida, a descrição".[47] Por outro lado, seria inútil o laudo em que os peritos apenas respondessem aos quesitos, não descrevendo as lesões. No entanto, como o laudo se dirige a leigos (juízes, Ministério Público, advogados, delegados etc.), é interessante que o perito justifique a resposta, "traduzindo" para os leitores do laudo aquilo que está na descrição, e que responde ao quesito. Assim, de forma sucinta, deverá indicar a razão da resposta positiva. Outro caminho pode levar à imprestabilidade do laudo nesse particular. A posição de França é fundamentada na perícia em si, e a nossa, na relevância penal e processual da resposta. Nossa discordância em relação ao ilustre doutrinador funda-se, portanto, no caráter instrumental da perícia.

Os atuais quesitos que constam nos relatórios oficiais foram formulados por uma comissão composta por juristas e legistas ao tempo da elaboração do Código de Processo Penal em vigência. Cabe ressaltar que isto não obsta que a autoridade à frente do inquérito formule novas questões.

PERÍCIAS MÉDICO-LEGAIS NAS LESÕES CORPORAIS

Já abordamos, no Capítulo 2, as técnicas de elaboração dos laudos periciais. Porém, no caso específico das lesões corporais, vale acrescentar as lições dadas por Delton Croce *et al.*[48]

- **Preâmbulo** – identificação e qualificação do perito e da autoridade que determinou a perícia, além de hora, local e finalidade desta. Qualificação da vítima.
- **Comemorativo** – história narrada pelo paciente, da qual o perito somente aproveita o que interessa.

À autoridade interessa saber o instrumento utilizado pelo agente para poder julgar o *animus* deste.

47 FRANÇA, Genival Veloso de. *Medicina legal*, p. 167.

48 CROCE, Delton; CROCE JÚNIOR, Delton. *Manual de medicina legal*, p. 132.

"O perito pesquisará a possível presença de icterícia emotiva, de confusão mental, de amnésia pós-traumática, resultantes da emoção-choque."[49]

Se indireto o corpo de delito, porém insuficiente, o perito deve declarar--se duvidoso à autoridade. Quando houver dor, todavia, ausência de lesões traumáticas não deve ser levada em consideração.

O perito deve registrar as consequências motoras, tróficas e fundamentais advindas do dano.

"Na aceleração do parto, após minucioso exame obstétrico, verificará se realmente houve parto, se a criança nasceu viva, procurando estabelecer o nexo de causa e efeito pela observação da lesão (escoriações, hematomas, equimoses) no abdome.

A enfermidade incurável será afirmada após acurados exames clínicos e laboratoriais."[50]

A deformidade permanente requer documentação fotográfica ou, se for o caso, gravação em vídeo.

No aborto, após esmerado exame, o perito apurará: se a vítima estava realmente grávida, se ocorreu aborto, se o feto nasceu morto ou morreu logo após o nexo causal.[51]

- **Discussão** – estabelecimento de correlações entre os elementos do exame.
- **Conclusão** – causa e consequência do delito.

Recomendamos que o leitor, além de estudar nas obras de Medicina Legal, também estude o tema das lesões corporais nos livros de Direito Penal, pois este é um assunto extremamente importante nas duas disciplinas e comumente cobrado em provas e concursos, bem como na vida profissional. Ao saber bem este assunto, o leitor estará se preparando, simultaneamente, para Medicina Legal, Direito Penal e para a atuação prática como operador jurídico.

49 CROCE, Delton; CROCE JÚNIOR, Delton. *Manual de medicina legal*, p. 133.
50 CROCE, Delton; CROCE JÚNIOR, Delton. *Manual de medicina legal*, p. 133.
51 CROCE, Delton; CROCE JÚNIOR, Delton. *Manual de medicina legal*, p. 134.

3.10. QUADRO SINÓPTICO

Do CPB, Título I – Dos Crimes Contra a Pessoa

Capítulo II – Das Lesões Corporais

LESÕES CORPORAIS Art. 129	*caput*	*§ 1º*	*§ 2º*	
POSITIVO DE LESÃO				
- Ofender a integridade corporal ou a saúde	*LEVE*			
- Incapacidade para ocupações habituais por mais de 30 dias - Perigo de vida - Debilidade permanente de membro, sentido ou função - Aceleração do Parto		*GRAVE*		
- Incapacidade permanente para o trabalho - Enfermidade incurável - Perda ou inutização de membro, sentido ou função - Deformidade permanente - Aborto			*GRAVÍSSIMA*	
- Morte				*MORTAL*

Atenção! A classificação acima não se aplica às lesões corporais culposas que não admitem gradação de gravidade.

3.11. ENERGIAS FÍSICAS. AÇÃO TÉRMICA, ENERGIA ELÉTRICA E RADIOATIVIDADE

Energias de ordem física são aquelas que modificam o estado físico do corpo ou parte dele e, em consequência disso, sobrevêm lesões orgânicas ou a morte da vítima.

Todas as energias físicas podem intervir, a saber: a temperatura, a pressão atmosférica, a eletricidade, a radioatividade, a luz e o som.

TEMPERATURA

Produzem lesões o frio, o calor e as temperaturas oscilantes.

Calor

O calor pode agir difusamente ou de forma localizada sobre o organismo. Agindo de modo difuso, temos a insolação e a intermação. O calor direto causa queimaduras e age sobre o organismo através de gases, líquidos ou sólidos aquecidos, ou pela própria chama.

O calor pode ser de duas formas:

a) calor difuso;

b) calor direto.

a) **Calor difuso** – como resultado, temos a insolação e a intermação. Roberto Blanco chama de termonoses as lesões produzidas pela ação térmica que atua difusamente.

A insolação (ou ação do calor cósmico) decorre do calor ambiental em locais abertos e, em menor frequência, em espaços confinados, concorrendo, para isso, além da temperatura ambiente, ou da ação direta dos raios solares, a falta de arejamento suficiente, o excesso de vapor da água do local, a fadiga etc. Na intermação, há excesso de calor ambiental, em espaços confinados ou pouco abertos, sem a necessária aeração.

A sintomatologia é muito variável, havendo perturbações que conduzem à síncope ou à asfixia. O diagnóstico é feito pela análise das condições do ambiente em que a vítima se encontrava aliada à ausência de outras lesões específicas.

b) **Calor direto** – o calor direto pode agir sobre o organismo através de gases, líquidos ou sólidos superaquecidos, ou através da própria chama, resultando, de sua ação, as queimaduras. A gravidade dependerá de sua extensão e profundidade.

As queimaduras podem ser mais ou menos profundas, de extensão maior ou menor, assépticas ou infectadas; em todas elas, há alteração ou morte dos tecidos atingidos, com a desorganização destes.

Na Medicina Legal, as queimaduras se classificam de acordo com a profundidade das lesões, ao contrário do critério clínico que se baseia na área corporal atingida. Seguindo a linha que nos interessa, as *queimaduras* comportam várias classificações, sendo a principal a de Hoffmann, que as divide em quatro graus:

- 1º grau – **Rubefação**. O local apresenta um simples eritema de pele, mantendo-se esta intacta. Não há produção de cicatrizes.
- 2º grau – **Vesicação**. Além do eritema, surgem flictenas ou vesículas ("bolhas"), que possuem líquido amarelo-claro seroso em seu interior.
- 3º grau – **Escarificação**. A queimadura incide até os planos musculares. A pele e mesmo os tecidos subjacentes se necrosam, e a região toma um colorido acinzentado. Se o indivíduo subsistir, há formação de cicatrizes mais ou menos irregulares que produzirão danos deformantes, perturbações funcionais etc.

- 4º grau – **Carbonização**. Caracteriza-se pela carbonização dos planos ósseos, podendo ser local ou generalizada. Na generalizada, ocorre redução do volume do corpo e o cadáver toma a posição de boxeador em decorrência da semiflexão dos membros superiores motivada pela retração dos músculos.

Roberto Blanco diz, com relação à carbonização, que esta pode ser tanto um isolante térmico (não permitindo, depois de totalmente carbonizada pelo fogo a parte de fora, que se queime a parte de dentro do corpo) quanto um isolante elétrico (não permitindo, após totalmente carbonizada a parte do corpo em contato com a corrente elétrica, que esta queime o restante do corpo).

Perícia – Umas das principais respostas a ser dada quando se trata de morte por chamas é a confirmação de que a vítima respirou durante o fogo (que estava viva). Isso pode ser afirmado pela pesquisa de óxido de carbono no sangue e pela presença de fuligem nas vias respiratórias (sinal de Montalti).

Queimadura *fotodérmica* é aquela causada pela ação dos raios solares sobre a pele molhada com suco de determinadas frutas, como o limão. A depender da extensão, pode ser fatal.

Farmacodermites são lesões de pele causadas por medicamentos e que, por sua singular semelhança com as lesões térmicas, podem iludir no tocante à sua origem.

As **queimaduras**, enfim, podem ser causadas pela chama do fogo, por líquido fervente, sólidos incandescentes, vapores e gases superaquecidos etc. As substâncias cáusticas também podem causar queimaduras (ex.: ácidos sulfúrico e clorídrico).

A gravidade das queimaduras depende principalmente da extensão e da profundidade da área queimada. Há singela relação desses dados com a possibilidade de a vítima adquirir infecções, que se aproveitam da ausência da proteção natural contra elas que confere a pele.

Uso do fogo e consequências penais

O art. 61, II, *d*, do CP considera o uso de fogo ou explosivo circunstância agravante. O art. 121, § 2º, III, do mesmo Diploma considera tal emprego, no homicídio, como qualificadora.

Ver, ainda, o art. 28, parágrafo único, da LCP; os arts. 41 e 42 da Lei nº 9.605/98; o art. 38 da Lei nº 12.651/2012; os arts. 70, II, *e*, e 205, § 2º, III, do Código Penal Militar (DL nº 1.001/69).

O uso do fogo também pode, conforme o caso, ser considerado como **tortura**, tendo lugar a análise do art. 5º, III e XLIII, da Constituição Federal, bem como as Leis nºs 8.072/90 e 9.455/97.

Frio

Não é frequente a morte por frio em nosso país, ocorrendo eventualmente no sul e em regiões montanhosas. Anotem-se as mortes acidentais em câmaras frigoríficas. Há também grande porcentagem de mortes de idosos e recém-nascidos expostos por tempo prolongado a temperaturas baixas. A morte sobrevém por um mecanismo de depressão do sistema nervoso, sendo precedida por sonolência, convulsões, delírios, anestesias, perturbações da motilidade etc.

A ação localizada do frio recebe o nome de *geladura* e apresenta características parecidas com as queimaduras pelo calor, assim como uma classificação em quatro graus:

- **1º grau** – palidez ou rubefação local.
- **2º grau** – eritema e formação de flictenas.
- **3º grau** – necrose dos tecidos moles e formação de crostas enegrecidas.
- **4º grau** – gangrena ou desarticulação. Os *pés de trincheira* foram descritos na Primeira Guerra Mundial para representar a gangrena dos pés dos soldados devido à permanência no frio e falta de proteção.

FRIO

Modalidade:

- Contato Direto
- efeitos: necroses periféricas imediatas ou tardias (infartos)
- Ambiental
- efeitos: baixa da resistência, choque e circulatório
- Graus das geladuras
- 1º eritema
- 2º flictenas
- 3º necrose ou gangrena

Temperaturas oscilantes

Agem pela debilitação do organismo, propiciando o aparecimento de infecções que se instalam, devido ao desequilíbrio entre microrganismos que normalmente habitam o corpo humano. A variação brusca de temperatura permite a proliferação de algum tipo de microrganismo causador de infecções exemplificadas pelas pneumonias, tuberculose e outras. As temperaturas oscilantes também podem agir agravando o quadro clínico dessas infecções, quando já existentes.

O estudo das temperaturas oscilantes interessa, especialmente, aos casos de doenças profissionais e acidentes de trabalho.

ELETRICIDADE

Outra espécie de energia de ordem física é a elétrica, que pode causar graves distúrbios do organismo humano e, frequentemente, a morte. A queimadura ocorre por força do efeito *joule*, isto é, a transformação de energia elétrica em calor.

Duas são suas formas: natural (atmosférica ou cósmica) e artificial (industrial).

a) **eletricidade natural** - chama-se fulguração ou fulminação o efeito da eletricidade natural quando atinge o homem. França as distingue da seguinte forma: quando a atuação é letal, fala-se em fulminação; quando provoca apenas lesões corporais, chama-se fulguração. Os acidentes surgem quando a vítima é apanhada diretamente pela descarga de uma nuvem sobre o solo ou, então, indiretamente, quando a descarga se origina de uma nuvem sobre outra. A morte sobrevém por paralisia dos centros nervosos, surgindo fenômenos de asfixia e, posteriormente, parada do coração. A título de curiosidade, várias vezes a pessoa se assusta com o raio e se lesiona com a queda ao solo.

As lesões externas têm aspecto arboriforme e tonalidade violácea, denominadas sinal de Lichtenberg. Elas decorrem de fenômenos vasomotores e podem desaparecer com a sobrevivência da vítima. A marca costuma aparecer cerca de 1 hora após a descarga elétrica e desaparecer de forma gradual nas 24 horas seguintes.

b) **eletricidade industrial** - sua ação sobre o homem chama-se eletroplessão, tenha ou não efeito letal. Decorre geralmente de acidentes, mas há casos de suicídios. O homicídio é caso excepcional. Nos EUA, a execução de pena de morte através da cadeira elétrica é muito usada.

A corrente elétrica alternada é a utilizada comercialmente. Sua lesão irá depender da intensidade da voltagem, do tempo de exposição e da proximidade dos órgãos nobres, tendo como ordem de importância cérebro, coração, fígado, pulmão e rins. As descargas que persistem mais de 0,3 segundos, com amperagem de 0,1 a 4 ampères, podem provocar fibrilação ventricular.

As correntes domésticas habituais são de 125-220V. Estas acarretam muitas lesões fatais, porque frequentemente duram vários segundos e às vezes minutos. Existe uma condição natural e individual de resistência à descarga elétrica, explicado por alguns autores devido à umidade externa da pessoa (suor da superfície corpórea), que permitiria uma melhor condução da corrente elétrica. Então, um corpo molhado permitirá melhor passagem da corrente elétrica e, com isso, maior lesão. Outro fator importante é a posição da descarga: por exemplo, braço a braço, braço a perna e cabeça a perna ou braço são os pontos de maior lesão, devido aos órgãos-alvo; já a descarga ocorrida de perna a perna ou de perna a joelho apresenta menor incidência de fatalidade.

As correntes elétricas alternadas levam a uma contratura muscular tônica e crônica, podendo levar a deslocamentos articulares, fraturas ósseas e até mesmo vertebrais.

As lesões fatais mais comuns, ocasionadas pela descarga de corrente elétrica de baixa voltagem, são a fibrilação ventricular, e as de elevada voltagem são a parada respiratória (apneia elétrica) e a carbonização.

A idade também influencia a perspectiva de sobrevivência. Por exemplo, uma voltagem que seria baixa para um adulto pode ser fatal para uma criança. Um choque de 110 volts pode matar uma criança, ao passo que dificilmente mata um adulto. Além da voltagem e da idade, outros fatores podem influenciar, como o estado geral de saúde do indivíduo (ex.: problemas cardíacos) e condições do local (ex.: o chão molhado confere maior condutibilidade, potencializando o choque). Quanto maior o tempo de contato, maior é o efeito lesivo. Além disso, pessoas mais sensíveis emocionalmente estão mais vulneráveis a lesões maiores.

A lesão típica é a marca elétrica de Jellinek, embora não esteja sempre presente. Ela corresponde à lesão de entrada da corrente elétrica no corpo. Roberto Blanco a define como "escavada, em baixo relevo, com bordos elevados, secos, duros, pergaminhados, com tonalidade amarelo-acastanhado ou mesmo esbranquiçada". Acrescenta que são lesões indolores, em razão da destruição dos filetes nervosos locais.

Quando a corrente elétrica é de alta tensão, aparecem lesões mistas: a marca elétrica e a queimadura elétrica. Como falamos, a primeira representa a porta de entrada da corrente elétrica no organismo, sendo pouco significativa e podendo até mesmo estar ausente; a segunda resulta do calor da corrente e tem forma de escara.

RADIOATIVIDADE

As lesões produzidas pela radiação variam: podem produzir desde escaras de difícil cicatrização até prejuízos às células da medula óssea, facilitando à vítima a aquisição de infecções, algumas fatais. Assim, mais grave que a ação local pode ser o prejuízo ao sistema de funcionamento do organismo. O tema tem íntima ligação com a Infortunística, já que são muito comuns contaminações com raios X, gama e outros, nos laboratórios clínicos.

Roberto Blanco chama de radiodermites as lesões produzidas por substâncias radioativas. E as classifica em três graus diferentes:

- **1º grau:** eritema e depilação da área afetada;
- **2º grau:** formação de pápulas avermelhadas e dolorosas, de fácil infecção e cicatrização difícil;
- **3º grau:** zonas de necrose, que podem levar à amputação da área afetada.

EXPLOSÕES

As explosões também são uma forma de energia física, e muitos autores referem-se às mesmas como "blasts", tendo popularizado-se esta expressão de origem na língua inglesa no final do século XX. De fato as explosões e suas lesões, genericamente, podemos, a partir da fonte explosiva, classificá-las em três tipos.

As primárias são as injúrias provocadas pela própria explosão, como a ação da onda de choque e da queimadura pelo fogo sobre a vítima.

As secundárias são as injúrias causadas devido aos corpos estranhos originados pelo próprio artefato explosivo, sendo projetados pela força da explosão sobre a vítima.

As terciárias são as injúrias imputadas a qualquer outro tipo de impacto de objetos não originados no artefato explosivo.

Enfim, as lesões por "blasts" têm como sede principais no corpo humano, os aparelhos respiratório, auditivo, cardiovascular, gastrointestinal, ocular, neurológico, locomotor, atingindo nestes principalmente as extremidades.

Capítulo 4

Asfixiologia Forense

4.1. INTRODUÇÃO

Asfixia significa "*sem pulso*", termo não muito adequado, mas consagrado como o mais usado. Na visão da Medicina Legal, corresponde a uma síndrome decorrente dos efeitos da ausência ou da baixíssima concentração de oxigênio no corpo humano por algum impedimento mecânico. Desta forma, entende-se que os termos *anoxemia* e *hipoxemia* seriam mais indicados.

Flamínio Fávero[1] nos traz o conceito de asfixia, segundo Hoffman: "Morte produzida por impedimento mecânico à penetração do ar atmosférico na árvore respiratória". Esse fenômeno é produzido por **energias de ordem físico-químicas**, que alteram a composição bioquímica do sangue ao impedir a transformação do sangue venoso em sangue arterial (hematose).

A asfixia qualifica o homicídio (art. 121, § 2º, III, do CP), o que pode se explicar por várias razões: para matar-se alguém por asfixia, é preciso se utilizar de surpresa ou de superioridade de forças e, além disso, a asfixia só produz a morte com cerca de cinco minutos, demonstrando inequívoco dolo de matar. A perda de consciência se dá no primeiro minuto. Assim, é duvidosa a legítima defesa através de asfixia se o "agressor" vem a falecer, pois o "defendente" terá algo em torno de quatro minutos para parar, após finda a atualidade da agressão.

A reforma não incluiu a asfixia como circunstância agravante, não significando, com isso, mudança de atitude da lei diante de tal conduta, porque a asfixia é considerada meio cruel. Assim, o uso de asfixia é agravante (analogia *intra legem*).

É válido ressaltar, desde o início, que a morte produzida por monóxido de carbono não é – modernamente – considerada asfixia, mas sim intoxicação por monóxido de carbono, estudada pela Toxicologia Forense.

---

1 FÁVERO, Flamínio. *Medicina legal*, p. 347.

Em todas as modalidades de asfixia, se o indivíduo é salvo após apresentar asfíxico avançado, poderá sofrer várias sequelas, sendo mais comuns as perturbações psíquicas (amnésia), convulsões, o estado comatoso etc.

Características gerais das asfixias mecânicas:

Há sinais que, em conjunto, permitem um diagnóstico, porém nenhum é regra. Eles são numerosos e variáveis. Faz-se importante entender que não há nenhum sinal que, de forma isolada, seja de importância nesse diagnóstico.

Vejamos:

Sinais externos: têm valor desigual e alguns chegam a ter valor relativo. De valor mais considerável, podemos citar a projeção de língua, a projeção dos olhos (exoftalmia) e o cogumelo de espuma.

a) Manchas de hipóstase – precoces, abundantes e de tonalidade escura. Nos casos de asfixia por monóxido de carbono, essa coloração passa a ser rósea.

b) Congestão da face – é um sinal mais constante, estando mais presente nas asfixias por compressão do tórax, tendo como consequência a formação da *máscara equimótica de Morestin* (proveniente da estase mecânica da veia cava superior).

c) Equimoses da pele e das mucosas – têm pequenas dimensões, são arredondadas e agrupadas. Nas mucosas, são mais frequentes na conjuntiva palpebral e ocular e nos lábios.

d) Fenômenos cadavéricos – os livores de decúbito são mais extensos, mais escuros e mais precoces; o esfriamento é mais lento; a rigidez cadavérica é também mais lenta, além de intensa e prolongada; já a putrefação é mais precoce e acelerada quando comparada a outras causas de óbito.

e) Cogumelo de espuma – mais comum nas asfixias por afogamento, sendo formado por uma bola composta por finas bolhas de espuma que se exteriorizam a partir da boca e das narinas.

f) Projeção da língua e exolftalmia – São comuns nas asfixias, mas há de se lembrar que cadáveres em putrefação na fase gasosa também apresentam essas características, mesmo sem qualquer relação com a morte por asfixia.

Sinais internos:

a) Equimoses viscerais – são as famosas *manchas de Tardieu*, caracterizando-se por equimoses puntiformes, do tamanho de uma cabeça de alfinete, nos pulmões e coração. Têm coloração violácea e, pela teoria mais aceita, decorrem do aumento da pressão arterial, que leva ao rompimento dos capilares.

b) Aspecto do sangue – em geral, escuro (coloração negra), com exceção das asfixias por monóxido de carbono, onde se mostra carmim. A viscosidade se mostra diminuída devido à maior concentração de CO_2.

1. Com constrição do pescoço

a) Enforcamento – ação de um laço, pela força do próprio peso da vítima.

b) Estrangulamento – ação de um laço, pela força muscular (mão, em geral).

c) Esganadura – a ação no pescoço é executada diretamente pela mão.

2. Sem constrição do pescoço

a) Sufocação direta – oclusão das vias respiratórias (boca, nariz).

b) Sufocação indireta – compressão torácica impeditiva da respiração (segundo o *Dicionário Aurélio*, a forma correta é "torácica", e não a usual "toráxica").

3. Introdução do indivíduo em ambiente diverso do ar atmosférico

a) Afogamento – penetração de líquido nas vias respiratórias.

b) Soterramento – colocação do indivíduo em meio pulverulento.

c) Confinamento – colocação do indivíduo em ambiente fechado hermeticamente.

O afogamento e o soterramento são modificações qualitativas do meio, e o confinamento representa mudança quantitativa do meio.

4.2. ESTRANGULAMENTO, ENFORCAMENTO E ESGANADURA

ESTRANGULAMENTO

É a modalidade de asfixia mecânica em que se tem uma constrição do pescoço provocada por um laço, cujo acionamento se faz por uma força estranha e ativa, que não a mão humana (corda, cinto, fio, lençol etc.). Essa ação obstrui a passagem de ar aos pulmões, interrompendo a circulação do sangue ao encéfalo, além de comprimir os nervos do pescoço. Ao contrário do enforcamento, que veremos adiante, o corpo da vítima atua passivamente e a força constritiva do laço age de forma ativa.

A causa jurídica mais predominante é o homicídio, sendo o acidente e o suicídio mais raros. No suicídio, vê-se ainda maior dificuldade, uma vez que o instrumento tem que manter a pressão do laço, já que o indivíduo perde a consciência.

Normalmente, o estrangulamento passa por três períodos: resistência, perda da consciência e convulsões, asfixia e morte aparente. Depois, surge a morte real.

Segundo Genival Veloso de França[2], os sinais externos são: aspecto da face e do pescoço (a face se mostra tumefeita e violácea devido à obstrução quase sempre completa da circulação venosa e arterial, a língua se projeta além das arcadas dentárias e é extremamente escura, dos meatos acústicos externos poderá fluir sangue, e equimoses de pequenas dimensões na face, conjuntivas, pescoço e face anterior do tórax); sulco (de profundidade uniforme, não há descontinuidade, de bordas cianóticas e elevadas, leito deprimido e apergaminhado; pode ser notado o sinal de Lesser - vesículas sanguinolentas no fundo do sulco). Os sinais internos são: lesões nos planos profundos do pescoço (infiltração hemorrágica dos tecidos moles do pescoço, lesões na laringe e das artérias carótidas - estas últimas manifestam-se macroscopicamente quase sempre em ambos os lados, na túnica íntima, pelo sinal de *Amussat*, que são as roturas transversais, e na túnica adventícia, pelos sinais de *Friedberg*, que é a infiltração hemorrágica, e de *Etienne Martin*, que é a rotura transversal).

Faz-se importante destacar um pouco mais sobre o sulco cervical, visto que é fundamental sua diferenciação em relação ao sulco do enforcamento para correta diagnose diferencial. No estrangulado, ele é contínuo, horizontal e localizado abaixo do cartilagem tireoidea.

Há autores que consideram que a utilização de qualquer membro do corpo, que não as mãos, para constrição do pescoço, enquadra-se na categoria de estrangulamento; outros, consideram como esganadura. No primeiro caso, citamos Genival Veloso de França, que, inclusive, nomeia a constrição do pescoço pela ação do braço e do antebraço (o famoso "golpe de gravata") de *entrangulamento antibraquial*[3].

ENFORCAMENTO

Modalidade de asfixia em que a constrição do pescoço é exercida por um laço, cuja extremidade se acha fixa em um determinado ponto dado. A força

2 FRANÇA, Genival Veloso de. *Medicina legal*. 9ª ed. Rio de Janeiro: Guanabara Koogan, 2012, p. 154-156.

3 FRANÇA, Genival Veloso de. *Medicina legal*. 10ª ed. Rio de Janeiro: Guanabara Koogan, 2015, p. 159.

atuante é o próprio peso do corpo da vítima. As vias aéreas são obstaculizadas, por constrição externa, devido ao laço acionado - de modo passivo - pelo peso do corpo da vítima. Isto ocorre de modo diferente do que ocorre no estrangulamento e na esganadura, pois, nestes, a constrição é feita de modo ativo.

A causa jurídica mais comum é o suicídio, mas pode ter origem no acidente e, com menos frequência, no homicídio, como é o caso das execuções judiciais.

Como no estrangulamento, o instrumento constritor é diferente das mãos. O laço pode ser duro (corda, fio, arame etc.) ou mole (lençol, toalha, gravata etc.), sendo mais comum uma única volta, embora possa haver outras. O nó pode estar ausente, observando-se a forma de alças. Quando presente, pode ser corrediço ou fixo e a cabeça sempre estará voltada para o lado contrário a ele.

A suspensão pode ser completa ou incompleta. Na primeira, também chamada típica, o corpo fica totalmente sem tocar qualquer ponto de apoio; na segunda, também chamada atípica, o corpo é apoiado por alguma parte dele (pés, joelhos, quadril etc.).

Quanto ao aspecto do cadáver, sua face pode se apresentar branca ou cianótica (arroxeada), variando de acordo com o grau de compressão dos vasos do pescoço; a língua é cianótica; os olhos estão protusos (exolftalmia); os punhos mostram-se cerrados e a rigidez evolui tardiamente. O sulco cervical, importante sinal para estabelecer a diagnose diferencial, é ascendente, mostrando-se interrompido a nível do nó (quando este se mostra presente) e localizado acima da cartilagem hioidea.

Três são as teorias para a causa da morte:

a) respiratória;

b) circulatória;

c) nervosa.

Para determinar-se se o indivíduo estava já morto quando do enforcamento, devem ser estudadas as lesões, buscando-se sinais vitais. Se o indivíduo não apresentar equimoses, lesões viscerais, hemorragias nos tecidos profundos do pescoço etc., será sinal de que faleceu antes do enforcamento.

A partir da terceira hora do enforcamento, começam a surgir livores cadavéricos, que, com cerca de seis horas, são intensos e se fixam. O sangue se deposita nas regiões de maior declive, em consequência da ação da gravidade. Livores em locais diferentes demonstram que o cadáver foi removido de lugar. Nos enforcamentos incompletos, o local do corpo sobre o qual este estiver apoiado apresentará pele esbranquiçada.

No enforcamento, "a posição da cabeça sempre se mostra voltada para o lado contrário do nó, fletida para diante, com o mento tocando o tórax. A face pode apresentar-se branca ou arroxeada (variando com o grau de compressão vascular), e as equimoses palpebrais e conjuntivas são raras. Assinala-se a presença de líquido ou espuma sanguinolenta pela boca e narinas. A língua é cianótica e sempre está projetada além das arcadas dentárias. Olhos protrusos e o pavilhão auricular violáceo, surgindo ocasionalmente otorragia. (...)

A rigidez cadavérica é mais tardia no enforcamento. As manchas de hipóstase se apresentam na metade inferior do corpo com maior intensidade nas extremidades dos membros superiores e inferiores, em forma de luva, o que não se configura como sinal de enforcamento, mas que o corpo ficou suspenso tempo suficiente para fixar essas manchas. Podem surgir algum tempo depois as equimoses *post mortem*. Devido ao tempo de suspensão e à fluidez do sangue, podem-se observar nas áreas de manchas de hipóstase as chamadas púrpuras hipostáticas, as quais não podem ser confundidas com petéquias hemorrágicas.

[...]

Sinais encontrados nos sulcos de enforcados:

a. *Sinal de Ponsold*: livores cadavéricos, em placas, por cima e por baixo das bordas do sulco.
b. *Sinal de Thoinot*: zona violácea ao nível das bordas do sulco.
c. *Sinal de Azevedo-Neves:* livores punctiformes por cima e por baixo das bordas do sulco.
d. *Sinal de Neyding*: infiltrações hemorrágicas punctiformes no fundo do sulco.
e. *Sinal de Ambroise Pare*: pele enrugada e escoriada no fundo do sulco.
f. *Sinal de Lesser*: vesículas sanguinolentas no fundo do sulco.
g. *Sinal de Bonnet*: marcas de trama do laço.
h. *Sinal de Schulz*: borda superior do sulco saliente e violácea."[4]

ESGANADURA

É a modalidade de asfixia em que a constrição do pescoço é executada diretamente pela mão, que obstaculiza a passagem de ar. Logo, o instrumento constritor atua ativamente, assim como no estrangulamento e diferente do enforcamento.

4 FRANÇA, Genival Veloso de. *Medicina legal*. 9ª ed. Rio de Janeiro: Guanabara Koogan, 2012, p. 151-152.

A etiologia é sempre homicida, inexistindo a forma suicida ou acidental.

Essa modalidade de asfixia costuma vir acompanhada de outras lesões, como ferimentos ao redor da boca e nas gengivas, marcas ungueais no próprio pescoço e escoriações e equimoses em braços e antebraços, que decorrem da luta da vítima por sua vida, tentando afastar o agressor. A esses achados traumáticos se dá o nome de *lesões de defesa*.

A esganadura é bastante comum nos infanticídios e nos crimes sexuais, bem como nas brigas entre pessoas de igual robustez física.

4.3. SUFOCAÇÃO

É a asfixia em que o obstáculo à entrada de ar no aparelho respiratório não é produzido pela submersão nem pela constrição do pescoço (H. V. de Carvalho).

Hélio Gomes[5] a divide em:

a) oclusão direta das narinas e da boca;

b) oclusão da laringe e da faringe;

c) compressão torácica;

d) confinamento em recinto fechado;

e) soterramento.

Essa classificação difere um pouco da mais utilizada, a adotada por Oscar Freire, que admite dois tipos de sufocação, a direta e a indireta. **Direta**: obstáculos mecânicos nas aberturas aéreas (narinas, boca, glote); **indireta**: compressão torácica por contenção externa.

Sufocação direta – dá-se por oclusão da boca e das fossas nasais ou por oclusão das vias respiratórias por corpos estranhos. A primeira forma tem quase sempre caráter criminoso, utilizando-se partes do corpo ou objetos, como travesseiro e saco plástico; já a segunda é mais frequente nos acidentes, como nos engasgos e na aspiração de vômito. Crianças costumam se sufocar com balas, botões, bolas de gude, caroços de frutas, ao passo que adultos mais comumente se sufocam com fragmentos de alimentos de grande tamanho (ex.: pedaço de carne).

Sufocação indireta – ocorre a compressão do tórax e do abdome por uma força estranha ou peso excessivo que não permite a realização dos movimentos de inspiração e expiração. É comum a ocorrência de mortes de bebês por adultos que, acidentalmente, dormiram por cima deles. Um dos

5 GOMES, Hélio. *Medicina legal*, p. 576.

sinais mais importantes é a máscara equimótica de Morestin, que decorre do refluxo sanguíneo da veia cava superior em face da compressão torácica.

4.4. SOTERRAMENTO

Nesta modalidade de asfixia, ocorre a obstrução das vias respiratórias por terra ou substâncias pulverulentas. Observa-se a mudança qualitativa de um ambiente gasoso para sólido. Exemplo comum, infelizmente, em nosso país, é o soterramento de pessoas com barro ou terra, em deslizamentos. Também ocorre em armazéns e silos, com farinha, café, milho etc. A presença desse material estranho nas vias respiratórias e digestivas da vítima tem alto valor diagnóstico, uma vez que os atos da deglutição e da respiração são vitais, não sendo possível que essas substâncias sejam aspiradas ou deglutidas *post mortem*.

Em soterrados, é comum se observar lesões traumáticas variadas. Muitas delas podem até, por si só, produzirem a morte ou contribuírem para tal.

4.5. CONFINAMENTO

É um tipo de asfixia caracterizado pela permanência da vítima em um ambiente restrito, sem condições de renovação do ar respirável. Como consequência, temos o oxigênio sendo consumido aos poucos e o gás carbônico se acumulando de forma gradativa.

Em sua grande maioria, o confinamento tem etiologia acidental, podendo, no entanto, ser homicida ou suicida. É vulgar em desabamento de minas, submarinos naufragados, colocação de sequestrados em malas ou bagageiros de automóveis, crianças em quartos ou até geladeiras, prisioneiros colocados em cubículos (por exemplo, nos campos de concentração e, como já foi noticiado pela imprensa brasileira, em Delegacia de Polícia, em São Paulo).

4.6. AFOGAMENTO

É a modalidade de morte por asfixia que deriva da penetração de um meio líquido ou semilíquido nas vias respiratórias, impedindo a passagem de ar para os pulmões. Dessa forma, ocorre uma transformação de meio gasoso para meio líquido.

A causa jurídica pode ser acidental, homicida ou suicida, sendo a primeira a mais comum.

Os afogados se classificam em secos (ou *afogados brancos de Parrot*) e úmidos (ou *azuis*). Na primeira situação, a vítima não morre por afogamento, mas por inibição ao tocar na água em decorrência de um problema cardiovascular prévio, que foi agravado pela ação térmica, ou em estados tímico-linfáticos; os afogados brancos, assim, não demonstram qualquer sinal de asfixia. No caso dos afogados azuis, o chamado "afogamento verdadeiro", a morte decorre da penetração de líquido nas vias respiratórias, passando, a morte, por três fases: a de defesa, a de resistência e a de exaustão.

Na doutrina, cabe ressaltar, há várias classificações quanto às fases do afogamento, algumas sensivelmente diferentes.

Fases do afogamento:

a) apneia voluntária – a vítima prende a respiração;

b) grandes incursões respiratórias – a vítima vai fundo e, ao subir à tona, puxa todo o ar que pode;

c) pequenas incursões respiratórias – a vítima, já cansada, não chega à tona completamente, perdendo cada vez mais as suas forças.

A morte aparente ocorre em cerca de três a quatro minutos, e a real, em cerca de cinco minutos.

H. V. de Carvalho anota as fases da defesa (surpresa e resistência) e exaustão.

O mestre Roberto Blanco cita ainda as lesões produzidas pela energia barométrica, ou seja, aquelas produzidas pela ação da pressão atmosférica. Sobre esta espécie de lesão, mencione-se que experiências em campos de concentração nazistas visaram a determinar a resistência humana à pressão de grandes altitudes, causando morte ou graves danos aos seres humanos utilizados como cobaias, acrescentando nomes à grande lista das vítimas do holocausto.

Segundo Genival Veloso de França[6], os sinais cadavéricos do afogado são: temperatura baixa da pele; pele anserina (vulgarmente chamada de "pele de galinha"); retração do mamilo, do saco escrotal e do pênis; maceração da epiderme; tonalidade, mais clara dos livores cadavéricos; cogumelo de espuma; erosão dos dedos e presença de corpos estranhos sob as unhas; equimoses da face das conjuntivas; mancha verde de putrefação (no esterno ou na parte inferior do pescoço); embebição cadavérica; e dentes e unhas róseos.

Dos sinais internos, a presença de líquido nas vias respiratórias reflete sinal vital, indicando que a vítima estava viva ao adentrar o meio, e não que foi lançada nele após sua morte, como uma tentativa do agente de ocultar seu

6 FRANÇA, Genival Veloso de. *Medicina legal*. 9ª ed. Rio de Janeiro: Guanabara Koogan, 2012, p. 143-144.

corpo. A análise desse elemento, junto com a de corpos estranhos, plâncton, lama, entre outros, pode levar o perito a concluir que o afogamento se deu em águas doces, salgadas, pantanosas ou em latrinas.

Flutuação do afogado – por a densidade do corpo ser maior que a do líquido de submersão, em um primeiro momento, o cadáver afundará, tendo contribuição, ainda, da quantidade de líquido ingerida. Em um segundo momento, o cadáver flutuará, o que decorre do surgimento dos gases de putrefação. Em geral, essa flutuação se dá entre 24h e 5 dias após a morte, a não ser que o cadáver fique preso no fundo da água. Já em um terceiro momento, com a ruptura dos tecidos moles e extravasamento dos gases, a densidade do corpo volta a prevalecer sobre o meio líquido e o cadáver submerge pela segunda vez. Por fim, em um quarto momento, com o avanço da decomposição, o peso do corpo diminui e o cadáver volta à superfície (segunda flutuação).

HOMICÍDIO QUALIFICADO

O homicídio praticado por afogamento é qualificado.

> *In casu*, existem relatos nas fases policial e judicial atestando que o acusado tentou causar a morte da vítima, somente não consumando seu intento por circunstâncias alheias à sua vontade, situação que impede a acolhida do pleito defensivo de não haver relevância probatória capaz de justificar que o acusado seja submetido ao Conselho de Sentença pelo suposto crime de homicídio qualificado tentado. Tal premissa, por corolário lógico, aplica-se igualmente à qualificadora do motivo fútil, que resta mantida, uma vez que a configuração desta se torna plausível diante dos elementos probatórios colhidos, os quais revelam que a prática do crime se deu em decorrência de um sentimento de ciúmes. De igual modo deve ser mantida a qualificadora do meio cruel, haja vista, em princípio, o acusado ter tentado matar a vítima através de asfixia por afogamento (TJRS, SER nº 70066714593, Rel.ª Des.ª Rosaura Marques Borba, DJe 11/04/2016).

Capítulo 5

Toxicologia Forense

5.1. INTRODUÇÃO

É preciso, antes de tudo, conhecer as noções gerais sobre Toxicologia.

Toxicologia é a ciência que se ocupa do estudo dos venenos ou substâncias tóxicas, quer do ponto de vista de seus efeitos sobre o organismo humano, quer relativamente à sua pesquisa no seio desse mesmo organismo. Ou seja, a Toxicologia estuda as substâncias que atuam em reação química com a célula viva. São as energias de ordem química.

A importância da Toxicologia é evidente, quando se trata da apuração da natureza jurídica do envenenamento (homicídio, suicídio ou acidente).

Almeida Júnior anota ainda o envenenamento decorrente de vícios, como o fumo, as bebidas alcoólicas e as substâncias entorpecentes (LSD, maconha, cocaína, heroína, ópio etc.). O envenenamento já foi muito usado nas guerras (ex.: flechas envenenadas) e, hoje, se manifesta através da guerra química. O autor referido anota os gases lacrimogêneos como grandes exemplos do uso policial dos tóxicos. Por fim, anote-se que o envenenamento ainda é usado, nos EUA, para execução judicial,[1] nas chamadas "câmaras letais", e, também, por introdução venosa. Recentemente, vemos popularizar-se o uso de *sprays* com substâncias nocivas (ex.: pimenta) para fins de defesa pessoal. O Município do Rio de Janeiro noticiou pretender fazer uso de aerossóis, fornecendo-os aos guardas municipais, o que vem demonstrar o uso de tal guarda para fins diversos daqueles previstos pela Constituição (art. 144 e seguintes).

1 A Suprema Corte dos Estados Unidos autorizou em 16/04/2008 o Estado de Kentucky a prosseguir na utilização de injeções letais para levar os condenados à morte. Ela havia sido interpelada pelos advogados de dois condenados, que consideravam inconstitucionais as injeções hoje aplicadas, por imporem sofrimentos às vítimas.

A decisão, tomada por sete votos a dois, tende a relançar o debate interno sobre os métodos de execução. Dos 37 Estados americanos que adotam essa forma de punição, todos, exceto Nebraska – que usa a cadeira elétrica –, matam os condenados com injeções letais. Os dois sentenciados, ambos julgados por homicídio, pediam que, em lugar de três produtos injetados no momento da execução, a Suprema Corte determinasse o uso de apenas um produto, baseado no ácido barbitúrico, que é também usado por veterinários. *Jornal Folha de São Paulo*, São Paulo, 17/04/2008.

5.2. CÁUSTICOS

As energias de ordem química podem agir externa (cáusticos) ou internamente (venenos).

"Os cáusticos são substância que, de acordo com sua natureza química, provocam lesões tegumentares mais ou menos graves. Essas substâncias podem resultar em efeitos *coagulantes* ou *liquefacientes*.

As de efeito coagulante são aquelas que desidratam os tecidos e lhes causam escaras endurecidas e de tonalidade diversa, como, por exemplo, o nitrato de prata, o acetato de cobre e o cloridrato de zinco.

As de efeito liquefaciente produzem escaras úmidas, translúcidas, moles e têm como modelo a soda, a potassa e a amônia.

[...]

Os ácidos produzem escaras secas e de cor variável: as do ácido sulfúrico são esbranquiçadas; as do ácido nítrico: amareladas; as do ácido clorídrico, cinza-escuras; as do ácido fênico, esbranquiçadas. As escaras resultantes da ação dos álcalis são úmidas, moles e untosas. As escaras produzidas pelos sais geralmente são brancas e secas. [...]

Em geral, a natureza jurídica desses tipos de lesões é acidental ou criminosa e, muito raramente, voluntária.

Essas formas de lesão tornaram-se conhecidas como vitriolagem, visto que antigamente se usou criminalmente o óleo de vitríolo (ácido sulfúrico) em tais intentos."[2]

5.3. ENVENENAMENTO

VENENO

Conceitua-se veneno como: (a) "toda substância que, atuando química ou bioquimicamente sobre o organismo, lesa a integridade corporal ou a saúde do indivíduo ou lhe produz a morte"; (b) "toda substância que, introduzida, por absorção, no sangue, é capaz de afetar seriamente a saúde ou destruir a vida"; (c) "uma substância química definida que, introduzida ou absorvida no organismo, é capaz de agir, até a dose tóxica, proporcionalmente à massa e ocasiona desordens, podendo acarretar a morte". Os conceitos são de Almeida Júnior,[3] Taylor e Fonzes Diacon, respectivamente.

O *envenenamento* pode ser entendido como o efeito mórbido peculiar a cada veneno. O conceito de envenenamento é mais restrito que o de intoxicação.

---

2 FRANÇA, Genival Veloso de. *Medicina legal*. 9ª ed. Rio de Janeiro: Guanabara Koogan, 2012, p. 130-131.

3 ALMEIDA JUNIOR, *apud* CARVALHO, Hilário Veiga de; SEGRE, M. *Compêndio de medicina legal*, p. 162.

Respectivamente, o primeiro inclui apenas os casos em que há penetração da substância nociva no organismo, por qualquer via; o segundo abrange todos os casos em que uma substância - elaborada dentro ou fora do organismo - age sobre a célula viva, manifestando nela ação deletéria (deletéria = que destrói ou danifica, prejudicial).

Classificação

As substâncias tóxicas podem ser divididas em razão da forma como atuam sobre os tecidos e, ainda:

a) quanto ao estado físico - líquidos, sólidos e gasosos;

b) quanto à origem - animal, vegetal, mineral e sintéticos;

c) quanto às funções químicas - óxidos, ácidos, bases e sais;

d) quanto ao uso - doméstico, agrícola, industrial, medicinal e cosmético.

Outra classificação, dada por H. V. de Carvalho: antiparasitários, cardiotônicos, estimulantes do sistema nervoso, antipiréticos e antissépticos, antialérgicos, expectorantes, hipotensores, vasodilatadores coronários.

Há envenenamento por produtos químicos de usos diversos. Ex.: produtos de uso caseiro (raticidas e formicidas, praguicidas,[4] detergentes, corrosivos etc.) ou por substâncias de laboratório (arsênico, fósforo etc.). Há envenenamentos por plantas tóxicas: saia branca, mandioca brava, mamona, pinhão paraguaio, fungos, arruda etc.

Por fim, citem-se também os venenos animais, de répteis (serpentes), artrópodes (aracnídeos, insetos) etc.

Hélio Gomes[5] apresenta as **VIAS DE PENETRAÇÃO DO VENENO NO ORGANISMO:**

a) pela via gastrointestinal, seja pela boca, seja pelo ânus;

b) pelas vias respiratórias (venenos gasosos);

c) pela via endérmica (isto é, que atua por absorção através da pele) ou hipodérmica;

d) pela pele e pelas mucosas;

e) diretamente pela corrente circulatória.

4 Praguicidas (pragui = praga + cida = morte) referem-se às pragas, designação comum dos insetos e/ou moléstia que atinge plantas e às vezes animais. Confundem-se com pesticidas que, por anglicismo, refere-se à "pest", que, em inglês, significa praga. Remete-se também às 10 pragas bíblicas do êxodo judaico.

5 GOMES, Hélio. *Medicina legal*, p. 593.

O organismo dispõe de um sistema de defesa contra as ações externas, ou seja, há uma defesa orgânica contra o veneno. Esta defesa contra os venenos é integrada, por exemplo, pelo fígado, pelos ossos, pulmões etc. Além disso, há também a ação dos leucócitos (ação leucocitária), glóbulos brancos de diferentes tipos que representam a defesa celular inicial do sangue do organismo humano.

Temos também vários *fatores que influem na ação dos venenos,* que são chamados de *circunstâncias modificadoras.* São elas:

a) a quantidade de tóxico administrada (dose); cada veneno tem a dose tóxica, na qual já se manifesta a sintomatologia da intoxicação, e a dose fatal, que é aquela capaz de provocar a morte;

b) o estado do veneno, ou seja, seu estado físico, sua pureza, que interferem e modificam o quadro da intoxicação;

c) o veículo com que se administra o veneno (ex.: ministrar veneno com leite resulta em ação mais lenta do primeiro);

d) a via de penetração do tóxico; e

e) as condições individuais da vítima, incluindo idade, estado de saúde, de tolerância e até mesmo as condições locais, pois um tecido irritado, congesto, absorve a substância mais rapidamente. Certas pessoas são mais sensíveis à ação de um veneno do que as outras, sendo essa característica particular chamada de idiossincrasia. Temos os exemplos do bebedor imoderado, que é capaz de se manter sob controle, ainda que com grandes doses de bebidas, doses que levariam o outro ao chão. Hipótese semelhante é a do toxicômano que, devido a doses crescentes, resiste a doses que, para as pessoas não afeitas ao vício, seriam fatais.

Eliminação

Os venenos tendem a ser eliminados pelo organismo, sendo as vias de eliminação mais influentes os aparelhos urinário e digestivo, bem como os pulmões, o suor, a saliva e a bile. O estudo da via de eliminação do veneno é precioso para o diagnóstico, a terapêutica e o prognóstico de envenenamento. A duração da eliminação também tem valor médico-legal.

Sintomas de envenenamento

Na maior parte dos casos de envenenamento, a morte é precedida de um rol de sintomas. Esses sintomas, sendo noticiados a um médico, possibilitam uma intervenção tendente ao sucesso. Como exemplos desses sintomas, podemos citar vômitos, diarreias, prostração, alteração profunda da face etc. Sabemos também que as diferentes espécies de venenos podem ocasionar mortes mais rápidas ou lentas, sintomas peculiares etc.

5.4. TOLERÂNCIA E DEPENDÊNCIA

TOLERÂNCIA se refere à capacidade de resistência aos efeitos das drogas.

Pode ser comportamental, como, por exemplo, o alcoólatra; metabólica, quando há adaptação do organismo; e por imunidade, quando o organismo produz anticorpos à droga.

DEPENDÊNCIA é a subordinação da pessoa à necessidade da droga, podendo ser psicológica ou física. A pessoa dependente, caso não logre consumir a droga, sofre a chamada "síndrome de abstinência", que é uma situação de desconforto e sofrimento, um conjunto de sintomas decorrentes da falta da droga. A dependência tem profundas consequências de ordem penal e processual penal, como é possível verificar nos códigos respectivos, na Lei de Execuções Penais e na Lei Antidrogas.

Ver, também, no capítulo que trata da Psicologia Forense, "Toxicomanias" (7.4).

5.5. ESTUDO DOS ENVENENAMENTOS MAIS COMUNS

Envenenamentos mais comuns: monóxido de carbono, drogas e álcool.

1) **Monóxido de carbono** - ocorre sempre que há combustão incompleta de combustíveis, como aquecedores, fornos e motores. É responsável por grande parte das intoxicações acidentais e suicidas. O monóxido de carbono tem afinidade pela hemoglobina em grau 210 vezes maior do que pelo oxigênio. Assim, forma-se a carboxiemoglobina em lugar de oxiemoglobina. O resultado é a anoxia. Há quem prefira o termo hipoxia para se referir ao baixo teor de oxigênio. Alguns autores consideram este fato como asfixia, mas a posição mais correta e moderna é de que se trata de envenenamento.

   Podemos distinguir três formas de intoxicação por monóxido de carbono:

   a) forma hiperaguda: elevada quantidade de gás inalado. Morte instantânea;
   b) forma aguda: a dose inalada é menor, a morte não é instantânea, e apresenta fases evolutivas (sintomas nervosos, fase de reversão);
   c) forma crônica: decorre, em geral, de doenças profissionais, tendo como sintomas vertigens, diminuição da acuidade visual, cefaleia, náuseas e vômitos constantes, astenia etc.

Na necroscopia, observamos sangue de coloração clara, manchas hipostáticas de coloração rosa-pálido, lesões anatomopatológicas de anoxia (como congestão do encéfalo e vísceras), pulmões com "postas de sangue".

A divergência exige cautela. Como assinala Blanco, Geprert, Wacholz, Lamio e outros consideram a inalação de monóxido de carbono como intoxicação; Haldana, Mosso Wegmeyer e outros, como de asfixia. Conforme dissemos, prevalece a opinião de que o caso é de intoxicação.

2) **Drogas** – problema social e jurídico assaz conhecido. As drogas podem ser classificadas em:

   a) permissíveis – aquelas que, embora produzam efeitos nocivos, são aceitas socialmente. Ex.: cafeína (café, chá, coca-cola), nicotina, álcool;

   b) prescritivas – aquelas cujo uso terapêutico advém de seus efeitos principais, sendo obtidas por meio de prescrição médica. Ex.: analgésicos de ação periférica, antitérmica e antimicrobiana;

   c) controladas – aquelas que estão sob um controle especial, devido a vários fatores. Ex.: opiáceos, sedativos, estimulantes, alucinógenos, barbitúricos e anfetaminas.

3) **Álcool** – o alcoolismo pode ser considerado tanto como doença quanto como forma de comportamento condicionado. É aceito socialmente. É responsável por mais da metade dos acidentes automobilísticos e internações em hospitais, segundo dados estatísticos, além de estar presente na grande maioria dos casos de lesões corporais e homicídios. Apesar de legalizado, o consumo de bebidas alcoólicas gera, além dos gastos comuns relacionados, dos problemas familiares e prejuízos à saúde decorrentes deste vício, inúmeros problemas sociais, inclusive o tratamento dos alcoólatras. O álcool é usado costumeiramente como forma de autoafirmação social e psicológica (assim como o fumo), e também como mecanismo de fuga dos indivíduos que se julgam menos aptos a enfrentar as dificuldades comuns da vida humana.

   Ver, também, no capítulo que trata da Psicologia Forense, "Embriaguez" (7.3).

Capítulo 6

Infortunística[1]

6.1. INTRODUÇÃO

INFORTUNÍSTICA é a parte da Medicina Legal que estuda os acidentes de trabalho, as doenças profissionais e as doenças do trabalho. No conceito de Borri, citado por Hélio Gomes,[2] é "o conjunto de conhecimentos que cuida do estudo teórico e prático, médico e jurídico, dos acidentes do trabalho e doenças profissionais, suas consequências e meios de preveni-los e repará-los". Segundo H. V. de Carvalho,[3] podemos entender a Infortunística como o ramo da Medicina Legal que cuida dos infortúnios do trabalho, isto é, dos acidentes e das doenças ligadas ao exercício profissional.

Acidente de trabalho é aquele que acontece pelo exercício de uma atividade de cunho profissional, ocasionando uma lesão corporal que resulta na perda ou na redução da capacidade de trabalho de forma temporária ou permanente ou que cause até mesmo a morte do indivíduo. As doenças profissionais também estão amparadas pelo acidente de trabalho, correspondendo àquelas produzidas ou desencadeadas pelo exercício de trabalho peculiar a determinada atividade.

A proteção que é dada ao trabalhador transcende o valor moral ou ético, fixando-se no valor econômico do trabalho. Aqui, temos intensa atuação da Medicina Social e, especialmente, da Medicina do Trabalho, de conteúdo – como já dissemos – essencialmente econômico. A Medicina do Trabalho estuda como este se realiza, como se organiza e se desenvolve, quem irá executá-lo etc. Também estuda as garantias do trabalho (seguros etc.), a patologia do trabalho, a higiene do trabalho, a seleção profissional adequada, os infortúnios do trabalho, a recuperação dos acidentados e doentes, os reflexos sociais etc.

---

1 Sobre acumulações das indenizações – acidente de trabalho, veja: CASSAR, Vólia Bomfim. *Direito do trabalho*. 3ª ed. Niterói: Impetus, 2009, p. 722-732.

2 GOMES, Hélio. *Medicina legal*, p. 551.

3 CARVALHO, Hilário Veiga de; SEGRE, M. *Compêndio de medicina legal*, p. 198.

Os exames são solicitados em nível administrativo com o fim de assegurar ao acidentado a obtenção do benefício previdenciário, conforme a legislação vigente, estando a sua realização a cargo da Perícia Médica do INSS (Instituto Nacional de Seguridade Social). Em nível judiciário, a perícia médica tem por objetivo oferecer subsídios aos juízes sobre situações litigiosas entre o acidentado e a seguradora, geralmente o INSS ou, eventualmente, uma seguradora privada.[4]

6.2. RISCO PROFISSIONAL

Não há dúvidas de que o trabalhador precisa de proteção legal também no campo dos acidentes e doenças profissionais. A legislação antiga se baseava na existência de culpa de alguém, que deveria arcar com o dano. Porém, nos acidentes do trabalho, a existência de culpa de alguém é pequena. Vejamos: culpa do patrão, 8%; culpa do empregado, 16%; culpa de ambos, 3%; culpa de terceiros, 3%; risco profissional, 69%; outras causas, 1% (H. V. de Carvalho).[5] Assim, surgiu uma nova doutrina, a doutrina do risco profissional, que admite que todo trabalho acarreta um risco próprio, a ele inerente, que sobrepuja qualquer indagação de culpa, largamente suplantada pela existência desse risco específico. Esta teoria é a hoje aplicada para justificar a razão de ser das indenizações, nos casos de acidentes de trabalho.

Nessa doutrina, o empregado não recebe tanto quanto receberia, caso fosse provada a culpa do empregador, mas recebe sempre, ainda que não haja culpa do patrão, o que funciona como uma grande garantia. Tem-se que o empregador (a empresa) assume este risco profissional. O caráter desta reparação não está relacionado diretamente com o prejuízo, mas com a teoria do risco profissional. Em suma, o empregado não recebe todo dano sofrido, mas tem uma garantia fixa. Desta forma, o empregado e o empregador têm vantagens e desvantagens, pelo que se diz essa indenização tem natureza transacional.

> "O pleito de indenização por dano moral e material resultante de acidente do trabalho e/ou doença profissional ou ocupacional supõe a presença de três requisitos: a) ocorrência do fato deflagrador do dano ou do próprio dano, que se constata pelo fato da doença ou do acidente, os quais, por si sós, agridem o patrimônio moral e emocional da pessoa trabalhadora (nesse sentido, o dano moral, em tais casos, verifica-se pela própria circunstância da ocorrência do malefício físico ou psíquico); b) nexo causal ou concausal, que se evidencia pela circunstância

4 BENFICA, Francisco Silveira; VAZ, Márcia. *Medicina legal*. Porto Alegre: Livraria do Advogado, 2008, p. 19.

5 CARVALHO, Hilário Veiga de; SEGRE, M. *Compêndio de medicina legal*, p. 199.

de o malefício ter ocorrido em face das circunstâncias laborativas; c) culpa empresarial, excetuadas as hipóteses de responsabilidade objetiva. Embora não se possa presumir a culpa em diversos casos de dano moral – em que a culpa tem de ser provada pelo autor da ação –, tratando-se de doença ocupacional, profissional ou de acidente do trabalho, essa culpa é presumida, em virtude de o empregador ter o controle e a direção sobre a estrutura, a dinâmica, a gestão e a operação do estabelecimento em que ocorreu o malefício" (TST, AIRR – 1000794-78.2015.5.02.0363, Rel. Min. Mauricio Godinho Delgado, 3ª T., DEJT 23/11/2018).

"Apelação cível. Acidente do trabalho. Equipamento de proteção. Queda do operário. Indenização pelo direito comum. Procedência do pedido. Apelos da empresa e do acidentado. Improvimento dos recursos. Não revela o conjunto probatório que o empregador tenha fornecido ao seu empregado, em proteção deste, os apetrechos para o desempenho, com segurança, de trabalho que oferecia risco de queda, por exercido em ponto elevado. Na hipótese, a queda foi de uma altura aproximada de 5 (cinco) metros. Ocorrida a omissão por parte do empregador, na entrega do equipamento para o trabalho do seu empregado, e dando-se os sofrimentos por ele suportados em decorrência da queda, resta estabelecido o nexo etiológico, obrigando à indenização de lei. Não há que falar em Enunciado nº 229 da Súmula do Excelso Pretório, que buscou humanizar os rigores do art. 29 da Lei nº 7.036/44 que, revogada pela Lei nº 6.367/67, reimplantou a plena vigência, em hipótese que tais, do art. 159, do Código Civil. Assim, não há que falar que o acidente do trabalho, com responsabilidade para o empregador frente ao direito comum, só se dava se houvesse dolo ou culpa grave na ocorrência infortunística, pois o caso ocorreu na vigência da Lei Maior, promulgada em 5 de outubro de 1988, bastando a culpa em qualquer uma de suas modalidades, leve, média ou grave. Cabia à empregadora desincumbir-se de seu ônus, que não consumou, de provar a existência de fato impeditivo, modificativo ou extintivo do direito do Autor, nos termos do inciso II do art. 333 do Código de Processo Civil. A fixação da correção do pensionamento no mesmo percentual e periodicidade do salário de carpinteiro conforme tabela do sindicato da categoria profissional do autor, nos termos consagrados pela sentença recorrida, merece plena confirmação, por ajustar-se à situação fática e jurídica que ostentava o autor à época do acidente. No que tange à incidência dos juros, nenhum reparo deve ser feito ao termo *a quo* que deve

> ser observado. Por fim, os honorários sucumbenciais foram arbitrados de forma equilibrada, levando em conta o que prevê o art. 20, § 3º e seus incisos, do Código de Processo Civil, pelo que devem ser prestigiados. Improvimento de ambos os recursos (2001.001.22499, Apelação cível, Des. Albano Mattos Correa - 3ª Câm. Civ., Responsabilidade civil do empregador, Acidente de trabalho, Indenização de direito comum)."

Ensinam Benfica e Vaz que o risco profissional pode ser dividido em:

Risco genérico: É aquele que incide sobre todas as pessoas, quaisquer que sejam suas atividades ou ocupações, como, por exemplo, a possibilidade de acidente no percurso de ida e volta do trabalho.

Risco específico: é aquele a que está sujeito determinado trabalhador em função da própria natureza do trabalho que lhe cabe fazer, como acidente de operadores de máquinas.

Risco genérico agravado: é aquele a que está sujeito empregado, em virtude de circunstâncias especiais de trabalho ou das condições em que se realizar, como, por exemplo, o vigilante noturno que apresenta distúrbios do sono.[6]

6.3. ACIDENTES PESSOAIS E DO TRABALHO

Acidente do trabalho, como mencionado, é aquele que ocorre pelo exercício do trabalho a serviço da empresa, provocando lesão corporal ou perturbação funcional que cause a morte, perda ou redução, permanente ou temporária, da capacidade para o trabalho.

O conceito de acidente de trabalho é estabelecido pela Lei nº 8.213/91, que, nos seus arts. 19, 20 e 21, dispõe:

> **Art. 19.** Acidente do trabalho é o que ocorre pelo exercício do trabalho, a serviço da empresa ou de empregador doméstico ou pelo exercício do trabalho dos segurados referidos no inciso VII do art. 11 desta Lei, provocando lesão corporal ou perturbação funcional que cause a morte ou a perda ou redução, permanente ou temporária, da capacidade para o trabalho. *(Redação dada pela Lei Complementar nº 150, de 2015)*
>
> § 1º [...]
>
> § 2º [...]
>
> § 3º [...]
>
> § 4º [...]

6 BENFICA, Francisco Silveira; VAZ, Márcia. *Medicina legal*. Porto Alegre: Livraria do Advogado, 2008, p. 22.

Art. 20. Consideram-se acidente do trabalho, nos termos do artigo anterior, as seguintes entidades mórbidas:

I - doença profissional, assim entendida a produzida ou desencadeada pelo exercício do trabalho peculiar a determinada atividade e constante da respectiva relação elaborada pelo Ministério do Trabalho e da Previdência Social;

II - doença do trabalho, assim entendida a adquirida ou desencadeada em função de condições especiais em que o trabalho é realizado e com ele se relacione diretamente, constante da relação mencionada no inciso I.

§ 1º Não são consideradas como doença do trabalho:

a) a doença degenerativa;

b) a inerente a grupo etário;

c) a que não produza incapacidade laborativa;

d) a doença endêmica adquirida por segurado habitante de região em que ela se desenvolva, salvo comprovação de que é resultante de exposição ou contato direto determinado pela natureza do trabalho.

§ 2º Em caso excepcional, constatando-se que a doença não incluída na relação prevista nos incisos I e II deste artigo resultou das condições especiais em que o trabalho é executado e com ele se relaciona diretamente, a Previdência Social deve considerá-la acidente do trabalho.

Art. 21. Equiparam-se também ao acidente do trabalho, para efeitos desta Lei:

I - o acidente ligado ao trabalho que, embora não tenha sido a causa única, haja contribuído diretamente para a morte do segurado, para redução ou perda da sua capacidade para o trabalho, ou produzido lesão que exija atenção médica para a sua recuperação;

II - o acidente sofrido pelo segurado, no local e no horário do trabalho, em consequência de:

a) ato de agressão, sabotagem ou terrorismo praticado por terceiro ou companheiro de trabalho;

b) ofensa física intencional, inclusive de terceiro, por motivo de disputa relacionada ao trabalho;

c) ato de imprudência, de negligência ou de imperícia de terceiro ou de companheiro de trabalho;

d) ato de pessoa privada do uso da razão;

> e) desabamento, inundação, incêndio e outros casos fortuitos ou decorrentes de força maior;
>
> III – a doença proveniente de contaminação acidental do empregado no exercício de sua atividade;
>
> IV – o acidente sofrido pelo segurado, ainda que fora do local e horário de trabalho:
>
> a) na execução de ordem ou na realização de serviço sob a autoridade da empresa;
>
> b) na prestação espontânea de qualquer serviço à empresa para lhe evitar prejuízo ou proporcionar proveito;
>
> c) em viagem a serviço da empresa, inclusive para estudo, quando financiada por esta, dentro de seus planos para melhor capacitação da mão de obra, independentemente do meio de locomoção utilizado, inclusive veículo de propriedade do segurado;
>
> d) no percurso da residência para o local de trabalho ou deste para aquela, qualquer que seja o meio de locomoção, inclusive veículo de propriedade do segurado.
>
> § 1º Nos períodos destinados à refeição ou descanso, ou por ocasião da satisfação de outras necessidades fisiológicas, no local do trabalho ou durante este, o empregado é considerado no exercício do trabalho.
>
> § 2º Não é considerada agravação ou complicação de acidente do trabalho a lesão que, resultante de acidente de outra origem, se associe ou se superponha às consequências do anterior.

Ainda serão acidentes de trabalho os ocorridos durante os períodos destinados à refeição, ao descanso ou à satisfação de outras necessidades fisiológicas, no local de trabalho ou durante este, e as doenças que excepcionalmente decorram do exercício do trabalho. Não serão consideradas acidentes de trabalho as doenças degenerativas, inerentes a grupo etário ou que não acarretem incapacidade para o trabalho, e as complicações decorrentes de acidente de trabalho, quando houver outro acidente e os danos se associarem.

Segundo o art. 21-A, acrescentado pela Lei Federal nº 11.430/2006 e modificado pela Lei Complementar nº 150/2015:

> Art. 21-A. A perícia médica do Instituto Nacional do Seguro Social (INSS) considerará caracterizada a natureza acidentária da incapacidade quando constatar ocorrência

> de nexo técnico epidemiológico entre o trabalho e o agravo, decorrente da relação entre a atividade da empresa ou do empregado doméstico e a entidade mórbida motivadora da incapacidade elencada na Classificação Internacional de Doenças (CID), em conformidade com o que dispuser o regulamento. *(Redação dada pela Lei Complementar nº 150, de 2015)*
>
> § 1º A perícia médica do INSS deixará de aplicar o disposto neste artigo quando demonstrada a inexistência do nexo de que trata o *caput* deste artigo. *(Incluído pela Lei nº 11.430, de 2006)*
>
> § 2º A empresa ou o empregador doméstico poderão requerer a não aplicação do nexo técnico epidemiológico, de cuja decisão caberá recurso, com efeito suspensivo, da empresa, do empregador doméstico ou do segurado ao Conselho de Recursos da Previdência Social. *(Redação dada pela Lei Complementar nº 150, de 2015).*

Os elementos que caracterizam o acidente de trabalho são: existência de uma lesão pessoal, incapacidade para o trabalho, nexo de causalidade e existência de determinadas condições de tempo e lugar. A lesão pessoal que gerou a incapacidade (temporária ou permanente) ou a morte deve ter origem no próprio trabalho. Há a necessidade de estabelecer o nexo de causalidade, vinculando a lesão ao próprio acidente.

CONSEQUÊNCIAS DO ACIDENTE

A *consolidação* é o momento na evolução do acidente de trabalho em que uma incapacidade temporária passa a ser permanente ou, ao contrário, cessa e o indivíduo pode voltar ao trabalho nas mesmas condições anteriores ao evento.[7]

Segundo Hélio Gomes,[8] as consequências do acidente podem ser a morte; a incapacidade total e permanente (perda anatômica ou funcional de mais de um membro, mão ou pé, cegueira etc.); incapacidade parcial e permanente (ou seja, redução, por toda a vida, da capacidade de trabalho); ou incapacidade temporária (ou seja, perda total da capacidade de trabalho por um período limitado de tempo, não superior a um ano).

7 BENFICA, Francisco Silveira; VAZ, Márcia. *Medicina legal*. Porto Alegre: Livraria do Advogado, 2008, p. 22.

8 GOMES, Hélio. *Medicina legal*, p. 554.

Vários são os benefícios e serviços que a lei pode deferir ao acidentado ou a seus dependentes: auxílio-doença, aposentadoria por invalidez, pensão, auxílio-acidente, assistência médica, reabilitação profissional etc.

Para a indenização, que a lei chama de benefício, há tabelas de cálculo, com a também possível consulta aos órgãos próprios.

COMPETÊNCIA PARA O JULGAMENTO DA AÇÃO

O Plenário do Supremo Tribunal Federal (STF) reformulou entendimento anterior e declarou em 2005 que a competência para julgar ações por dano moral e material decorrentes de acidente de trabalho é da Justiça Trabalhista. A decisão unânime foi tomada no dia 29 de junho, durante análise do Conflito negativo de Competência (CC 7.204) suscitado pelo Tribunal Superior do Trabalho contra o Tribunal de Alçada de Minas Gerais. Os ministros acompanharam o voto do relator, Ministro Carlos Ayres Britto, que considerou "que o inciso I do art. 109 da Constituição não autoriza concluir que a Justiça Comum Estadual detém a competência para apreciar as ações que o empregado propõe contra seu empregador, pleiteando reparação por danos morais e patrimoniais". Em seu voto, o ministro salientou que o caso é diferente para as ações em que a União, autarquias ou empresas públicas federais são partes interessadas nas causas entre o INSS e pessoas que buscam o recebimento de benefício previdenciário decorrente de acidente de trabalho. Nesse caso, Ayres Britto ressaltou que a competência é da Justiça Comum dos Estados, conforme estabelecido na Súmula nº 501 do Supremo. No entanto, o ministro afirmou que, no caso de ação acidentária reparadora de danos que envolva um empregado contra o empregador, em que não há interesse da União, nem de autarquias e/ou de empresa pública federal, a competência deve ser da Justiça Trabalhista. Segundo Carlos Ayres Britto, na ação o interesse diz respeito, apenas, ao empregado e seu empregador, sendo desses dois únicos protagonistas a legitimidade processual para figurar nos polos ativo e passivo da ação. Ayres Britto defendeu que se a vontade objetiva do texto constitucional fosse excluir a competência da Justiça do Trabalho teria feito isso no âmbito do art. 114, "jamais no contexto do art. 109, versante este último sobre a competência de uma outra categoria de juízes". Para o ministro, como a situação não se encaixa no inciso I do art. 109, tais ações devem ser regidas pelo art. 114 da Carta Magna, que trata das atribuições da Justiça Especial do Trabalho.[9]

---

9 Disponível em: <http://www.stf.gov.br/noticias/imprensa/ultimas/ler.asp? CODIGO=142887& tip=UN& param=acidente%20de%20trabalho>.

Assim sendo, com o referido julgamento o STF pacificou a controvérsia; portanto, é da competência da Justiça do Trabalho conciliar e julgar ações de indenização por dano moral ou material propostas por empregado contra empregador, fundadas em acidente de trabalho.[10]

Neste sentido, o STF tem a Súmula nº 736:

> **Súmula nº 736 do STF**: Compete à justiça do Trabalho julgar as ações que tenham como causa de pedir o descumprimento de normas trabalhistas relativas à segurança, higiene e saúde dos trabalhadores.

Da mesma forma, o TST, através da Resolução nº 129/2005, de 20/4/2005, consolidou seu entendimento através da Súmula nº 392:

> **Súmula nº 392 do TST**: Dano moral. Competência da Justiça do Trabalho (conversão da Orientação Jurisprudencial nº 327 da SBDI-1) - Res. 129/2005 - DJ 20/4/2005.
>
> Nos termos do art. 114 da CF/1988, a Justiça do Trabalho é competente para dirimir controvérsias referentes à indenização por dano moral, quando decorrente da relação de trabalho (ex-OJ nº 327 - DJ 9/12/2003).

Os julgados atuais estão seguindo o entendimento sumulado, cite-se como exemplo:

> A Constituição Federal de 1988 assegura que todos têm direito ao meio ambiente do trabalho ecologicamente equilibrado, porque essencial à sadia qualidade de vida, razão pela qual incumbe ao Poder Público e à coletividade, na qual se inclui o empregador, o dever de defendê-lo e preservá-lo (arts. 200, VII, e 225, *caput*). Não é por outra razão que Raimundo Simão de Melo alerta que a prevenção dos riscos ambientais e/ou eliminação de riscos laborais, mediante adoção de medidas coletivas e individuais, é imprescindível para que o empregador evite danos ao meio ambiente do trabalho e à saúde do trabalhador. Acidentes do trabalho e/ou doença profissional ou ocupacional, na maioria das vezes, "são eventos perfeitamente previsíveis e

10 STF. RE-ED 509353 – SP. 17/08/2007. I. Embargos de declaração convertidos em agravo regimental. II. Competência. Justiça do Trabalho. Ação de indenização por danos resultantes de acidente do trabalho, proposta contra o empregador perante a Justiça estadual, que pendia de julgamento de mérito quando do advento da Emenda Constitucional 45/04. 1. Ao julgar o CC 7.204, 29/06/2005, Britto, Inf. STF 394, o Supremo Tribunal, revendo o entendimento anterior, assentou a competência da Justiça do Trabalho para julgar as ações de indenização por danos, morais ou materiais, decorrentes de acidente de trabalho, ajuizadas após a EC 45/2004. 2. A nova orientação alcança os processos em trâmite pela Justiça comum estadual, desde que pendentes de julgamento de mérito (v.g. AI nº 506.325-AgR, 23.05.2006, 1ª T., Peluso; e RE nº 461.925-AgR, 04/04/2006, 2ª T. Celso), o que ocorre na espécie. 3. Irrelevante para a questão da competência que se cuide de ação proposta por viúvo de empregada das embargantes, falecida em decorrência do acidente de trabalho: trata-se de direito patrimonial, que, com a morte do trabalhador, se transmitiu aos sucessores. 4. Agravo regimental desprovido.

preveníveis, porquanto suas causas são identificáveis e podem ser neutralizadas ou mesmo eliminadas; são, porém, imprevistos quanto ao momento e grau de agravo para a vítima" (MELO, Raimundo Simão de. Direito ambiental do trabalho e a saúde do trabalhador. 5ª ed. São Paulo: LTr, 2013, p. 316). Registre-se que tanto a higidez física como a mental, inclusive emocional, do ser humano são bens fundamentais de sua vida, privada e pública, de sua intimidade, de sua autoestima e afirmação social e, nesta medida, também de sua honra. São bens, portanto, inquestionavelmente tutelados, regra geral, pela Constituição (art. 5º, V e X). Assim, agredidos em face de circunstâncias laborativas, passam a merecer tutela ainda mais forte e específica da Constituição da República, que se agrega à genérica anterior (art. 7º, XXVIII, CF/88). Frise-se que é do empregador, evidentemente, a responsabilidade pelas indenizações por dano moral, material ou estético decorrentes de lesões vinculadas à infortunística do trabalho, sem prejuízo do pagamento pelo INSS do seguro social, sem prejuízo do pagamento pelo INSS do seguro social. No caso em tela, é incontroverso o acidente de trabalho típico sofrido pelo Autor quando, ao apoiar a mão na correia de esteira em funcionamento, prensou a mão. No que concerne às condições de trabalho, o TRT consignou que o maquinário no qual ocorreu o acidente não era dotado, ao tempo do sinistro, de todos os itens de segurança necessários à prevenção de acidentes. O Tribunal Regional ainda assentou que a culpa emergiu da conduta negligente da Reclamada em relação ao dever de cuidado à saúde, higiene, segurança e integridade física do trabalhador (arts. 6º e 7º, XXII, da CF, 186 do CCB/2002), deveres anexos ao contrato de trabalho, pois, somente após o acidente, a empregadora colocou uma proteção sobre a esteira – "providência simples que deveria, obrigatoriamente, ter sido tomada pela empresa, a qual, se existente, poderia ter evitado as consequências danosas incontroversamente suportadas pelo reclamante". Ademais, no que diz respeito à ordem de serviço assinada pelo Reclamante na data da sua admissão, o TRT afastou a tese de fato da vítima ao concluir que tal documento não tem o condão de excluir a culpa da empregadora pelo acidente, que foi apurada a partir da análise do acervo probatório dos autos (TST, AIRR – 1197-56.2016.5.12.0038, Rel. Min. Mauricio Godinho Delgado, 3ª T., DEJT 23/11/2018).

6.4. DOENÇAS PROFISSIONAIS

Doença profissional ou do trabalho é a inerente ou peculiar a determinado ramo e atividade, constante de relação organizada pelo órgão próprio (ver também a Lei nº 8.213/91, transcrita em parte anteriormente) ou que, mesmo não constando na relação própria, tenha resultado, excepcionalmente, de condições especiais de execução do trabalho ou com ele se relacione diretamente. Citem-se como exemplos:

> "Agravo de instrumento. Recurso de revista. Acidente do trabalho. Doença profissional. Eletricista de distribuição. Direito ao benefício previdenciário. Não se configura a indicada violação direta e literal dos arts. 20 e 118 da Lei nº 8.213/91, conforme a diretriz da Súmula nº 221, II, deste Tribunal, dado que a classificação da moléstia como doença profissional decorreu da valoração do laudo técnico pela instância ordinária da prova, concluindo o Tribunal regional pela nulidade da dispensa, em razão do nexo de causalidade entre a moléstia de que foi acometido o autor e a prestação de serviços em benefício da ré, preexistente à injusta despedida. Agravo de instrumento a que se nega provimento" (AIRR, 35401/2002-900-04-00, DJ, 18/8/2006, NIA: *4076362*).

> "Acidente do trabalho - Redução da audição. Havendo redução da audição bilateral, como resultado de trabalho em exposição a ruído intenso, está caracterizada a ocorrência de doença profissional, cabendo indenização acidentária. Considera-se como dia do acidente o dia em que foi a moléstia oficialmente constatada pelo Departamento Médico Judiciário, não valendo exame particular da iniciativa do próprio segurado. Negaram provimento à apelação e deram parcial provimento ao recurso adesivo" (TARS. Rec: APC. nº 196190599, 16/04/1997. Orgão: 3ª Câm. Cív. Rel.: Gaspar Marques Batista, Porto Alegre, Fonte: JUIS – Ed. Saraiva.).

Roberto Blanco, ao falar da doença profissional, cita a doença das condições de trabalho, que, segundo ele, é aquela que decorre das condições especiais ou até excepcionais do trabalho, e que evolui gradualmente.

Existem, como já salientado, tabelas de indenizações. Abrangem-se as infecções (por agentes biológicos), os blastomas malignos da pele (causados pelo breu, alcatrão, parafina etc.), as afecções (causadas por radiação) e pneuconioses (causadas pela inalação de determinadas poeiras).

Não confundir infecção, que é doença bacteriana, com afecção, que se refere a qualquer patologia.

A maioria dos autores ressalta, ainda, por importante, os *três elementos caracterizadores do acidente de trabalho:*

a) existência de dano físico ou à saúde (lesão corporal, perturbação funcional ou doença);
b) incapacidade para o trabalho (total ou parcial, permanente ou temporária);
c) nexo de causalidade entre o exercício profissional e o dano.

Laudo médico-pericial

O laudo deve ser resultado de um exame minucioso, em que se analisem vários aspectos e os esclareçam suficientemente minuciosa para que seja estabelecido um critério justo.

Entre esses aspectos, podemos citar: a observância da lei específica dos acidentes de trabalho, a interpretação da lei, o histórico do paciente ou seu interrogatório, a simulação ou exagero dos sintomas pelo paciente, a investigação das atividades do acidentado após a deflagração de sua moléstia, o cuidadoso exame físico, a realização de exames complementares quando necessários etc.

Os **objetivos básicos da perícia** são três:

1) comprovar ou não a existência de incapacidade para o trabalho e dar seu diagnóstico;
2) verificar ou não o nexo de causalidade, também chamado de nexo infortunístico, entre a patologia e o labor examinado;
3) enquadrar a incapacidade do trabalhador nos artigos da lei que trata dos acidentes do trabalho, para determinar-se, pelo critério legal em vigor, qual há de ser o ressarcimento do acidentado.

Como pode se notar, a perícia se prende, principal e essencialmente, à comprovação dos elementos caracterizadores do acidente do trabalho (dano, incapacidade e nexo de causalidade).

O relatório médico-legal deverá conter as partes (fases, etapas) comuns a quaisquer relatórios: preâmbulo, histórico, descrição, discussão, conclusões e respostas aos quesitos; tudo, é claro, com as considerações devidas à natureza especial dessas perícias.

Roberto Blanco ressalta que, mesmo que o dano ao trabalhador decorra de caso fortuito ou força maior, estando ele no local e no horário de trabalho, tem este trabalhador direito a uma indenização trabalhista.

Capítulo 7

Psicologia Forense

7.1. INTRODUÇÃO

PSICOLOGIA FORENSE

É o ramo da Medicina Legal que estuda os problemas da psicologia normal e patológica (Psicopatologia Forense). Estuda os limites e modificadores da responsabilidade e da capacidade, as doenças mentais e suas aplicações forenses, a periculosidade e a Medicina Legal das prisões. Alguns preferem chamar o estudo das anormalidades de Psiquiatria Forense; outros, de Psicopatologia Forense. É preciso, pois, cuidado na hora de traçar as distinções, já que os autores não são uníssonos. Sempre é bom mencionar a divergência de opiniões, para que o examinador saiba que o candidato está bem preparado.

É um dos setores de grande expansão da Medicina Legal na Justiça. É cada vez mais constante a presença do psicólogo nos fóruns. Eles auxiliam o Poder Judiciário em questões envolvendo a prática de atos infracionais por adolescentes, denúncia de crimes contra crianças, ações de guarda, separações etc.

PSICOLOGIA JUDICIÁRIA

Corresponde a um estudo mais específico, tratando em especial da prova testemunhal, sua formação, conservação, reprodução e deformação. Estuda o depoimento dos acusados, vítimas e testemunhas, dedicando particular atenção ao depoimento de velhos, crianças, loucos etc. É aqui, ainda, que se estuda a reação dos juízes e jurados à produção das provas testemunhais, à duração prolongada dos julgamentos etc. Em suma, é o estudo psicológico do testemunho (confissão, acareação etc.).

PSICOPATOLOGIA FORENSE

"É a aplicação dos conhecimentos científicos da saúde mental em todos os casos de ordem civil, penal ou laboral, nos quais se torne importante a comprovação do estado mental do indivíduo" (H. V. de Carvalho).[1]

Hélio Gomes ressalta que, como já dissemos, a Psicologia Forense se refere tanto à Psicologia (que trata da situação de normalidade) quanto à Psicopatologia (que estuda os estados mórbidos). Diz o mestre que a Psicopatologia Forense estuda os limites e modificadores anormais da responsabilidade e da capacidade, e os problemas relacionados ao assunto. O próprio Hélio Gomes[2] divide a Psicologia Forense em: a) Psicologia Forense propriamente dita; b) Psicopatologia Forense; e c) Psiquiatria Forense. Para ele, esta última – a Psiquiatria Forense – se reduz ao estudo médico-legal dos doentes mentais, dos oligofrênicos, dos neuróticos e das personalidades psicopáticas. Flamínio Fávero, A. Almeida Jr., J. B. de O. e Costa Júnior e Gerardo Vasconcellos, de um modo geral, ao tratarem desse campo de estudo da Medicina Legal, usam o termo *PSICOPATOLOGIA.*

Sinonímia. *Medicinal Legal dos Alienados* (KRAFFT-EBING, 1985); *Psicopatologia Médico-legal e Psiquiatria Forense* (NERIO ROJAS, WRYSCH, J. ALVES GARCIA, 1932, 1949, 1958); e *Psiquiatria Médico-legal* (POROT; BARDENAT, 1959).

A Psicopatologia Forense teve três períodos evolutivos: período da custódia, período da terapia e período da saúde mental. Em resumo, no primeiro período, os "loucos" eram segregados; no segundo, já se buscava sua recuperação, dando ao paciente melhor tratamento. Hoje, no período da saúde mental, o doente é tratado como qualquer outro portador de problema de saúde, sendo sujeito de direitos e merecendo tratamento condizente com sua condição de cidadão. O revogado Código Civil (1916) era do período da custódia, tratando o doente mental como "louco" ("loucos de todos os gêneros").

O Código Penal, de 1940, era do período da terapia, usando termos mais apropriados. A nova Parte Geral do Código Penal (1984) já trata o doente com base nos postulados da escola mais moderna, a da saúde mental. Há que se ressaltar que o diagnóstico de uma psicopatologia pode ser difícil, uma vez que é feito por características passíveis de simulação e após a aplicação de determinadas escalas existentes na literatura psiquiátrica. Agentes de um crime podem ser instruídos por seus advogados a simular aspectos de alguma

1 CARVALHO, Hilário Veiga de; SEGRE, M. *Compêndio de medicina legal*, p. 329.

2 GOMES, Hélio. *Medicina legal*, p. 83.

psicopatologia para abrandarem sua imputabilidade penal ou mesmo para atrair pena ou simpatia de jurados e, muitas vezes, é relevante a opinião de mais de um perito em psiquiatria forense.

7.2. IMPUTABILIDADE PENAL E CAPACIDADE CIVIL

Nesta parte da matéria, a preocupação é com o estudo da capacidade do agente de entender o caráter ilícito do fato e de determinar-se de acordo com esse entendimento (ver art. 26 do CP). H. V. de Carvalho ensina que a capacidade de entender é a idoneidade da pessoa para ter conhecimento do valor legal dos próprios atos; e a capacidade de decidir é aquela de autodeterminar a ação, com relação aos impulsos normais que a motivam.

A definição do referido autor tem a qualidade de servir para indicar a importância do tema, que não se restringe ao Direito Penal. Com efeito, a aptidão para compreender a natureza e as consequências dos próprios atos tem interesse não apenas para o Direito Penal, mas também para o Direito Civil. Podemos dizer, de modo sumário, que a aptidão para compreender os próprios atos é a mesma coisa, independentemente do campo (penal ou civil). A única variação é a terminologia: no Direito Penal, fala-se em "imputabilidade penal", e, no Direito Civil, fala-se em "capacidade civil". Existem algumas variações, como, por exemplo, a possibilidade ou não de antecipação, mas o fenômeno é, em essência, o mesmo.

IMPUTABILIDADE PENAL

Capacidade de imputação ou imputabilidade, segundo Flamínio Fávero,[3] "é a condição de quem tem aptidão para realizar com pleno discernimento um ato."

A imputabilidade é elemento da culpabilidade, que é a relação de reprovação pessoal entre o fato e o agente. Assim, para que o agente seja punido, não basta que tenha praticado um fato típico e ilícito. É preciso que o agente tenha capacidade psíquica de compreender a ilicitude do fato praticado e de se comportar de acordo com esse entendimento, isto é, que seja culpável.

Roberto Blanco faz a distinção entre imputabilidade e responsabilidade, sendo aquela "a capacidade que o indivíduo possui para poder suportar a pena cominada pela lei", e esta, "uma consequência resultante da conduta cometida".

Inimputáveis ou não imputáveis são aqueles indivíduos desprovidos de capacidade (imputabilidade) para compreender o valor de seus atos ou de

3 FÁVERO, Flamínio. *Medicina legal*. v. 2, p. 781.

se determinar de acordo com esse entendimento. Não há reprovação pessoal (culpabilidade) para o agente que não entende ou não pode se determinar de acordo com o entendimento da ilicitude de um fato. A incapacidade deve ter sua influência ao tempo da ação ou omissão típica, por força da adoção do *critério biopsicológico* para determinação da inimputabilidade. A única exceção a esse critério em nosso ordenamento é em relação aos menores de 18 anos, em que o critério é apenas o biológico.

Aqui, o agente é absolvido, mas fica sujeito à medida de segurança. Não recebe pena, mas tratamento médico; não tem culpabilidade, mas periculosidade. Importante destacar que a inimputabilidade não pode ser presumida. Terá de ser necessariamente provada, em condições de absoluta certeza.

A emoção, a paixão e a embriaguez (voluntária ou culposa) não excluem a imputabilidade penal (art. 28, I, do Código Penal).

Com relação à emoção e à paixão, quis o Código Penal permitir a punição dos chamados crimes passionais, ou seja, aqueles que são motivados por uma intensa paixão ou emoção. E acrescenta o mestre que, "embora a emoção ou a paixão não afastem a imputabilidade penal, em várias de suas passagens, o Código Penal valorou tais sentimentos, seja para diminuir ou mesmo aumentar a pena aplicada, a exemplo do art. 65, III, *c*, última parte, que prevê como circunstância atenuante o fato de ter o agente cometido o crime sob a influência de violenta emoção, provocada por ato injusto da vítima".

A embriaguez, proveniente de caso fortuito ou força maior, quando completa, isenta o agente de pena ou, quando parcial, permite a redução da pena de um a dois terços (art. 28, §§ 1º e 2º, do Código Penal).

A embriaguez pode ser causada pelo álcool ou substância análoga (art. 28, II, do Código Penal).

A menoridade, segundo o art. 27 do Código Penal, torna o agente inimputável, sujeitando-o à legislação especial. Assim, há a presunção absoluta de inimputabilidade penal dos menores de 18 anos. Tal norma é, hoje, de ordem constitucional (art. 228). Os menores se sujeitavam ao Código de Menores (Lei nº 6.697/79), revogado pelo Estatuto da Criança e do Adolescente (Lei nº 8.069/90), que rege atualmente a questão.

Como o critério aqui, excepcionalmente, não é o biopsicológico, mas o biológico, mesmo que a criança ou o adolescente seja gênio (podendo entender seu ato), não haverá aplicação de pena, mas apenas das medidas previstas no ECA.

A maioridade penal independe da civil. O Código Penal concede alguns benefícios aos acusados com idade entre 18 e 21 anos, tais como a redução do prazo prescricional e a atenuante do art. 65, I, primeira parte. Os inimputáveis, com idade inferior a 18 anos, como já dissemos, sujeitam-se apenas ao ECA (Estatuto da Criança e do Adolecente), e não ao Código Penal. Ressalte-se também que, mesmo que tenha havido, no campo do Direito Civil, emancipação ou antecipação da maioridade (casamento, colação de grau em curso superior etc.), isto não terá repercussão na seara criminal, em que a pessoa permanecerá com todos os benefícios aplicáveis ao seu caso.

Em 2015 o tema da redução da maioridade penal voltou a ser discutido com o retorno da tramitação da Proposta de Emenda Constitucional nº 171/2003, que tem dividido as opiniões da sociedade e da comunidade jurídica. Sobre esse ponto, o canditado deve ficar atento aos próximos passos de discussão dessa PEC no Congresso Nacional.

CÓDIGO CIVIL. MENORIDADE. ATENUANTE

O fato de o Código Civil ter estabelecido a maioridade aos 18 anos não implica alteração no que dispõe o Código Penal, que estabelece de forma diversa no art. 65, inc. I. Precedentes (STJ, HC 182.783/RJ, Rel. Min. Joel Ilan Paciornik, 5ª T., DJe 02/05/2018).

MAIORIDADE CIVIL E A MEDIDA DE INTERNAÇÃO DO ECA

Recente polêmica vem sendo causada pela redução da maioridade civil pelo Código Civil (Lei nº 10.406/2002) e seus eventuais efeitos na aplicação da medida socioeducativa de *internação* no ECA – Estatuto da Criança e do Adolescente. Diz o art. 121, *caput*, do ECA, que a internação constitui medida privativa da liberdade, sujeita aos princípios de brevidade, excepcionalidade e respeito à condição peculiar de pessoa em desenvolvimento. Em seu § 5º, prevê que a liberação será compulsória aos vinte e um anos de idade.

Segundo Vinícius Winter de Souza, alguns doutrinadores salientam que o limite etário antes mencionado foi instituído com base no art. 9º do antigo Código Civil (Lei nº 3.071/16), que dispunha que a maioridade era atingida aos 21 anos. Em janeiro de 2002, veio a lume o novo Código Civil (Lei nº 10.406). Esta lei, que entrou em vigor em janeiro de 2003, alterou a maioridade civil, que agora é atingida aos 18 anos. Eis o teor do art. 5º do novel diploma legal: *A menoridade cessa aos 18 anos completos, quando a pessoa fica habilitada à prática de todos os atos da vida civil.* Com a diminuição da idade para aquisição da maioridade civil, surge interessante questão, objeto do presente estudo: O art. 121, § 5º, do Estatuto da Criança e do Adolescente foi derrogado pelo art. 5º do novo Código Civil?[4]

4 LIMA, Vinicius Winter de Souza. *O novo código civil e a medida socioeducativa de internação*. Disponível em: <http://www.ibccrim.org.br>. Acesso em: 2 jul. 2003.

A divergência ainda é grande na doutrina, ora entendendo que a maioridade civil afetou o ECA, ora defendendo a não interferência do Código Civil no art. 121, § 5º, do ECA.

Alguns julgados têm entendido que a maioridade civil do Código Civil não afetou a aplicação do § 5º do art. 121 do ECA.[5] Em 23 de julho de 2003, o então presidente do Superior Tribunal de Justiça (STJ), Ministro Nilson Naves, indeferiu o pedido de liminar em *habeas corpus* feito em favor de um jovem que cumpria medida socioeducativa de semiliberdade no Instituto Criam, de Volta Redonda – RJ. A Defensoria Pública do Rio de Janeiro pretendia garantir a liberdade do rapaz até o final do julgamento, tendo em vista que o mesmo completou 18 anos, alcançando a maioridade civil. De acordo com a Defensoria, a imposição da medida prevista no Estatuto da Criança e do Adolescente (ECA) configura constrangimento ilegal, pois o menor alcançou a maioridade civil no curso do cumprimento da medida socioeducativa de internação.

Novamente, o próprio STJ, em 31 de maio de 2004, entendeu que não houve qualquer modificação na interpretação do art. 121, § 5º, da Lei nº 8.069/90, diante da nova maioridade civil tratada no art. 5º da Lei nº 10.406/2002. Assim, deve permanecer a idade de 21 anos como limite para a concessão da liberdade compulsória àqueles que estejam cumprindo as medidas socioeducativas aplicadas com base no Estatuto da Criança e do Adolescente.[6]

E é esse o entendimento que prevalece na atualidade pelo próprio STJ. Para a aplicação das medidas socioeducativas previstas no Estatuto da Criança e do Adolescente – ECA, leva-se em consideração apenas a idade do menor ao tempo do fato (ECA, art. 104, parágrafo único), sendo irrelevante a circunstância de atingir o adolescente a maioridade civil ou penal durante seu cumprimento, tendo em vista que a execução da respectiva medida pode ocorrer até que o autor do ato infracional complete 21 (vinte e um) anos de idade (ECA, art. 2º, parágrafo único, c/c 120, § 2º, e 121, § 5º).[7]

Em 19 de março de 2018, foi publicada a Súmula nº 605 do STJ, que dispõe:

> A superveniência da maioridade penal não interfere na apuração de ato infracional nem na aplicabilidade de medida socioeducativa em curso, inclusive na liberdade assistida, enquanto não atingida a idade de 21 anos.

---

5 TJMG. *Habeas Corpus*. ECA. Internação. Novo Código Civil reduzindo a idade da capacidade civil. Inaplicabilidade em relação ao ECA, cujo art. 121, § 5º, está ainda em vigor. Ordem denegada. Rel. Des. Reynaldo Ximenes Carneiro. Data do acórdão: 10/4/2003. Data da publicação: 27/5/2003.

6 STJ, *HC* nº 31.498/RJ, 5ª T., Rel. Min. Felix Fischer, DJU 31/5/2004, p. 00335.

7 STJ. *HC* nº 89.846/RJ. Rel. Min. Arnaldo Esteves Lima (1128), 5ª T., julgado em 15/09/2009, DJE 19/10/2009.

Fique atento! Em 2012 foi sancionada a Lei Federal nº 12.594 (Lei do Sinase), que instituiu o Sistema Nacional de Atendimento Socioeducativo (Sinase) e regulamentou a execução das medidas socioeducativas destinadas a adolescentes que pratiquem atos infracionais e alterou alguns artigos do ECA. Sua leitura é altamente recomendável para os concurseiros.

Semi-imputáveis. O parágrafo único do art. 26 do Código Penal prevê, ainda, uma redução de pena de um a dois terços para aquele que, em virtude de perturbação de saúde mental ou por desenvolvimento mental incompleto ou retardado, *não era inteiramente capaz de entender o caráter ilícito do fato ou de determinar-se de acordo com esse entendimento.*

A diferença básica entre o *caput* do art. 26 e seu parágrafo único reside no fato de que neste último o agente *não era* inteiramente capaz de entender a ilicitude do fato ou de determinar-se de acordo com esse entendimento. Isso quer dizer que o agente pratica um fato típico, ilícito e culpável. Será, portanto, condenado, e não absolvido, como acontece com aqueles que se amoldam ao *caput* do art. 26. Contudo, o juízo de censura que recairá sobre a conduta do agente deverá ser menor em virtude de sua perturbação da saúde mental ou de seu desenvolvimento mental incompleto ou retardado, razão pela qual a lei determina ao julgador que reduza a sua pena entre um a dois terços.

Tanus Madeira esclarece ainda:

> "No parágrafo, uma diferenciação terminológica em que o legislador fala em 'perturbação da saúde mental', e não em 'doença mental ou desenvolvimento mental incompleto ou retardado', como vem escrito no *caput* do referido artigo, quer demonstrar que o parágrafo único do art. 26 cuida das hipóteses de certos tipos de enfermidade mental ou psíquica que não retiram do agente de forma total, plena, a capacidade de entendimento e autodeterminação. Ao contrário, são certos tipos de doença ou enfermidade mental que apenas reduzem ou diminuem no agente a capacidade de entender o caráter ilícito do fato ou de determinar-se de acordo com esse entendimento".[8]

Se o condenado, na hipótese do parágrafo único do art. 26 do Código Penal, necessitar de especial tratamento curativo, poderá o juiz, com base no art. 98 do Código Penal, substituir a pena privativa de liberdade pela internação, ou

8 MADEIRA, Ronaldo Tanus. *A estrutura jurídica da culpabilidade*, p. 115-116.

tratamento ambulatorial, pelo prazo mínimo de um a três anos, nos termos do art. 97[9], e seus parágrafos, do Código Penal.

CAPACIDADE CIVIL

Capacidade civil é a aptidão da pessoa para exercer direitos e assumir obrigações. A capacidade pode ser de direito (gozo) ou de fato (exercício).

Capacidade de direito ou de gozo é a aptidão para ser sujeito de direitos e obrigações.

Capacidade de fato ou de exercício é a aptidão para exercer por si os atos da vida civil.

Toda pessoa que exerce por si os atos da vida civil é absolutamente capaz (capacidade de direito e de fato). Quem não pode exercer sozinho os atos da vida civil é incapaz, apesar de poder ser titular de direitos e obrigações (é capaz de direito, mas não é capaz de fato).

Como já se sabe, há a incapacidade absoluta e a relativa. Certas pessoas, como, por exemplo, os menores de 18 e maiores de 16 anos, são relativamente incapazes (art. 4º, I, do Código Civil). Para os incapazes, há os institutos da representação (totalmente incapazes) e assistência (relativamente incapazes).

LIMITES E MODIFICADORES DA RESPONSABILIDADE PENAL E DA CAPACIDADE CIVIL

Segundo Hélio Gomes:[10]

a) **BIOLÓGICOS**: idade, sexo, emoção e paixão, agonia (moribundos);

b) **PSICOPATOLÓGICOS**: sonambulismo, hipnotismo, surdimudez, afasia, prodigalidade, embriaguez, toxicomania;

c) **PSIQUIÁTRICOS**: doenças mentais, oligofrenias, personalidades psicopáticas, neuroses;

---

9 "Art. 97. Se o agente for inimputável, o juiz determinará sua internação (art. 26). Se, todavia, o fato previsto como crime for punível com detenção, poderá o juiz submetê-lo a tratamento ambulatorial.

§1º A internação, ou o tratamento ambulatorial, será por tempo indeterminado, perdurando enquanto não for averiguada, mediante perícia médica, a cessação da periculosidade. O prazo mínimo deverá ser de 1 (um) a 3 (três) anos.

§ 2º A perícia médica realizar-se-á ao termo do prazo mínimo fixado e deverá ser repetida de ano em ano, ou a qualquer tempo, se o determinar o juiz da execução.

§ 3º A desinternação, ou a liberação, será sempre condicional, devendo ser restabelecida a situação anterior se o agente, antes do decurso de 1 (um) ano, pratica fato indicativo de persistência de sua periculosidade.

§ 4º Em qualquer fase do tratamento ambulatorial, poderá o juiz determinar a internação do agente, se essa providência for necessária para fins curativos."

10 GOMES, Hélio. *Medicina legal*, p. 84.

d) **MESOLÓGICOS**: civilização (silvícolas), psicologia coletiva (multidões);

e) **LEGAIS**: reincidência.

Segundo Flamínio Fávero:[11]

a) **BIOLÓGICOS:**

- normais: raça, idade, sexo;
- acidentais: temperamento, sono normal e sono patológico, emoção intensa, agonia, surdimutismo, cegueira, alcoolismo, toxicomania;
- patológicos: personalidades psicopáticas e psicoses.

b) **MESOLÓGICOS**: clima, civilização, associação.

No que toca às mulheres, vale registrar o puerpério, o estado puerperal, a tensão pré-menstrual e a psicose pós-parto,[12] uma síndrome caracterizada por depressão, delírios e pensamentos da mãe sobre ferir o bebê e a si mesma. A incidência da psicose é de aproximadamente 1 em cada 1.000 partos. Uma vez instalada a psicose, a mãe pode representar um perigo para si mesma ou para o recém-nascido, embora esse quadro possa oscilar em apresentação clínica e durar apenas horas de um dia ou se alternar com dias em estado patológico e dias em estado normal.

Segundo o autor, em quadros de *delirium*, transtorno comum em pacientes durante seus períodos de hospitalização devido a uma condição médica geral, nota-se a redução da clareza da consciência e percepção em relação ao meio ambiente. Esses quadros são marcados por perturbações em um curto período de tempo com tendências a flutuações durante o dia.

Em relação ao sono, mesmo o não patológico, vale lembrar que, em seu início e término, há um curto período de "confusão mental", semelhante à embriaguez, em que a percepção e reações ficam afetadas. Os moribundos (agonia pré-morte) têm redução da oxigenação do cérebro, propiciando agitação, reações, alterações comportamentais, confissões, revelações etc., que devem ser cuidadosamente avaliadas. Períodos prolongados de privação de sono podem levar a uma desorganização do ego, delírios e alucinações (visuais e/ou auditivas).

CAPACIDADE PARA ENFRENTAR JULGAMENTO

A Suprema Corte dos EUA declarou que a proibição contra julgar um indivíduo portador de doença mental é fundamental ao sistema de justiça norte-americano. Sendo assim, foi aprovada a aplicação de um teste de competência

11 FÁVERO, Flamínio. *Medicina legal*. v. 2, p. 877.

12 KAPLAN, Harold I. et al. *Compêndio de psiquiatria*. Porto Alegre: Artmed, 1997.

que objetiva estabelecer se um réu criminal "tem suficiente capacidade para consultar-se com seu advogado de defesa com um grau razoável de compreensão racional e se possui um entendimento tanto racional quanto factual do processo movido contra si."[13]

O autor citado refere que para determinar a competência de um enfermo mental é utilizado o instrumento de Mc Garry, que identifica 13 áreas de funcionamento, tais como:

1) capacidade para apreciar as defesas legais disponíveis;
2) nível de comportamento incapaz de ser manejado;
3) qualidade do relacionamento com o advogado;
4) capacidade para planejar uma estratégia legal;
5) capacidade para avaliar os papéis dos inúmeros participantes nos procedimentos do tribunal;
6) compreensão sobre o procedimento do tribunal;
7) apreciação das denúncias;
8) apreciação da faixa e natureza das possíveis penalidades;
9) capacidade para avaliar o provável resultado do julgamento;
10) capacidade para revelar ao advogado fatos pertinentes disponíveis envolvendo a ofensa;
11) capacidade para enfrentar de modo realista as testemunhas de acusação;
12) capacidade para dar testemunho relevante;
13) manifestação de motivação voltada para a autopromoção auto destrutiva.

7.3. EMBRIAGUEZ

O inciso II do art. 28 do Código Penal diz também não excluir a imputabilidade penal a embriaguez, voluntária ou culposa, pelo álcool ou substância de efeitos análogos.

A embriaguez alcoólica, na definição de Eduardo Rodrigues, é a "perturbação psicológica mais ou menos intensa, provocada pela ingestão do álcool, que leva a total ou parcial incapacidade de entendimento e volição".[14] O Código Penal fez menção, ainda, a outra substância de efeitos análogos. Nesta última

13 KAPLAN, Harold I. et al. *Compêndio de psiquiatria*. Porto Alegre: Artmed, 1997, p. 1.096.

14 RODRIGUES, Eduardo Silveira Melo. *A embriaguez e o crime*, p. 9.

parte, podemos visualizar as substâncias tóxicas e entorpecentes, tais como a cocaína, o ópio etc.[15]

Da mesma forma que o *caput* do art. 26, o § 1º do inciso II do art. 28 do Código Penal diz ser isento de pena o agente que, por embriaguez completa, proveniente de *caso fortuito ou força maior*, era, ao tempo da ação ou da omissão, inteiramente incapaz de entender o caráter ilícito do fato ou de determinar-se de acordo com esse entendimento. O álcool age nos chamados poros iônicos dos neurônios e prejudica a troca entre íons de potássio, sódio e outros, alterando o funcionamento dessas áreas. Como há predileção do álcool por áreas como o sistema reticular ativador ascendente e seu efeito inicial é nos neurônios inibitórios, as fases descritas a seguir são dignas de atenção e entendimento.

Como bem destacou Mirabete, distinguem-se:

> "Três fases ou graus de embriaguez: *incompleta,* quando há afrouxamento dos freios normais, em que o agente tem ainda consciência, mas se torna excitado, loquaz, desinibido (fase da excitação); *completa*, em que se desvanece qualquer censura ou freio moral, ocorrendo confusão mental e falta de coordenação motora, não tendo o agente mais consciência e vontade livres (fase da depressão)[16]; e *comatosa*, em que o sujeito cai em sono profundo (fase letárgica)".[17]

Analisaremos as duas formas de embriaguez que mereceram a atenção do legislador penal:

a) voluntária; e

b) involuntária.

A embriaguez voluntária é aquela prevista no inc. II do mencionado art. 28, e, mesmo sendo completa, permite a punição do agente, em face da adoção da teoria da *actio libera in causa*. Na precisa definição de Narcélio de Queiroz, devemos entender por *actio libera in causa* "os casos em que alguém, no estado de não imputabilidade, é causador, por ação ou omissão, de algum

15 No entanto, o art. 45 da Lei nº 11.343, de 23 de agosto de 2006, diz sobre uma modalidade específica de inimputabilidade:
"*Art. 45. É isento de pena o agente que, em razão da dependência, ou sob o efeito, proveniente de caso fortuito ou força maior, de droga, era, ao tempo da ação ou da omissão, qualquer que tenha sido a infração penal praticada, inteiramente incapaz de entender o caráter ilícito do fato ou de determinar-se de acordo com esse entendimento.*"
Dessa forma, de acordo com a redação do aludido artigo da Lei Antidrogas, se o agente for *dependente*, deverá ser isento de pena; por outro lado, não sendo dependente, somente ocorrerá a isenção de pena se estiver, quando da prática da ação ou omissão, em virtude de caso fortuito ou força maior, sob os efeitos da droga. Assim, para os que não são dependentes, mas tão somente usuários, poder-se-á aplicar a parte final do inc. II do art. 28 do Código Penal.

16 Essa fase é a de maior interesse e, por isso, é chamada de fase médico-legal.

17 MIRABETE, Júlio Fabbrini. *Manual de direito penal*, p. 212.

resultado punível, tendo se colocado naquele estado, ou propositadamente, com a intenção de produzir o evento lesivo, ou sem essa intenção, mas tendo previsto a possibilidade do resultado, ou, ainda, quando a podia ou devia prever".[18]

A embriaguez voluntária se biparte em *voluntária em sentido estrito* e *culposa*.

Diz-se voluntária em sentido estrito a embriaguez quando o agente, volitivamente, faz a ingestão de bebidas alcoólicas com a finalidade de se embriagar. É muito comum essa espécie de embriaguez, haja vista que principalmente os jovens, quando querem comemorar alguma data que considerem importante, dizem que, por conta disso, "beberão até cair". Querem, outrossim, colocar-se em estado de embriaguez.

Culposa é aquela espécie de embriaguez também dita voluntária, em que o agente não faz a ingestão de bebidas alcoólicas querendo embriagar-se, mas, deixando de observar o seu dever de cuidado, ingere quantidade suficiente que o coloca em estado de embriaguez. Nessa hipótese, o agente, por descuido, por falta de costume ou mesmo sensibilidade do organismo, embriaga-se sem que fosse a sua intenção colocar-se nesse estado.

Nas duas modalidades de embriaguez voluntária, o agente será responsabilizado pelos seus atos, mesmo que, ao tempo da ação ou da omissão, seja inteiramente incapaz de entender o caráter ilícito do fato ou de determinar-se de acordo com esse entendimento. Se a sua ação, como diz a teoria da *actio libera in causa*, foi livre na causa, ou seja, no ato de ingerir bebida alcoólica, poderá o agente ser responsabilizado criminalmente pelo resultado.

Pela definição de *actio libera in causa*, de Narcélio de Queiroz, percebemos que o agente pode embriagar-se *preordenadamente*, com a finalidade de praticar uma infração penal, oportunidade em que, se vier a cometê-la, o resultado lhe será imputado a título de dolo, sendo, ainda, agravada a sua pena em razão da existência da circunstância prevista no art. 61, II, *l*, do Código Penal, ou, querendo ou não se embriagar, mas sem a finalidade de praticar qualquer infração penal, se o agente vier a causar um resultado lesivo, este lhe poderá ser atribuído, geralmente, a título de culpa.

A embriaguez involuntária pode ser proveniente de *caso fortuito* ou *força maior*.

Costumamos chamar de caso fortuito o evento atribuído à natureza e, de força maior, àquele produzido pelo homem. Assim, no clássico evento daquele que, em visita a um alambique, escorrega e cai dentro de um barril

18 QUEIROZ, Narcélio de. *Teoria da "actio libera in causa" e outras teses*, p. 37.

repleto de cachaça, se, ao fazer a ingestão da bebida ali existente, vier a se embriagar, sua embriaguez será proveniente de caso fortuito. Suponhamos, agora, que durante um assalto a vítima do crime de roubo, após ser amarrada, é forçada a ingerir bebida alcoólica e vem a se embriagar. Essa embriaguez será considerada proveniente de força maior.

Para que possa ser afastada a culpabilidade do agente, isentando-o de pena, é preciso, conforme determina o § 1º do inciso II do art. 28 do Código Penal, que a involuntária e completa embriaguez do agente seja conjugada com a sua total incapacidade de entender o caráter ilícito do fato ou de determinar-se de acordo com esse entendimento.

Da mesma forma que a embriaguez completa, proveniente de caso fortuito ou força maior, também isenta de pena, como vimos, deverá ser considerado como isento de pena o agente que, nos termos do art. 45 da Lei de Entorpecentes, sob o efeito de droga, proveniente de caso fortuito ou força maior, era, ao tempo da ação ou da omissão, qualquer que tenha sido a infração penal praticada, inteiramente incapaz de entender o caráter ilícito do fato ou de determinar-se de acordo com esse entendimento.

Assim, imagine-se a hipótese daquele em quem, contra sua vontade, foi aplicada, à força, uma injeção contendo uma substância entorpecente extremamente forte, fazendo com que o agente perdesse o controle sobre os seus atos. Se, nesse caso, nos termos da redação legal, ele vier a praticar qualquer infração penal, deverá ser considerado isento de pena.

O parágrafo único do art. 45 da Lei nº 11.343/2006 assevera, no entanto:

> Parágrafo único. Quando absolver o agente reconhecendo, por força pericial, que este apresentava, à época do fato previsto neste artigo, as condições referidas no *caput* deste artigo, poderá determinar o juiz, na sentença, o seu encaminhamento para tratamento médico adequado.

A embriaguez involuntária incompleta veio prevista no § 2º do inc. II do art. 28 do Código Penal, que diz que a pena pode ser reduzida de um a dois terços, se o agente, por embriaguez, proveniente de caso fortuito ou força maior, não possuía, ao tempo da ação ou da omissão, a plena capacidade de entender o caráter ilícito do fato ou de determinar-se de acordo com esse entendimento.

O mencionado § 2º ainda continua a exigir a embriaguez involuntária, proveniente do caso fortuito ou de força maior; contudo, tal embriaguez não é completa e, em virtude disso, o agente tinha alguma capacidade de, ao tempo da ação ou da omissão, entender o caráter ilícito do fato ou de determinar-se de acordo com esse entendimento. Dessa forma, o fato por ele cometido é considerado típico, ilícito e culpável. Dado o seu estado de embriaguez involuntário, o juízo de censura sobre sua conduta será menor, razão pela qual sua pena deverá ser reduzida de um a dois terços.

O art. 46 da Lei Antidrogas, tal como o § 2º do art. 28 do Código Penal, prevê uma causa de redução de pena dizendo:

> **Art. 46.** As penas podem ser reduzidas de um terço a dois terços se, por força das circunstâncias previstas no art. 45 desta Lei, o agente não possuía, ao tempo da ação ou da omissão, a plena capacidade de entender o caráter ilícito do fato ou de determinar-se de acordo com esse entendimento.

Vale lembrar que embora o inc. II do art. 28 e seus parágrafos cuidem das diversas espécies de embriaguez devemos excluir deles a chamada *embriaguez patológica.* Segundo Frederico Marques, "a embriaguez alcoólica pode exteriorizar-se também sob formas anômalas ou patológicas, como a embriaguez delirante, a *ferocitas ebriosa* e outras espécies de caráter mórbido, como a psicose de Korsakoff e a paranoia alcoólica. O indivíduo, em tal caso, é um doente mental, pelo que é tido como inimputável, *ex vi* do art. 26 do Código Penal".[19]

A embriaguez preordenada encontra sua previsão na alínea *l* do inc. II do art. 61 do Código Penal, como uma circunstância agravante, conforme já consignado anteriormente.

O art. 306 do Código de Trânsito Brasileiro criou uma infração penal específica para aqueles que conduzem veículos automotores, na via pública, sob a influência de álcool ou substância de efeitos análogos, expondo a dano potencial a incolumidade de outrem, punindo tal conduta com uma pena de detenção de seis meses a três anos, multa e suspensão ou proibição de se obter a permissão ou a habilitação para dirigir veículo automotor.

Exame de embriaguez

A melhor forma de verificar se uma pessoa está embriagada é o exame clínico neuropsíquico, no qual analisam-se hálito, postura, equilíbrio, articulação de palavras, atitudes, gestos etc.

O exame de alcoolemia, isto é, da quantidade de álcool no sangue, é um elemento importante, mas não definitivo, porque não leva em conta, desde

19 MARQUES, José Frederico. *Tratado de direito penal*, v. II, p. 247.

o início, a **tolerância** do indivíduo ao álcool. Como se sabe, tolerância é a capacidade de ingerir/suportar uma substância sem ser afetado por ela, variando de pessoa para pessoa. Por exemplo, um bebedor inveterado pode estar com uma taxa de alcoolemia bem maior do que um crente que experimentou cerveja pela primeira vez, estando este bêbado e aquele suficientemente sóbrio.

O exame com o **bafômetro** é espécie de inspeção de alcoolemia, possuindo duas restrições:

a) mede apenas o teor alcoólico do aparelho respiratório (pulmão, traqueia, laringe e boca), e não da corrente sanguínea;

b) em razão da tolerância, que é pessoal, pode dar resultados equivocados. Assim, tal exame só é válido como triagem, ou seja, aqueles "reprovados" no bafômetro devem ser submetidos ao exame clínico neuropsíquico.

Alguns sustentam que, pelo princípio de que ninguém é obrigado a produzir prova contra si *(nemo tenetur se detegere)*, não se pode obrigar alguém a se submeter ao exame do bafômetro. Em nossa opinião, porém, o caso aqui é de exercício do poder de polícia, de natureza administrativa, em que o interesse coletivo é prevalecente sobre o individual. A discussão tem lugar, v.g., na repressão ao condutor de veículos automotores em estado de embriaguez.[20]

É interessante ver descrição do embriagado, na Bíblia, no livro de Provérbios, capítulo 23, versículos 29 a 35.

Importante: sobre a possibilidade de submissão do acusado a exames, ver Capítulo 1, item 1.7.3.

7.4. TOXICOMANIAS

Toxicomania, segundo a Organização Mundial de Saúde (OMS), é o "estado psíquico e às vezes físico causado pela interação entre um organismo vivo e um fármaco". Caracteriza-se por modificações no comportamento e por outras reações compulsivas e irreprimíveis, com relação ao uso de um fármaco de forma continuada e periódica, com a finalidade de experimentar os seus efeitos psíquicos e, às vezes, para evitar o mal-estar provocado pela sua privação" (H. V. de Carvalho).[21]

20 Sobre exame do bafômetro e intervenções corporais, veja o capítulo 1.7 deste livro.

21 CARVALHO, Hilário Veiga de, *et. al*. Compêndio... p. 352.

7.4.1. Transtornos relacionados a substâncias

O fenômeno do abuso de substâncias tem muitas implicações para as pesquisas sobre o cérebro, psiquiatria e sociedade em geral. Determinadas substâncias podem alterar estados mentais percebidos internamente (p. ex.: humor) e externamente observáveis (ex.: comportamento), podendo causar sintomas psicopatológicos semelhantes aos transtornos psiquiátricos comuns (ver Cap. 8).

a) Opioides (ópio, morfina, heroína)	propiciam intensa dependência física e psíquica, gerando sintomas como: prurido, bradicardia, náusea, marcas de agulhas pelo corpo e efeitos comportamentais; a saber, euforia, sonolência, redução da libido, alterações da personalidade.
b) Anfetaminas e cocaína	propiciam efeitos físicos, tais como: perda ponderal, tremores, halitose, taquicardia, hipertensão, febre, convulsões, perfuração do septo nasal (cocaína) e efeitos comportamentais; a saber, estado de alerta, irritabilidade, euforia, hiperatividade, agressividade, agitação, tendência paranoides, impotência, alucinações visuais e táteis.
c) Depressores do SNC (sistema nervoso central)	propiciam efeitos físicos, tais como: ataxia, hipotensão, convulsões, *delirium* e efeitos comportamentais; a saber, sonolência, confusão mental, falta de atenção.
d) Álcool	propicia analgesia, como rubor facial, ataxia, fala arrastada. Quanto aos efeitos comportamentais, são: fraco julgamento, alteração do humor, agressividade, comprometimento da atenção e amnésia.
e) Alucinógenos (LSD, psilocibina (cogumelos)	propiciam efeitos físicos, como taquicardia, hipertensão, ataxia. Quanto aos efeitos comportamentais, são: alucinações visuais, ideação paranoide, falso senso de realizações e força, tendências suicidas ou homicidas, despersonalização e desrealização.
f) Carboidratos voláteis e derivados do petróleo (cola, benzeno, gasolina, solvente para verniz, aerossóis)	propiciam efeitos físicos como halitose, taquicardia, possível lesão e dano cerebral, hepático, renal e cardíaco e efeitos comportamentais; a saber, euforia, sensório rebaixado, fala arrastada, ataxia, alucinação, psicoses, dano cerebral permanente, se usados diariamente por mais de 6 meses.

g) Nicotina	A abstinência do uso diário por algumas semanas de nicotina pode acarretar humor deprimido, insônia, irritabilidade, frustração ou raiva, ansiedade, prejuízo na concentração.
h) Indutores do sono	Recentemente, a medicina conta com fármacos de prescrição controlada mas isentos de receituário específico, que podem promover indução do sono e que provocam frequentemente efeitos colaterais de distúrbio de nível de consciência e amnésia anterógrada (tudo o que é feito e/ou ocorre após a ingestão da droga pode ser esquecido). Como essas drogas são de ação rápida e pouco duradoura, comumente permitindo o despertar sem sinais de uso das mesmas, tornaram-se de uso corriqueiro e geralmente são bem toleradas (ex.: zolpidem). No entanto, são frequentes os relatos de desvios de conduta que podem chegar a atos de agressão física sem que o agente sequer se lembre do que fez após usar a substância. O uso de tais drogas deve ser evidenciado e as medidas penais sob ação de tais fármacos devem ser avaliadas com cautela, além de representarem objeto de estudo futuro e formação de jurisprudência.

7.4.2. A Lei Antidrogas – Lei nº 11.343/2006

O problema das drogas existe de longa data na história do ser humano. Existem diversos livros que registram o uso de drogas pelos povos antigos, sendo que a questão até hoje é de difícil solução.

Existem hoje uma série de movimentos que lutam pela descriminalização do uso de drogas ou até pela sua liberação total por parte do Poder Público. Questão de polícia ou de saúde pública, o que se vê é que cada país escolhe uma política criminal que julga mais adequada para o caso.

Segundo Luiz Flávio Gomes, na atualidade, em termos mundiais, quatro são as tendências político-criminais em relação às drogas (e, paralelamente, ao usuário de droga): *(a) modelo norte-americano:* prega a *abstinência* e a *tolerância* zero. De acordo com a visão norte-americana, as drogas constituem um problema policial e particularmente militar; para resolver o assunto, adota-se o encarceramento massivo dos envolvidos com drogas; "diga não às drogas" é um programa populista, de eficácia questionável, mas bastante reveladora da política norte-americana. O paradoxo: na Guerra do Vietnã, os EUA trocaram apoio por drogas. De outro lado, a solução "militar" para o problema da droga não vem produzindo bons efeitos: a interminável guerra na Colômbia, v.g., evidencia a dificuldade enorme dessa política exageradamente repressiva; *(b) modelo liberal radical (liberalização total)*: a famosa revista inglesa *The Economist*, com base nos clássicos pensamentos de Stuart Mill, vem enfatizando a necessidade de liberar totalmente a droga, sobretudo para o usuário; salienta que a questão da droga provoca distintas consequências entre ricos e pobres, realçando que só pobres vão para a cadeia; *(c) modelo da "redução de danos" (sistema europeu)*: em oposição à política norte-americana, na Europa adota-se uma outra estratégia, que não se coaduna com a abstinência ou mesmo com a tolerância zero. A "redução dos danos" causados aos usuários e a terceiros (entrega de seringas, demarcação de locais adequados para consumo, controle do consumo, assistência médica etc.) seria o correto enfoque para o problema. Esse mesmo modelo, de outro lado, propugna pela descriminalização gradual das drogas, assim como por uma política de controle ("regulamentação") e educacional; droga é problema de saúde pública; *d) Justiça terapêutica*: propugna pela disseminação do tratamento como reação adequada para o usuário ou usuário dependente. É patente a confusão que faz entre o usuário e o dependente: "Assim como nem todos que tomam um copo de uísque são alcoólatras, também há quem use drogas sem ser dependente. Em termos médicos, é risível condená-lo a tratamento compulsório" (Lei descuidada. *Folha de S. Paulo*, 6 jan. 2002, p. A-2).[22]

Recentemente, os Estados Unidos da América têm optado por reconhecer que a guerra às drogas não tem surtido efeito no sentido de combater o seu uso e a violência gerada pelo tráfico. Assim, em 2014 o Alasca, o Oregon e a capital, Washington D.C., se juntaram ao Colorado e a Washington, que foram pioneiros na legalização do porte da maconha para uso próprio.

Em 2013, uma lei uruguaia que legalizou a maconha foi aprovada e teve sua regulamentação anunciada em 2014. Ela é a primeira do mundo na qual o Estado assume o controle total da cadeia de produção da droga.

O legislador brasileiro também não se furtou de tentar dar uma solução mais realista e moderna para o tema. As Leis Federais n°s 6.368/76 e 10.409/2002 foram incapazes de amenizar efetivamente o problema das drogas ilícitas por uma série de motivos. Falta de investimentos, uso excessivo de verbos nos tipos penais, jurisprudências eventualmente conflitantes, penas desproporcionais para o pequeno e grande traficante são apenas alguns dos problemas corriqueiros enfrentados pelos profissionais que atuam na área.

22 GOMES, Luiz Flávio. *Nova lei de tóxicos não prevê prisão para o usuário*. Disponível em: <http://www.lfg.com.br/public_html/article.php?story=20060731190257489>.

A primeira recomendação nossa a você é que evite preconceitos com o tema. E, principalmente, evite a exclusão daquele que necessita mais da ajuda do Poder Público, que é o usuário e dependente de drogas ilícitas. A moderna Criminologia evita o uso da expressão *combate ao crime*. O termo mais recomendado é *controle*. O combate visa a destruir um inimigo. Bem, ficou claro no filme *Traffic*, dirigido por Steven Soderbergh (2000), que nem sempre o inimigo é um inimigo de verdade.

Nesse filme, o personagem Robert Wakefield, interpretado pelo ator Michael Douglas, era o czar antidrogas dos Estados Unidos e queria que fúria se abatesse contra as pessoas que usavam e traficavam drogas. Durante uma boa parte do filme ele tenta que esse objetivo seja alcançado. Por outro lado, é incapaz de perceber que sua filha havia iniciado uma rápida e progressiva derrocada como dependente de drogas. Ou seja, não adianta deflagrar uma "guerra contra drogas" sem investigações concretas e bem realizadas para se reduzir a ação do tráfico. A visão míope do personagem é um exemplo que deve ser evitado. Ele promovia a guerra contra as drogas, mas não conseguiu perceber o problema que estava dentro de sua casa. O problema das drogas é complexo e não se resolverá com "fórmulas mágicas".

A lei brasileira que trata do tema (Lei nº 11.343/2006) revogou as duas leis citadas e tenta trazer um novo foco sobre o problema das drogas.

A lei traz três grandes preocupações básicas, sendo:

- medidas de prevenção do uso indevido, atenção e reinserção social dos usuários;
- normas para repressão à produção não autorizada e ao tráfico ilícito de drogas;
- define crimes e dá outras providências.

Para fins da referida lei, consideram-se como drogas as substâncias ou os produtos capazes de causar dependência, assim especificados em lei ou relacionados em listas atualizadas periodicamente pelo Poder Executivo da União.

A Lei Federal nº 11.343/2006 instituiu o Sistema Nacional de Políticas Públicas sobre Drogas (Sisnad); prescreveu medidas para prevenção do uso indevido, atenção e reinserção social de usuários e dependentes de drogas; estabeleceu normas para repressão à produção não autorizada e ao tráfico ilícito de drogas; definiu crimes e deu outras providências.

O Sisnad tem a finalidade de articular, integrar, organizar e coordenar as atividades relacionadas com a prevenção do uso indevido, a atenção e a reinserção social de usuários e dependentes de drogas e a repressão da produção não autorizada e do tráfico ilícito de drogas.

A Associação dos Delegados de Polícia do Brasil (Adepol-Brasil) propôs a Ação Direta de Inconstitucionalidade 3.807, no Supremo Tribunal Federal, contra o § 3º do art. 48 da Lei Federal nº 11.343/2006, que instituiu o Sisnad. De acordo com a defesa, a lei em questão ofendeu o princípio do devido processo legal, tendo em conta que autorizou o juiz a "adotar providências no âmbito do procedimento sumaríssimo denominado termo circunstanciado", inclusive com as requisições dos exames periciais necessários. A lei também conferiu aos juízes, ainda segundo a Associação, poderes inquisitivos, com violação dos princípios do contraditório e da ampla defesa, bem como em confronto com as competências das Polícias Federal e Civil. No mérito, a defesa pede que o STF julgue a ação procedente, para declarar, em definitivo, a inconstitucionalidade da legislação atacada.

O Supremo Tribunal Federal, em julgamento pelo Plenário virtual ocorrido no dia 26/06/2020, decidiu sobre a ADI 3.807. Com efeito, definiu que a autoridade policial pode lavrar termo circunstanciado de ocorrência e requisitar exames e perícias em caso de flagrante de uso ou posse de entorpecentes para consumo próprio, uma vez ausente a autoridade judicial. A Ministra Carmém Lúcia, relatora, ressaltou que o dispositivo não atribuiu ao órgão judicial competências de Polícia Judiciária.

Cumpre esclarecer que, conforme dispõe o art. 48, § 1º, da Lei nº 11.343/2006, os procedimentos penais relativos à posse e ao cultivo de drogas para uso próprio submetem-se ao regramento previsto na Lei nº 9.099/95, que, entre outras disposições, prevê a lavratura de termo circunstanciado e requisição de exames periciais pela polícia, com o imediato encaminhamento do autor do fato ao Juizado para a realização da audiência preliminar (art. 69, *caput*, da Lei nº 9.099/95). Aliás, tal como previsto para todos os demais crimes de menor potencial ofensivo, sequer será lavrado o flagrante e, mais do que isso, dispensa-se a condução imediata ao Juizado caso o infrator assuma o compromisso de comparecimento.

Um dos grandes problemas enfrentados pela Criminologia e pelo próprio Direito Penal moderno é o da elevada *reincidência criminal*. Com o objetivo de romper com essa situação, o legislador inovou com a criação de uma série de medidas para que se promova a atividade de atenção e reinserção social de usuários e dependentes de drogas.

Constituem atividades de atenção ao usuário e dependente de drogas e respectivos familiares, para efeito desta lei, aquelas que visem à melhoria da qualidade de vida e à redução dos riscos e dos danos associados ao uso de drogas. Constituem atividades de reinserção social do usuário ou do dependente de drogas e respectivos familiares, para efeito desta lei, aquelas direcionadas para sua integração ou reintegração em redes sociais.

No campo penal, entre outras inovações, algumas novas medidas foram adotadas, sendo que no modelo atual o usuário de drogas não poderá ser punido com pena de prisão, mas apenas receber advertência sobre os efeitos das drogas, prestação de serviços à comunidade ou medida educativa de comparecimento a programa ou curso educativo. Para determinar se a droga é para consumo pessoal, a lei prevê que o juiz deverá observar a quantidade, local e condições da apreensão, circunstâncias sociais e pessoais, bem como conduta e antecedentes do acusado. A pena para o tráfico ilícito foi aumentada.

Após quase uma década de vigência de Lei nº 11.343/2006 é possível afirmar, com certa margem de segurança, que a nova política criminal implantada pela referida norma não surtiu o efeito esperado de diminuição ou combate ao tráfico e ao uso de entorpecentes. As prisões estão cada vez mais superlotadas de presos condenados ou aguardando julgamento por crimes relacionados direta ou indiretamente com o tráfico de drogas.

O Recurso Extraordinário RE 635.659, que questiona a constitucionalidade da criminalização do uso pessoal de drogas ainda está em julgamento. São longos anos desde agosto de 2015. O Ministro Edson Fachin votou pelo parcial provimento ao recurso. O voto do Ministro Roberto Barroso foi no sentido de provimento. O recurso está sob a relatoria do Ministro Gilmar Mendes e já conta com diversas entidades de defesa da legalização do porte de drogas para uso próprio admitidas como *amicus curiae*.

O recurso foi levado ao STF pela Defensoria Pública de São Paulo, que sustenta a tese de que a proibição do porte de drogas para consumo próprio é inconstitucional. A Defensoria afirma em suas razões recursais que, *"a resposta tem como premissa o movimento funcionalista da Teoria do Delito. Superou-se o finalismo e é preciso interpretar as categorias do delito, que são tipicidade, ilicitude e culpabilidade, sob o viés da intervenção mínima e do princípio da lesividade".* E complementa: *"Para que uma conduta seja delituosa, não basta um enquadramento formal ao tipo legal. É preciso, ainda, que haja uma lesão ou um perigo de lesão efetivo, real e relevante a um bem jurídico alheio"* (<http://www.stf.jus.br>).

A tese será analisada pelo Supremo Tribunal Federal ao julgar recurso de um mecânico cearense, de 51 anos, preso em Diadema (SP), onde foi acusado de portar três gramas de maconha. A droga foi encontrada dentro de um marmitex, em sua cela. Pelo porte da droga, o homem foi condenado a dois meses de prestação de serviços à comunidade.

Na prática, a Defensoria sustenta que a conduta não é típica, já que *"uma auto-lesão jamais poderá ser considerada fato criminoso, eis que ausente, na espécie, lesão a bem jurídico alheio".*

Ao apresentar as contrarrazões à 2ª Vara Criminal de Diadema, o Ministério Público paulista refutou o ponto de vista da Defensoria. Disse que *"até o momento tal artigo não foi declarado atípico, tampouco inconstitucional devendo ser normalmente aplicado, mesmo porque, o entendimento de que tal artigo fosse inconstitucional não restou amparado sequer pela Corte brasileira".*

O MP paulista explicou, ainda, que não se pode falar em *abolitio criminis, "vez que estamos diante de um crime que, apesar de não estar apenado com a privação ou a restrição da liberdade, possui preceitos secundários próprios ao tipo penal, o qual obteve uma construção legiferante com escopo de distinguir o usuário do grande traficante de drogas, entretanto, sem prescindir da sanção correspondente, a qual restou configurada como as chamada penas alternativas".*

O canditado deve ficar atendo à solução desse Recurso Extraordinário pela Suprema Corte, que, a depender do resultado de seu julgamento, poderá trazer diversas consequências à política criminal de combate às drogas no Brasil.

Sobre o tema, drogas, recomendamos duas obras sobre a lei (Lei nº 11.343/2006), recentemente publicadas pela Editora Impetus: *A Nova Lei Antidrogas,* de Sérgio Ricardo de Souza, e *Nova Lei Antidrogas,* de Abel Fernandes Gomes, Antônio César Bochenek, Flávio Lucas, Frederico Valdez, Marcello Granado e Zenildo Bodnar.

7.5. ESQUIZOFRENIA E O "ATENTADO EM REALENGO"

No dia 07 de abril de 2011 um jovem com graves problemas de ordem psíquica adentrou em uma escola em Realengo, RJ, e disparou contra várias pessoas, causando a morte de 12 crianças e ferindo outras.

Por volta das 8 horas, Wellington Menezes de Oliveira, 23 anos (a polícia chegou a divulgar que ele tinha 24 anos, mas a idade foi corrigida posteriormente), ex-aluno da Escola Municipal Tasso da Silveira, em Realengo, na zona oeste do Rio de Janeiro, entrou no colégio após ser reconhecido por uma professora e dizer que faria uma palestra (a escola completava 40 anos e realizava uma série de eventos comemorativos). Armado com dois revólveres de calibres 32 e 38, ele invadiu uma sala de aula no primeiro andar e outra no segundo, efetuando vários disparos contra estudantes que assistiam às aulas. Ao menos 12 morreram e outros 12 ficaram feridos, de acordo com levantamento da Secretaria Estadual de Saúde. Duas adolescentes baleadas, uma delas na cabeça, conseguiram fugir e correram em busca de socorro.

Na Rua Piraquara, a 160 metros da escola, elas foram amparadas por um bombeiro. O sargento Márcio Alexandre Alves, de 38 anos, lotado no Batalhão de Polícia de Trânsito Rodoviário, seguiu rapidamente para a escola e atirou contra a barriga do criminoso, após ter a arma apontada para si. Ao cair na escada, o jovem se matou atirando contra a própria cabeça. Com ele, havia uma carta em que anunciava que cometeria o suicídio. O ex-aluno fazia referência a questões de natureza religiosa, pedia para ser colocado em um lençol branco na hora do sepultamento, queria ser enterrado ao lado da sepultura da mãe e ainda pedia perdão a Deus.[23]

Durante as semanas seguintes, a vida desse agressor (que morreu no local após ser baleado por um policial) foi devassada. As autoridades queriam entender qual fora a motivação do referido ataque brutal.

A polícia encontrou vídeos na casa do autor dos disparos. Ficou claro que o mesmo possuía uma mente gravemente perturbada, mesmo diante das afirmações de ter sido vítima de *bullying* em parte de sua vida.

Seu discurso era desconexo. Não se conseguia pôr uma ordem nas suas ideias, que misturavam religião, *bullying*, dor etc. Descobriu-se que o mesmo era portador de esquizofrenia.

Esquizofrenia é um rótulo aplicado a um grupo de transtornos caracterizados por profunda desorganização da personalidade, distorção da realidade e incapacidade de se adaptar à vida cotidiana. A esquizofrenia ocorre em todas as culturas, até mesmo naquelas que estão distantes do estresse da civilização industrial, e parece afligir a humanidade há pelo menos 200 anos. O transtorno afeta cerca de 1% da população, ocorre tanto em homens quanto em mulheres, e geralmente aparece no final da adolescência ou início da idade adulta (na maioria dos casos, o transtorno se estabelece entre 15 e 35 anos).[24]

É uma das principais formas de psicose.

Principais características: 1) perturbação do pensamento, a única perturbação essencial em todas as formas: incoerência, neologismos, vagas associações, delírio; 2) distúrbios de percepção e atenção: despersonalização, perturbação nas sensações do corpo, alucinações (em sua maioria acústicas), dificuldade de escolher e inundação de estímulos; 3) perturbações motoras: comportamento excêntrico, rápida troca entre imobilidade catatônica e hiperatividade; 4) perturbações afetivas: afeto raso e impassível ou

23 Disponível em: <http://noticias.r7.com/rio-de-janeiro/noticias/policiais-e-psiquiatras-tentam-encontrar-respostas-no-perfil-do-atirador-de-realengo-20110410.html>.

24 ATKINSON, Rita. L; ATKINSON, Richard C; SMITH, Edward E; BEM, Daryl J; NOLEN-HOEKSEMA. *Introdução à psicologia de Hilgard*. Tradução de Daniel Bueno. Porto Alegre: Artmed, 2002, p. 570.

inadequado, fora do contexto ou ambivalente, oscilando entre extremos; 5) isolamento social: sem amigos, pouco interesse sexual, medo de contato.[25]

Os confusos processos de pensamento que caracterizam a esquizofrenia parecem ser oriundos de uma dificuldade geral de concentrar a atenção e eliminar estímulos irrelevantes. Quase todos nós conseguimos concentrar nossa atenção de maneira seletiva. Da massa de informações sensoriais que nos chegam, somos capazes de selecionar os estímulos pertinentes à tarefa em mãos e ignorar o resto. A pessoa que sofre de esquizofrenia é receptiva a muitos estímulos ao mesmo tempo e tem dificuldade para compreender a profusão de informações.[26]

A pessoa vítima de esquizofrenia vive um mundo paralelo. Ela não consegue separar a realidade de sua perturbação.

Dica de filme: Uma mente brilhante (2001)

Nesse filme (baseado em fatos reais), o jovem cientista John Nash começa a ter sinais de esquizofrenia em sua vida. O filme registra o surgimento da doença e a luta de vários anos de Nash contra a esquizofrenia.

Trailer legendado disponível em: <http://www.youtube.com/watch?v= u72RIZx2kSs>.

25 DORSCH, Friedrich; HACKER, Harmut; STAPF, Kurt-Hermann. *Dicionário de psicologia Dorsch*. 2ª ed. Tradução de Emmanuel Carneiro Leão e equipe. Petrópolis: Vozes, 2004, p. 332.

26 ATKINSON, Rita. L; ATKINSON, Richard C; SMITH, Edward E; BEM, Daryl J; NOLEN-HOEKSEMA. *Introdução à psicologia de Hilgard*. Tradução de Daniel Bueno. Porto Alegre: Artmed, 2002, p. 571.

O autor do atentado de Realengo era uma pessoa com esquizofrenia em estágio avançado. Não saberemos com certeza o grau de sua doença, mas supõe-se que a mesma estava em estágio bem avançado. O inquérito policial será de grande importância para se entender o porquê de o autor do atentado agir daquela forma, bem como se buscar entender quais foram os fatores concorrentes e o histórico da vida do agressor.

7.6. AUTÓPSIA PSICOLÓGICA

Importante técnica desenvolvida dentro da Psicologia e quase totalmente desconhecida pelo Sistema da Justiça Criminal (Poder Judiciário, Ministério Público, Polícias e Administração Penitenciária) é a *autópsia psicológica*.

É uma técnica psicológica desenvolvida e de grande importância para a elucidação de supostos suicídios.

No geral, os inquéritos policiais de suicídio são sumários, com poucas páginas, poucas testemunhas ouvidas e se resumem a concluir que houve culpa exclusiva da vítima no resultado morte.

Mas o porquê da ocorrência (ou não) desses suicídios?

Não há dúvida que a presença de psicólogos nas delegacias de polícia em nosso país agregaria em muito a qualidade do trabalho apresentado pelas Polícias. Isso pode ser facilmente verificado nas varas da infância e da juventude do Poder Judiciário (onde há equipes de psicólogos e assistentes sociais atuando em conjunto com profissionais do Direito) e nas promotorias de justiça lotadas com psicólogos e assistentes sociais, em especial, de atuação na proteção da infância e da juventude, idoso, saúde etc.[27]

A autópsia psicológica é um método criado por Edwin Shneidman, amplamente difundido nos últimos 40 anos. Foi concebido como meio para auxiliar médicos legistas a esclarecer a natureza de uma morte tida como indeterminada e que poderia estar associada a uma causa natural, acidental, suicídio ou homicídio. O método também foi utilizado para conhecer as razões que motivaram mortes autoinfligidas e para confortar os familiares dos que assim haviam falecido. Em *Autopsy of a Suicidal Mind*, Shneidman trabalhou meses numa só autópsia, escutando pais, irmãos, ex-esposa, namorada, psicoterapeuta e psiquiatra para compreender as razões que levaram um estudante de filosofia a dar cabo à vida. As entrevistas por ele transcritas foram partilhadas com especialistas em suicídio para que pudessem integrar

27 É lamentável como a Psicologia é deixada de lado pelos profissionais que atuam na Justiça Criminal, sendo que poderiam ser criadas dezenas, centenas ou até milhares de novos equacionamentos com a questão criminal sendo influenciada pela Psicologia em temas caros como a mediação de conflitos, violência doméstica, drogadição etc. Não se trata de falta de investimentos, mas "quebra de paradigmas" por parte do comando das secretarias de segurança pública/defesa social no Brasil.

seus pontos de vista sobre o acontecido e se o evento poderia ou não ter sido prevenido.

Ao final, Shneidman ofereceu 18 diferentes hipóteses sobre a morte ou a intenção do ato suicida.[28]

Shneidman optou por não utilizar um roteiro fixo, mas sugeriu categorias norteadoras, que estão descritas no estudo de Werlang e Botega. Em sintonia com esse autor que fundou a disciplina científica denominada suicidologia, sistematizou-se o método da autópsia psicossocial, visando a compreender razões e circunstâncias afetivas, sociais, econômicas e culturais associadas ao suicídio de pessoas idosas. O objetivo do estudo foi conhecer e analisar a relevância das variáveis em interação.[29]

Vê-se, então, que a autópsia psicológica é um instrumento poderoso que agrega informações relevantes sobre o sofrimento de uma possível (ou não) vítima de suicídio, sendo um instrumento totalmente desconhecido pelos profissionais que atuam na Justiça Criminal.

Podemos citar quantos júris foram realizados país afora em que a defesa sustentou a tese de um possível suicídio e uma autópsia psicológica bem realizada e juntada aos autos poderia ter trazido mais subsídios para a avaliação do corpo de jurados sobre a probabilidade ou não de que tenha ocorrido um suicídio ou um homicídio.

Uma autópsia psicológica bem conduzida comungando com a solução das demais evidências juntadas ao inquérito policial poderia dar mais segurança para o delegado de polícia e o representante do Ministério Público solicitarem um arquivamento de inquérito. E se essa autópsia psicológica fosse divorciada dos demais elementos de prova, não seria o caso de se continuar a investigação evitando-se arquivamentos de inquéritos sumários que são feitos, em muitos casos, país afora sem profundidade alguma quando a autoridade policial se depara com uma situação, em tese, de suicídio.[30]

Então, a autópsia psicológica é uma estratégia utilizada para delinear as características psicológicas de vítimas de morte violenta, sendo utilizada durante o curso de uma investigação de morte, para auxiliar a determinar o modo de morte de um indivíduo, especialmente em casos duvidosos. Com

28 CAVALCANTE, Fátima Gonçalves; MINAYO, Maria Cecília de Souza. *Autópsias psicológicas e psicossociais de idosos que morreram por suicídio no Brasil*. Disponível em: <http://www.scielo.br/pdf/csc/v17n8/02.pdf>. Acesso em: 1º abr. 2013.

29 CAVALCANTE, Fátima Gonçalves; MINAYO, Maria Cecília de Souza. *Op. cit.*

30 WERLANG, Bianca Susana Guevara. *Autópsia psicológica, importante estratégia de avaliação retrospectiva*. Disponível em: <http://www.scielo.br/pdf/csc/v17n8/03.pdf>. Acesso em: 1º abr. 2013.

o passar do tempo, esse recurso, que muito auxiliou a médicos legistas e profissionais da área do Direito Penal e Cível, passou, também, a contribuir na corroboração e/ou identificação de novos fatores de risco e correlatos sociodemográficos do suicídio.

É preciso avançar. Temos, então, um importante instrumento da Psicologia, que muito agregará o conhecimento e elucidação de casos criminais envolvendo supostamente suicídios, em especial.

Capítulo 8

Psicopatologia Forense – Psiquiatria Forense

8.1. INTRODUÇÃO

A *Psicologia Forense* propriamente dita estuda os limites normais, biológicos, mesológicos e legais da responsabilidade e da capacidade civil. A *Psicopatologia Forense* estuda os limites e modificadores anormais da responsabilidade e da capacidade. Hélio Gomes fala da *Psiquiatria Forense*, que se contém na psicopatologia, como quem trata do estudo médico-legal dos doentes mentais, oligofrênicos, neuróticos e personalidades psicopáticas, ou seja, estuda e trata as perturbações do comportamento humano.

Para não existir confusão, vale *repetir* que Hélio Gomes ensina que a Psicologia Forense se refere tanto à psicologia normal quanto à psicopatologia (que estuda a psicologia mórbida). Segundo ele, a Psicopatologia Forense estuda os limites e modificadores anormais da responsabilidade e da capacidade e os problemas relacionados ao assunto. Ele mesmo divide a Psicologia Forense em: a) Psicologia Forense propriamente dita; b) Psicopatologia Forense; e c) Psiquiatria Forense. Para ele, esta última – a Psiquiatria Forense – se reduz ao estudo médico-legal dos doentes mentais, dos oligofrênicos, dos neuróticos e das personalidades psicopáticas.

Já Flamínio Fávero, A. Almeida Jr., J. B. de O. e Costa Júnior e Gerardo Vasconcellos usam o termo Psicopatologia Forense, de um modo geral, ao tratarem desse campo de estudo da Medicina Legal.

Segundo os autores Delton Croce et al., a Psicologia Forense, a Psiquiatria Forense e a Psicopatologia Forense tratam de campos distintos de estudo. A primeira estuda os limites normais, biológicos, mesológicos e legais, da capacidade civil e da responsabilidade penal. A segunda cuida da análise dos limites e modificadores anormais das mesmas e analisa, ainda, as doenças mentais, oligofrenias e as personalidades psicopáticas. Já a terceira elucida e esclarece as desordens mentais relacionadas com a capacidade civil e a responsabilidade penal.

Assim, em sede de concurso público, e havendo variações dos examinadores, é preciso *imenso cuidado* com a nomenclatura, preferentemente fazendo referência ao autor que a adota.

Patologia é o estudo das doenças.

Patologia mental (psiquiatria, psicopatologia) é o estudo das doenças mentais.

Etiologia é o estudo das causas das doenças. Toda doença tem causa: infecciosa, orgânica, tóxica, psíquica etc.

No âmbito do Direito Penal, a perícia psiquiátrica tem por objetivo estabelecer um diagnóstico e auxiliar o juiz a estabelecer a culpabilidade. Dessa maneira, mostra-se a impossibilidade de atribuir culpabilidade para um indivíduo portador de transtorno mental que comete algum ilícito, após diagnosticada a sua insanidade psíquica por meio de perícia.

Nesse contexto, existe o reconhecimento de que essa pessoa apresenta incapacidade de entender o caráter ilícito do fato ou de determinar-se conforme este entendimento, não podendo ser estereotipado como criminoso.

Causas mais importantes das doenças mentais

As causas mais importantes das doenças mentais são doenças em geral, infecções (ex.: sífilis), endointoxicações, exointoxicações (ex.: álcool), causas psíquicas (ex.: causas emotivas), sociais, hereditárias, predisposições, traumatismos (principalmente cranianos) etc. Há outros fatores influenciadores: educação, raça, idade, profissão, estado civil, crenças e superstições.

Em nosso país, a loucura se difunde pela grande incidência de alcoolismo, sífilis, hereditariedade mórbida, sem prevenção e tratamento; falta de assistência médica, profilática e curativa; falta de educação, miséria, desnutrição generalizada etc.

Praxiterapia

Praxiterapia (ou terapia ocupacional, laboterapia, ergoterapia) é o emprego metódico e racional do trabalho, com fins terapêuticos (curativos).

Alienação mental

O indivíduo fica fora de si de modo permanente. É termo amplo, que pode incluir a loucura e o delírio. É "estar fora de si". Para Henri Ey, "é uma alteração completa das relações do indivíduo com a sociedade".

8.2. CLASSIFICAÇÃO DAS DOENÇAS MENTAIS

Com base na CID-10 (Classificação internacional de transtornos mentais e de comportamento – OMS, 1992), seguem os principais transtornos psiquiátricos, para avaliação da saúde mental do indivíduo.

TRANSTORNOS DA SAÚDE MENTAL

ESQUIZOFRENIAS

Houve significativos avanços para o entendimento da esquizofrenia em três áreas principais. O avanço na técnica de imagem cerebral, como ressonância magnética, focalizou intenso interesse sobre o sistema límbico (emoções), como uma área central para a fisiologia da esquizofrenia, a introdução de antipsicóticos efetivos na redução de sintomas negativos da esquizofrenia e fatores psicossociais.

Principais causas da esquizofrenia:

1) modelo estresse-diátese – vulnerabilidade específica inerente ao indivíduo que sofre influência de fatores ambientais estressantes, propiciando o aparecimento dos sintomas de esquizofrenia;
2) fatores biológicos;
3) fatores genéticos – presença dos sintomas de esquizofrenia em membros familiares;
4) fatores psicossociais – questões familiares, coletivas e individuais que afetam o enfermo.

Muitos autores, em suas pesquisas, têm concluído que há uma consistente relação entre violência e esquizofrenia. O autor Flavio Josef (2000, p. 49 a 51) cita Taylor, o qual encontrou, num grupo de detidos por homicídios, 8 a 11% de esquizofrênicos, número que, para o autor Flavio Josef, é uma super-representação diante do número de esquizofrênicos na sociedade: "parece haver uma retificação parcial da visão até recentemente predominante sobre a não periculosidade (ou pequena periculosidade) dos esquizofrênicos, devido às evidências da literatura, tais como uma super-representação, que parece haver, de tais pacientes, em populações criminais violentas".

> "Provados o fato típico e a autoria, mas demonstrada nos autos a inimputabilidade do réu, portador de esquizofrenia, ainda que não realizado o exame de sanidade mental, deve ele ser absolvido, com imposição de medida de segurança consistente em internação em hospital de custódia e tratamento psiquiátrico" (TJSP, AC, Rel., Dante Busana, *RT* nº 634/262).

Tipos de esquizofrenia:

a) **esquizofrenia tipo paranoide** – Caracterizada por uma preocupação com delírios e alucinações recorrentes;

b) **esquizofrenia tipo desorganizada** – Caracterizada por uma regressão exacerbada a um comportamento primitivo, desinibido e desorganizado;

c) **esquizofrenia tipo catatônico** – um tipo raro de esquizofrenia, caracteriza-se por acentuada atividade psicomotora, que pode incluir flexibilidade cérea, rigidez, negativismo, estereotipias, ecolalia ou ecopraxia, maneirismos e mutismo;

d) **esquizofrenia tipo residual** – Caracterizada pelos indícios contínuos de perturbação esquizofrênica, na ausência de delírios e alucinações relevantes, discurso desorganizado e comportamento intensamente desorganizado ou catatônico. Comumente estão presentes os seguintes sintomas: embotamento emocional, retraimento social, comportamento excêntrico e leve redução das associações.

TRANSTORNOS PSICÓTICOS

As psicoses são transtornos mentais que causam subversão do juízo. Para o Código Penal, é doença mental (art. 26), e o Código Civil de 1916 fazia menção a "loucos de todos os gêneros".

O atual Código Civil abandonou a antiga designação e passou a adotar no art. 4º, III, a expressão "aqueles que, por causa transitória ou permanente, não puderem exprimir sua vontade". O art. 228, § 2º ainda prevê que "a pessoa com deficiência poderá testemunhar em igualdade de condições com as demais pessoas, sendo-lhe assegurados todos os recursos de tecnologia assistiva".

A esquizofrenia é o transtorno psicótico mais comum. Entretanto, existem outras síndromes psicóticas que não correspondem aos requisitos para diagnóstico de esquizofrenia.

Existem vários tipos, descritos a seguir:

a) transtorno psicótico por uma condição médica geral (traumatismo craniano, lesões cerebrais) ou por uso de substâncias (drogas etc.);

b) transtorno esquizofreniforme – similar à esquizofrenia em todos os aspectos, salvo pela duração dos sintomas, caracterizada por, no mínimo, um mês (menos de 6 meses). O doente retorna ao estado de funcionamento anterior após a resolução do transtorno;

c) transtorno esquizoafetivo – apresenta sintomas da esquizofrenia (delírios e alucinações) e de transtornos de humor. Ex.: tipo bipolar caracterizado pela presença de um episódio maníaco e tipo depressivo caracterizado pela presença de episódios depressivos maiores;

d) transtorno delirante – anteriormente chamado de "paranoia", caracteriza-se pelo predomínio de delírios (crença irrefutável pela lógica). Exemplos: tipo erotomaníaco, tipo ciumento, tipo grandioso (megalomania), tipo misto, tipo persecutório, tipo somático e tipo inespecificado;

e) transtorno psicótico breve (psicose reativa breve) – o súbito desenvolvimento da psicose ocorre após um evento intensamente traumático ou estressor;

f) psicose pós-parto – emergência psiquiátrica com maior incidência entre as mulheres primíparas. Apresenta risco de infanticídio e suicídio.

TRANSTORNOS DE HUMOR

Os dois clássicos transtornos do humor são o transtorno depressivo maior e o transtorno bipolar (anteriormente denominado psicose maníaco-depressiva).

A) Transtornos depressivos

a.1) Transtorno depressivo maior – a pessoa acometida apresenta humor deprimido na maior parte do dia ou todos os dias, interesse e prazer reduzido de forma exacerbada, perda ou ganho de peso sem relação com dieta, agitação ou retardo no funcionamento psicomotor, capacidade reduzida para pensar e concentrar-se, sensação de inutilidade ou culpa inadequada ou exacerbada, ideação suicida, entre outros sintomas.

a.2) Transtorno depressivo menor – perturbação do humor (deprimido) na maior parte do dia, quase todos os dias, redução do prazer ou interesse por atividades cotidianas, perda ou ganho ponderal, sem relação com dieta, ideias recorrentes de morte etc. (ver descrição detalhada na CID 10).

a.3) Transtorno depressivo breve recorrente – caracterizado por episódios breves de sintomas depressivos.

a.4) Transtorno disfórico pré-menstrual – também denominado tensão pré-menstrual, a síndrome ocorre durante a última semana da fase lútea. Caracteriza-se por intensa ansiedade, irritabilidade, raiva ou conflitos interpessoais aumentados, dentre outros sintomas descritos no DSM-IV.

a.5) Transtorno de humor devido a uma condição médica geral – caracterizado pela presença de sintomas depressivos ou maníacos em indivíduo com uma condição médica instalada. Ex.: epilepsia, diabetes, artrite, doenças cardíacas, dentre outras.

a.6) Transtorno de humor induzido por substância – ocasionado por uso de medicamentos para tratamento de enfermidades não psiquiátricas, exposição acidental ou uso/dependência de drogas.

B) Transtorno bipolar – caracteriza-se pela presença de sintomas de mania (humor elevado) e depressão (perda de energia e interesse, sentimentos de culpa etc.).

C) Transtorno distímico – formas mais tênues de transtorno depressivo maior, caracterizado por humor deprimido predominante na maior parte do dia (crônico).

D) Transtorno ciclotímico – caracterizado pela presença de episódios de hipomania e depressão leve.

RETARDO MENTAL

Antigamente utilizava-se o termo *deficiência mental* para caracterizar uma forma leve de retardo mental. O termo *oligofrenia* tem sido utilizado na Rússia, Escandinávia e outros países europeus. Conforme a CID-10, o termo *retardo mental* significa: "uma condição de desenvolvimento interrompido ou incompleto da mente, a qual é especialmente caracterizada por comprometimento de habilidades manifestadas durante o período de desenvolvimento, as quais contribuem para o nível global de inteligência, isto é, aptidões cognitivas, de linguagem, motoras e sociais."

As etiologias do retardo mental incluem condições genéticas, exposição pré-natal a infecções e toxinas, trauma perinatal, condições adquiridas e fatores socioculturais.

Para Hélio Gomes[1], existem três níveis de retardo mental: idiotia, imbecilidade e debilidade mental.

1 Op. cit., p. 149.

IDIOTIA

É a forma mais acentuada. Quociente de Inteligência (Q.I.) abaixo de 25, ao passo que o Q.I. normal oscila entre 90 e 110. Nível de inteligência comparável ao de uma criança de até dois anos: não transmite recados, comunicação por gestos, imita movimentos elementares, nenhum trabalho intelectual. Em geral, não articulam palavras e vivem pouco.

IMBECILIDADE

É a forma média de oligofrenia. QI entre 25 e 50. Compara-se à criança de dois a sete anos: fala, come sozinho, varre, arruma, é capaz de pequeno trabalho mental. Já articula palavras, dá recados.

DEBILIDADE MENTAL

Representa uma zona limítrofe entre a imbecilidade e a sanidade mental. Em relação ao homem normal, sua evolução mental é muito vagarosa. Podem ser instáveis, explosivos, pueris, emotivos etc. QI entre 50 e 70 (debilidade mental) ou entre 70 e 90 (debilidade mental fronteiriça). Corresponde a crianças entre 7 e 12 anos: escrevem, penteiam-se, compram coisas, contam e são incapazes de efetuar abstração.

APLICAÇÕES MÉDICO-LEGAIS

Os idiotas e imbecis se enquadram no art. 26; os débeis mentais, no parágrafo único. O CPC não os aceita como testemunhas (art. 447); no CPP, ver arts. 202 e 208. Para Hélio Gomes, os idiotas não podem ser testemunhas, e os outros níveis devem ser vistos com reservas.

Com a publicação da Lei nº 13.146, de 06/07/2015, que instituiu o Estatuto da Pessoa com Deficiência, o Código Civil foi alterado em seu art. 228 para inserir o § 2º que prevê: "A pessoa com deficiência poderá testemunhar em igualdade de condições com as demais pessoas, sendo-lhe assegurados todos os recursos de tecnologia assistiva".

> "A absolvição arrima-se no laudo pericial, que esclarece ser o réu portador de oligofrenia e, como tal, de todo irresponsável" (TJSP, Rec., Rel.: Humberto da Nova, *RJTJSP* nº 26/408).

EPILEPSIA

Epilepsia é afecção do sistema nervoso central, caracterizada por alterações na atividade elétrica normal do cérebro. Estas alterações podem ser difusas ou focais e se manifestar através de crises convulsivas (perda da consciência, abalos musculares tônico-clônicos e ausência da função transitória dos esfíncteres), perda súbita dos sentidos, amnésia e inconsciência completa, com possibilidade de ocorrência de sintomas acessórios, tais como o chamado "grito do pavão" micção, mordida na língua, sialorreia e sono.

Flavio Josef[2], em sua obra, traz pesquisas que mostram que os epilépticos são menos encontrados em populações violentas do que se esperava. O fato de serem os epilépticos mais violentos do que os outros indivíduos também já se tornou mito.

O mestre Roberto Blanco cita o entender de Otholenghi, que diferencia o criminoso epiléptico do epiléptico criminoso. O primeiro seria aquele que comete os seus crimes com consciência e vontade bem definidas, sendo assim completamente imputável. Já o segundo comete seus crimes sob influência das alterações psicomotoras, decorrentes da doença, sendo assim inimputável. Entretanto, torna-se difícil observar, em função das habituais características das crises e da profundidade e importância das limitações físicas ou psíquicas observadas durante as crises, a verdadeira ausência da plenitude da capacidade intelectual, sendo comuns, para tentativas de obtenção de inimputabilidade, alegações do tipo: "estava em crise epiléptica parcial e, portanto, inconsciente de seus atos". O neurologista e policial Abouch Krymchantowski destaca o fato de que crises epilépticas difusas impedem qualquer atividade voluntária, enquanto as crises focais ou parciais não comprometem, em caráter geral, o desejo e capacidade da realização de atos voluntários.

> "Recurso *ex-officio*. Absolvição sumária. Réu comprovadamente inimputável. Correto juízo. Improvimento. Unânime. Foi o recorrido Valdinei Mateus Rosa acusado pela prática de homicídio simples contra a vítima Carlos Roberto Mendonça de Rezende. Conforme extensa prova colhida nos autos, três laudos de insanidade mental, entendeu o Juízo *a quo*, em sua bem fundamentada decisão, que o recorrido é portador de epilepsia combinada com uso nocivo de bebidas alcoólicas, sendo, portanto, na data do crime, inteiramente incapaz de entender o caráter ilícito de sua conduta e de determinar-se de acordo com esse entendimento, absolvendo-o sumariamente. Réu comprovadamente inimputável, à luz do incidente de insanidade mental em apenso, e sua absolvição concomitantemente à aplicação da medida de segurança cabível na espécie é de rigor. Recurso que se nega provimento" (Des.ª Elizabeth Gregory, julgado em 19/08/2004, 2ª Câm. Crim.).

2 Homicídio e doença mental: estudo clínico-psiquiátrico de um grupo de homicidas no Rio de Janeiro, p. 54/57

NEUROSES

As neuroses são transtornos psíquicos, nos quais o tônico é o desequilíbrio emocional, geralmente originado de sentimento de culpa ou necessidade de chamar atenção. Não se perde o juízo.

As neuroses (ou psiconeuroses) são estudos mórbidos caracterizados por perturbações psíquicas e somáticas, que causam grande sofrimento íntimo, determinado por fatores psicológicos, embora em algumas intervenham fatores orgânicos.

Aplicações médico-legais – civilmente, em regra, são capazes. Penalmente, são semi-imputáveis, salvo no caso de neurose compulsiva, que causa a inimputabilidade.

Há sete tipos: estados histéricos de conversão, estados ansiosos, estados fóbicos, estados compulsivos, estados neurastênicos, organoneuroses e neurose traumática.

TRANSTORNOS DA PERSONALIDADE

Representa uma variação exacerbada dos traços emocionais e comportamentais que caracterizam o sujeito na vida cotidiana. As pessoas com transtornos de personalidade apresentam padrões inflexíveis e desajustados de relacionamento e percepção do ambiente e de si mesmos. A etiologia destes transtornos inclui fatores genéticos, temperamentais (identificados na infância) e fatores biológicos. Tipos de transtornos: transtorno da personalidade paranoide, transtorno da personalidade esquizoide, transtorno da personalidade antissocial, transtorno da personalidade *borderline*, transtorno da personalidade histriônica, transtorno da personalidade narcisista, transtorno da personalidade esquiva, transtorno da personalidade dependente, transtorno da personalidade obsessivo-compulsiva, transtorno da personalidade passivo-agressiva, transtorno da personalidade depressiva, transtorno da personalidade sádica e alteração da personalidade devido a uma condição médica geral. Entretanto, para a Medicina Legal, considera-se a importância do conhecimento sobre o principal transtorno, que envolve a prática de crimes – o transtorno de personalidade antissocial.

O autor Flavio Josef[3] afirma que, segundo Hare, "as evidências mostram claramente que os psicopatas são: a) mais suscetíveis de empregar comportamento violento e agressivo que criminosos em geral; b) psicopatas são mais inclinados a recidivar no comportamento criminoso violento; c) psicopatas têm uma carreira criminal mais longa, iniciando-se

3 Homicídio e doença mental: estudo clínico-psiquiátrico de um grupo de homicidas no Rio de Janeiro, p. 66/67

precocemente, sem uma detecção adequada (mercê das dificuldades conceituais na caracterização precisa) e prolongando-se além do que se pensava anteriormente. Isto lhes proporcionaria um desenvolvimento em habilidades criminosas e uma ascensão em gravidade de delitos, bem como um modo melhor de evitar a detecção e apreensão de policiais".

Ensina ainda o autor que, para Hare, psicopatia não está relacionada a um tipo específico de passado familiar ou experiências precoces, "mas o tipo de experiência vivenciada moldará muito do futuro comportamento do indivíduo, inclusive no tocante ao grau de violência e agressividade". Flavio Josef cita, ainda, Lynam, que, baseada em revisão de evidências de estudos familiares, afirmou que "crianças simultaneamente hiperativas e antissociais estariam em uma situação de 'extremo alto risco' para a psicopatia".

É importante ressaltar que, havendo necessidade de requisitar-se o *exame de insanidade mental,* somente a autoridade judicial, de acordo com o art. 149 do CPP, tem competência para fazê-lo.

TRANSTORNO DE PERSONALIDADE ANTISSOCIAL (TRANSTORNO DE PERSONALIDADE DISSOCIAL)

Os termos personalidade psicopática, sociopata, antissocial, transtornos de conduta, delinquência, *borderline* e muitos outros congêneres, juntamente com conceitos tais como personalidade criminosa, propensão ao delito etc., estão constantemente sendo revistos pela psiquiatria em geral e, particularmente, pela Psiquiatria Forense. Toda essa temática tem, também, um grande interesse para a sociologia, política e antropologia, na medida em que a sociedade tem se surpreendido com fenômenos de agressividade e violência estarrecedoras. As frequentes ocorrências de crimes seriais, juntamente com as atitudes destrutivas de fundo religioso e político e as atuais turbulências do mundo moderno, principalmente as grandes tragédias político-sociais que abalam os grandes centros, como, por exemplo, as ações terroristas, têm chamado muito a atenção sobre a destrutividade potencial que caracteriza a conduta de algumas pessoas. Sendo assim, estaremos utilizando a expressão *transtorno de personalidade antissocial ou dissocial,* descrita pelo autor mencionado anteriormente, para especificar esse tipo de transtorno de personalidade. Denota-se marcado pela predominância de atos antissociais e criminosos recorrentes, sem caracterizar sinônimo de criminalidade. Denota-se a incapacidade de adequação a normas sociais e leis. As pessoas com este transtorno apresentam alta capacidade de demonstrar credibilidade, entretanto, sob a aparência existe irritabilidade, hostilidade, cólera e tensão.

PERSONALIDADE DO RÉU NO ART. 59 DO CÓDIGO PENAL

Diz o art. 59 do Código Penal que o juiz, atendendo à culpabilidade, aos antecedentes, à conduta social, *à personalidade do agente,* aos motivos, às circunstâncias e consequências do crime, bem como ao comportamento da vítima, estabelecerá, conforme seja necessário e suficiente para reprovação e prevenção do crime: I – as penas aplicáveis dentre as cominadas; II – a quantidade de pena aplicável, dentro dos limites previstos; III – o regime inicial de cumprimento da pena privativa de liberdade; e IV – a substituição da pena privativa da liberdade aplicada por outra espécie de pena, se cabível.

Alguns doutrinadores de vanguarda começam a defender a tese de que o juiz de Direito não teria como fazer essa avaliação da *personalidade do agente,* tamanha a complexidade do assunto, a qual deveria ser realizada por psicólogos, psiquiatras etc., e não por um bacharel em Direito.

8.3. SIMULAÇÃO DA LOUCURA E QUESTÕES MÉDICO-LEGAIS PERIFÉRICAS

A simulação da loucura, enquanto gênero, consiste no fato de um indivíduo, para obtenção de qualquer vantagem, procurar iludir os demais sobre seu estado mental. A simulação propriamente dita significa que o indivíduo finge ser louco. A simulação não é fácil de ser feita.

Os simuladores podem ser divididos em vários grupos: ativos, passivos e absurdos (Parot). Há, ainda, variações sobre a modalidade do engodo.

A *dissimulação da loucura* é o inverso da simulação. Aqui, o louco finge ser são. *Pré-simulação* é a simulação preventiva. Ex.: um indivíduo que pretende cometer um crime começa a simular, de antemão, ser louco. *Supersimulação* é um alienado copiar sinais e sintomas de outra doença mental. *Metassimulação* é o fato de o doente mental, que já se curou, permanecer fingindo-se de doente.

O *diagnóstico da simulação* utiliza diversos processos: astuciosos, coercitivos, tóxicos e científicos. Cabe ressaltar que os pacientes com transtornos de personalidade, sobretudo *borderline* (limítrofe), podem passar por pessoas normais e até muito competentes, mas demonstram fases ou períodos de psicopatologia que nem sempre são fáceis de identificar, principalmente porque eventualmente são considerados produtivos e capazes.

8.4. PSICOLOGIA JUDICIÁRIA

ESTUDO PSICOLÓGICO DO TESTEMUNHO, DA CONFISSÃO E DA ACAREAÇÃO

A Psicologia Judiciária aborda o estudo do testemunho, da confissão, acareação etc. Não se confunde com a Psicologia Forense propriamente dita, que estuda os limites normais, biológicos, mesológicos e legais da responsabilidade e da capacidade civil, nem com a Psicopatologia Forense, que estuda os limites e modificadores anormais da responsabilidade e da capacidade. Como já consignamos, Hélio Gomes fala da Psiquiatria Forense, que se contém na Psicopatologia, como quem trata do estudo médico-legal dos doentes mentais, oligofrênicos, neuróticos e personalidades psicopáticas, ou seja, estuda e trata as perturbações do comportamento humano.

Como já salientado, estamos na seara da *Psicologia Judiciária*, ramo da Psicologia Geral que se ocupa, primordialmente, do comportamento das pessoas que participam do "drama" processual. Seu objetivo fundamental é a perquirição da verdade judicial. A verdade pode ser *formal (ideal)*, ou seja, a produzida no processo, ou *real (material)*, isto é, aquela correspondente ao que efetivamente ocorreu no mundo concreto. No processo civil, vige o princípio da verdade ideal, enquanto, no processo penal, o objetivo é a consecução da verdade real (Moacyr Benedicto de Souza).

Legislação: arts. 385/395 e 442/463 (CPC) e 185/230 (CPP).

Várias são as razões que podem levar a testemunha à mentira ou ocultação da verdade: o medo, a corrupção, a paixão, a simpatia ou antipatia, a vaidade, a amizade ou inimizade etc. Roberto Blanco cita a catatimia, que, segundo ele, é "um distúrbio da percepção provocado pela afetividade" que "pode conduzir a verdadeiras ilusões visuais, auditivas e de outras formas".

Anote-se que o falso testemunho ou falsa perícia é crime previsto no art. 342 do Código Penal. Ainda nesse campo devem ser estudados os delitos tipificados nos arts. 339, 340, 341, 343 e 344 do Código Penal.

Mas não é apenas a falsidade que prejudica a prova testemunhal. A memória, a mais importante das funções psíquicas (Richet), deve ser analisada; afinal, é ela quem responde pela fixação, conservação e evocação da percepção. A percepção, do mesmo modo, influencia o valor do testemunho, pois sua capacidade varia de indivíduo para indivíduo. A percepção e a memória também são essenciais à valoração do reconhecimento de pessoas e coisas. A capacidade de transmissão também é importante (ex.: testemunha muda).

Os depoimentos em juízo, por conseguinte, estão sujeitos a erros, falhas, excessos e riscos inúmeros. É certo que tudo pode repercutir na testemunha: idade, sexo, nível mental, condições sociais e familiares, posição em relação às partes litigantes etc. *Exempli gratia,* até a iluminação no local do crime interfere na testemunha, pois prejudica a percepção e, sendo esta deficiente, prejudica também a fixação, conservação e evocação do fato na memória. Para Roberto Blanco, é preciso que todos os sentidos humanos estejam em adequado funcionamento para que o depoimento seja bem-sucedido. O mestre cita ainda os tipos de amnésia de interesse médico-legal: amnésia retrógrada (não se lembra do ocorrido antes do fato), amnésia anterógrada (não se lembra do ocorrido depois do fato), amnésia retroanterógrada (não se lembra de nada), ecmnésia (lembra-se de coisas que aparentemente jamais vivenciou), hipermnésia (lembra-se de uma grande quantidade de coisas do seu passado), paramnésia (não consegue reproduzir os fatos vividos com exatidão), lei de Ribot (perde gradativamente as lembranças mais recentes).

Devemos atentar, então, para vários aspectos: o acusado e a confissão; o exame criminológico[4] e da personalidade do acusado; o interrogatório; aspectos psicológicos do acusado, da confissão e do modo de realização do interrogatório; a psicologia do ofendido e a relatividade de suas declarações; a participação psicológica da vítima no fato punível; a vitimologia; a psicologia do testemunho em geral; a percepção e a memória (fixação, conservação, evocação); a capacidade de transmissão (comunicação); os depoimentos da criança, do idoso, do psicopata, da mulher etc.; as perturbações no processo psíquico e seus efeitos no depoimento; aspectos psicológicos da atuação das partes (autor e réu, acusador e defensor), do perito e do juiz; a psicologia da mentira; a mentira patológica; psicologia da simulação; o diagnóstico da sinceridade e seus métodos (tradicionais e modernos) etc.

O interrogatório do réu e a inquirição de testemunhas podem ser feitos por três processos: narração livre, interrogatório e misto. Na narração, o depoente é convidado a falar, não sendo interrompido nem sugestionado; no interrogatório, as partes fazem perguntas; no processo misto, os dois processos anteriores se combinam.

Outra realidade que vem se apresentando é a possibilidade de os interrogatórios dos acusados serem realizados de forma eletrônica *(interrogatório on-line)*. O acusado, estando preso, não seria levado ao fórum, mas seria transmitido o seu interrogatório por meio de câmaras de vídeo, e o juiz permaneceria no fórum, não havendo necessidade de deslocamento do preso e nem de providências de escolta, economizando tempo e recursos financeiros do Estado. A medida gera uma grande polêmica entre os especialistas, pois alguns alegam que o interrogatório é o único momento em que o preso tem de se entrevistar pessoalmente com o seu julgador e que esse encontro pessoal com o juiz é um direito fundamental do acusado.

4 Sobre o exame criminológico, *vide* a Súmula Vinculante nº 26 do STF: Para efeito de progressão de regime no cumprimento de pena por crime hediondo, ou equiparado, o juízo da execução observará a inconstitucionalidade do art. 2º da Lei nº 8.072, de 25 de julho de 1990, sem prejuízo de avaliar se o condenado preenche, ou não, os requisitos objetivos e subjetivos do benefício, podendo determinar, para tal fim, de modo fundamentado, a realização de exame criminológico. DJe nº 238, p. 1, em 23/12/2009, *DOU* 23/12/2009. Súmula nº 439 do STJ: "Admite-se o exame criminológico pelas peculiaridades do caso, desde que em decisão motivada".

Em 09/06/2008 foi promulgada a Lei nº 11.690, que, entre outras coisas, conferiu nova redação ao art. 217 e parágrafo único, do CPP, prevendo que, por ocasião da oitiva do ofendido ou da testemunha, "se o juiz verificar que a presença do réu poderá causar humilhação, temor, ou sério constrangimento à testemunha ou ao ofendido, de modo que prejudique a verdade do depoimento, fará a inquirição por videoconferência e, somente na impossibilidade dessa forma, determinará a retirada do réu, prosseguindo na inquirição, com a presença do seu defensor". A adoção de qualquer das medidas previstas no *caput* do artigo deverá constar do termo, assim como os motivos que a determinaram.

Estipula ainda a nova lei que, verificando o Juiz a inconveniência da presença do réu em audiência, e não sendo possível no caso concreto a videoconferência, determinará a sua retirada da sala, presente o seu Defensor, mostrando-nos que o direito de presença do acusado não é absoluto, podendo ceder em casos excepcionais. A razão jurídica dessa previsão é evitar que o réu influencie o depoimento da testemunha ou as declarações da vítima.

De acordo com o novo texto legal, são requisitos para a retirada do réu da sala de audiências: I – que seja verificado, pelo Juiz, que a sua presença possa causar humilhação, terror ou sério constrangimento à testemunha ou à vítima, comprometendo a verdade do depoimento; II – o registro do ocorrido na ata de audiência, bem como os motivos que o determinaram, o que permitirá a análise sobre a razoabilidade da medida; III – a presença do defensor do réu na sala de audiências; IV – que seja inviável a realização de videoconferência.

Apesar de todas as suas peculiaridades, a prova testemunhal é, ainda hoje, de vital importância para a resolução de inquéritos policiais, procedimentos administrativos e dos processos judiciais e, muitas vezes, a única disponível.

CONFISSÃO

Sempre foi conhecida como a rainha das provas. Hoje, porém, já não tem valor tão elevado. Como exemplo, sabemos que a confissão não supre o exame do corpo delito. No campo civil, o valor da confissão é maior. Assim como em todas as provas, não só a testemunhal, a verdade surge da análise de todos os elementos do processo, sendo esta a razão pela qual o valor da palavra do acusado é relativo, tal como a voz do ofendido. Um sistema de repressão criminal evoluído procura cada vez depender menos da palavra do acusado, obtendo a certeza da autoria através da investigação e do uso dos recursos técnicos.

Tanto o réu quanto a vítima, pela íntima relação com o fato, devem ter os seus depoimentos cuidadosamente estudados. Em grau semelhante, os seus parentes, amigos íntimos e inimigos capitais e, ainda, as pessoas que tenham interesse na decisão da causa.

O depoimento da vítima tem uma importância fundamental nos crimes sexuais. Ali, o magistrado deve analisá-lo com maior cuidado em face do conjunto probatório, já que esses crimes geralmente ocorrem em locais ermos e sem a presença de testemunhas.[5]

> A jurisprudência do Superior Tribunal de Justiça é a de que, nos crimes de natureza sexual, os quais nem sempre deixam vestígios, a palavra da vítima tem valor probante diferenciado. Precedentes (STJ, AgRg no AREsp 1.268.926/PR, Rel. Min. Antônio Saldanha Palheiro, 6ª T., j. 24/04/2018).

> A jurisprudência pátria é assente no sentido de que, nos delitos contra liberdade sexual, por frequentemente não deixarem vestígios, a palavra da vítima tem valor probante diferenciado. Precedentes (STJ, HC 344.741/SP, Rel. Min. Ribeiro Dantas, 5ª T., DJe 25/11/2016).

Retornando à confissão, sabemo-la retratável e divisível. O réu tem direito a permanecer calado, o que é previsto pela Constituição (art. 5º, LXIII) e pelo CPP (art. 186). Ao ser ouvido, o acusado pode confessar a autoria do crime que lhe é imputado, sendo normal apresentar nesta ocasião suas razões ou justificativas. Quando o acusado confessa um crime e alega alguma descriminante, diz-se que ocorreu a chamada *confissão qualificada.*

Sobre a confissão, fala o CPP nos arts. 197 a 200. Sobre as perguntas ao ofendido, veja-se o art. 201 do CPP.

A confissão pode ser obtida por vários meios, tais como os astuciosos, coercitivos, tóxicos e científicos. Os meios coercitivos (violentos) são também chamados de "terceiro grau". Como métodos igualmente usados, podemos citar: o soro da verdade, o hipnotismo, a psicanálise, a máquina da verdade (ou detector de mentiras), o reflexo galvânico etc. Há quem chame os métodos científicos de "quarto grau".

De acordo com Moacyr Benedicto de Souza, o meio astucioso caracteriza-se pelo emprego de habilidade e perspicácia do interrogante para fazer com que o réu caia em contradições, acabando por revelar a verdade que queria esconder. O meio tóxico significa o emprego de substâncias tóxicas no acusado, com a

5 STJ. *HC* nº 59.746/RJ. 5ª T., Rel. Min. Gilson Dipp, julgado em 17/10/2006, *DJ* 13/11/2006. Nos crimes sexuais, a palavra da vítima, especialmente quando corroborada por outros elementos de convicção, tem grande validade como prova, porque, na maior parte dos casos, esses delitos, por sua própria natureza, não contam com testemunhas e sequer deixam vestígios.

finalidade de obter deste a verdade. Através dos meios coercitivos, coage-se o réu física ou psiquicamente para, assim, ouvir-se a verdade. Já através dos meios científicos, o investigador se utiliza de processos de exames clínicos e laboratoriais, observação e pesquisa, visando a descobrir a verdade por meios científicos, e não necessariamente através da indução do acusado à confissão.

O mesmo autor, Moacyr B. de Souza, relaciona várias razões que levam o acusado a confessar: o remorso, o alívio interior, a vaidade, a religiosidade, a ignorância, a necessidade de expiação, o prazer de repetição etc.

A confissão é mais frequente nos crimes passionais, *honoris causa*, e nos casos de legítima defesa, nos quais o agente acredita na justiça de sua atitude ou a realiza como tática de defesa com a apresentação concomitante de uma suposta justificativa (ex.: uma excludente de ilicitude ou culpabilidade, uma atenuante ou um privilégio no homicídio). Às vezes, é apresentada também quando o acusado não tem nenhuma saída, com o objetivo de se buscar somente a redução da pena (art. 65, III, *d*, do CP) quando da fixação da mesma na sentença condenatória.

As Leis nº 10.792, de 1º/12/2003, e nº 11.900, de 08/01/2009, deram nova feição no Brasil ao *interrogatório do acusado*, alterando significativamente a sua regulamentação pelo Código de Processo Penal. Agora, o acusado que comparecer perante a autoridade judiciária, no curso do processo penal, será qualificado e interrogado *na presença de seu defensor, constituído ou nomeado*. O interrogatório do acusado preso será feito no estabelecimento prisional em que se encontrar, em sala própria, desde que estejam garantidas a segurança do juiz e auxiliares, a presença do defensor e a publicidade do ato. Inexistindo a segurança, o interrogatório será feito nos termos do Código de Processo Penal.

Antes da realização do interrogatório, o juiz assegurará o direito de entrevista reservada do acusado com seu defensor. Depois de devidamente qualificado e cientificado do inteiro teor da acusação, o acusado será informado pelo juiz, antes de iniciar o interrogatório, do seu direito de permanecer calado e de não responder às perguntas que lhe forem formuladas. O silêncio, que não importará em confissão, não poderá ser interpretado em prejuízo da defesa.

O interrogatório será constituído de duas partes: sobre a pessoa do acusado e sobre os fatos. Na *primeira parte,* o interrogando será perguntado sobre a residência, meios de vida ou profissão, oportunidades sociais, lugar onde exerce a sua atividade, vida pregressa, notadamente se foi preso ou processado alguma vez e, em caso afirmativo, qual o juízo do processo, se houve suspensão condicional ou condenação, qual a pena imposta, se a cumpriu e outros dados familiares e sociais. A Lei nº 13.257, de 2016, acrescentou que no interrogatório deverá constar a informação sobre a existência de filhos, respectivas idades e se possuem alguma deficiência e o nome e o contato de eventual responsável pelos cuidados dos filhos, a ser indicado pela pessoa presa. Na *segunda parte,* será perguntado sobre: I – ser verdadeira a acusação que lhe é feita; II – não sendo verdadeira a acusação, se tem algum motivo particular a que atribuí-la, se conhece a pessoa ou pessoas a quem deva ser imputada a prática do crime, e quais sejam, e se com elas esteve antes da prática da infração ou depois dela; III – onde estava ao tempo que foi cometida a infração e se teve notícia desta; IV – as provas já apuradas; V – se conhece as vítimas e testemunhas já inquiridas ou por inquirir, e desde quando, e se tem o que alegar contra elas; VI – se conhece o instrumento com que foi praticada a infração, ou qualquer objeto que com esta se relacione e tenha sido apreendido; VII – todos os demais fatos e pormenores que conduzam à elucidação dos antecedentes e circunstâncias da infração; VIII – se tem algo mais a alegar em sua defesa.

Após proceder ao interrogatório, o juiz indagará das partes se restou algum fato para ser esclarecido, formulando as perguntas correspondentes se o entender pertinente e relevante. Se o interrogando negar a acusação, no todo ou em parte, poderá prestar esclarecimentos e indicar provas. Se confessar a autoria, será perguntado sobre os motivos e circunstâncias do fato, e se outras pessoas concorreram para a infração, e quais sejam. Havendo mais de um acusado, serão interrogados separadamente.

O interrogatório do mudo, do surdo ou do surdo-mudo será feito pela forma seguinte: I – ao surdo serão apresentadas por escrito as perguntas, que ele responderá oralmente; II – ao mudo as perguntas serão feitas oralmente, respondendo-as por escrito; III – ao surdo-mudo as perguntas serão formuladas por escrito e do mesmo modo dará as respostas. Caso o interrogando não saiba ler ou escrever, intervirá no ato, como intérprete e sob compromisso, pessoa habilitada a entendê-lo.

Quando o interrogando não falar a língua nacional, o interrogatório será feito por meio de intérprete. Se o interrogado não souber escrever, não puder ou não quiser assinar, tal fato será consignado no termo. A todo tempo, o juiz poderá proceder a novo interrogatório de ofício ou a pedido fundamentado de qualquer das partes.

Para Denilson Feitoza a natureza jurídica do interrogatório é dúplice: meio de prova e meio de defesa. Para a lei, é meio de prova, pois está inserido no capítulo que trata da prova. Para a doutrina e a jurisprudência, também é meio de defesa.[6]

6 FEITOZA, Denilson. *Direito processual penal*: teoria, crítica e práxis. 6ª ed. Niterói: Impetus, 2009, p. 742.

A Lei nº 11.900, de 08/01/2009, alterou o art. 185 do Código de Processo Penal para possibilitar a realização do interrogatório através de videoconferência ou outro recurso tecnológico de transmissão de sons e imagens em tempo real, como medida excepcional. Para tanto, o juiz, por decisão fundamentada, de ofício ou a requerimento das partes, poderá determinar tal medida, desde que necessária para atender a uma das seguintes finalidades: prevenir risco à segurança pública, quando exista fundada suspeita de que o preso integre organização criminosa ou de que, por outra razão, possa fugir durante o deslocamento; viabilizar a participação do réu no referido ato processual, quando haja relevante dificuldade para seu comparecimento em juízo, por enfermidade ou outra circunstância pessoal; impedir a influência do réu no ânimo de testemunha ou da vítima, desde que não seja possível colher o depoimento destas por videoconferência, nos termos do art. 217 deste Código; responder à gravíssima questão de ordem pública.

Da decisão que determinar a realização de interrogatório por videoconferência, as partes serão intimadas com 10 (dez) dias de antecedência.

Antes do interrogatório por videoconferência, o preso poderá acompanhar, pelo mesmo sistema tecnológico, a realização de todos os atos da audiência única de instrução e julgamento de que tratam os arts. 400, 411 e 531 deste Código.

Em qualquer modalidade de interrogatório, o juiz garantirá ao réu o direito de entrevista prévia e reservada com o seu defensor; se realizado por videoconferência, fica também garantido o acesso a canais telefônicos reservados para comunicação entre o defensor que esteja no presídio e o advogado presente na sala de audiência do Fórum, e entre este e o preso.

A sala reservada no estabelecimento prisional para a realização de atos processuais por sistema de videoconferência será fiscalizada pelos corregedores e pelo juiz de cada causa, como também pelo Ministério Público e pela Ordem dos Advogados do Brasil.

Será requisitada a apresentação do réu preso em juízo nas hipóteses em que o interrogatório não se realizar na forma prevista nos §§ 1º e 2º deste artigo.

Em relação ao interrogatório, insta ressaltar ainda que a Lei nº 11.719, de 20 de junho de 2008, alterou o art. 400 do Código de Processo Penal, para estipular que na audiência de instrução e julgamento proceder-se-á à tomada de declarações do ofendido, à inquirição das testemunhas arroladas pela acusação e pela defesa, nesta ordem, ressalvado o disposto no art. 222 deste Código, bem como aos esclarecimentos dos peritos, às acareações e ao reconhecimento de pessoas e coisas, interrogando-se, em seguida, o acusado. Ou seja, só após a produção das provas testemunhais, periciais, etc., na audiência, é que o acusado será interrogado. Produzidas as provas, ao final da audiência, o Ministério Público, o querelante e o assistente e, a seguir, o acusado, poderão requerer diligências cuja necessidade se origine de circunstâncias ou fatos apurados na instrução.

ACAREAÇÃO

A acareação "consiste em colocar frente a frente pessoas cujos depoimentos apresentam contradições ou conflitos" (Roberto Blanco).

A acareação se procede a partir da constatação de ponto relevante sobre o qual as declarações anteriores foram divergentes. Os acareados serão notificados a comparecer e reperguntados para que esclareçam a divergência nas suas declarações, reduzindo-se a termo o ato de acareação. Este termo é fundamental para a validade da prova, servindo como um documento comprobatório da realização e da idoneidade da prova colhida.[7]

Hélio Gomes fala da acareação como método "corrente no interrogatório".[8] Porém, o CPP admite a acareação entre acusados, acusados e testemunhas, testemunhas e testemunhas, sempre que estes divergirem, em suas declarações, sobre fatos ou circunstâncias relevantes. CPP: arts. 229 e 230.

A psicologia da acareação examina, principalmente, quatro fatores: a) influência da timidez na acareação; b) a influência do medo; c) a influência da presença de uma pessoa sobre a outra; d) a eritrofobia (medo de ruborizar-se).

Assim, a timidez, o medo, a presença de determinadas pessoas (como alguém mais inteligente, um amigo etc.) podem enganar o realizador da acareação.

A redução a termo da acareação deve transcrever não só as palavras, mas também as reações emotivas, gestos, tonalidades afetivas, pausas, gagueiras, suspiros, pranto etc., pois são elementos de vital interesse na elucidação da verdade.

A mencionada Lei nº 11.900, de 08/01/2009, que alterou os arts. 185 e 222, e acrescentou o art. 222-A, todos do Código de Processo Penal, possibilitou a realização de outros atos processuais, como acareação, reconhecimento de pessoas e coisas, e inquirição de testemunha ou tomada de declarações do ofendido, por videoconferência.

Aplica-se o disposto nos §§ 2º, 3º, 4º e 5º do art. 185, no que couber, à realização de tais atos processuais que dependam da participação de pessoa

7 MOREIRA, Rômulo de Andrade. Acareação. *Revista Síntese de Direito Penal e Processual Penal*. Porto Alegre: Síntese, dez.-jan./2001, p. 49 e seguintes.

8 GOMES, Hélio. *Medicina legal*, p. 256.

que esteja presa. Nesta hipótese, fica garantido o acompanhamento do ato processual pelo acusado e seu defensor.

DEPOIMENTO SEM DANO

Uma criança de pequena idade (três a quatro anos) presencia um assassinato dentro de seu apartamento. Qual é a segurança efetiva de se decidir um processo levando em conta o depoimento dessa criança?

Uma nova possibilidade que se apresenta para a Justiça Criminal agregando confiabilidade é o que a doutrina chama de "depoimento sem dano".

Para Jorge Trindade, todos aqueles que lidam com crianças e adolescentes vítimas de violência física, psicológica, de negligência ou abuso sexual reconhecem que o sistema de oitiva tradicionalmente utilizado deixa muito a desejar.[9]

Além da questão da segurança da prova, pesa muito em desfavor da oitiva normal de uma criança durante um processo penal o sofrimento que tal relembrança em sua memória pode lhe trazer, o que configuraria um caso típico de vitimização secundária (um sofrimento adicional) ao ato direto de ser vítima de um crime (o sofrimento direto é chamado de vitimização primária).

A criança não é ouvida dentro da sala de audiência, mas num ambiente menos agressivo com o uso da *Câmara de Gesel* (uma sala onde há um falso espelho que permite que juiz, promotor, advogados e serventuários possam acompanhar todos os atos na sala ao lado sem serem vistos).

Segundo o magistrado José Antonio Daltoé Cezar, pioneiro no projeto em Porto Alegre (RS), na ocasião dos depoimentos das crianças e dos adolescentes vítimas de abuso sexual, retira-se do ambiente formal das salas de audiências e são transferidas para sala especialmente projetada para tal fim, devendo estar devidamente ligada por vídeo, e áudio, ao local onde se encontram o magistrado, promotor de justiça, advogado, réu e serventuários da Justiça, os quais podem interagir durante o depoimento.[10]

Assim, é possível realizar esses depoimentos de forma mais tranquila e profissional em ambiente mais receptivo, com a intervenção de técnicos previamente preparados para tal tarefa, evitando, dessa forma, perguntas inapropriadas, impertinentes, agressivas e desconectadas não só do objeto do processo, mas principalmente das condições pessoais do depoente.[11]

9 TRINDADE, Jorge. Prefácio à obra de CEZAR, José Antonio Daltoé. *Depoimento sem dano:* uma alternativa para inquirir crianças e adolescentes nos processos judiciais. Porto Alegre: Livraria do Advogado, 2008, p. 9.

10 Cezar, José Antonio Daltoé. *Depoimento sem dano:* uma alternativa para inquirir crianças e adolescentes nos processos judiciais. Porto Alegre: Livraria do Advogado, 2008, p. 61.

11 Cezar, José Antonio Daltoé. *Depoimento sem dano:* uma alternativa para inquirir crianças e adolescentes nos processos judiciais. p. 62.

Após o depoimento, que é gravado na memória de um computador, sua íntegra, além de ser degravada e juntada aos autos, é copiada em um disco e juntada na contracapa do processo. Tal prática permite que não só as partes e magistrado tenham a possibilidade de revê-lo a qualquer tempo para afastar eventuais dúvidas que possuam, mas também que os julgadores de segundo grau, em havendo recurso da sentença, tenham acesso às emoções presentes nas declarações, as quais nunca são passíveis de serem transferidas para o papel.[12]

O objetivo principal dessa iniciativa é o de evitar que a vítima seja submetida a um novo trauma, que é o de ter que relatar um episódio triste e difícil de sua vida para pessoas estranhas, em um ambiente formal, frio e, para ela, assustador.

A sistemática do "depoimento sem dano" pode ser utilizada tanto na fase pré-processual (inquérito policial) quanto na fase judicial.

Foi publicada a Lei nº 13.431, de 04 de abril de 2017, que estabelece o sistema de garantia de direitos da criança e do adolescente vítima ou testemunha de violência, e previu, em seus arts. 7º a 12 a escuta especializada e o depoimento especial, *in verbis*:

> **Art. 7º** Escuta especializada é o procedimento de entrevista sobre situação de violência com criança ou adolescente perante órgão da rede de proteção, limitado o relato estritamente ao necessário para o cumprimento de sua finalidade.
>
> **Art. 8º** Depoimento especial é o procedimento de oitiva de criança ou adolescente vítima ou testemunha de violência perante autoridade policial ou judiciária.
>
> **Art. 9º** A criança ou o adolescente será resguardado de qualquer contato, ainda que visual, com o suposto autor ou acusado, ou com outra pessoa que represente ameaça, coação ou constrangimento.
>
> **Art. 10.** A escuta especializada e o depoimento especial serão realizados em local apropriado e acolhedor, com infraestrutura e espaço físico que garantam a privacidade da criança ou do adolescente vítima ou testemunha de violência.
>
> **Art. 11.** O depoimento especial reger-se-á por protocolos e, sempre que possível, será realizado uma única vez, em sede de produção antecipada de prova judicial, garantida a ampla defesa do investigado.

12 Cezar, José Antonio Daltoé. *Depoimento sem dano:* uma alternativa para inquirir crianças e adolescentes nos processos judiciais. p. 62.

§ 1º O depoimento especial seguirá o rito cautelar de antecipação de prova:

I – quando a criança ou o adolescente tiver menos de 7 (sete) anos;

II – em caso de violência sexual.

§ 2º Não será admitida a tomada de novo depoimento especial, salvo quando justificada a sua imprescindibilidade pela autoridade competente e houver a concordância da vítima ou da testemunha, ou de seu representante legal.

Art. 12. O depoimento especial será colhido conforme o seguinte procedimento:

I – os profissionais especializados esclarecerão a criança ou o adolescente sobre a tomada do depoimento especial, informando-lhe os seus direitos e os procedimentos a serem adotados e planejando sua participação, sendo vedada a leitura da denúncia ou de outras peças processuais;

II – é assegurada à criança ou ao adolescente a livre narrativa sobre a situação de violência, podendo o profissional especializado intervir quando necessário, utilizando técnicas que permitam a elucidação dos fatos;

III – no curso do processo judicial, o depoimento especial será transmitido em tempo real para a sala de audiência, preservado o sigilo;

IV – findo o procedimento previsto no inciso II deste artigo, o juiz, após consultar o Ministério Público, o defensor e os assistentes técnicos, avaliará a pertinência de perguntas complementares, organizadas em bloco;

V – o profissional especializado poderá adaptar as perguntas à linguagem de melhor compreensão da criança ou do adolescente;

VI – o depoimento especial será gravado em áudio e vídeo.

§ 1º À vítima ou testemunha de violência é garantido o direito de prestar depoimento diretamente ao juiz, se assim o entender.

§ 2º O juiz tomará todas as medidas apropriadas para a preservação da intimidade e da privacidade da vítima ou testemunha.

§ 3º O profissional especializado comunicará ao juiz se verificar que a presença, na sala de audiência, do autor da violência pode prejudicar o depoimento especial ou colocar o depoente em situação de risco, caso em que, fazendo constar em termo, será autorizado o afastamento do imputado.

§ 4º Nas hipóteses em que houver risco à vida ou à integridade física da vítima ou testemunha, o juiz tomará as medidas de proteção cabíveis, inclusive a restrição do disposto nos incisos III e VI deste artigo.

§ 5º As condições de preservação e de segurança da mídia relativa ao depoimento da criança ou do adolescente serão objeto de regulamentação, de forma a garantir o direito à intimidade e à privacidade da vítima ou testemunha.

§ 6º O depoimento especial tramitará em segredo de justiça.

Capítulo 9

Sexologia Forense

9.1. INTRODUÇÃO

A Sexologia Forense estuda os aspectos médico-legais relativos aos delitos contra a dignidade e a liberdade sexual, sendo dividida em três ramos: Himeneologia (casamento), Obstetrícia Forense (procriação) e Erotologia (amor).

A *HIMENEOLOGIA* estuda o casamento, o divórcio, a eugenia, a esterilização dos tarados etc. Não confundir com a Himenologia, que é o estudo dos hímens.

A *OBSTETRÍCIA FORENSE* estuda a fecundação e o parto, a gravidez simulada, dissimulada e ignorada, o estado mental das puérperas, o aborto, a anticoncepção, a determinação e a exclusão da paternidade.

A *EROTOLOGIA* estuda os estados intersexuais, as perversões, os crimes sexuais e a prostituição.

Em 1996, entrou em vigor a Lei nº 9.263, que tem grande interesse para a *HIMENEOLOGIA FORENSE*, uma vez que regula o § 7º do art. 226 da Constituição, que trata do planejamento familiar. Essa lei trata da esterilização, conforme se pode verificar nos artigos transcritos abaixo:

> **Art. 12.** É vedada a indução ou instigamento individual ou coletivo à prática da esterilização cirúrgica.
>
> **Art. 13.** É vedada a exigência de atestado de esterilização ou teste de gravidez para quaisquer fins.

Tal lei prevê também vários crimes e penalidades, no que tange à esterilização (arts. 16 a 22):

> **Art. 16.** Deixar o médico de notificar à autoridade sanitária as esterilizações cirúrgicas que realizar.
>
> Pena – detenção, de seis meses a dois anos, e multa.
>
> **Art. 17.** Induzir ou instigar dolosamente a prática de esterilização cirúrgica.

Pena – reclusão, de um a dois anos.

Parágrafo único. Se o crime for cometido contra a coletividade, caracteriza-se como genocídio, aplicando-se o disposto na Lei nº 2.889, de 1º de outubro de 1956.

Art. 18. Exigir atestado de esterilização para qualquer fim.

Pena – reclusão, de um ano a dois anos, e multa.

Art. 19. Aplica-se aos gestores e responsáveis por instituições que permitam a prática de qualquer dos atos ilícitos previstos nesta Lei o disposto no *caput* e nos §§ 1º e 2º do art. 29 do Decreto-Lei nº 2.848, de 7 de dezembro de 1940 – Código Penal.

Art. 20. As instituições a que se refere o artigo anterior sofrerão as seguintes sanções, sem prejuízo das aplicáveis aos agentes do ilícito, aos coautores ou aos partícipes:

I – se particular a instituição:

a) de duzentos a trezentos e sessenta dias-multa e, se reincidente, suspensão das atividades ou descredenciamento, sem direito a qualquer indenização ou cobertura de gastos ou investimentos efetuados;

b) proibição de estabelecer contratos ou convênios com entidades públicas e de se beneficiar de créditos oriundos de instituições governamentais ou daquelas em que o Estado é acionista;

II – se pública a instituição, afastamento temporário ou definitivo dos agentes do ilícito, dos gestores e responsáveis dos cargos ou funções ocupados, sem prejuízo de outras penalidades.

Art. 21. Os agentes do ilícito e, se for o caso, as instituições a que pertençam ficam obrigados a reparar os danos morais e materiais decorrentes de esterilização não autorizada na forma desta Lei, observados, nesse caso, o disposto nos arts. 159, 1.518 e 1.521 e seu parágrafo único do Código Civil, combinados com o art. 63 do Código de Processo Penal.

Art. 22. Aplica-se subsidiariamente a esta Lei o disposto no Decreto-Lei nº 2.848, de 7 de dezembro de 1940 – Código Penal, e, em especial, nos seus arts. 29, *caput*, e §§ 1º e 2º; 43, *caput* e incisos I, II e III; 44, *caput* e incisos I e II e III e parágrafo único; 45, *caput* e incisos I e II; 46, *caput* e parágrafo único; 47, *caput* e incisos I, II e III; 48, *caput* e parágrafo único; 49, *caput* e §§ 1º e 2º; 50, *caput*, § 1º e alíneas e § 2º; 51, *caput* e §§ 1º e 2º; 52; 56; 129, *caput* e § 1º, incisos I, II e III, § 2º, incisos I, III e IV e § 3º.

9.2. HIMENEOLOGIA. ASPECTOS MÉDICO-LEGAIS DO CASAMENTO

Objeto da Himeneologia, o casamento é a união de pessoas de sexos diferentes, com finalidade precípua de reprodução. Para a doutrina jurídica, é o modo de instituição da família legítima. "Casamento é um contrato, solene e bilateral, vinculado a normas de ordem pública, que tem por fim criar a família legítima" (Maximilianus Führer). Ver CF/88.

Pode ser uma união monogâmica (um homem e uma mulher) ou poliândrica (uma mulher, mais de um homem). Em nosso país, não se admite legalmente a poligamia.

O casamento, além de regularizar e proteger a prole, preenche os aspectos psíquicos (apoio emocional e sentimental) e econômico (divisão dos afazeres).

O casamento é assunto de interesse primordial, haja vista o fato de a família ser, por sua relevância, tratada pela Constituição Federal, arts. 226 e seguintes.

Além de inserido na Lei Maior, consulte-se a Lei de Introdução as Normas do Direito Brasileiro, arts. 7º, 18 e 19; Código Civil, arts. 1.511 e seguintes, Lei nº 6.515 (Lei do Divórcio); Lei nº 6.015 (Lei de Registros Públicos), arts. 29, II, e 67 a 76; e Código Penal, no Título dos Crimes Contra a Família (VII), no Capítulo dos Crimes Contra o Casamento (I), arts. 235 a 240 (art. 240 revogado pela Lei nº 11.106/2005).

Assim, vemos a importância, tanto biológica quanto sociológica, do casamento, o que justifica a sua proteção e regulamentação pela lei, tanto civil quanto penal. Tal normatização deste interesse público é visível, quando vemos a regulamentação da habilitação para o casamento, a determinação de uma idade mínima, a existência de impedimentos matrimoniais etc.

IMPEDIMENTOS MATRIMONIAIS

Existem três requisitos essenciais para a concretização do casamento: consentimento, diferença de sexo e celebração de acordo com a lei. Faltando um, o casamento juridicamente é inexistente (não tem efeito). Além desses requisitos, a lei impõe outros, chamados de *impedimentos.*

O art. 183 do Código de Civil de 1916 estabelecia três classes de impedimentos ao casamento: absolutamente dirimentes (tornavam o casamento nulo), relativamente dirimentes (tornavam o casamento anulável) e impedimentos impedientes (não tornavam o casamento nem nulo nem anulável, apenas impunham aos nubentes certas penalidades em relação aos bens).

O novo Código Civil brasileiro (Lei nº 10.406/2002) passou a tratar o tema de outra forma. O homem e a mulher com 16 anos podem se casar, exigindo-se autorização de ambos os pais, ou de seus representantes legais, enquanto não atingida a maioridade civil. Todavia, os impedimentos foram de certa forma simplificados pelo advento do novo Código Civil brasileiro.

Segundo o art. 1.521 do novo Código Civil brasileiro, não podem casar: os ascendentes com os descendentes, seja o parentesco natural ou civil; os afins em linha reta; o adotante com quem foi cônjuge do adotado e o adotado com quem o foi do adotante; os irmãos, unilaterais ou bilaterais, e demais colaterais, até o terceiro grau inclusive; o adotado com o filho do adotante; as pessoas casadas e o cônjuge sobrevivente com o condenado por homicídio ou tentativa de homicídio contra o seu consorte.

Leciona Carlos Roberto Gonçalves que o novo Código Civil considera impedimentos apenas os *dirimentes absolutos,* ou seja, os que visam a evitar uniões que possam, de algum modo, ameaçar a ordem pública, resultantes de circunstâncias ou fatos impossíveis de ser supridos ou sanados. As hipóteses de impedimentos *relativamente dirimentes* do Código de 1916 foram deslocadas para o capítulo relativo à invalidade do casamento, como causas de anulabilidade.[1]

Os impedimentos impedientes do antigo Código Civil passam a ser tratados como *causas suspensivas* do casamento e estão regulamentados no art. 1.523 do novo Código Civil brasileiro, que registra que não devem se casar: o viúvo ou a viúva que tiver filho do cônjuge falecido, enquanto não fizer inventário dos bens do casal e der partilha aos herdeiros; a viúva, ou a mulher cujo casamento se desfez por ser nulo ou ter sido anulado, até dez meses depois do começo da viuvez, ou da dissolução da sociedade conjugal; o divorciado, enquanto não houver sido homologada ou decidida a partilha dos bens do casal; o tutor ou o curador e os seus descendentes, ascendentes, irmãos, cunhados ou sobrinhos, com a pessoa tutelada ou curatelada, enquanto não cessar a tutela ou curatela, e não estiverem saldadas as respectivas contas.

A normatização da relação conjugal foi sensivelmente afetada pela nova Lei Magna, que estabeleceu, definitiva e completamente, as igualdades de direitos e deveres entre marido e mulher. A igualdade entre os sexos está definida no art. 5º, I, da Constituição; no casamento, ver art. 226, § 5º.

Os prazos para a anulação do casamento são decadenciais. O prazo para ser intentada a ação de anulação do casamento, a contar da data da celebração, é de: I – cento e oitenta dias, no caso do inciso IV do art. 1.550; II – dois anos, se incompetente a autoridade celebrante; III – três anos, nos casos dos incs. I a IV do art. 1.557; IV – quatro anos, se houver coação. Extingue-se, em 180 dias, o

1 GONÇALVES, Carlos Roberto. *Direito de família*. 8ª ed. São Paulo: Saraiva, 2002. v. II.

direito de anular o casamento dos menores de 16 anos, contado o prazo para o menor do dia em que perfez essa idade, e da data do casamento, para seus representantes legais ou ascendentes. Na hipótese do inc. V do art. 1.550, o prazo para anulação do casamento é de 180 dias, a partir da data em que o mandante tiver conhecimento da celebração.

A impotência pode ser *coeundi*, quando há incapacidade para a ereção, que pode ter causa fisiopática ou psíquica. A impotência *generandi* é a incapacidade de fecundar. A mulher que não pode conceber tem impotência *concipiendi*.

9.3. SEXUALIDADE CRIMINOSA. ESTUPRO E ESTUPRO DE VULNERÁVEIS

DEFINIÇÕES DE MULHER VIRGEM, CONJUNÇÃO CARNAL E HÍMEN

Virgem é a mulher que nunca manteve cópula vagínica. A ausência de hímen (por exemplo, por perda traumática em acidente) ou sua complacência não afastam o conceito de virgindade.

Conjunção carnal é a cópula vagínica, completa ou não, com ou sem rompimento himenal, com ou sem ejaculação. Havendo rompimento do hímen, a perícia poderá determinar-lhe a data aproximada. Após a completa cicatrização, já não será mais possível definir a data provável do defloramento, devendo proceder-se à perícia o mais cedo possível.

Hímen

Membrana situada no introito vaginal, de estrutura mucosa, separando a vulva da vagina, que apresenta duas faces: anterior/vestibular (lado de fora) e posterior/vaginal (lado de dentro). Apresenta duas bordas: uma de inserção, que liga o hímen ao corpo, e outra livre, circundando o orifício do hímen, que é chamada de óstio.

Himenologia é o estudo dos himens (como alertado anteriormente, não confundir com Himeneologia, que estuda os problemas médico-legais relacionados com o casamento).

Nas palavras do ilustre professor Genival Veloso de França, "tem o hímen a propriedade de elastecer-se, dando-lhe maior ou menor dilatabilidade. Sua elasticidade pode chegar ao ponto de permitir a penetração de corpos mais calibrosos sem se romper. São os hímens complacentes, por excesso de membrana. Geralmente, sua complacência quando existe, sempre é por exiguidade de membrana."[2] Assim, pode-se afirmar que o hímen complacente é aquele que, por sua elasticidade, comporta a cópula sem romper-se.

2 FRANÇA, Genival Veloso de. *Medicina legal*. 9ª ed. Rio de Janeiro: Guanabara Koogan, 2012, p. 260/261.

Muito se discute sobre a conceituação de hímen complacente na prática médico-legal, visto seu caráter subjetivo, existindo variadas concepções sobre seu diagnóstico. Ressalta-se que não há uma medida padrão, tampouco um meio instrumental, para consigná-lo. Muitas mulheres, inclusive, mantêm uma integridade himenal mesmo iniciadas na vida sexual. Nesse contexto, França leciona que o perito médico-legal nunca deve tomar uma decisão nesta seara apenas por presunção ou probabilidade; na dúvida, deve dizer que não tem elementos para afirmar ou negar a conjunção carnal.[3]

Não há um hímen típico. Cada mulher apresenta uma forma quase pessoal.

classificação de Afrânio Peixoto, os hímens podem ser acomissurados ou comissurados. Acomissurados: anelar, semilunal, helicoidal, septado, cribriforme e imperfurado (sem óstio). Comissurados: bilabiado, trilabiado, quadrilabiado e multilabiado (poliforme). *Agenesia himenal* é a inexistência de hímen. Outra classificação divide os himens em típicos e atípicos.

Segundo Genival Veloso de França:

> É na maioria das vezes a rotura himenal o elemento mais essencial no diagnóstico de conjunção carnal. Daí a necessidade de se descreverem tais roturas de forma simples e objetiva, dando todas as características de idade dessa lesão, sua localização, o número delas e outras particularidades que possam se tornar úteis.
>
> É também necessário que se registrem na descrição das bordas das roturas, quando houver, a presença de sangramento, de sufusão hemorrágica ou orvalhamento sanguíneo, de edema, de reação inflamatória ou de tecido de granulação, ou simplesmente as características de seu estágio de cicatrização, enfatizando se as bordas dessa rotura são espessas, delgadas, regulares, irregulares, arredondadas e de que coloração. Tais elementos são fundamentais para o convencimento de um diagnóstico de rotura recente ou antiga do hímen. [4]

Prossegue o renomado professor na explicação sobre hímen:

> "*Carúnculas mirtiformes ou mitriformes.* São retalhos de hímen roto pelo coito ou mais propriamente pelo parto, os quais se retraem, formando verdadeiros trabéculos. Hélio Gomes os chamava erradamente de "calos do ofício".

Têm sempre aspecto de trabéculos, vegetações ou excrecências multiformes, dando a aparência de folha de mirto, daí seu nome.

3 FRANÇA, Genival Veloso de. *Medicina legal*. 9ª ed. Rio de Janeiro: Guanabara Koogan, 2015, p. 273.

4 FRANÇA, Genival Veloso de. *Medicina legal*. 9ª ed. Rio de Janeiro: Guanabara Koogan, 2012, p. 257.

O número de carúnculas é variável, sempre de dois a cinco. Acima desse número são muito raras.

Lesões do hímen. Quando a distensão do hímen ultrapassa o limite de sua resistência ele se rompe. A rotura pode-se dar em sua borda livre ou em qualquer outra parte da membrana.

As roturas da borda livre são, em geral, sangrentas, de hemorragia leve e passageira. Entre dois a quatro dias, mostram-se orvalhadas de sangue, equimosadas e recobertas de um exsudato fibrinoso. [...]Por outro lado, existem hímens tão delgados que se rompem sem sangramento ou cuja hemorragia é despercebida. São conhecidos como "hímen em pele de ovo".

As lesões do hímen que não interessam à borda livre são mais raras e são mais comuns em coitos súbitos ou pela ação insistente de um dedo ou de um objeto. Há casos até de desinserção total do hímen por violentos traumatismos de instrumentos contundentes.

Em geral, o número de roturas varia entre uma e cinco. Em nossa observação, o máximo de roturas que comprovamos foram quatro. [...]

A rotura pode ir da borda livre até a borda de inserção (rotura completa) ou partir da borda livre, detendo-se em plena membrana (rotura incompleta). Excepcionalmente, podem ser encontradas lesões apenas na face vestibular e que não ultrapassam a face vaginal, denominadas roturas parciais.

A direção das roturas pode ser em linha reta, em curva ou em ziguezague, ou, mais raramente, de forma bizarra. Podem surgir roturas bifurcadas quando de uma distância maior ou menor de seu início divergem dois ramos, vindo um e outro quase sempre finalizar na borda aderente.

A causa das roturas é quase sempre o coito. Divergie afirmava que, se um hímen for encontrado roto, há 999 possibilidades entre 1.000 de defloramento.

No entanto, ele pode ser roto por traumatismos, por manobra digital, por corpos estranhos, por acidentes em cuidados higiênicos mal orientados, por parto ou aborto, por estados patológicos locais, por imprudência médica. As roturas por afastamento violento das coxas, por equitação ou montagem de bicicleta, embora sejam justificativas algumas vezes alegadas, nunca nos convenceram.

A cicatrização da rotura se faz, em geral, em cada borda da ferida isoladamente. O tempo de cicatrização varia de acordo com o estado geral da mulher, estado de assepsia vaginal, repouso do órgão, critério subjetivo do examinador, espessura da membrana, extensão e número de roturas, dificuldade em se poder repetir o exame e com fatores individuais. [...]

É preciso que se faça a distinção entre uma rotura e um entalhe. A primeira apresenta comumente profundidade completa na orla himenal, chegando até sua inserção na parede vaginal, bordas irregulares, disposição assimétrica, justaposição completa das bordas, bordas recobertas por tecido fibroso cicatricial esbranquiçado, ângulo de rotura em forma de V, sinais de cicatrização ao nível das bordas e, quando recente, infiltração hemorrágica, sangramento ou sinais de supuração. Já o entalhe mostra pouca penetração na orla himenal, bordas irregulares, disposição frequentemente simétrica, justaposição impossível das bordas, bordas revestidas por epitélio pavimentoso estratificado idêntico ao restante do hímen, ausência de sinais de cicatrização recente e de infecção localizada e ângulo de clivagem arredondado.

Pode-se diferenciar as roturas dos entalhes através da lâmpada de Wood (raios ultravioletas filtrados)."[5]

ESTUPRO

A Lei nº 12.015, de 7 de agosto de 2009, caminhando de acordo com as reivindicações doutrinárias, unificou, no art. 213 do Código Penal, as figuras do estupro e do atentado violento ao pudor, evitando-se, dessa forma, inúmeras controvérsias relativas a esses tipos penais, a exemplo do que ocorria com relação à possibilidade de continuidade delitiva, uma vez que a jurisprudência de nossos Tribunais, principalmente os Superiores, não era segura.

A nova lei optou pela rubrica estupro, que diz respeito ao fato de ter o agente constrangido alguém a ter conjunção carnal, mediante violência ou grave ameaça, a praticar ou com ele permitir que se pratique outro ato libidinoso. Ao que parece, o legislador se rendeu ao fato de que a mídia, bem como a população em geral, usualmente denominava "estupro" o que, na vigência da legislação anterior, seria concebido por atentado violento ao pudor, a exemplo do fato de um homem ser violentado sexualmente. Agora, não importa se o sujeito passivo é do sexo feminino, ou mesmo do sexo masculino, que, se houver o constrangimento com a finalidade prevista no tipo penal do art. 213 do diploma repressivo, estaremos diante do crime de estupro.

Analisando a nova redação dada ao *caput* do art. 213 do Código Penal, podemos destacar os seguintes elementos: a) o constrangimento, levado a efeito mediante o emprego de violência ou grave ameaça; b) que pode ser dirigido a qualquer pessoa, seja do sexo feminino ou masculino; c) para que tenha conjunção carnal; d) ou ainda para fazer com que a vítima pratique ou permita que com ela se pratique qualquer ato libidinoso.

5 FRANÇA, Genival Veloso de. *Medicina legal*. 9ª ed. Rio de Janeiro: Guanabara Koogan, 2012, p. 263/264

De acordo com a redação legal, verifica-se que o núcleo do tipo é o verbo constranger, aqui utilizado no sentido de forçar, obrigar, subjugar a vítima ao ato sexual. Trata-se, portanto, de modalidade especial de constrangimento ilegal, praticado com o fim de fazer com que o agente tenha sucesso no congresso carnal ou na prática de outros atos libidinosos.

Para que se possa configurar o delito em estudo é preciso que o agente atue mediante o emprego de violência ou de grave ameaça. Violência diz respeito à *vis corporalis, vis absoluta*, ou seja, à utilização de força física, no sentido de subjugar a vítima, para que com ela possa praticar a conjunção carnal, ou a praticar ou permitir que com ela se pratique outro ato libidinoso.

A grave ameaça, ou *vis compulsiva*, pode ser direta, indireta, implícita ou explícita. Assim, por exemplo, poderá ser levada a efeito diretamente contra a própria pessoa da vítima ou pode ser empregada, indiretamente, contra pessoas ou coisas que lhe são próximas, produzindo-lhe efeito psicológico no sentido de passar a temer o agente. Por isso, a ameaça deverá ser séria, causando na vítima um fundado temor do seu cumprimento.

Vale ressaltar que o mal prometido pelo agente, para efeito de se relacionar sexualmente com a vítima contra a sua vontade, não deve ser, necessariamente, injusto, como ocorre com o delito tipificado no art. 147 do Código Penal. Assim, imagine-se a hipótese daquele que, sabendo da infidelidade da vítima com seu marido, a obriga a com ele também se relacionar sexualmente, sob pena de contar todo o fato ao outro cônjuge, que certamente dela se separará.

Não exige mais a lei penal, para efeitos de caracterização do estupro, que a conduta do agente seja dirigida contra uma mulher. No entanto, esse constrangimento pode ser dirigido finalisticamente à prática da conjunção carnal; vale dizer, a relação sexual normal, o coito vagínico, que compreende a penetração do pênis do homem na vagina da mulher.

Hungria traduz o conceito de conjunção carnal dizendo ser "a cópula *secundum naturam*, o ajuntamento do órgão genital do homem com o da mulher, a intromissão do pênis na cavidade vaginal".[6]

Merece registro, ainda, o fato de que a conjunção carnal também é considerada um ato libidinoso, isto é, aquele em que o agente deixa aflorar a sua libido, razão pela qual a parte final constante do *caput* do art. 213 do Código Penal se utiliza da expressão "outro ato libidinoso".

A nova redação do art. 213 do Código Penal considera ainda como estupro o constrangimento levado a efeito pelo agente no sentido de fazer com que a vítima, seja do sexo feminino ou mesmo do sexo masculino, pratique ou

6 HUNGRIA, Nélson. *Comentários ao código penal*, p. 116. v. VIII.

permita que com ela se pratique outro ato libidinoso. Na expressão "outro ato libidinoso" estão contidos todos os atos de natureza sexual, que não a conjunção carnal, que tenham por finalidade satisfazer a libido do agente.

O constrangimento empregado pelo agente, portanto, pode ser dirigido a duas finalidades diversas. Na primeira delas, o agente obriga a própria vítima a praticar um ato libidinoso diverso da conjunção carnal. A sua conduta, portanto, é ativa, podendo atuar sobre seu próprio corpo, com atos de masturbação, por exemplo; no corpo do agente que a constrange, praticando, v.g., sexo oral; ou, ainda, em terceira pessoa, sendo assistida pelo agente. O segundo comportamento é passivo. Nesse caso, a vítima permite que com ela seja praticado o ato libidinoso diverso da conjunção carnal, seja pelo próprio agente que a constrange, seja por um terceiro, a mando daquele.

Dessa forma, o papel da vítima pode ser ativo, passivo, ou, ainda, simultaneamente, ativo e passivo. Luiz Regis Prado elenca alguns atos que podem ser considerados libidinosos, como a "*fellatio* ou *irrumatio in ore*, o *cunnilingus*, o *pennilingus*, o *annilingus* (sexo oral); o coito anal, *inter femora*; a masturbação; os toques e apalpadelas do pudendo e dos membros inferiores; a contemplação lasciva; os contatos voluptuosos, entre outros".[7]

O estupro pode ser simples (*caput*) ou qualificado (§§ 1º e 2º do art. 213 do Código Penal). Para a modalidade fundamental de estupro, a pena é de reclusão, de 6 (seis) a 10 (dez) anos. Se, de acordo com o mencionado no § 1º, da conduta resulta lesão corporal de natureza grave ou se a vítima é menor de 18 (dezoito) anos ou maior de 14 (catorze) anos, a pena é de reclusão, de 8 (oito) a 12 (doze) anos; se resulta morte, como diz o § 2º, a pena é de reclusão, de 12 (doze) a 30 (trinta) anos.

ESTUPRO DE VULNERÁVEL

A partir da década de 80 do século passado, nossos Tribunais, principalmente os Superiores, começaram a questionar a presunção de violência constante do revogado art. 224, "a", do Código Penal, passando a entendê-la, em muitos casos, como relativa, ao argumento de que a sociedade do final do século XX e início do século XXI havia modificado significativamente, e que os menores de 14 anos não exigiam a mesma proteção que aqueles que viveram quando da edição do Código Penal, em 1940.

No entanto, doutrina e jurisprudência se desentendiam quanto a esse ponto, discutindo se a aludida presunção era de natureza relativa (*iuris tantum*), que cederia diante da situação apresentada no caso concreto, ou de

7 PRADO, Luiz Regis. *Curso de direito penal brasileiro*, p. 204-205. v. III.

natureza absoluta (*iuris et de iure*), não podendo ser questionada. Sempre defendemos a posição de que tal presunção era de natureza absoluta, pois, para nós, não existe dado mais objetivo do que a idade.

Em inúmeras passagens, o Código Penal se vale tanto da idade da vítima, quanto do próprio agente, seja para aumentar a pena, a exemplo do que ocorre com o art. 61, II, "h", quando o crime é praticado contra pessoa maior de 60 (sessenta) anos, seja para levar a efeito algum cálculo diferenciado, como ocorre com a prescrição, em que os prazos são reduzidos pela metade quando o agente, ao tempo do crime, era menor de 21 (vinte e um) anos, ou maior de 70 (setenta), na data da sentença, conforme determina o art. 115 do Código Penal etc.

Assim, não se justificavam as decisões dos Tribunais que queriam destruir a natureza desse dado objetivo, a fim de criar outro, subjetivo. Infelizmente, deixavam de lado a política criminal adotada pela legislação penal, e criavam suas próprias políticas. Não conseguiam entender, *permissa venia*, que a lei penal havia determinado, de forma objetiva e absoluta, que uma criança ou mesmo um adolescente menor de 14 (catorze) anos, por mais que tivesse uma vida desregrada sexualmente, não era suficientemente desenvolvido para decidir sobre seus atos sexuais. Sua personalidade ainda estava em formação.

Seus conceitos e opiniões não haviam, ainda, se consolidado. Dados e situações não exigidos pela lei penal eram considerados no caso concreto, a fim de se reconhecer ou mesmo afastar a presunção de violência, a exemplo do comportamento sexual da vítima, do seu relacionamento familiar, da sua vida social etc. O que se esquecia, infelizmente, era que esse artigo havia sido criado com a finalidade de proteger esses menores e punir aqueles que, estupidamente, deixavam aflorar sua libido com crianças ou adolescentes ainda em fase de desenvolvimento.

Hoje, com louvor, visando a acabar, de uma vez por todas, com essa discussão, surge em nosso ordenamento jurídico-penal, fruto da Lei nº 12.015, de 7 de agosto de 2009, o delito que se convencionou denominar estupro de vulnerável, justamente para identificar a situação de vulnerabilidade em que se encontra a vítima. Agora, não poderão os Tribunais entender de outra forma quando a vítima do ato sexual for alguém menor de 14 (catorze) anos.

Nesse sentido, vale transcrever parcialmente a Justificação ao projeto que culminou com a edição da Lei nº 12.015, de 7 de agosto de 2009, quando diz que:

> "O art. 217-A, que tipifica o estupro de vulneráveis, substitui o atual regime de presunção de violência contra criança ou adolescente menor de 14 anos, previsto no art. 224 do Código Penal. Apesar de poder a CPMI advogar que é absoluta a

> presunção de violência de que trata o art. 224, não é esse o entendimento em muitos julgados. O projeto de reforma do Código Penal, então, destaca a vulnerabilidade de certas pessoas, não somente crianças e adolescentes com idade até 14 anos, mas também a pessoa que, por enfermidade ou deficiência mental, não possuir discernimento para a prática do ato sexual, e aquela que não pode, por qualquer motivo, oferecer resistência; e com essas pessoas considera como crime ter conjunção carnal ou praticar outro ato libidinoso; sem entrar no mérito da violência e sua presunção. Trata-se de objetividade fática".

De acordo com a redação constante do *caput* do art. 217-A do Código Penal, podemos destacar os seguintes elementos: a) a conduta de ter conjunção carnal; b) ou praticar qualquer outro ato libidinoso; c) com pessoa menor de 14 (catorze) anos.

O núcleo "ter", previsto pelo mencionado tipo penal, ao contrário do verbo "constranger", não exige que a conduta seja cometida mediante violência ou grave ameaça. Basta, portanto, que o agente tenha, efetivamente, conjunção carnal, que poderá até mesmo ser consentida pela vítima, ou que com ela pratique outro ato libidinoso. Na verdade, esses comportamentos previstos pelo tipo penal podem ou não ter sido levados a efeito mediante o emprego de violência ou grave ameaça, característicos do constrangimento ilegal, ou praticados com o consentimento da vítima. Nessa última hipótese, a lei desconsidera o consentimento de alguém menor de 14 (catorze) anos, devendo o agente, que conhece a idade da vítima, responder pelo delito de estupro de vulnerável.

Como deixamos entrever, embora a lei não mencione expressamente o constrangimento praticado contra vítima menor de 14 (catorze) anos, com a finalidade de ter, com ela, conjunção carnal ou praticar outro ato libidinoso, não podemos excluí-lo do tipo penal em estudo. O novo tipo penal, como se percebe, busca punir com mais rigor comportamentos que atinjam as vítimas por ele mencionadas. Não seria razoável que, se não houvesse violência ou grave ameaça, o agente que tivesse, por exemplo, relacionado-se sexualmente com vítima menor de 14 (catorze) anos, respondesse pelo delito de estupro de vulnerável, com uma pena que varia entre 8 (oito) a 15 (quinze) anos de reclusão, enquanto aquele que tivesse, v.g., se valido do emprego de violência ou grave ameaça, com a mesma finalidade, fosse responsabilizado pelo delito tipificado no art. 213 do Código Penal, com as penas variando entre um mínimo de 6 (seis) e um máximo de 10 (dez) anos.

As condutas previstas no tipo penal do art. 217-A são as mesmas daquelas constantes do art. 213 do Código Penal, sendo que a diferença existente entre eles reside no fato de que no delito de estupro de vulnerável a vítima, obrigatoriamente, deverá ser menor de 14 (catorze) anos de idade. Por isso, remetemos o leitor ao que foi dito quando do estudo do mencionado art. 213 do Código Penal, no tópico imediatamente anterior, para não sermos repetitivos.

No que diz respeito à idade da vítima, para que ocorra o delito em estudo, o agente, obrigatoriamente, deverá ter conhecimento de ser ela menor de 14 (catorze) anos, pois, caso contrário, poderá ser alegado o chamado erro de tipo, que, dependendo do caso concreto, poderá conduzir até mesmo à atipicidade do fato, ou à sua desclassificação para o delito de estupro, tipificado no art. 213 do Código Penal.

Considera-se vulnerável não somente a vítima menor de 14 (catorze) anos, mas também aquele que possuiu alguma enfermidade ou deficiência mental, não tendo o necessário discernimento para a prática do ato, ou aquela que, por qualquer outra causa, não pode oferecer resistência, conforme se verifica pela redação do § 1º do art. 217-A do Código Penal. Percebe-se, sem muito esforço, que o legislador criou uma figura típica em substituição às hipóteses de presunção de violência constantes do revogado art. 224 do Código Penal. Assim, no *caput* do art. 217-A foi previsto o estupro de vulnerável, considerando como tal a vítima menor de 14 (catorze) anos. No § 1º do mencionado artigo foram previstas outras causas de vulnerabilidade da vítima, ou seja, aquela que, por enfermidade ou deficiência mental, não tem o necessário discernimento para a prática do ato, ou a que, por qualquer outra causa, não pode oferecer resistência.

Na antiga redação do revogado art. 224 do Código Penal, a alínea "b" mencionava a alienação e debilidade mental. Hoje, o art. 217-A menciona enfermidade ou deficiência mental.

José Jairo Gomes, dissertando sobre o assunto, com precisão, assevera:

> "Enfermidade é sinônimo de doença, moléstia, afecção ou outra causa que comprometa o normal funcionamento de um órgão, levando a qualquer estado mórbido. Apresentando base anatômica, a doença enseja a alteração da saúde física ou mental.
>
> Pode ser provocada por diversos fatores, tais como: carências nutricionais, traumas decorrentes de impactos físico ou emocional, ingestão de tóxicos (drogas e álcool), parasitários (por ação de vermes, fungos), infecciosos (por ação de vírus, bacilos, bactérias), degenerativos (inerente ao próprio organismo, como a arteriosclerose, tumores e cânceres em geral).

> Logo, por enfermidade mental deve-se compreender toda doença ou moléstia que comprometa o funcionamento adequado do aparelho mental. Nessa conceituação, devem ser considerados os casos de neuroses, psicopatias e demências mentais.
>
> Deficiência, porém, significa a insuficiência, imperfeição, carência, fraqueza, debilidade. Por deficiência mental entende-se o atraso no desenvolvimento psíquico."[8]

De acordo com o *Manual Merck de Medicina*, retardo mental, subnormalidade mental ou deficiência mental é "a habilidade intelectual sobnormal presente desde o nascimento ou infância precoce, manifestada por desenvolvimento anormal e associado a dificuldades no aprendizado e adaptação social".[9]

Preleciona Odon Ramos Maranhão que:

> "Antigamente as expressões 'frenastenia' (escola italiana), 'debilidade mental' e 'oligofrenia' serviam para se designar os atrasos do desenvolvimento que a Classificação Internacional de Doenças (CID 10) hoje denomina 'retardo mental'. Sabe-se, seguramente, que não é apenas a esfera cognitiva a afetada, mas há o comprometimento global da personalidade.
>
> Conceitua-se da seguinte forma: 'Retardado mental é uma condição de desenvolvimento interrompido ou incompleto da mente, a qual é especialmente caracterizada por comprometimento de habilidades manifestadas durante o período de desenvolvimento, as quais contribuem para o nível global da inteligência, isto é, aptidões cognitivas, de linguagem, motoras e sociais."[10]

Além do critério biológico (enfermidade ou deficiência mental), para que a vítima seja considerada como pessoa vulnerável, não poderá ter o necessário discernimento para a prática do ato (critério psicológico), tal como ocorre em relação aos inimputáveis, previstos pelo art. 26, *caput*, do Código Penal.

É importante ressaltar que não se pode proibir que alguém acometido de uma enfermidade ou deficiência mental tenha uma vida sexual normal, tampouco punir aquele que com ele teve algum tipo de ato sexual consentido. O que a lei proíbe é que se mantenha conjunção carnal ou pratique outro ato libidinoso com alguém que tenha alguma enfermidade ou deficiência mental que não possua o necessário discernimento para a prática do ato sexual.

Existem pessoas que são portadoras de alguma enfermidade ou deficiência mental que não deixaram de constituir família. Assim, mulheres portadoras de

8 GOMES, José Jairo. *Teoria geral do direito civil*, p. 65.

9 *Manual Merck de Medicina*. 16ª ed., p. 2.087.

10 MARANHÃO, Odon Ramos. *Curso básico de medicina legal*, p. 327.

enfermidades mentais, por exemplo, podem, tranquilamente, engravidar, ser mães, cuidar de suas famílias, de seus afazeres domésticos, trabalhar, estudar etc. Assim, não se pode confundir a proibição legal constante do § 2º do art. 217-A do Código Penal com uma punição ao enfermo ou deficiente mental.

Assim, repetindo, somente aquele que não tem o necessário discernimento para a prática do ato sexual é que pode ser considerado como vítima do delito de estupro de vulnerável.

Também previu o § 1º do art. 217-A do Código Penal o estupro de vulnerável quando a vítima não puder, por qualquer outra causa, oferecer resistência. O item 70 da Exposição de Motivos da Parte Especial do Código Penal, mesmo dizendo respeito às hipóteses da revogada presunção de violência, elenca uma série de situações em que se pode verificar a impossibilidade de resistência da vítima:

> "Seja esta resultante de causas mórbidas (enfermidades, grande debilidade orgânica, paralisia etc.), ou de especiais condições físicas (como quando o sujeito passivo é um indefeso aleijado, ou se encontra acidentalmente tolhido de movimentos)".

Os meios de comunicação, incluindo, aqui, também, a internet, têm divulgado, infelizmente com frequência, casos de abusos por parte de médicos, e de outras pessoas ligadas à área da saúde, em pacientes que, de alguma forma, são incapazes de oferecer resistência, inclusive mostrando cenas chocantes e deprimentes.

Vale recordar algumas situações em que uma pessoa, em estado de coma, engravidou, supostamente, de um enfermeiro encarregado de prestar os cuidados necessários à manutenção de sua vida vegetativa; ou ainda daquele cirurgião plástico que, depois de anestesiar suas pacientes, fazendo-as dormir, mantinha com elas conjunção carnal; ou daquele terapeuta que abusava sexualmente de crianças e adolescentes depois de ministrar-lhes algum sedativo.

Não importa que o próprio agente tenha colocado a vítima em situação que a impossibilitava de resistir ou que já a tenha encontrado nesse estado. Em ambas as hipóteses deverá ser responsabilizado pelo estupro de vulnerável.

Poderão ser reconhecidas, também, como situações em que ocorre a impossibilidade de resistência por parte da vítima, os casos de embriaguez letárgica, o sono profundo, a hipnose, a idade avançada, a sua impossibilidade, temporária ou definitiva, de resistir, a exemplo daqueles que se encontram tetraplégicos etc.

Odon Ramos Maranhão, com acerto, alerta que também ocorrerá a incapacidade de resistência quando houver deficiência do potencial motor, dizendo o renomado autor que:

> "Se a vítima não tiver ou não puder usar o potencial motor, é evidente que não pode oferecer resistência. Assim, doenças crônicas e debilitantes (tuberculose avançada, neoplasia grave, desnutrições extremas etc.); uso de aparelhos ortopédicos (gesso em membros superiores e tórax; gesso aplicado na coluna vertebral; manutenção em posições bizarras para ossificação de certas fraturas etc.); paralisias regionais ou generalizadas; miastenias de várias causas etc. são casos em que a pessoa não pode oferecer resistência. Às vezes, não pode sequer gritar por socorro, seja pela grave debilidade, seja pelas condições do local onde se encontre."[11]

Também há os casos em que o agente, por exemplo, almejando ter relações sexuais com a vítima, faz com que esta se coloque em estado de embriaguez completa, ficando, consequentemente, à sua disposição para o ato sexual. Se a embriaguez for parcial e se a vítima podia, de alguma forma, resistir, restará afastado o delito em estudo.

Verifica-se, nas situações elencadas pelo § 1º do art. 217-A do Código Penal, a impossibilidade que tem a vítima de expressar seu consentimento para o ato, devendo a lei, portanto, procurar preservar a sua dignidade sexual.

A pena prevista pelo *caput* do art. 217-A do Código Penal é de reclusão, de 8 (oito) a 15 (quinze) anos; incorre nas mesmas penas, de acordo com o § 1º do referido artigo, quem pratica as ações descritas no *caput* com alguém que, por enfermidade ou deficiência mental, não tem o necessário discernimento para a prática do ato, ou que, por qualquer outra causa, não pode oferecer resistência. Se da conduta resulta lesão corporal de natureza grave, diz o § 3º do art. 217-A do estatuto repressivo que a pena é de reclusão, de 10 (dez) a 20 (vinte) anos; se da conduta resulta morte, conforme prevê o § 4º do mesmo artigo, a pena é de reclusão, de 12 (doze) a 30 (trinta) anos.

As penas previstas no art. 217-A aplicam-se independentemente do consentimento da vítima ou do fato de ela ter mantido relações sexuais anteriormente ao crime.

Perícia nos crimes de estupro – por ser um crime que deixa vestígios, tona-se indispensável a realização do exame pericial para comprovação da conjunção carnal ou de outro ato libidinoso, além da constatação de lesões produzidas por violência física, determinação do estado mental da vítima e a coleta de

11 MARANHÃO, Odon Ramos. *Curso básico de medicina legal*, p. 209.

material para provas biológicas que confirmem o ato e/ou identifiquem o autor. Nesse tipo de perícia, também se busca esclarecer o estado mental do agressor e averiguar sua capacidade física para dominar a vítima.

O perito buscará provas de violência ou de luta nas mais diversas regiões do corpo da vítima. A simples descrição de uma lesão ou de uma hiperemia vaginal ou, até mesmo, de fissuras anais, por exemplo, não permite afimar com segurança que uma pessoa sofreu violência sexual. É preciso constar todos os elementos de caracterização dessas lesões como disposição, dimensão, estágio evolutivo, localização e nexo de causalidade com a suposta agressão sexual.

Além da ruptura himenal, há outros sinais que podem contribuir para o diagnóstico da conjunção carnal, muito úteis, especialmente, em casos de hímen complacente e em mulheres de vida sexual pregressa: tempo de gravidez compatível com a data do fato, contaminação por doença sexualmente transmissível profunda, esperma na cavidade vagínica e positivação para glicoproteína P30 ou PSA (antígeno prostático específico). A investigação deve, ainda, atentar para o fato de possível penetração do pênis sem ejaculação e de o agressor ser vasectomizado.

Importunação Sexual

O delito de importunação sexual, tipificado no art. 215-A, foi inserido no Código Penal através da Lei nº 13.718, de 24 de setembro de 2018. O legislador foi motivado a criar essa nova figura típica em virtude de fatos que, infelizmente, vêm ocorrendo com frequência, principalmente em transportes públicos, a exemplo dos ônibus, trens, metrôs etc.

Antes da criação do delito de importunação sexual, algumas situações que não eram graves o suficiente para serem entendidas como estupro, eram capituladas como sendo a revogada contravenção penal de importunação ofensiva ao pudor, antes tipificada no art. 61 da LCP, que era insuficiente para inibir esses comportamentos. Dessa forma, surgiu o crime de importunação sexual, procurando inibir aquelas condutas que, embora de média gravidade, não tinham o condão de ser entendidas como estupro.

De acordo com a redação legal, podemos apontar os seguintes elementos que integram a figura típica: a) a conduta de praticar contra alguém, e sem a sua anuência; b) ato libidinoso; c) com o objetivo de satisfazer a própria lascívia ou a de terceiro.

O núcleo do tipo é o verbo praticar, que tem o sentido de cometer, realizar, levar a efeito. De acordo com a redação legal, o comportamento do agente é dirigido contra uma pessoa específica, e sem que esta tenha dado sua anuência. Entendemos completamente desnecessária essa ressalva contida no artigo sub examen. Isso porque, se o agente pratica atos libidinosos dirigidos e com a anuência de determinada pessoa, o fato será desclassificado para o delito de ato obsceno. Assim, imagine-se a hipótese em que um casal, no interior de um veículo coletivo, e com o consentimento de ambos, comece com carícias que culminam com o homem se masturbando, e ejaculando na sua parceira, fato esse amplamente percebido pelos demais passageiros que ali se encontravam, ou mesmo a própria mulher que se masturba, ao lado de seu parceiro e em meio às outras pessoas. Nesse caso, o delito praticado seria o de ato obsceno, tipificado no art. 233 do Código Penal, e não o de importunação sexual, previsto no art. 215-A do mesmo estatuto repressivo.

Importante salientar que os atos são praticados, como regra, pelo agente e nele próprio, pois caso fossem levados a efeito na vítima o fato se configuraria em outra infração penal, a exemplo do estupro. Assim, v.g., imagine-se a hipótese em que, no interior de um veículo coletivo, um homem perceba que uma mulher esteja vestida com uma saia e, valendo-se dessa situação, dela se aproxima e coloca a mão entre suas pernas, chegando à vagina. Nesse caso, não poderíamos falar, tão somente, em importunação sexual, mas sim em crime de estupro.

Por isso, frisamos, se a vítima for tocada, dificilmente não haverá desclassificação para outra figura típica. Tudo dependerá da gravidade do fato, como induz o próprio preceito secundário do art. 215-A do Código Penal, quando assevera que a pena é de 1 (um) a 5 (cinco) anos de reclusão, se o ato não constitui crime mais grave, sendo considerado, portanto, como uma norma expressamente subsidiária. Podemos citar como exemplo de um comportamento em que o agente toca na vítima, mas que seria um minus em relação ao estupro, a hipótese, extremamente comum nos transportes coletivos, do chamado frotteurismo, em que um homem, em estado de ereção, aproveitando-se do fato de o veículo estar lotado, se aproxima da vítima por ele escolhida, que se encontrava de costas, e nela começa a se esfregar, pressionando-a com seu pênis, mesmo que não o tenha retirado de suas calças, ou mesmo o agente que vier a colocar suas mãos numa altura suficiente que encoste nos seios da vítima, tendo prazer sexual com esse tipo de situação. Outro exemplo que se encaixaria na infração penal em estudo é o que ocorreu na cidade de São Paulo, que ganhou as mídias nacionais, onde um agente começou a se masturbar no interior de um ônibus, culminando por ejacular no pescoço da vítima por ele escolhida. Nessas hipóteses, como o fato é cometido sem o emprego de violência ou grave ameaça, se amoldaria perfeitamente ao delito de importunação sexual.

Por ato libidinoso, devemos entender aquele que tenha por finalidade saciar a libido do agente, o seu prazer ou apetite sexual, desde que possua a relevância exigida pelo Direito Penal. Há taras sexuais que não possuem gravidade suficiente para que reconheçamos um crime contra a dignidade sexual. Um homem que satisfaz a sua libido esfregando seus dedos no cabelo da vítima, por exemplo, não pode ser punido pelo delito de importunação sexual, devendo-se reconhecer a atipicidade do fato.

A conduta do agente deve ser dirigida a satisfazer a própria lascívia (luxúria, prazer sexual) ou mesmo a de terceiro. Aqui também existe uma forma de proxenetismo, em que o agente pratica os atos contra alguém, para que terceiro, o *voyeur*, se satisfaça, com atos de contemplação. Nesse caso, ambos responderão pela infração penal em estudo, em concurso de pessoas, ou seja, tanto aquele que pratica o ato libidinoso como aquele que ali se encontrava tão somente para apreciar o agente na sua atuação.

Favorecimento da prostituição ou de outra forma de exploração sexual de criança ou adolescente ou de vulnerável

O art. 218-B foi inserido no Código Penal pela Lei nº 12.015, de 7 de agosto de 2009, criando uma modalidade especial de delito de favorecimento da prostituição ou outra forma de exploração sexual, inicialmente com o *nomen juris* de favorecimento da prostituição ou outra forma de exploração sexual de vulnerável.

A Lei nº 12.978, de 21 de maio de 2014, modificou a rubrica original do art. 218-B e o delito em estudo passou a ser reconhecido como favorecimento da prostituição ou de outra forma de exploração sexual de criança ou adolescente ou de vulnerável. Tal modificação teve o condão de evitar algumas confusões em virtude dos elementos constantes do tipo penal, ou seja, como, inicialmente, a rubrica (ou indicação marginal) fazia menção somente à exploração sexual de vulnerável, e o tipo apontava como um dos sujeitos passivos alguém menor de 18 (dezoito) anos, surgia a dúvida se o conceito de vulnerável havia sido ampliado nessa hipótese, abrangendo os adolescentes entre 14 e 18 anos de idade incompletos.

Agora, com a nova rubrica, a dúvida foi eliminada, uma vez que no *nomen juris* do delito consta, expressamente, como seus sujeitos passivos, a criança (pessoa até doze anos de idade incompletos), adolescente (aquela entre 12 e 18 anos de idade) e vulnerável (o menor de 14 anos, bem como aquele que, por enfermidade ou deficiência mental, não tem o necessário discernimento para a prática do ato sexual, ou que, por qualquer outra causa, não pode oferecer resistência, nos termos preconizados pelo art. 217-A, e seu § 1º, do Código Penal).

Além da mudança do *nomen juris* do art. 218-B do Código Penal, a Lei nº 12.978, de 21 de maio de 2014, inseriu a infração penal em estudo no rol dos crimes considerados hediondos pela Lei nº 8.072/90, a ela acrescentando o inciso VIII.

Assim, de acordo com a nova definição legal, podemos destacar os seguintes elementos que compõem a figura típica: a) as condutas de submeter, induzir ou atrair à prostituição ou outra forma de exploração sexual; b) alguém menor de 18 (dezoito) anos; c) ou que, por enfermidade ou deficiência mental, não tem o necessário discernimento para a prática do ato; d) facilitando, impedindo ou dificultando que a vítima a abandone.

A partir do I Congresso Mundial contra a Exploração Sexual Comercial de Crianças e Adolescentes, realizado em Estocolmo, em 1996, foram definidas quatro modalidades de exploração sexual, a saber: prostituição, turismo sexual, pornografia e tráfico para fins sexuais.

Pode ocorrer que a exploração sexual da vítima não resulte, para ela, em qualquer lucro. Pode ser que se submeta a algum tipo de exploração sexual somente para que tenha um lugar onde morar, o que comer etc. A mídia tem divulgado, infelizmente, com uma frequência considerável, casos em que pessoas são exploradas sexualmente por outra em virtude da condição de miserabilidade em que se encontram. Por isso, permitem que seus corpos sejam usados por pessoas inescrupulosas e, com isso, passam a receber o básico para sua subsistência. Na verdade, saem da situação de miserabilidade para a de pobreza. Muitas, inclusive, trocam seus corpos por drogas.

Assim, inicialmente, faz-se mister conceituar o que vem a ser prostituição. Eva T. Silveira Faleiros faz uma abordagem específica do tema ligada diretamente às crianças e adolescentes, dizendo:

> "A prostituição é definida como a atividade na qual atos sexuais são negociados em troca de pagamento, não apenas monetário, mas podendo incluir a satisfação de necessidades básicas (alimentação, vestuário, abrigo) ou o acesso ao consumo de bens e de serviços (restaurantes, bares, hotéis, *shoppings*, butiques, diversão).
>
> Trata-se de prática pública, visível, não ou semiclandestina, utilizada amplamente e justificada como necessidade da sexualidade humana, principalmente a masculina, embora farisaicamente abominada.
>
> A prostituição tem diferentes formas: (garotas(os) de programa, em bordéis, de rua, em estradas), serviços e preços. A bibliografia sobre esta problemática no Brasil, pesquisas e testemunhos de

> vítimas evidenciam que as crianças e adolescentes trabalham, em geral, na prostituição de rua (cidades, portos, estradas, articulada com o turismo sexual e o tráfico para fins sexuais), ou em bordéis (na Região Norte em situação de escravidão). Muitos são moradores de rua, tendo vivenciado situações de violência física ou sexual e/ou de extrema pobreza e exclusão, de ambos os sexos, crianças, pré-adolescentes e adolescentes, pouco ou não escolarizados. Trata-se de trabalho extremamente perigoso e aviltante, sujeito a todo o tipo de violência, repressão policial e discriminação.
>
> As instituições (governamentais, não governamentais, internacionais), profissionais, pesquisadores e estudiosos da exploração sexual vêm questionando o termo prostituição de crianças e adolescentes, por considerarem que estes não optam por este tipo de atividade, mas que a ela são levados pelas condições e trajetórias de vida, induzidos por adultos, por suas carências e imaturidade emocional, bem como pelos apelos da sociedade de consumo. Neste sentido, não são trabalhadores do sexo, mas prostituídos, abusados e explorados sexualmente, economicamente e emocionalmente.[12]"

Dessa forma, com a inserção do art. 218-B no Código Penal pela Lei nº 12.015, de 7 de agosto de 2009, podemos entender que as condutas previstas no tipo penal em estudo podem ter por finalidade outra forma de exploração sexual que não a prostituição em si, ou seja, não há necessidade de que exista o comércio do corpo, mas de que tão somente a vítima seja explorada sexualmente, nada recebendo em troca por isso, amoldando-se a esse conceito, como já dissemos anteriormente, o turismo sexual e a pornografia.

O núcleo submeter, utilizado pelo novo tipo penal, fornece-nos a ideia de que a vítima foi subjugada pelo agente, tendo que se sujeitar à prática da prostituição ou outra forma de exploração sexual. Induzir tem o significado de incutir a ideia, convencer alguém a se entregar à prostituição ou mesmo à outra forma de exploração sexual; atrair significa fazer com que a pessoa se sinta estimulada à prática do comércio do corpo ou de qualquer outro tipo de exploração sexual.

Induzir e atrair são, na verdade, situações muito parecidas, de difícil separação. O agente pode, por exemplo, induzir uma pessoa à prostituição, atraindo-a com perspectivas de riquezas, de aumento do seu padrão de vida,

12 FALEIROS, Eva. T. Silveira. *A exploração sexual de crianças e adolescentes no Brasil*: reflexões teóricas, relatos de pesquisas e intervenções psicossociais, p. 78-79.

de possibilidade de viagens internacionais, enfim, a atração não deixa de ser um meio para que ocorra o induzimento.

Também incorre no delito em estudo aquele que facilita a prostituição ou outra forma de exploração sexual. Aqui é denominado lenocínio acessório. A diferença desse comportamento típico para os anteriores residiria no fato de que, no induzimento ou na atração de alguém à prostituição ou outra forma de exploração sexual, a vítima ainda não se encontrava prostituída, nem, tampouco, explorada sexualmente por alguém; ao contrário, na facilitação, o agente permite que a vítima, já entregue ao comércio carnal ou outra forma de exploração sexual, nele se mantenha com o seu auxílio, com as facilidades por ele proporcionadas.

Também se configura o delito em estudo quando a conduta do agente é dirigida a impedir que a vítima abandone a prostituição ou outra forma de exploração sexual. Como se percebe pela redação típica, a vítima se encontra no exercício pleno da prostituição ou outra forma de exploração sexual e deseja abandoná-la, havendo a intervenção do agente no sentido de impedi-la, fazendo, por exemplo, com que tenha que saldar dívidas extorsivas relativas ao período em que permaneceu "hospedada às expensas do agente", ou com algum artifício que a faça sopesar a necessidade de permanecer no comércio carnal etc.

Através da modificação feita pela Lei nº 12.015, de 7 de agosto de 2009, também aquele que vier a dificultar que alguém menor de 18 (dezoito) anos ou que, por enfermidade ou deficiência mental, não tendo o necessário discernimento para a prática do ato, abandone a prostituição ou outra forma de exploração sexual, responderá pelo delito tipificado no art. 218-B do Código Penal. Dificultar tem o sentido de atrapalhar, criar embaraços, com a finalidade de fazer com que a vítima sinta-se desestimulada a abandonar a prostituição ou outra forma de exploração sexual.

O art. 218-B do Código Penal ainda exige, para efeitos de sua caracterização, que a vítima seja alguém menor de 18 (dezoito) anos ou que, por enfermidade ou deficiência mental, não tenha o necessário discernimento para a prática do ato. Inicialmente, em se tratando de vítima menor de 18 (dezoito) anos, somente poderá ser responsabilizado pelo delito em estudo o agente que tiver efetivo conhecimento da idade da pessoa que por ele fora submetida, induzida ou atraída à prostituição ou outra forma de exploração sexual, ou que a tenha facilitado, ou mesmo impedido ou dificultado o seu abandono. O erro sobre a idade da vítima poderá importar na desclassificação do fato para a figura prevista pelo art. 228 do Código Penal.

Divulgação de cena de estupro ou de cena de estupro de vulnerável, de cena de sexo ou de pornografia

As novas tecnologias de comunicação têm sido um instrumento de extraordinária utilização pela sociedade do século XXI. O mundo, realmente, se globalizou. Fatos que acontecem em uma extremidade do nosso planeta, em tempo real, tornam-se públicos na outra. Essa tecnologia, no entanto, nem sempre é utilizada para o bem da sociedade. Infelizmente, e não é incomum, que agentes façam uso dos meios de comunicação de massa ou sistema de informática ou telemática para divulgar fatos que denigrem a imagem de outras pessoas.

A mídia tem veiculado, de forma assustadora, casos em que as vítimas, mesmo depois de violentadas sexualmente, veem suas imagens expostas para um número incontável de pessoas. São como que "troféus" desses criminosos pervertidos, ou mesmo objeto de vingança pessoal. Assim, em boa hora surgiu o delito de divulgação de cena de estupro ou de cena de estupro de vulnerável, de cena de sexo ou de pornografia, tipificado no art. 218-C do Código Penal, após a inserção levada a efeito pela Lei nº 13.718, de 24 de setembro de 2018.

De acordo com a redação legal, podemos apontar os seguintes elementos que integram a figura típica: a) as condutas de oferecer, trocar, disponibilizar, transmitir, vender ou expor à venda, distribuir, publicar ou divulgar; b) por qualquer meio – inclusive por meio de comunicação de massa ou sistema de informática ou telemática; c) fotografia, vídeo ou outro registro audiovisual que contenha cena de estupro ou de estupro de vulnerável; d) ou que faça apologia ou induza a sua prática; e) ou, sem o consentimento da vítima, cena de sexo, nudez ou pornografia.

As condutas de oferecer, trocar, disponibilizar, transmitir, vender ou expor à venda, distribuir, publicar ou divulgar já tinham sido previstas quando o fato envolvesse criança ou adolescente, conforme se verifica pela redação dos arts. 241 e 241-A da Lei nº 8.069, de 13 de julho de 1990, que dizem, *verbis*:

> **Art. 241.** Vender ou expor à venda fotografia, vídeo ou outro registro que contenha cena de sexo explícito ou pornográfica envolvendo criança ou adolescente:
>
> Pena – reclusão, de 4 (quatro) a 8 (oito) anos, e multa.
>
> **Art. 241-A.** Oferecer, trocar, disponibilizar, transmitir, distribuir, publicar ou divulgar por qualquer meio, inclusive por meio de sistema de informática ou telemático, fotografia, vídeo ou outro registro que contenha cena de sexo explícito ou pornográfica envolvendo criança ou adolescente:
>
> Pena – reclusão, de 3 (três) a 6 (seis) anos, e multa.

Agora, essa proteção não somente se limita às crianças e adolescentes que, se forem vítimas desses delitos, continuarão sendo protegidas pelos tipos penais acima redigidos. Caso as vítimas sejam pessoas maiores de dezoito anos, será aplicado o art. 218-C do Código Penal.

A divulgação de cena de estupro (propriamente dito ou de vulnerável), antes da atual reforma, poderia caracterizar os crimes dos arts. 286 ou 287 do CP, se houvesse a intenção de estimular a prática do crime sexual; crime do ECA (arts. 240, 241 ou 241-A), em sendo a vítima criança ou adolescente; ou difamação (art. 139 do CP), em caso de vítima adulta e comprovada a intenção de atingir a vítima em sua honra.

Em outras palavras, o caráter criminoso da conduta ficava atrelado às circunstâncias do caso concreto, podendo até mesmo se revelar uma conduta atípica. Doravante, a incriminação específica colmatou a lacuna observada. Saliente-se, ainda, que a divulgação não autorizada de fotos, vídeos e outras mídias contendo pessoas em cenas íntimas - salvo no caso de crianças e adolescentes - era tratada como difamação, novamente impondo-se a demonstração do propósito de atingir a vítima em sua reputação.

A atual previsão legal é mais taxativa e, pensamos, razoável. Perceba-se que o dispositivo não incriminou o *sexting*, que é a conduta de trocar fotos, vídeos e congêneres com conteúdo erótico, a fim de excitar a libido de alguém. A prática continua permitida e é uma decorrência da liberdade sexual, como aspecto da autonomia da vontade.

Se pessoas querem trocar imagens eróticas entre si, não há vedação legal sequer para o armazenamento, ao contrário do que acontece quando há crianças ou adolescentes envolvidos. Pune-se, no art. 218-C, um comportamento posterior: após a obtenção da imagem, que pode se dar por qualquer meio, sua difusão desautorizada.

Não é necessário que a obtenção se dê diretamente por ato voluntário da vítima, isto é, o sujeito ativo pode conseguir a imagem de forma clandestina ou através de terceiros. Suponhamos que uma pessoa instale uma vulnerabilidade em computador alheio, valendo-se desse expediente para ter acesso remoto à máquina, o que lhe permite ter acesso às fotos da vítima nua, por exemplo. A obtenção, nesse caso, configura o crime do art. 154-A do CP. Posterior divulgação, crime do art. 218-C. Outro exemplo: a mulher repassa ao namorado uma foto em que aparece nua e esse namorado, sem autorização, divulga a foto em um grupo de WhatsApp. Vários dos participantes desse grupo armazenam a foto consigo e um deles confere nova publicidade, publicando-a em um site de fotos eróticas.

O namorado, ao obter a foto, não comete crime algum, mas sim ao repassá-la; os integrantes do grupo de WhatsApp que armazenaram a foto, igualmente não cometem crime, desde que não tenham estimulado a divulgação (se estimularam, são partícipes da conduta do namorado), mas aquele que expôs a foto a pessoas indeterminadas, comete o crime do art. 218-C. Pensamos, inclusive, que os administradores do site, desde que tenham ciência de que a foto ali se encontra publicada de forma não autorizada, cometem o mesmo delito.

O tipo penal, portanto, é dividido em duas partes. Na primeira delas, os comportamentos de oferecer, trocar, disponibilizar, transmitir, vender ou expor à venda, distribuir, publicar ou divulgar, por qualquer meio - inclusive por meio de comunicação de massa ou sistema de informática ou telemática, dizem respeito à fotografia, vídeo ou outro registro audiovisual que contenham cena de estupro ou de estupro de vulnerável ou que façam apologia ou induzam a sua prática; na segunda parte, as mesmas condutas são destinadas a, sem o consentimento da vítima, oferecer, trocar, disponibilizar, transmitir, vender ou expor à venda, distribuir, publicar ou divulgar, por qualquer meio - inclusive por meio de comunicação de massa ou sistema de informática ou telemática - fotografia, vídeo ou outro registro audiovisual que contenha cena de sexo, nudez ou pornografia.

Assim, por exemplo, na primeira parte, o agente divulga na internet cenas de uma vítima sendo estuprada em um banheiro de um local onde acontecia um baile funk. No segundo caso, as cenas de sexo tinham sido filmadas, por exemplo, com ou sem o consentimento da vítima, e o agente as divulga, sem o consentimento dela, em suas redes de relacionamento no WhatsApp. Nesse último caso é indiferente, ainda, se o agente recebeu, inclusive, da própria vítima as cenas de sexo, nudez ou pornografia. Não havendo seu consentimento para divulgação, o agente que a divulgar incorrerá na prática do delito em estudo.

Destituição do poder familiar

O § 2º do art. 23 da Lei nº 8.069, de 13 de julho de 1990 (Estatuto da Criança e do Adolescente) e o parágrafo único do art. 1.638 do Código Civil, ambos inseridos nos referidos diplomas legais através da Lei nº 13.715, de 24 de setembro de 2018, asseveram, respectivamente, que:

> **Art. 23.** A falta ou a carência de recursos materiais não constitui motivo suficiente para a perda ou a suspensão do poder familiar.
>
> §1º [...]

> § 2º A condenação criminal do pai ou da mãe não implicará a destituição do poder familiar, exceto na hipótese de condenação por crime doloso sujeito à pena de reclusão contra outrem igualmente titular do mesmo poder familiar ou contra filho, filha ou outro descendente.
>
> **Art. 1.638.** Perderá por ato judicial o poder familiar o pai ou a mãe que: [...]
>
> Parágrafo único. Perderá também por ato judicial o poder familiar aquele que:
>
> I – praticar contra outrem igualmente titular do mesmo poder familiar:
>
> a) [...]
>
> b) estupro ou outro crime contra a dignidade sexual sujeito à pena de reclusão.
>
> II – praticar contra filho, filha ou outro descendente:
>
> a) [...]
>
> b) estupro, estupro de vulnerável ou outro crime contra a dignidade sexual sujeito à pena de reclusão.

9.4. ABORTO CRIMINOSO (ARTS. 124 A 128 DO CP)

Aborto é a interrupção ilícita da prenhez, com a morte do produto, haja ou não expulsão, qualquer que seja o seu estado evolutivo, desde a concepção até momentos antes do parto (Hélio Gomes). Anota-se que, para a Medicina Legal, a idade do produto da concepção não interessa para a caracterização desta conduta.

O aborto é crime doloso contra a vida e julgado pelo Tribunal do Júri. Não há aborto na modalidade culposa (por imprudência, negligência ou imperícia) no Brasil. Na tipificação, nossa codificação penal não distingue entre ovo, embrião ou feto.

Há autores que ensinam que o termo *aborto* se refere ao produto do *abortamento,* que é a cessação do processo em qualquer altura do processo gestatório, isto é, da fecundação, a sua expulsão a termo (ver H. V. de Carvalho). Anote-se, ainda, a definição de Carrara: *Abortamento criminoso* "é a morte dolorosa do ventre materno, pela qual seja conseguida a morte do feto".

O aborto pode ser espontâneo ou provocado. O aborto espontâneo é consequência de estados patológicos da mãe ou do feto. O aborto *provocado* pode ser legal ou criminoso. O aborto *legal* é aquele autorizado pela lei (art. 128 do CP) e aborto *criminoso* será aquele não permitido pela norma legal.

Sujeito passivo do aborto é o feto (no autoaborto) ou o feto e a gestante nos demais casos. Ver também o art. 2º do Código Civil, que trata da proteção do nascituro.

O Código Penal prevê seis *modalidades de aborto:*

1) aborto provocado pela própria gestante, ou autoaborto (art. 124, primeira parte);
2) aborto com consentimento da gestante, para que outrem lhe provoque o abortamento (art. 124, segunda parte);
3) aborto provocado sem o consentimento da gestante. Este não consentimento da gestante pode decorrer de violência, ameaça ou de fraude (art. 125), ou de certas condições que façam presumir a incapacidade da gestante para consentir (art. 126, parágrafo único);
4) aborto consentido ou consensual (art. 126);
5) aborto qualificado, pela lesão grave ou morte da gestante (art. 127);
6) aborto permitido, nos casos do art. 128, I e II, do CP. No caso de estupro (art. 128, II, do CP), temos o chamado aborto moral, sentimental, ético, humanitário.

O art. 128, I, do Código Penal admite o chamado *aborto necessário*, que é aquele praticado como único meio de salvar a vida da gestante. Também é chamado de *aborto terapêutico.* A lei não permite o aborto quando houver risco para a saúde, mas apenas no caso de risco de vida.

ABORTO EUGÊNICO/ANENCEFALIA

O critério *eugênico* se refere à intervenção abortiva em fetos defeituosos ou com possibilidade de o ser, conduta esta não admitida pelo nosso diploma legal. Todavia, o Código Penal é de 1940 e vivemos em uma época em que o avanço da Medicina não deixou de ser observado pelo Poder Judiciário.

Luiz Vicente Cernicchiaro, no entanto, leciona que, afinal, quando o feto não terá sobrevivência após o parto - quando é "inviável", segundo terminologia legal -, já existem sentenças judiciais que autorizam a interrupção da gravidez. É igualmente importante destacar que existe hoje conhecimento científico suficiente para identificar casos como esse de inviabilidade de sobrevivência do feto, a exemplo de ausência de massa cerebral. A autorização parece, pois, um expediente legítimo e humanitário para atenuar sofrimentos.[13]

Então, tomando-se a cautela devida, diversos magistrados e tribunais têm autorizado a prática dessa modalidade, como em casos de feto com *anencefalia*

13 CERNICCHIARO, Luiz Vicente. Aborto. *Correio Braziliense*, 12/7/99.

(situação em que não há abóbada craniana e os hemisférios cerebrais ou não existem ou se apresentam como pequenas formações aderidas à base do crânio – *Dicionário Eletrônico Aurélio*).

Durante muitos anos, discutiu-se a possibilidade de interrupção da gravidez na hipótese de feto anencéfalo. As decisões dos tribunais eram conflitantes e faziam com que reinasse a insegurança jurídica.

Em 17 de junho de 2004, a Confederação Nacional dos Trabalhadores na Saúde – CNTS, propôs a Ação de Arguição de Descumprimento de Preceito Fundamental (ADPF nº 54), questionando a aplicação dos arts. 124, 126, e 128, I e II, do Código Penal, no que diz respeito ao feto anencéfalo.

Após oito anos, aproximadamente, vale dizer, em 12 de abril de 2012, o Supremo Tribunal Federal decidiu a questão, por maioria, e, nos termos do voto do Relator, Ministro Marco Aurélio, a fim de declarar a inconstitucionalidade da interpretação segundo a qual a interrupção da gravidez de feto anencéfalo é conduta tipificada nos arts. 124, 126, 128, I e II, todos do diploma repressivo.

Assim, uma vez diagnosticada a anencefalia, poderá a gestante, se for de sua vontade, submeter-se ao aborto, sem que tal comportamento seja entendido como criminoso.

Vale ressaltar que o Conselho Federal de Medicina, a fim de regulamentar a hipótese, editou a Resolução nº 1.989, de 10 de maio de 2012.[14]

---

14 RESOLUÇÃO CFM Nº 1.989/2012 (Publicada no DOU de 14 de maio de 2012, Seção I, p. 308 e 309)
"Art. 1º Na ocorrência do diagnóstico inequívoco de anencefalia o médico pode, a pedido da gestante, independente de autorização do Estado, interromper a gravidez.
Art. 2º O diagnóstico de anencefalia é feito por exame ultrassonográfico realizado a partir da 12ª (décima segunda) semana de gestação e deve conter:
I – duas fotografias, identificadas e datadas: uma com a face do feto em posição sagital; a outra, com a visualização do polo cefálico no corte transversal, demonstrando a ausência da calota craniana e de parênquima cerebral identificável;
II – laudo assinado por dois médicos, capacitados para tal diagnóstico.
Art. 3º Concluído o diagnóstico de anencefalia, o médico deve prestar à gestante todos os esclarecimentos que lhe forem solicitados, garantindo a ela o direito de decidir livremente sobre a conduta a ser adotada, sem impor sua autoridade para induzi-la a tomar qualquer decisão ou para limitá-la naquilo que decidir:
§1º É direito da gestante solicitar a realização de junta médica ou buscar outra opinião sobre o diagnóstico.
§ 2º Ante o diagnóstico de anencefalia, a gestante tem o direito de:
I – manter a gravidez;
II – interromper imediatamente a gravidez, independente do tempo de gestação, ou adiar essa decisão para outro momento.
§ 3º Qualquer que seja a decisão da gestante, o médico deve informá-la das consequências, incluindo os riscos decorrentes ou associados de cada uma.
§ 4º Se a gestante optar pela manutenção da gravidez, ser-lhe-á assegurada assistência médica pré-natal compatível com o diagnóstico.
§ 5º Tanto a gestante que optar pela manutenção da gravidez quanto a que optar por sua interrupção receberão, se assim o desejarem, assistência de equipe multiprofissional nos locais onde houver disponibilidade.
§ 6º A antecipação terapêutica do parto pode ser realizada apenas em hospital que disponha de estrutura adequada ao tratamento de complicações eventuais, inerentes aos respectivos procedimentos.
Art. 4º Será lavrada ata da antecipação terapêutica do parto, na qual deve constar o consentimento da gestante e/ou, se for o caso, de seu representante legal.

Outra questão polêmica é a que envolve a *necessidade ou não de uma autorização judicial prévia para que o médico pratique o aborto legal* (art. 128, I e II, do Código Penal). Registre-se que o Código Penal não traz essa exigência.

> "Posse sexual. Gravidez. Aborto. Autorização judicial. Competência. Juízo cível. Recurso. Competência da E. 3ª Câmara Cível para conhecer e julgar Apelação interposta pela representante legal de menor vítima de ato sexual que resultou em gravidez. No mérito, nega-se provimento ao recurso pelas razões do juiz da causa e ainda porque a vítima estava em adiantado estado de gravidez (FJB) (TJRJ, AC nº 19.336/1999, (12062000), 3ª Câm. Cív., Rel. Des. Humberto Perri, julgado em 11/4/2000). Configurada a excludente de culpabilidade, na espécie de aborto, em estudo, só a gestante ou, se incapaz, por qualquer circunstância, alguém que a represente, posto que a fonte normativa que pode dar resposta à indagação restringe-se ao art. 128, I e II, do CP. Inocorre, na hipótese, a figura da autorização e, muito menos, a autorização judicial. O pressuposto de validade da prática abortiva está, com exclusividade, no consentimento da gestante ou de seu representante legal, quando a mesma for ou estiver incapacitada para fazê-lo.
>
> I – O aborto legal (art. 128, I e II, do CP), seja qual for a excludente de criminalidade aplicável, realizado por médico, prescinde de autorização judicial."

O aborto é crime material, que se consuma com a morte do feto. Assim, sobrevivendo este, ocorrerá a punição a título de tentativa (art. 14, II, do CP).

Roberto Blanco cita a maceração fetal (fenômeno cadavérico) como importante meio de classificar-se o delito em estudo e para saber-se a quanto tempo o feto está morto.

Outras observações

1. Se a gravidez for suposta, haverá crime impossível (art. 17 do CP). É indispensável que se prove a gravidez da mulher, assim como que o feto tinha vida. A perícia é, portanto, sempre necessária.

Parágrafo único. A ata, as fotografias e o laudo do exame referido no artigo 2º desta resolução integrarão o prontuário da paciente.

Art. 5º Realizada a antecipação terapêutica do parto, o médico deve informar à paciente os riscos de recorrência da anencefalia e referenciá-la para programas de planejamento familiar com assistência à contracepção, enquanto essa for necessária, e à preconcepção, quando for livremente desejada, garantindo-se, sempre, o direito de opção da mulher.

Parágrafo único. A paciente deve ser informada expressamente que a assistência preconcepcional tem por objetivo reduzir a recorrência da anencefalia.

Art. 6º Esta resolução entra em vigor na data de sua publicação.

Brasília-DF, 10 de maio de 2012

CARLOS VITAL TAVARES CORRÊA LIMA HENRIQUE BATISTA E SILVA

Presidente em exercício – Secretário-geral"

2. Quanto mais antigo for o aborto, mais difícil será a perícia, uma vez que os vestígios tendem a desaparecer com o passar do tempo.
3. Na perícia do aborto faz-se importante excluir da modalidade criminosa aqueles de origem patológica (espontâneos) e os acidentais.
4. O aborto pode ser provocado por substâncias ditas abortivas (meios químicos), por meio de processos mecânicos (físicos), por meios psíquicos (ex.: choques emocionais e similares) ou, ainda, por meios mistos (mecânico-químicos).
5. É necessário que a perícia estabeleça com precisão o meio utilizado na prática abortiva (meio causador).
6. Por profilaxia do aborto, entende-se a preocupação com as causas do aborto, tais como a miséria, a desassistência médica e pré-natal, os estupros etc.

A implementação de meios anticoncepcionais seguros e conhecidos pela maioria da população é considerada um caminho eficiente na luta contra o aborto. Como técnicas anticoncepcionais, podemos citar: as *pílulas,* o *DIU* (dispositivo intrauterino), o *coito interrompido,* o método *Ogino-Knaus,* o uso de *preservativos, processos químicos* e outros.

9.5. INFANTICÍDIO

É o ato de a mãe matar o próprio filho, durante o parto ou logo após, sob influência do estado puerperal (art. 123 do CP).[15]

Condições para a caracterização do crime:

1) "matar" – isto é, tirar a vida de quem a tem, de modo que o feto natimorto descaracteriza o delito;
2) "sob a influência do estado puerperal"– ou seja, pelas condições que a parturição haja especialmente criado. O puerpério (*puer parere* – dar à luz uma criança) importa em profundas modificações da situação da mulher, o que pode acarretar esta alteração de personalidade;
3) "o próprio filho" – limitando o delito a um só agente: a mãe da vítima (crime próprio);
4) "durante o parto ou logo após" – isto é, dentro do limite de tempo em que se coadune com o momento biopsicossocial que preside a caracterização excepcional do delito, ou seja, dentro de razoável espaço de tempo que fulgure o trauma físico e psíquico do parto (H. V. de Carvalho).[16]

15 Para um estudo mais profundo desse crime, sugerimos a leitura do artigo de: MOURA, Júlio Víctor dos S. Modalidades do infanticídio. *Revista Síntese de Direito e Processo Penal*, 52, mar.-abr. 2005.

16 CARVALHO, Hilário Veiga de; SEGRE, M. *Compêndio de medicina legal*, p. 325-327.

Hélio Gomes anota como elementos do crime:

"a) feto nascente ou recém-nascido;

b) existência de vida extrauterina; e

c) morte causada pela mãe, sob a influência do estado puerperal."[17]

A morte dolosa do feto, quando anterior ao início do nascimento, é aborto (arts. 124 a 128).

A morte do feto disforme ou aleijado também configura o infanticídio.

Quanto à *elasticidade da expressão "logo após"*, há controvérsia. H. Gomes e G. Vasconcelos dizem que o "logo após" quer dizer imediatamente, prontamente. F. Fávero fala em curto lapso de tempo. A. Almeida Jr. e J. B. de O. Costa Jr., assim como H. V. de Carvalho e a jurisprudência dominante, entendem que o conceito de "logo após" não é só cronológico, mas também psicológico, não devendo ser tomado literalmente. O prudente arbítrio do juiz é que deve fixar, no caso em concreto, o variável período de choque puerperal. Apoiam este último ponto de vista: Skrzecka Romanese, Carrara e outros. O exame pericial será instrumento de profunda importância para tal definição.

Importante ainda sabermos que o delito previsto no art. 134 do CP, do ponto de vista médico-legal, é uma modalidade de infanticídio. Recém-nascido, nesse passo, é a criança até a queda do cordão umbilical.

A *perícia* médico-legal deve caracterizar:

a) prova de condição de nascendo ou recém-nascido;

b) prova de vida extrauterina;

c) diagnóstico da causa da morte;

d) exame da puérpera.

1) **PROVA DE CONDIÇÃO DE NASCENDO OU RECÉM-NASCIDO** – a que se faz através de exames como docimasias respiratórias e circulatórias, exame da agressão infanticida (coagulação do sangue, afluxo leucocitário e outras reações vitais). Estudam-se ainda outros sinais orientadores, como induto sebáceo sobre a pele, tumor do parto, expulsão do mecônio, estado do cordão umbilical, presença de ar no estômago e intestino.

2) **PROVA DE VIDA EXTRAUTERINA** – a este conjunto de provas dá-se o nome de docimasias, provas estas que se baseiam na existência de sinais de vida manifestados, sobretudo, nas funções respiratórias e digestivas. São elas: docimasia pulmonar hidrostática ou docimasia hidrostática de Galeno (prova

17 GOMES, Hélio. *Medicina legal*, p. 367.

galênica), docimasia ótica ou visual de Bouchut (exame direto do pulmão), docimasia histológica. As docimasias acima são feitas no aparelho respiratório. No aparelho digestivo, faz-se a docimasia gastrintestinal ou de Breslau. As docimasias, principalmente a galênica e de Breslau, não dão certeza absoluta. A jurisprudência entende que, além da docimasia galênica, deve-se fazer a pulmonar e gastrintestinal.

Genival Veloso de França[18] explica que as docimásias são provas baseadas na possível respiração ou nos seus efeitos e por isso classificadas em docimásias pulmonares e extrapulmonares.

Docimásias pulmonares:

- Docimásia Hidrostática de Galeno: é a mais simples, antiga e uma das mais seguras. Se houver flutuação do pulmão ao ser colocado na água, houve respiração. Essa prova só tem valor até 24 horas após a morte do infante, pois, a partir desse tempo, começam a surgir os gases oriundos do fenômeno transformativo da putrefação, dando, por conseguinte, um resultado falso-positivo.

- Docimásia Diafragmática de Ploquet: aberta a cavidade toracoabdominal do examinado, observam-se horizontalidade diafragmática, nos casos em que houve respiração, e convexidade exagerada das hemicúpulas do diafragma, quando a respiração autônoma não existiu.

- Docimásia Óptica ou Visual de Bouchut: é a simples inspeção do pulmão examinado. O que respirou apresenta, como característica, o desenho do mosaico alveolar, e o que não respirou tem aspecto compacto, liso e uniforme.

- Docimásia Táctil de Nero Rojas: no pulmão que respirou, sentem-se pela palpação, um crepitar característico e a sensação esponjosa, e, no que não respirou, uma consistência carnosa.

- Docimásia Óptica de Icard: essa prova realiza-se por meio de pequenos cortes de fragmento de pulmão, de dimensão reduzida, esmagado entre duas lâminas de modo a transformá-lo num esfregaço. Nos casos em que houve respiração, notam-se, no esfregaço, inúmeras bolhas de ar.

- Docimásia Radiológica de Bordas: é baseada na maior opacidade aos raios X dos pulmões que não respiram, cuja forma de punho dá a ideia de atelectasia pulmonar. Os diafragmas não

18 FRANÇA, Genival Veloso de. *Medicina legal*. 9ª ed. Rio de Janeiro: Guanabara Koogan, 2012, p. 332-337.

são vistos, nem a silhueta cardioaórtica. No pulmão que respirou observa-se uma imagem clara de transparência alveolar.

– Docimásias Hidrostáticas de Icard: são provas realizadas como complemento da docimásia hidrostática de Galeno nos casos de dúvidas. São duas: por aspiração e por imersão em água quente.

– Docimásia Histológica de Balthazard (ou Bouchut-Tamassia): é a mais perfeita, pois pode ser realizada em pulmões putrefeitos. Consiste no estudo microscópico do tecido pulmonar através da técnica histológica comum.

– Docimásia Química de Icard: consiste em colocar-se um fragmento de pulmão na parte central de um lobo, lavado em álcool puro e por-se dentro de uma solução alcoólica de potassa cáustica a 30%. Esse fragmento deve ficar preso ao fundo do vaso. Tendo havido respiração, o parênquima é destruído pelo líquido, desprendendo bolhas de ar que sobem à superfície.

Docimásias Extrapulmonares:

– Docimásia Gastrointestinal de Breslau: o ar penetra no tubo digestivo com as primeiras incursões respiratórias. Essa prova consiste em tirar-se o aparelho gastrointestinal, colocá-lo num recipiente com água, observando-se se ele sobrenada ou afunda. Em seguida, corta-se em vários segmentos e verifica-se se eles flutuam.

– Docimásia Auricular de Vreden, Wendt e Gele: consiste em seccionar-se o pavilhão auricular em sua linha de implantação e bem junto à parede óssea, descobrindo-se o meato acústico externo, cortando longitudinalmente a parede inferior do meato retirando as duas metades e expondo-se a membrana do tímpano. Leva-se a cabeça para dentro da água e, com um bisturi ou uma agulha grossa, punciona-se o tímpano. Quando houve respiração, sai de dentro da cavidade uma bolha de ar que se rompe na superfície do líquido.

– Docimásia hematopneumo-hepática de Severi: consiste em se determinarem as taxas de oxiemoglobina do sangue do pulmão e do sangue do fígado. Se essas taxas forem idênticas, não houve hematose, ou seja, não existiu respiração.

– Docimásia Siálica de Souza-Dinitz: baseia-se na comprovação de saliva no estômago pela reação da sulfocianetos e outras técnicas semelhantes. A presença de saliva pela deglutição fala em favor da respiração.

- Docimásia Pneumo-Hepática de Puccinotti: tem como fundamento a possibilidade de determinar, pelo valor da quantidade sanguínea do fígado e do pulmão, se houve ou não respiração.

- Docimásia plêurica de Placzek: assenta-se no fato fisiológico de que, na respiração, existe, na cavidade pleural, uma pressão negativa não encontrada nos fetos que não respiraram.

- Docimásia Traqueal de Martin: não tem valor nos pulmões putrefeitos. É feita utilizando-se de um manômetro bem sensível na traqueia.

- Docimásia Hematopulmonar de Zalesk: procura estabelecer a existência ou não da respiração pelo estudo do conteúdo hemático dos pulmões.

- Docimásia Ponderal de Pulcquet: tem por base a diferença do peso relativo dos pulmões para o corpo do feto que respirou ou não.

- Docimásia do Volume D'Água Deslocado de Bernt: consiste em colocar pulmões e coração dentro de um vaso especial contendo água. O diagnóstico da respiração é dado pelo grau de deslocamento do líquido.

- Docimásia Úrica de Budin-Ziegler: positiva-se com a presença de uratos nos condutos renais, como marca de respiração do recém-nascido.

- Docimásia do Nervo Óptico de Mirto: fundamenta-se no estágio de mielinização do nervo óptico, a qual se inicia logo após o nascimento.

Roberto Blanco cita a possibilidade de erro na docimasia de Galeno. Ocorre quando, em decorrência da putrefação (e dos gases liberados nesta, que se infiltram no pulmão), o pulmão flutua no meio líquido, mesmo sem ter nunca o feto respirado. Nesses casos, é mais seguro submeter o órgão à docimasia histológica. Pulmões congelados, cozidos ou fixados em álcool também podem flutuar, ao passo que a pneumonia lobar poderá fazer um pulmão afundar, mesmo que o feto tenha respirado.

3) **DIAGNÓSTICO DA CAUSA DA MORTE** – as causas da morte podem ser criminais e não criminais. As *causas não criminais* podem ser a morte decorrente de doença, de trabalho de parto em más condições ou má formação da gestante ou do feto. Podem fazer morrer o feto, sem que haja crime: falta de maturidade, feridas obstétricas graves, doenças congênitas, vícios de conformação, hemorragia umbilical, asfixia acidental, parto de surpresa etc. As *causas criminais* podem ser: fraturas do crânio, sufocação, estrangulamento, submersão, feridas, queimaduras, envenenamento, falta de cuidado para manter a vida e outras.

4) **EXAME DA PUÉRPERA** – é considerado indispensável. Deve dizer se houve ou não gravidez e parto, e se este é recente ou antigo. O parto antigo exclui o infanticídio. O perito analisará também o estado mental da mulher (ex.: psicoses puerperais – estados psicopáticos agravados pela gestação). Além disso, o perito deve analisar a existência e influência do estado puerperal na conduta da mulher.

> "O infanticídio é considerado como *delictum exceptum* quando cometido pela parturiente sob a influência do estado puerperal. Há, pois, a necessidade de ser apurada tal condição, porque, como bem assinala Custódio da Silveira, "esta cláusula, como é óbvio, não quer significar que o puerpério acarrete sempre uma perturbação psíquica; é preciso que fique averiguado ter esta realmente sobrevindo em consequência daquele, de modo a diminuir a capacidade de entendimento ou de autoinibição da parturiente. Fora daí não há por que distinguir entre infanticídio e homicídio" (*Direito penal.* São Paulo, 1959, p. 107 e 108) (TJSP, Rec. Rel. Hoeppner Dutra, *RJTJSP* nº 21/432).

No entanto, parte da jurisprudência já admite, nos casos em que está provada a conduta delituosa da ré logo após o parto, a ausência do exame pericial que comprove a existência do estado puerperal. Nesse sentido:

> "Sendo a prova segura em indicar que a conduta da ré ocorreu logo após o parto, o que faz presumir estar ela sob a influência do estado puerperal, já que este é o efeito costumeiro de qualquer parto, não depende o seu reconhecimento de prova pericial" (TJSP, SER Rel. Gomes de Amorim, *RJTJSP* nº 172/300).

Acreditamos, contudo, que decisões nesta linha sejam mais fruto da aplicação do princípio do *in dubio pro reo* do que a abdicação da necessidade da prova pericial, que deve ser realizada sempre que possível.

O crime se consuma com a morte do nascente ou neonato. A tentativa é possível. Se a mãe pratica ação contra feto já morto, há crime impossível. O infanticídio é crime material, doloso, de dano e não transeunte.

> RECURSO EM SENTIDO ESTRITO. HOMICÍDIO QUALIFICADO. DESCLASSIFICAÇÃO. PRONÚNCIA. INFANTICÍDIO. ESTADO PUERPERAL. COMPROVAÇÃO PERICIAL. PROVA INEQUÍVOCA. RECURSO DESPROVIDO.
>
> 1. O estado puerperal caracteriza-se pela alteração psíquica da mulher em decorrência do parto, diminuindo-lhe a capacidade de completo entendimento ou de determinação perante a realidade.
>
> 2. O Laudo Pericial, elaborado por psiquiatra forense do Instituto Médico Legal, afirma que as informações constantes nos autos são suficientes para se diagnosticar a presença do estado puerperal na hipótese, sobretudo em razão do contexto da ação, da dinâmica dos fatos e do quadro de estresse reativo, com sintomas depressivos graves, apresentado pela ré após o delito.
>
> 3. Ainda que seja possível ao juiz decidir de forma diversa do que consta no laudo pericial, a discordância em relação à conclusão técnica deve estar embasada em razões firmes, o que não se afigura possível na hipótese em apreço, pois não há prova que possibilite conclusão diversa daquela externada pela psiquiatra forense.
>
> 4. Após a finalização da primeira fase do procedimento especial do Tribunal do Júri, é lícito ao juiz desclassificar a imputação formulada na denúncia, inclusive para pronunciar o acusado por crime doloso contra a vida diverso do capitulado na inicial acusatória (artigo 418 do Código de Processo Penal) (TJDFT, Processo: 20131310028556RSE, Rel. Des. Silvanio Barbosa dos Santos, DJe 06/10/2015).

GRAVIDEZ, PARTO E PUERPÉRIO

Roberto Blanco menciona que o diagnóstico de parto recente ou antigo tem importância médico-legal para dirimir inúmeros problemas civis e penais. Para tanto, basta ver que daí poderá se definir a causa jurídica da(s) morte(s) (natural, acidente, suicídio, homicídio) e questões relativas, por exemplo, ao direito das sucessões e à ordem de vocação hereditária.

No estudo, podemos identificar:

a) mulher viva, parto recente (devem-se observar vestígios do traumatismo vulvo-vaginal, corrimentos vaginais, o colo do útero, se das mamas sai colostro ou leite etc.);

b) mulher viva, parto antigo (observar cicatriz perineal, orifício em fenda no colo do útero, estrias abdominais, nas coxas e mamas, seios maiores etc.);

c) mulher morta, parto recente (fazer, além das mesmas observações feitas nas vivas, exame histopatológico);

d) mulher morta, parto antigo (além do que já foi ressaltado, observar as cicatrizes e o formato do orifício do colo, útero triangular com paredes côncavas).

ESTADO PUERPERAL corresponde a perturbações que acometem as mulheres, de ordem física e psicológica, decorrentes do parto, podendo acarretar transtornos de ordem mental, produzindo angústia, ódio, desespero, entre outros. Na verdade, não há nenhum elemento psicofísico que forneça à perícia elementos consistentes e seguros para se afirmar que uma mulher matou seu próprio filho motivada por esse estado. Ainda, esse distúrbio não tem, ao contrário do puerpério, um limite de duração definido.

PUERPÉRIO (de *puer parere,* dar à luz) é o espaço de tempo que vai da expulsão da placenta até a involução total das alterações da gravidez voltando o organismo materno às suas condições pré-gravídicas. Logo, não se confunde com o estado puerperal.

O puerpério se inicia com a eliminação da placenta e termina com o reinício dos ciclos menstruais. O estado puerperal tem duração ainda não bem delimitada, como foi registrado ao tratarmos do infanticídio.

Ainda há referências, pelos doutos, ao puerpério imediato (recente), tardio e longínquo. O *puerpério imediato* inicia-se logo após a dequitação (expulsão da placenta e demais membranas materno-fetais) e dura, em média, sete dias. O *puerpério tardio* corresponde ao período de “resguardo”, de 30 a 40 dias. O *puerpério longínquo* dura cerca de três a seis meses, encerrando-se com o término da lactação e o retorno dos ciclos menstruais. Principalmente no terceiro período (puerpério longínquo), existem inúmeras variações e exceções. A ovulação e a amamentação podem iniciar ou durar, respectivamente, de modo peculiar.

A Medicina Legal pode ser de primordial importância para determinar a existência ou não de vínculo entre pessoas (paternidade, maternidade, filiação), gerando ou eliminando direitos de sucessão, alimentos, visita etc., bem como a própria afetividade entre elas. Ver arts. 1.591 a 1.606 e arts. 1.784 a 1.790 do Código Civil.

Não é raro que alguém pretenda negar ou assumir falsamente a paternidade, maternidade ou filiação em relação a outrem. Tais vínculos ou situações também trazem grandes consequências jurídicas, como agravações e atenuações penais (mulher grávida, crime contra parentes etc.).

A **GRAVIDEZ** (prenhez, ciese) é determinada através do exame dos batimentos cardiofetais, por ultrassonografias, provas radiológicas, imunológicas, exames clínicos (urina, sangue) etc.

Chama-se de *pseudociese* (gravidez nervosa) a *falsa gravidez,* ou seja, a existência de sinais de prenhez, sem que esta exista. *Gravidez ectópica* é aquela em que o embrião nida (= nidação) em região imprópria (trompas, ovário, abdome), indicando a necessidade de aborto terapêutico (art. 128 do CP).

Prenhez molar é aquela em que ocorre a conversão do ovo em mola. *Mola* é a massa ou tumor carnoso que se forma no útero, pela degeneração de um ovo ou por seu desenvolvimento no sentido de aborto. Sua extirpação não caracteriza ilícito penal.

A *duração da gravidez* é matéria pedregosa, pois discute-se qual é o termo inicial (a concepção ou a nidação).

9.6. PERVERSÕES SEXUAIS/TRANSTORNOS SEXUAIS/ PARAFILIAS

Segundo os autores Harold I. Kaplan, Benjamim J. Sadock e Jack A. Grebb, podemos definir parafilias como:

> "Transtornos sexuais caracterizados por fantasias sexuais especializadas e intensas necessidades e práticas que, em geral, são de natureza repetitiva e angustiam a pessoa."[19]

Esses transtornos podem vir a ocasionar atos delinquenciais, com graves repercussões jurídicas. Como exemplo, temos a pessoa exibicionista, que consiste no impulso e desejo de expor as genitais em público, do necrófilo que é obcecado pela prática sexual com cadáveres, do pedófilo que terá um impulso sexual por crianças, do sádico que o prazer advém do sofrimento da parceira ou parceiro, e assim por diante.

A sexualidade pode ser classificada em:

a) sexualidade normal;

b) desvios do sexo;

c) sexualidade anômala *(aberrações ou perversões sexuais);*

d) sexualidade criminosa.

19 GREBB, Jack A.; KAPLAN, Harold I.; SADOCK, Benjamin J. *Compêndio de psiquiatria* – Ciências do comportamento e psiquiatria clínica. 7ª ed. Porto Alegre: Artmed, 1997, p. 635.

SEXUALIDADE NORMAL é a que segue as injunções da natureza e se norteia no sentido da procriação; *DESVIO DO SEXO* é o desequilíbrio do curso normal da sexualidade; *ANÔMALA* é a sexualidade pervertida e aberrante; *CRIMINOSA* é a sexualidade que leva ao crime.

DESVIOS DE SEXUALIDADE

Os desvios da sexualidade possuem várias formas:

1) **ANAFRODISIA** - é a diminuição ou deterioração do instinto sexual do homem, , ocasionado, em geral, por uma doença nervosa ou glandular;
2) **FRIGIDEZ** - é a diminuição do instinto sexual na mulher ou a sua falta de capacidade para o orgasmo, Pode decorrer de vaginismo ou de doenças psíquicas ou glandulares;
3) **EROTISMO** - é o aumento do apetite sexual de forma abusiva. No homem, chama-se satiríase e, na mulher, ninfomania. A satiríase se manifesta por uma ereção quase permanente, havendo outras variações: priapismo (ereção sem desejo) e erotomania (desejo sem ereção);
4) **AUTOEROTISMO** - é o erotismo sem parceiro, substituído este por retratos, telas, esculturas, objetos etc.;
5) **EROTOMANIA** - é a convicção delirante que uma pessoa desenvolve de estar sendo amada por outra e tudo passa a girar em torno dessa paixão. É a hipérbole do amor platônico;
6) **EROTOGRAFIA** - prazer em escrever textos eróticos;
7) **ERETOGRAFOMANIA** - é o impulso mórbido que leva o desviado a ter prazer na leitura de material pornográfico;
8) **EXIBICIONISMO** - é o impulso mórbido de exibir os órgãos sexuais em público. Já o estímulo de ser visto por outras pessoas durante o ato sexual chama-se *autagonistofilia*;
9) **NARCISISMO** - é o desvio sexual que importa na admiração do próprio corpo, num culto exagerado à sua própria personalidade
10) **FETICHISMO** - é o desvio sexual no qual o prazer é conseguido através de visão, tato ou lembrança de objetos (camisas, meias etc.). Fetichismo corporal é a fixação erótica em partes do corpo (pés, olhos, joelhos, orelhas etc.). Até defeitos físicos podem se tornar fetiches, como cicatrizes, amputações, estrabismo etc.;

11) **LUBRICIDADE SENIL** - é a manifestação de sexualidadeexagerada, percebida em pessoas de idade avançada, resultando de perturbações patológicas, como a demência senil;

12) **MIXOSCOPIA** - é o prazer erótico em presenciar o coito de terceiros, inclusive do próprio parceiro, com outrem. Os franceses chamam de *voyeurs*, do que derivou *voyeurismo*.

13) **CRONOINVERSÃO** - atração por pessoas de idade avassaladoramente desigual. Ex.: um jovem de 20 e uma mulher de 70 anos;

14) **CROMOINVERSÃO** - propensão erótica por pessoa de cor diferente da própria;

15) **ETNOINVERSÃO** - manifestação erótica por pessoas de raça diversa da própria. H. Gomes[20] anota a preferência dos portugueses pelas negras e mulatas;

16) **GERONTOFILIA** - é a atração sexual por pessoas de idade avançada;

17) **PIGMALIONISMO** - desvio que se baseia na admiração exagerada e patológica das estátuas. Estatuafilia, estátua-estupro;

18) **TRAVESTISMO** - é a impulsão ao uso de roupas do sexo oposto, imitando-lhe as atitudes, gestos e modos. Pode ser exibicionista (todo vestido, querendo ser admirado) ou fetichista (apenas uma peça, guardando segredo);

19) **ONANISMO** - é o impulso obsessivo à excitação dos órgão genitais através da própria mão ou dedos (masturbação), comum na puberdade. Esclarece França que o onanismo juvenil desaparece sem vestígio, desde que o jovem se inicie numa vida heterossexual normal. No momento em que tal fato ultrapassa essa idade, persistindo como única forma de prazer, torna-se uma inversão sexual ou sintoma de sérios distúrbios mentais, principalmente entre os deficientes mentais e certos esquizofrênicos;[21]

ABERRAÇÕES SEXUAIS (PERVERSÕES)

1) **SADISMO** - forma de perversão sexual em que o gozo advém do sofrimento da parceira ou parceiro. Também chamado de algolagnia ativa.

2) **MASOQUISMO** - é a algolagnia passiva (*algos* = dor; *lagneia* = devassidão). O prazer, aqui, decorre da dor, sofrimento e humilhação

20 Op. cit., p. 397.

21 FRANÇA, Genival Veloso de. *Medicina legal*. 6ª ed. Rio de Janeiro: Guanabara Koogan, 2001, p. 215.

infligidos pelo parceiro contra o masoquista. Há níveis de masoquismo (brando, elevado).

3) **SADOMASOQUISMO** – é a aberração sexual em que o prazer é obtido pela produção de dor no próprio indivíduo e no parceiro.

4) **BESTIALISMO** ou **ZOOFILIA** – compulsão de realização do coito com animais.

5) **NECROFILIA** – é a impulsão de praticar atos sexuais com cadáveres.

6) **RIPAROFILIA** – é a atração sexual por mulheres desasseadas, sujas, de baixas condições higiênicas.

7) **TOPOINVERSÕES** – prática sexual em diferentes locais do corpo. Ex.: coito anal, entre as coxas, seios, axilas etc. Semelhante a tal prática, teremos a felação e a cunilíngua; respectivamente, sucção do órgão masculino pela mulher e dos órgãos femininos (clitóris e vulva) pelo homem.

8) **VAMPIRISMO** – é o prazer sexual em sugar o sangue do parceiro ou em dar mordeduras na região lateral do pescoço.

9) **FLAGELANTISMO** ou **FLAGELAÇÃO** – perversão sexual próxima do sadomasoquismo, em que o prazer decorre de chicotadas, chineladas etc.

10) **SODOMIA** – coito anal, entre homem e homem ou homem e mulher.

11) **TRIOLISMO** – prática sexual entre parceiros, conhecido hodiernamente como *ménage a trois*.

12) **TROCA INTERCONJUGAL** – realização do ato sexual entre vários casais. Troca de casais. *Swinging*: troca interconjugal. *Swapping*: sexo coletivo.

13) **TRANSEXUALISMO** – transexuais são pessoas que, partindo de uma constituição física nada equívoca, isto é, puramente masculina ou feminina, procuram reiteradamente "trocar de sexo", nos aspectos morfológico, endócrino e jurídico, através de cirurgias, hormônios e ações judiciais. É permitida cirurgia com esse fim nos EUA, Suíça, Dinamarca, Marrocos e outros.

14) **PROSTITUIÇÃO** – para alguns, é simples comportamento não aceito socialmente; para outros, é perversão sexual. Há muita diferença entre a prostituição decorrente de problemas psiquiátricos e forçada pela miséria, por exemplo. Genericamente, pode ser conceituada como a mercancia do corpo.

Assim como o suicídio e o alcoolismo, a prostituição não é crime. O que o Código Penal brasileiro pune é o favorecimento da prostituição ou outra forma de exploração sexual (art. 228), com pena maior quando a vítima é criança, adolescente ou vulnerável (art. 218-B), casa de prostituição (art. 229), rufianismo (art. 230) e tráfico de pessoas (art. 149-A). O Estatuto da Criança e do Adolescente (Lei nº 8.069/90) ainda prevê o crime de submeter criança ou adolescente à prostituição ou à exploração sexual (art. 244-A). A prostituta é, no mais das vezes, vítima do crime ou de circunstâncias sociais e econômicas.

15) **COPROFILIA** – também conhecido pela palavra inglesa *scat*, consiste na excitação sexual relativa ao contato com fezes do parceiro sexual. Abrange um largo espectro de práticas, que pode inclusive chegar à coprofagia (ingestão).

16) **ECDISEÍSMO** – fetiche por se despir a fim de provocar outrem.

17) **ANFISSEXUALISMO** – atração sexual por ambos os sexos feminino e masculino.

18) **BONDAGISMO** – fetiche por ser amarrado, imobilizado.

19) **DOLISMO** – fetiche por bonecas e manequins.

9.7. LEI Nº 11.340/2006

VIOLÊNCIA DOMÉSTICA E FAMILIAR

Alertamos para a edição da Lei nº 11.340,[22] de 7 de agosto de 2006, que cria mecanismos para coibir a violência doméstica e familiar contra a mulher nos termos do § 8º do art. 226 da Constituição Federal, da Convenção sobre a Eliminação de Todas as Formas de Discriminação contra as Mulheres e da Convenção Interamericana para Prevenir, Punir e Erradicar a Violência contra a Mulher; dispõe sobre a criação dos Juizados de Violência Doméstica e Familiar contra a Mulher; altera o Código de Processo Penal, o Código Penal e a Lei de Execução Penal; e dá outras providências.

A referida lei foi editada em virtude de uma recomendação exarada pela Comissão Interamericana de Direitos Humanos (CIDH) ao Brasil, no caso nº 12.051, que envolvia uma senhora de nome Maria da Penha, vitima de severas omissões do Estado brasileiro na garantia de seus direitos.

22 Atentar para o art. 11 da referida lei, em que se prescreve primeiro o atendimento médico-hospitalar das vítimas, e, *ipso facto*, o encaminhamento ao Instituto Médico Legal para a realização da perícia.

O art. 7 da Convenção de Belém do Pará, ratificada pelo Brasil, determina *que:*

> Os Estados Partes condenam todas as formas de violência contra a mulher e convêm em adotar, por todos os meios apropriados e sem demora, políticas destinadas a prevenir, punir e erradicar tal violência e a empenhar-se em:
>
> a) abster-se de qualquer ato ou prática de violência contra a mulher e velar por que as autoridades, seus funcionários e pessoal, bem como agentes e instituições públicos ajam de conformidade com essa obrigação;
>
> b) agir com o devido zelo para prevenir, investigar e punir a violência contra a mulher;
>
> c) incorporar na sua legislação interna normas penais, civis, administrativas e de outra natureza, que sejam necessárias para prevenir, punir e erradicar a violência contra a mulher, bem como adotar as medidas administrativas adequadas que forem aplicáveis;
>
> d) adotar medidas jurídicas que exijam do agressor que se abstenha de perseguir, intimidar e ameaçar a mulher ou de fazer uso de qualquer método que danifique ou ponha em perigo sua vida ou integridade ou danifique sua propriedade;
>
> e) tomar todas as medidas adequadas, inclusive legislativas, para modificar ou abolir leis e regulamentos vigentes ou modificar práticas jurídicas ou consuetudinárias que respaldem a persistência e a tolerância da violência contra a mulher;
>
> f) estabelecer procedimentos jurídicos justos e eficazes para a mulher sujeitada à violência, inclusive, entre outros, medidas de proteção, juízo oportuno e efetivo acesso a tais processos.

Os peticionários que levaram o caso da Maria da Penha à CIDH sustentaram que o Estado violou os direitos da vítima em conformidade com os arts. 1 (1), 8, 24 (em relação aos arts. II e XVIII da Declaração Americana) e 25 da Convenção Americana (ratificada pelo Brasil em 25 de novembro de 1992) e os arts. 3, 4, 5 e 7 da Convenção de Belém do Pará (ratificada em 27 de novembro de 1995), pelas violações cometidas a partir de 29 de maio de 1983 e, de maneira contínua, até o presente momento. Sustentam que a falta de ação eficaz e a tolerância do Estado continuam mesmo sob a vigência superveniente dessas duas Convenções Interamericanas.

A CIDH entendeu que o Estado violou os direitos e o cumprimento de seus deveres segundo o art. 7 da Convenção de Belém do Pará em prejuízo da Senhora Fernandes, bem como em conexão com os arts. 8 e 25 da Convenção Americana e sua relação com o art. 1 (1) da Convenção, por seus próprios atos omissivos e tolerantes da violação infligida. Houve solução amistosa do caso.

As recomendações gerais emitidas pelas Comissão ao Brasil foram as seguintes: a) completar rápida e efetivamente o processamento penal do responsável da agressão e tentativa de homicídio em prejuízo da Senhora Maria da Penha Fernandes Maia; b) proceder a uma investigação séria, imparcial e exaustiva a fim de determinar a responsabilidade pelas irregularidades e atrasos injustificados que impediram o processamento rápido e efetivo do responsável, bem como tomar as medidas administrativas, legislativas e judiciárias correspondentes; c) adotar, sem prejuízo das ações que possam ser instauradas contra o responsável civil da agressão, as medidas necessárias para que o Estado assegure à vítima adequada reparação simbólica e material pelas violações aqui estabelecidas, particularmente por sua falha em oferecer um recurso rápido e efetivo, por manter o caso na impunidade por mais de quinze anos, e por impedir com esse atraso a possibilidade oportuna de ação de reparação e indenização civil; d) prosseguir e intensificar o processo de reforma que evite a tolerância estatal e o tratamento discriminatório com respeito à violência doméstica contra mulheres no Brasil.

A Comissão recomenda particularmente o seguinte: a) medidas de capacitação e sensibilização dos funcionários judiciais e policiais especializados para que compreendam a importância de não tolerar a violência doméstica; b) simplificar os procedimentos judiciais penais a fim de que possa ser reduzido o tempo processual, sem afetar os direitos e garantias de devido processo; c) o estabelecimento de formas alternativas às judiciais, rápidas e efetivas de solução de conflitos intrafamiliares, bem como de sensibilização com respeito à sua gravidade e às conseqüências penais que gera; d) multiplicar o número de delegacias policiais especiais para a defesa dos direitos da mulher e dotá-las dos recursos especiais necessários à efetiva tramitação e investigação de todas as denúncias de violência doméstica, bem como prestar apoio ao Ministério Público na preparação de seus informes judiciais; e) incluir em seus planos pedagógicos unidades curriculares destinadas à compreensão da importância do respeito à mulher e a seus direitos reconhecidos na Convenção de Belém do Pará, bem como ao manejo dos conflitos intrafamiliares.

Em 13 de março de 2001, a Comissão decidiu enviar este relatório ao Estado brasileiro, de acordo com o art. 51 da Convenção, e lhe foi concedido o prazo de um mês, a partir do envio, para o cumprimento das recomendações acima indicadas. Expirado esse prazo, a Comissão não recebeu resposta do Estado brasileiro. Em virtude das considerações anteriores e, de conformidade com os arts. 51(3) da Convenção Americana e 48 de seu Regulamento, a Comissão decidiu reiterar as conclusões e recomendações dos parágrafos 1 e 2, tornar público este relatório e incluí-lo em seu Relatório Anual à Assembleia Geral da OEA.

Em 2006, após alguns anos das recomendações da CIDH, o Estado brasileiro editou a Lei nº 11.340/2006, contra a violência doméstica, que acabou ficando conhecida como Lei Maria da Penha, em alusão ao caso levado à CIDH.

Capítulo 10

Tanatologia Forense

10.1. INTRODUÇÃO

Tanatologia é a divisão da Medicina Legal na qual estuda-se a morte e todos os problemas a ela relacionados.

Tanatos representa o deus grego da morte, daí o termo *tanatologia* significar o estudo da morte e de seus eventos. Porém, mais importante do que isso é a realidade da morte que norteia, na atualidade, certos processos, sobretudo no que diz respeito ao destino do cadáver ou de suas partes. Tal se dá como reflexo de novos métodos a partir dos quais tornaram-se possíveis os transplantes de órgãos, bem como da necessidade de instituições de ensino e pesquisa por corpos para treinamento de acadêmicos, testes nas indústrias automotivas etc.[1]

A morte, em resumo, é a cessação dos fenômenos vitais pela parada das funções cerebral, respiratória e circulatória.

A morte tem várias classificações: histológica, aparente, relativa, intermédia (para alguns autores) e real. O diagnóstico da realidade da morte nos é dado pela tanatognose, que atua pelo estudo dos chamados sinais de morte, que são classificados em duvidosos, prováveis e certos.

Há quem divida a Tanatologia Forense, tal como as autoras Elza Spanó Teixeira e Márcia Regina Soares Seixas Santos, em duas partes, a cronotanatognose, que será tratada por nós mais adiante, e a justanatoscognoscere, que seria o interesse jurídico da morte.

A definição mais tradicional e aceita por anos de morte é a que a considerava como a parada total e permanente das funções vitais, sem maiores aprofundamentos. O conceito de morte cerebral passou a ter grande importância com o advento dos transplantes de órgãos e tecidos.[2] Daí, surgiu

1 CARDOSO, Leonardo Mendes. *Medicina legal para o acadêmico de direito*. Belo Horizonte: Del Rey, 2006, p. 73-74.

2 DEL-CAMPO, Eduardo Roberto Alcântara. *Medicina legal*. São Paulo: Saraiva, 2005, p. 231.

uma nova definição: *a morte encefálica*. É esse o conceito de morte aceito na atualidade. Legalmente, os médicos usam o conceito de morte encefálica do Conselho Federal de Medicina, que, de uma forma bem resumida, é a permanente e total perda das funções cerebrais. Os procedimentos para determinar que um paciente está nesse estado irreversível são definidos pela Resolução nº 2.173/2017 do Conselho Federal de Medicina.

10.2. DIAGNÓSTICO DA MORTE REAL

SINAIS DE MORTE (HÉLIO GOMES)[3]:

- **DUVIDOSOS** – imobilidade do corpo, perda da consciência, insensibilidade geral e dos sentidos, suor frio e horripilação da pele, suspensão dos movimentos aparentes de respiração, cessação dos batimentos cardíacos, ausência de pulso, face cadavérica etc.
- **PROVÁVEIS** – resfriamento progressivo do corpo, paralisia dos esfíncteres, rigidez cadavérica, manchas da esclerótica, livores cadavéricos, hipóstases etc.
- **CERTOS** – pergaminhamento da pele, mancha verde abdominal e parada completa e prolongada da circulação.

No tocante à legislação, ver arts. 209/212 do CP, arts. 77/81 da Lei nº 6.015, arts. 15/16 do Decreto nº 20.931 e suas alterações, bem como o termo *exumação*, no CPP.

> "O atestado de óbito é um documento público e preenchido por alguém devidamente habilitado, que o faz por obrigação, não por opção. [...]
>
> Infelizmente, nem sempre a morte é confirmada por médicos. Nas localidades onde não existem tais facultativos, o óbito é declarado por duas testemunhas idôneas que tiverem presenciado ou verificado o falecimento. Qualificadas seriam aquelas pessoas que, não sendo médicas, tenham algum conhecimento ou experiência com questões ligadas à saúde ou à doença e que sejam capazes de estar convencidas de que alguém está morto."[4]

A Resolução CFM nº 2.173/2017 define os critérios para diagnóstico de morte encefálica, abaixo transcrita:

> RESOLUÇÃO Nº 2.173, DE 23 DE NOVEMBRO DE 2017
>
> Define os critérios do diagnóstico de morte encefálica.
>
> O CONSELHO FEDERAL DE MEDICINA, no uso das atribuições conferidas pela Lei nº 3.268, de 30 de setembro

3 GOMES, Hélio. *Medicina legal*, p. 605/606.

4 FRANÇA, Genival Veloso de. *Medicina legal*. 9ª ed. Rio de Janeiro: Guanabara Koogan, 2012, p. 404.

de 1957, regulamentada pelo Decreto nº 44.045, de 19 de julho de 1958 e,

CONSIDERANDO que a Lei nº 9.434, de 4 de fevereiro de 1997, que dispõe sobre a retirada de órgãos, tecidos e partes do corpo humano para fins de transplante e tratamento, determina em seu artigo 3º que compete ao Conselho Federal de Medicina definir os critérios para diagnóstico de morte encefálica (ME);

CONSIDERANDO o Decreto nº 9.175, de 18 de outubro de 2017, que regulamenta a Lei nº 9.434, de 4 de fevereiro de 1997, para tratar da disposição de órgãos, tecidos, células e partes do corpo humano para fins de transplante e tratamento;

CONSIDERANDO que o artigo 13 da Lei nº 9.434/1997 determina ser obrigatório para todos os estabelecimentos de saúde informar as centrais de notificação, captação e distribuição de órgãos das unidades federadas onde ocorrer diagnóstico de morte encefálica feito em pacientes por eles atendidos;

CONSIDERANDO que a perda completa e irreversível das funções encefálicas, definida pela cessação das atividades corticais e de tronco encefálico, caracteriza a morte encefálica e, portanto, a morte da pessoa;

CONSIDERANDO que a Resolução CFM nº 1.826/2007 dispõe sobre a legalidade e o caráter ético da suspensão dos procedimentos de suporte terapêutico quando da determinação de morte encefálica de indivíduo não doador de órgãos;

CONSIDERANDO que a comprovação da ME deve ser realizada utilizando critérios precisos, bem estabelecidos, padronizados e passíveis de ser executados por médicos em todo território nacional;

CONSIDERANDO, finalmente, o decidido na reunião plenária de 23 de novembro de 2017, resolve:

Art. 1º Os procedimentos para determinação de morte encefálica (ME) devem ser iniciados em todos os pacientes que apresentem coma não perceptivo, ausência de reatividade supraespinhal e apneia persistente, e que atendam a todos os seguintes pré-requisitos:

a) presença de lesão encefálica de causa conhecida, irreversível e capaz de causar morte encefálica;

b) ausência de fatores tratáveis que possam confundir o diagnóstico de morte encefálica;

c) tratamento e observação em hospital pelo período mínimo de seis horas. Quando a causa primária do quadro for encefalopatia hipóxico-isquêmica, esse período de tratamento e observação deverá ser de, no mínimo, 24 horas;

d) temperatura corporal (esofagiana, vesical ou retal) superior a 35°C, saturação arterial de oxigênio acima de 94% e pressão arterial sistólica maior ou igual a 100 mmHg ou pressão arterial média maior ou igual a 65mmHg para adultos, ou conforme a tabela a seguir para menores de 16 anos:

	Pressão Arterial	
Idade	**Sistólica (mmHg)**	**PAM (mmHg)**
Até 5 meses incompletos	60	43
De 5 meses a 2 anos incompletos	80	60
De 2 anos a 7 anos incompletos	85	62
De 7 a 15 anos	90	65

Art. 2º É obrigatória a realização mínima dos seguintes procedimentos para determinação da morte encefálica:

a) dois exames clínicos que confirmem coma não perceptivo e ausência de função do tronco encefálico;

b) teste de apneia que confirme ausência de movimentos respiratórios após estimulação máxima dos centros respiratórios;

c) exame complementar que comprove ausência de atividade encefálica.

Art. 3º O exame clínico deve demonstrar de forma inequívoca a existência das seguintes condições:

a) coma não perceptivo;

b) ausência de reatividade supraespinhal manifestada pela ausência dos reflexos fotomotor, córneo-palpebral, oculocefálico, vestíbulo-calórico e de tosse.

§ 1º Serão realizados dois exames clínicos, cada um deles por um médico diferente, especificamente capacitado a realizar esses procedimentos para a determinação de morte encefálica.

§ 2º Serão considerados especificamente capacitados médicos com no mínimo um ano de experiência no atendimento de pacientes em coma e que tenham acompanhado ou realizado pelo menos dez determinações de ME ou curso de capacitação para determinação em ME, conforme anexo III desta Resolução.

§ 3º Um dos médicos especificamente capacitados deverá ser especialista em uma das seguintes especialidades: medicina intensiva, medicina intensiva pediátrica, neurologia, neurologia pediátrica, neurocirurgia ou medicina de emergência. Na indisponibilidade de qualquer um dos especialistas anteriormente citados, o procedimento deverá ser concluído por outro médico especificamente capacitado.

§ 4º Em crianças com menos de 2 (dois) anos o intervalo mínimo de tempo entre os dois exames clínicos variará conforme a faixa etária: dos sete dias completos (recém-nato a termo) até dois meses incompletos será de 24 horas; de dois a 24 meses incompletos será de doze horas. Acima de 2 (dois) anos de idade o intervalo mínimo será de 1 (uma) hora.

Art. 4º O teste de apneia deverá ser realizado uma única vez por um dos médicos responsáveis pelo exame clínico e deverá comprovar ausência de movimentos respiratórios na presença de hipercapnia (PaCO2 superior a 55mmHg).

Parágrafo único. Nas situações clínicas que cursam com ausência de movimentos respiratórios de causas extracranianas ou farmacológicas é vedada a realização do teste de apneia, até a reversão da situação.

Art. 5º O exame complementar deve comprovar de forma inequívoca uma das condições:

a) ausência de perfusão sanguínea encefálica ou

b) ausência de atividade metabólica encefálica ou

c) ausência de atividade elétrica encefálica.

§ 1º A escolha do exame complementar levará em consideração situação clínica e disponibilidades locais.

§ 2º Na realização do exame complementar escolhido deverá ser utilizada a metodologia específica para determinação de morte encefálica.

§ 3º O laudo do exame complementar deverá ser elaborado e assinado por médico especialista no método em situações de morte encefálica.

Art. 6º Na presença de alterações morfológicas ou orgânicas, congênitas ou adquiridas, que impossibilitam a avaliação bilateral dos reflexos fotomotor, córneo-palpebral, oculocefálico ou vestíbulo-calórico, sendo possível o exame em um dos lados e constatada ausência de reflexos do lado sem alterações morfológicas, orgânicas, congênitas ou adquiridas, dar-se-á prosseguimento às demais etapas para determinação de morte encefálica.

Parágrafo único. A causa dessa impossibilidade deverá ser fundamentada no prontuário.

Art. 7º As conclusões do exame clínico e o resultado do exame complementar deverão ser registrados pelos médicos examinadores no Termo de Declaração de Morte Encefálica (Anexo II) e no prontuário do paciente ao final de cada etapa.

Art. 8º O médico assistente do paciente ou seu substituto deverá esclarecer aos familiares do paciente sobre o processo de diagnóstico de ME e os resultados de cada etapa, registrando no prontuário do paciente essas comunicações.

Art. 9º Os médicos que determinaram o diagnóstico de ME ou médicos assistentes ou seus substitutos deverão preencher a DECLARAÇÃO DE ÓBITO definindo como data e hora da morte aquela que corresponde ao momento da conclusão do último procedimento para determinação da ME.

Parágrafo único. Nos casos de morte por causas externas a DECLARAÇÃO DE ÓBITO será de responsabilidade do médico legista, que deverá receber o relatório de encaminhamento médico e uma cópia do TERMO DE DECLARAÇÃO DE MORTE ENCEFÁLICA.

Art. 10. A direção técnica do hospital onde ocorrerá a determinação de ME deverá indicar os médicos especificamente capacitados para realização dos exames clínicos e complementares.

§ 1º Nenhum desses médicos poderá participar de equipe de remoção e transplante, conforme estabelecido no art. 3º da Lei nº 9.434/1997 e no Código de Ética Médica.

§ 2º Essas indicações e suas atualizações deverão ser encaminhadas para a Central Estadual de Transplantes (CET).

Art. 11. Na realização dos procedimentos para determinação de ME deverá ser utilizada a metodologia e as orientações especificadas no ANEXO I (MANUAL DE PROCEDIMENTOS PARA DETERMINAÇÃO DA MORTE ENCEFÁLICA), no ANEXO II (TERMO DE DECLARAÇÃO DE MORTE ENCEFÁLICA) e no ANEXO III (CAPACITAÇÃO PARA DETERMINAÇÃO EM MORTE ENCEFÁLICA) elaborados e atualizados quando necessários pelo Conselho Federal de Medicina.

Art. 12. Esta Resolução entrará em vigor na data de sua publicação e revoga a Resolução CFM nº 1.480, publicada no Diário Oficial da União, seção I, p. 18.227-18.228, em 21 de agosto de 1997.

MAURO LUIZ DE BRITTO RIBEIRO

Presidente do Conselho Em exercício

HENRIQUE BATISTA E SILVA

Secretário-geral

O *atestado de óbito* ou, mais acertadamente, a *declaração de óbito*, segundo Flamínio Fávero, tem a finalidade de "assegurar a realidade do óbito, esclarecer questões de ordem sanitária e satisfazer as exigências da determinação da causa jurídica da morte."[5]

Em publicação datada de 1983, a OMS recomenda que os legistas indiquem, no atestado de óbito, a causa jurídica da morte. Alguns autores, como Roberto Blanco, mostram-se indignados diante dessa recomendação e afirmam que "há exigências do Direito Penal que não correspondem às necessidades da epidemiologia", e que isso poderia causar inúmeros conflitos jurídico-penais.

Causas jurídicas da morte

As mortes violentas interessam à Justiça, assim como as mortes suspeitas. Por isso, diante destas, o corpo é direcionado ao IML (Instituto Médico Legal) mais próximo para passar por necropsia. São as chamadas *mortes forenses*.

Morte *violenta* é aquela que teve como causa um evento externo, como em homicídios, suicídios e acidentes. Já a morte dita *suspeita* é aquela que, mesmo com testemunhas e até com dados de orientação diagnóstica, mostra-se duvidosa quanto à sua origem, podendo ter resultado tanto de um homicídio, de um suicídio ou de um acidente, como, ainda, ter uma causa natural. Nesse último caso, não há interesse forense, visto derivar de fator interno, biológico, e, assim, o corpo tenderá a ser direcionado ao Serviço de Verificação de Óbito (SVO) mais próximo.

5 Fávero, Flamínio. *Medicina Legal*, p. 508.

Um dos objetivos da Tanatologia é estabelecer o diagnóstico da causa jurídica da morte, que se enquadra em *homicídio*, *suicídio* e *acidente*. Nessa confirmação, não se deve deter-se apenas ao exame do corpo, mas, também, ao exame do local de morte, realizado pelos peritos criminais. É um trabalho complexo e que se soma.

Nesse diagnóstico, avalia-se o mecanismo de morte (ex.: esganadura traduz homicídio), a localização, a direção e o número dos ferimentos, a distância do tiro, se o local de morte tinha sinais de luta corporal, o padrão das manchas de sangue, entre outros importantes elementos. Nenhum desses fatores é absoluto ou se enquadra como regra geral.

10.3. FENÔMENOS CADAVÉRICOS

A morte não é um momento ou um instante, mas um processo gradativo. Neste, o corpo passa por transformação, que sofre influência do local em que se encontra, do ambiente, de fatores biológicos do próprio indivíduo, entre outros. São os chamados fenômenos cadavéricos.

Hélio Gomes[6] anota os livores, a rigidez, a mancha verde abdominal e os gases da putrefação.

Uma classificação mais completa, trazida por Flamínio Fávero[7], divide os fenômenos cadavéricos em:

A) ABIÓTICOS OU AVITAIS NEGATIVOS

- imediatos
- consecutivos

B) TRANSFORMATIVOS

- destrutivos (putrefação, maceração e autólise)
- conservadores (mumificação e saponificação)

10.3.1. Fenômenos Abióticos

Os fenômenos *ABIÓTICOS IMEDIATOS* são a perda da consciência, a insensibilidade, a imobilidade e abolição do tônus muscular e a cessação da circulação.

Roberto Blanco anota também a face hipocrática ou cadavérica (face emagrecida - vista também em indivíduos vivos em estados agônicos ou terminais), o relaxamento dos esfíncteres (dilatação da pupila, do ânus,

6 GOMES, Hélio. *Medicina legal*, p. 609/610.

7 FÁVERO, Flamínio. *Medicina legal*, p. 533.

abertura dos olhos e da boca), a cessação da respiração e a inexcitabilidade elétrica. Cita a *prova de Rebouillat* (injeção de 1 ml de éter na coxa) como forma de verificar a imobilidade e abolição do tônus muscular. O grande perito, professor e delegado de Polícia, consigna as provas para determinar a parada da circulação: prova de Bouchut, fenômenos oculares; prova acido-pirástica de Middeldorf; arteriotomia; ligadura de um membro ou parte dele, ou sinal de Magnus; coagulação do sangue ou prova de Donné; sinal da ventosa escarificada ou de Levasseur; sinal de Halluin; prova de Ott ou da ampola gasosa; forcipressão física de Icard; radiografia dos vasos de Hilário Veiga de Carvalho e a prova de fluoresceína de Icard.

Alguns desses fenômenos, isoladamente, não têm valor absoluto. Logo, não podem ser utilizados para a certeza de morte.

Os fenômenos *ABIÓTICOS CONSECUTIVOS* (tardios) são:

a) **evaporação tegumentar (desidratação)** – é a evaporação dos líquidos corporais, tendo como elemento de verificação a perda do peso do corpo, o pergaminhamento da pele (endurecimento da pele) e a dessecação das mucosas (boca, lábios). A desidratação leva à modificação dos globos oculares, ocasionando a perda da turgência (*sinal de Stenon-Louis*) e o aparecimento de uma mancha de cor enegrecida (mancha da esclerótica ou *sinal de Sommer e Larcher*);

b) **resfriamento do corpo (*algor mortis*)** – com a morte e a consequente falência do sistema termorregulador, o corpo tenderá a equilibrar sua temperatura com a do ambiente em que se encontra. É um processo progressivo e nem sempre uniforme. Tal fenômeno é influenciado pela idade, pelo estado de nutrição e constituição do cadáver, pela causa da morte e por outras circunstâncias, como as vestes do morto, a umidade e o arejamento do ambiente;

c) **manchas de hipóstase (*livor mortis*)** – cessada a circulação, o sangue fica sujeito tão somente às leis da gravidade, de modo que vai, pouco a pouco, se acumulando nas regiões em declive, ocasionando, na superfície corporal, o aparecimento de manchas de tonalidade azul-púrpura. Nas asfixias por monóxido de carbono, mostram-se vermelho-róseas ou carminadas. Ainda segundo Roberto Blanco, a coloração é achocolatada nos casos de intoxicação por clorato de potássio; vermelho-claro, nos afogamentos em águas frias; avermelhadas, nos casos de morte em ambientes gelados; e violáceo-escuro, nos casos de morte por asfixia real. É importante saber, ainda, como se verificam os livores nos indivíduos de pele negra, onde a identificação visual não é possível. Segundo Roberto Blanco, isso pode ser verificado através da lâmpada de Wood (raios ultravioleta) ou de cortes na pele (deve surgir, na região examinada, um pontilhado hemorrágico difuso).

As manchas de hipóstase, também chamadas de *manchas de posição* ou *livores cadavéricos* são, assim, resultado da deposição do sangue por ação da gravidade após cessar a circulação, não sendo confundidas com as equimoses, que resultam de uma ação traumática, com o rompimento dos vasos, formação de rede de fibrina e de coagulação sanguínea, além de surgirem em qualquer área do corpo. Nas hipóstases, os vasos permanecem íntegros, não havendo rede de fibrina nem coagulação do sangue aparecendo apenas nas zonas de decúbito. Outra diferença é que os livores refletem sinal *post mortem*, enquanto as equimoses representam reação vital. Uma maneira de se diagnosticar um livor cadavérico é pressionando o dedo sobre a região, o que o faz desaparecer por alguns instantes. Situação que não acontece com a equimose.

Em geral, começam a surgir em torno de 2 a 3h após o óbito. Durante as primeiras 12h, essas manchas podem mudar de posição conforme a alteração do posicionamento do cadáver, fixando-se após esse intervalo, quando, mesmo deslocando-se a vítima, permanecem no local inicial.

Esse sinais são importantes para o diagnóstico da realidade e da causa da morte, para estimar o seu tempo e para o estudo da posição em que o cadáver permaneceu após seu óbito. Desaparecem com a putrefação cadavérica.

d) **rigidez cadavérica** – a rigidez é um fenômeno físico-químico que resulta de muitos fatores, todos decorrentes da falta de oxigênio celular, impedindo a formação de ATP (ácido adenosínico-trifosfórico). Sua instalação é progressiva, manifestando-se, segundo a Lei de Nysten, primeiramente na mandíbula e no pescoço, seguindo-se dos membros superiores, do tronco e, por fim, dos membros inferiores. Começa a se instalar entre 1 a 2h após a morte, chegando à sua generalização após 8h. Após um período de estabilização, começa a se desfazer na mesma ordem de instalação progressiva, desaparecendo por completo com o início da putrefação cadavérica, o que ocorre após 24h do óbito. O seu tempo de instalação varia de acordo com a idade, a constituição individual e a causa da morte, não sendo uma regra. É, ainda, possível a sua persistência quando o corpo é submetido de forma constante a baixíssima temperatura;

e) **espasmo cadavérico** – também chamado de rigidez cataléptica ou estatuária, é, na definição de Thoinot, "uma rigidez particular, sucedendo-se sem transição a uma contração muscular vital última e fixando instantaneamente e sem modificações esta contração no cadáver" (F. Fávero). França a define como "uma rigidez abrupta, generalizada e violenta, sem o relaxamento muscular que precede a rigidez comum". Além de raro, não é um fenômeno bem explicado.

10.3.2. Fenômenos transformativos

São fenômenos que alteram a aparência normal do cadáver e podem ser destrutivos (autólise, putrefação e maceração) ou conservadores (mumificação, saponificação, calcificação, corificação, congelação, fossilização e cabeça reduzida).

FENÔMENOS TRANSFORMATIVOS DESTRUTIVOS

AUTÓLISE – "em consequência da morte, cessada a troca nutritiva das células, o meio se transforma, acidificando-se."[8] Tal fenômeno torna impossível a existência de vida. Autólise é, segundo a Citologia, a autodestruição da célula pelas suas próprias enzimas e sem qualquer interferência bacteriana, como se a célula estivesse programada para agir dessa forma. É o primeiro dos fenômenos cadavéricos, inaugurando a decomposição. Nem todas as células do organismo morrem ao mesmo tempo. A córnea, mesmo algumas horas após a morte, pode ser usada para transplante por não dispor de vasos, tornando mais tardia a sua decomposição.

PUTREFAÇÃO – é a destruição progressiva dos tecidos sob a ação dos germes, levando à decomposição fermentativa da matéria orgânica. É o segundo dos fenômenos cadavéricos e tem início, em geral, no intestino, sendo evidenciado pelo aparecimento da mancha verde abdominal na fossa ilíaca direita. Há várias circunstâncias, intrínsecas e extrínsecas, que influenciam os fenômenos putrefativos, apressando-os ou retardando-os. *Intrínsecos* (pertinentes ao corpo): idade, constituição, causa da morte. Velhos, crianças, obesos e corpulentos, se putrefazem mais celeremente que adultos e pessoas de corpo comum. Também aceleram a putrefação as grandes mutilações, as infecções e os estados gangrenosos. *Extrínsecos* (ligados ao ambiente): temperatura, umidade, existência de ar, o local em que estiver o corpo (solo, caixão, água). Temperaturas muito baixas ou altas impedem a ação dos germes. O ambiente muito úmido favorece a maceração e até a saponificação.

8 FÁVERO, Flamínio. *Medicina legal*, p. 550.

A putrefação tem quatro períodos distintos e progressivos: a) período de coloração ou cromático; b) período gasoso ou enfisematoso; c) período coliquativo ou de liquefação; d) período de esqueletização.

No *período de coloração*, tem-se o início da putrefação, com o aparecimento da mancha verde abdominal na fossa ilíaca direita. Nos afogados e nos fetos, ela surge na parte superior do tórax, o que é explicado pela posição do corpo quando submerso e pelo conteúdo estéril abdominal, respectivamente. A mancha se difunde progressivamente por todo o corpo e vai escurecendo, indo do azul-esverdeado ao verde enegrecido. A localização na fossa ilíaca direita se deve ao fato de o ceco ser a região mais dilatada e mais livre do intestino grosso e por acumular a maior quantidade de gases. A tonalidade verde-enegrecida é resultante da formação de sulfometemoglobina, produto da decomposição da hemoglobina. O tempo para o seu aparecimento varia, principalmente em razão da temperatura ambiente, entre 18 e 22 horas, para alguns autores, e, para outros, em torno de 24 horas. F. Fávero diz que este período pode durar até sete dias.

No *período gasoso,* os gases da putrefação que se desenvolvem no interior do cadáver começam a se estender por todo o corpo, formando bolhas na epiderme (chamadas flictenas). O corpo fica agigantado pelo acúmulo de gases, ocorrendo a projeção da língua e dos olhos e a distensão do abdome, produzindo prolapsos intestinal e genital e, quando da presença de gravidez, pode levar à expulsão do feto (parto "*post mortem*"). A epiderme se destaca na região das flictenas, ficando a derme a descoberto. Os gases, ainda, fazem pressão sobre os vasos sanguíneos, que se deslocam para a periferia e, com o destacamento da epiderme, a derme esboça o desenho vascular, o que faz surgir a chamada *circulação póstuma de Brouardel*. Segundo Roberto Blanco, este período consome, em geral, de uma a três semanas. Discute-se, ainda, sobre um suposto fenômeno chamado *autocombustão cadavérica* ou *combustão espontânea do cadáver*, porém que nunca foi provado realmente acontecer, não tendo credibilidade entre os estudiosos de tanatologia.

No *período coliquativo,* tem-se a dissolução pútrida do cadáver. As partes moles vão reduzindo aos poucos de volume, pelo desintegrar progressivo dos tecidos. A presença e atuação da fauna cadavérica é intensa, não só por germes, mas também larvas e insetos. Segundo Odon Ramos Maranhão, neste período, "os tecidos se liquefazem, adquirindo o aspecto de manteiga rançosa."[9] Pode durar de um a vários meses, conforme o caso. Nesta fase, podem ser evidenciados, ainda, alguns sinais decorrentes de uma ação violenta.

9 MARANHÃO, Odon Ramos. *Curso básico de medicina legal*, p. 237.

No *período de esqueletização,* temos a fase final do processo putrefativo. Este período pode durar de vários meses a vários anos. A ação continuada dos germes, insetos e a atuação do meio ambiente, faz com que os tecidos subsistentes se percam, deixando livres os ossos soltos. Com o tempo, os ossos vão se tornando frágeis e mais leves.

O valor médico-legal destes fenômenos se prende à diagnose da realidade e data da morte.

MACERAÇÃO - é destruição dos tecidos moles, decorrente do excesso de umidade ou presença mesmo de meio líquido. É observado nos fetos retidos no útero materno, do sexto ao nono mês de gravidez, e nos afogados. A maceração pode ser *ASSÉPTICA,* quando o meio é estéril (fetos no útero materno), ou *SÉPTICA,* quando o meio é contaminado (afogados). Como característica, observa-se o destacamento de amplos retalhos de tegumentos cutâneos. As impressões digitais se conservam por um tempo.

FENÔMENOS TRANSFORMATIVOS CONSERVADORES

MUMIFICAÇÃO - esse processo pode ser produzido por meio natural, artificial ou misto. A mumificação por processo natural ocorre sob influência de fatores ambientais que garantam a desidratação rápida (clima quente e seco), de modo a impedir a ação bacteriana responsável pela putrefação. O cadáver perde água rapidamente, sofrendo dessecamento acentuado. Fatores individuais também podem contribuir para a mumificação natural, como idade (mais comum em recém-nascidos), sexo (frequência maior em mulheres), causa da morte (hemorragias grandes, tratamentos prolongados com antibióticos, envenenamento por arsênico). Os ambientes com forte ventilação podem mumificar naturalmente o cadáver.

A mumificação artificial ocorre por processos de embalsamento, que seguem orientações normativas ditadas pela legislação sanitária. Já a mista é aquela resultante de meios e condições que atuam tanto o meio ambiente como tratamento conservador do cadáver.

Segundo França[10], "o cadáver mumificado apresenta-se reduzido em peso, pele dura, seca, enrugada e de tonalidade enegrecida, cabeça diminuída de volume, a face conserva vagamente os traços fisionômicos; os músculos, tendões e vísceras destroem-se pela pressão leve, transformando-se em pó, e os dentes e as unhas permanecem bem conservados".

10 FRANÇA, Genival Veloso de. *Medicina Legal.* 10ª ed. Rio de Janeiro: Guanabara Koogan, 2015, p. 457.

A importância médico-legal desse fenômeno se traduz na possibilidade de, mais facilmente quando comparado a outros processos, poder diagnosticar a morte e identificar o cadáver, embora não se possa falar o mesmo quanto à data da morte.

SAPONIFICAÇÃO – é o processo pelo qual o cadáver se transforma em substância de consistência untuosa, mole ou quebradiça, de colorido amarelo-escuro, dando uma aparência de cera ou sabão. Também é denominado *adipocera*. Não se trata de um processo inicial, surgindo depois de iniciada a putrefação, quando enzimas bacterianas hidrolisam as gorduras neutras do cadáver, originando ácidos graxos que, em contato com a argila do solo, transformam-se em ésteres. É raro encontrar um cadáver totalmente saponificado, sendo mais comum encontrar pequenas partes ou segmentos em adipocera.

O solo em que se encontra o cadáver contribui para esse processo, mostrando-se argiloso, úmido e de pouca aeração. A água estagnada e pouco corrente também influencia o fenômeno. Condições individuais como idade (mais comum em crianças), sexo (mais observado em mulheres), obesidade (quanto mais gordura, mais provável a transformação) e as patologias originam degeneração gordurosa.

CALCIFICAÇÃO – "é um fenômeno transformativo conservador que se caracteriza pela petrificação ou calcificação do corpo. Ocorre mais frequentemente nos fetos mortos e retidos na cavidade uterina, constituindo-se nos chamados litopédios (criança de pedra). Nos cadáveres de menores ou adultos, esse fenômeno é mais raro, surgindo quando as partes moles do cadáver desintegram-se pela putrefação rápida, e o esqueleto começa a assimilar uma grande quantidade de sais calcários, tomando essa parte do corpo uma aparência pétrea." [11]

CORIFICAÇÃO – "é um fenômeno transformativo conservador muito raro, descrito por Della Volta em 1985, sendo encontrado em cadáveres que foram acolhidos em urnas metálicas fechadas hermeticamente, principalmente de zinco. Por isso, o corpo é preservado da decomposição, em face da inibição dos fatores transformativos. O cadáver submetido a tal fenômeno apresenta a pele de cor e aspecto do couro curtido recentemente. Mostra-se com o abdome achatado e deprimido, a musculatura e a tela subcutânea preservadas e os órgãos em geral amolecidos e conservados. No interior da urna, pode-se encontrar relativa quantidade de um líquido viscoso, turvo e de tonalidade castanho-amarelada."[12] Nesse fenômeno, acredita-se que o cadáver passe, inicialmente, por um processo de putrefação, que é interrompido por motivos ainda não compreendidos.

11 FRANÇA, Genival Veloso de. *Medicina legal*. 9ª ed. Rio de Janeiro: Guanabara Koogan, 2012, p. 440.

12 FRANÇA, Genival Veloso de. *Medicina legal*. 9ª ed. Rio de Janeiro: Guanabara Koogan, 2012, p. 441.

CONGELAÇÃO – "um cadáver submetido à baixíssima temperatura e por tempo prolongado vai-se conservar integralmente por muito tempo. Há relatos de que foram encontrados corpos de animais pré-históricos com milhões de anos e que se mostravam de aparência e de conservação preservadas. Autores consideram que em temperaturas de -40° pode-se obter 'uma preservação quase indefinida', inclusive permitindo a conservação em condições vitais de alguns materiais orgânicos como ossos, tecidos e espermatozoides (Gisbert Calabuig)".[13]

FOSSILIZAÇÃO – "é um fenômeno transformativo conservador extremamente raro e se caracteriza pelo fato de o corpo apenas manter sua forma, mas não conservar qualquer componente de sua estrutura orgânica. Este processo exige períodos muito longos para sua ocorrência."[14]

CABEÇA REDUZIDA – "constituía-se em uma forma especial de conservação cadavérica utilizada por aborígenes do Equador, Colômbia e Peru, com a finalidade de manter as cabeças de seus inimigos como troféu de guerra ou talismã. Essas cabeças, além de conservadas, apresentavam-se com acentuada diminuição do seu volume. Muitos pensavam que esse processo era devido a uma prática capaz de reduzir o tamanho da cabeça. Na verdade tal redução se devia à retirada de todos os ossos do crânio e da face, com o cuidado de manter a pele íntegra."[15]

10.4. DIAGNOSE DIFERENCIAL ENTRE LESÕES PRODUZIDAS EM VIDA E DEPOIS DA MORTE

A diferenciação entre lesões produzidas em vida e as produzidas após a morte auxilia na elucidação de muitas questões referentes à causa da morte, sua classificação e à dinâmica do fato. França[16] menciona as seguintes etapas para a cronologia dos ferimentos: *a) lesões produzidas bem antes da morte; b) lesões produzidas imediatamente antes da morte; c) lesões produzidas logo após a morte; e d) lesões produzidas certo tempo depois da morte.*

Os meios de diagnósticos podem ser os clássicos ou os que empregam técnicas de laboratório.

Os meios clássicos são aqueles em que se buscam sinais ou reações vitais, ou seja, o estudo da existência ou não de vestígios de processos fisiopatológicos realizados ainda em vida como hemorragia, coagulação do sangue, retração dos tecidos, presença e evolução das equimoses, presença e estado das

13 FRANÇA, Genival Veloso de. *Medicina legal*. 9ª ed. Rio de Janeiro: Guanabara Koogan, 2012, p. 441.

14 FRANÇA, Genival Veloso de. *Medicina legal*. 9ª ed. Rio de Janeiro: Guanabara Koogan, 2012, p. 441.

15 FRANÇA, Genival Veloso de. *Medicina legal*. 9ª ed. Rio de Janeiro: Guanabara Koogan, 2012, p. 441.

16 FRANÇA, Genival Veloso de. *Medicina Legal*. 10ª ed. Rio de Janeiro: Guanabara Koogan, 2015, p. 468.

escoriações (presença de crosta é sinal indiscutível de reação vital), reação inflamatória, evolução de calos e fraturas, embolias etc.

As autoras Elza Spanó Teixeira e Márcia Regina Soares Seixas Santos explicam cada um dos meios clássicos. Afirmam que, em regra geral, as hemorragias externas faltam nas lesões feitas após a morte, e ocorrem nas lesões feitas durante a vida, demonstrando algumas exceções para ambos os casos. Da mesma maneira, as internas seriam, segundo elas, fenômeno exclusivo da vida. Também a coagulação sanguínea, em regra, ocorreria somente em vida. Quanto à retração dos tecidos, elas afirmam que, quando o ferimento é feito em vida, é possível observar-se a retração, o que não ocorre após a morte. As equimoses, quando produzidas em vida, variam de coloração com o passar do tempo, ficando, contudo, invariáveis, quando produzidas no morto. As escoriações, segundo elas, também apresentam particularidades, quando produzidas em vida. A reação inflamatória é certamente indício de lesão produzida em vida. Quanto ao calo das fraturas, afirmam elas que "a existência de um início de calo de reparação de lesão óssea, perceptível macroscopicamente ao exame direto ou pela radiografia, traduz a existência de traumatismo produzido em vida; fornece, também, elementos para aproximação quanto à data da lesão". E, finalmente, no que diz respeito às embolias, são elas sinais de ação lesiva durante a vida.

As técnicas laboratoriais são principalmente duas: a *prova de Verderau,* que consiste na análise de reação leucocitária do organismo às lesões, e a *prova histológica,* que se refere ao exame dos tecidos.

Segundo Joel Coelho Duarte, é possível que, nos dez primeiros minutos após a morte, ainda haja reações vitais.

10.5. MORTE NATURAL, SUSPEITA, SÚBITA E VIOLENTA

A *MORTE NATURAL* é aquela resultante de um estado mórbido, herdado ou de uma perturbação *congênita. Pode ser patológica (por doença) ou teratológica (por defeito congênito).* Também denominada *morte por antecedentes patológicos.*

A *MORTE VIOLENTA* resulta essencialmente de ação externa. Há autores que citam ações traumáticas internas (ex.: esforço, energia de ordem mista, biodinâmica) e externas (ações mecânicas, físicas, químicas, psíquicas). Aqui, compreendem-se o homicídio, o suicídio e o acidente.

As ações, tanto naturais quanto violentas, permitem a classificação em morte súbita (efeito imediato), mediata e agônica.

A *MORTE SÚBITA* é aquela que é imprevista. O termo significa qualquer morte rápida, sem causa desde logo visível (Almeida Jr. e J. B. de O. Costa Jr.). Tem caráter imprevisível, não dando tempo para um atendimento efetivo. Para os autores retrocitados, é a que mais gera a chamada morte suspeita.

Para Ernestino Lopes da Silva Jr., as causas mais habituais da morte súbita são as doenças cardiovasculares (60%), respiratórias (15%) e do sistema nervoso (15%), tendo as outras causas apenas 10% das mortes.

Celso Luiz Martins cita a *MORTE MEDIATA* como aquela que permite a sobrevivência por algumas horas após o surgimento da causa. A classificação se atém, note-se, no tempo decorrido entre a causa e o efeito (a morte).

A *MORTE AGÔNICA* é aquela que se processa lentamente. H. V. de Carvalho ensina que se pode distinguir a morte agônica da súbita pelo estudo do acúmulo de glicogênio no organismo. Tal estudo será necessário nas hipóteses em que, durante o exame necroscópico, não é possível determinar se a morte foi agônica ou súbita. Estes exames complementares, que pesquisarão o glicogênio e a glicose no fígado, se baseiam no fato de que estes elementos se gastam mais durante a morte agônica do que na súbita. Segundo Lecha-Marzo, devem ser estes resultados considerados como elementos de probabilidade.

A *MORTE SUSPEITA* é aquela que torna necessário esclarecer as circunstâncias em que se deu a morte para possíveis aplicações jurídicas. Ocorre sem qualquer justificativa ou de forma duvidosa, não se tendo uma evidência quanto a ter sido provocada por causa violenta ou por antecedentes patológicos.

10.6. CRONOTANATOGNOSE

É conhecida também por tanatocronodiagnose, cronologia da morte ou diagnóstico cronológico da morte.

Consiste na determinação do momento da morte, tomando-se por base os conhecimentos dos fenômenos cadavéricos, tais como resfriamento do corpo, livores da hipóstase, rigidez cadavérica, gases de putrefação, uso da crioscopia (ponto de congelamento do sangue), desenvolvimento de fauna cadavérica etc. Inúmeros são os fenômenos cadavéricos estudados, porém nenhum confere certeza sobre o tempo de morte. Fatores internos e externos ao cadáver influenciam na marcha da morte, por isso a cronologia varia caso a caso. Assim, não podemos falar em uma hora exata do óbito, mas em um intervalo de tempo em que ocorreu. O chamado intervalo *post mortem* corresponde a um tempo de menor incerteza do momento do óbito.

Roberto Blanco cita a importância da Cronotanatognose na determinação de situações de pré-moriência (presunções aceitas por alguns países sobre a ordem de quem morreu primeiro, quando não é possível saber-se por meios científicos) ou comoriência (*se dois ou mais indivíduos falecerem na mesma ocasião, não se podendo averiguar se algum dos comorientes precedeu aos outros, presumir-se-ão simultaneamente mortos* – art. 8o do novo CC). O efeito da comoriência é que não se estabelecerá sucessão entre os comorientes, solução que traz profunda repercussão no Direito das Sucessões.

Hélio Gomes[17], ao ensinar sobre os elementos que permitem dizer há quanto tempo, aproximadamente, se deu a morte, assim os relaciona:

a) fenômenos cadavéricos (livores, rigidez, mancha verde, gases);

b) crioscopia (o ponto de congelação do sangue baixa depois da morte);

c) fenômenos gastrointestinais;

d) crescimento dos pelos da barba;

e) cristais de sangue putrefeito (que só aparecem após o terceiro dia da morte);

f) fauna cadavérica.

Sustenta-se, modernamente, que o crescimento dos pelos é apenas consequência da dessecação da pele, "empurrando-os" para fora.

CRONOLOGIA TANATOLÓGICA (diversos autores)

- 30 min.: início da rigidez do músculo cardíaco e do diafragma (C. Simonin – CS).
- 45 min.: perda da transparência da córnea (olhos abertos) (CS).
- 1 hora: queda da temperatura retal em um grau (um grau por hora, nas quatro primeiras horas) (CS).
- 1/2 hora: sensível esfriamento dos pés, mãos e face (CS).
- Até 2 horas: corpo flácido, quente e sem livores (Celso Luiz Martins e outros).
- 15/24 horas: equilíbrio térmico (CS).
- 14 horas: perda da transparência da córnea (olhos fechados) (CS).
- 34/82 horas: perda da mobilidade dos espermatozoides nas vesículas seminais (CS).
- 3/4 dias: término completo da rigidez (CS).
- 8 dias: cadáver completamente esverdeado (CS).

17 GOMES, Hélio. *Medicina legal*, p. 614.

Livores

Hélio Gomes: três e quatro horas, máximo de intensidade entre 12 e 15 horas.

Flamínio Fávero: duas e três horas; outros: três e quatro horas, com intensidade máxima entre 8 e 12 horas.

Celso Luiz Martins: anota o esboço de livores com duas e quatro horas, livores acentuados com quatro e seis horas e manchas de hipóstase com mais de oito horas.

Genival Veloso de França: esboço de livores entre 2 a 4h, livores relativamente acentuados de 4 a 6h e manchas de hipóstase com mais de 8 e menos de 16h.

Rigidez

Hélio Gomes: duas a três horas, máxima intensidade de cinco a oito horas.

Flamínio Fávero: duas e três horas, máxima intensidade com oito horas, término com cerca de 24 horas.

Celso Luiz Martins: anota a rigidez da nuca e mandíbula (duas e quatro horas), dos membros superiores (quatro e seis horas) e a rigidez generalizada (mais de oito horas).

Genival Veloso de França: nuca e mandíbula de 2 a 4h, membros superiores de 4 a 6h, generalizada com mais de 8 e menos de 24h.

Mancha verde abdominal

Um grupo de autores fixa seu início entre 18 e 22 horas; outro grupo, em cerca de 24 horas. A temperatura ambiente é de vital importância. Para Hélio Gomes, no tempo quente, a mancha ocorre entre 15 e 18 horas; para C. Símonin, em 14 horas.

Mancha verde em todo o corpo: para Celso Luiz Martins, de três a quatro dias; para C. Símonin, oito dias.

Genival Veloso de França: esboço com mais de 16 e menos de 24h, instalação de 24 a 48h e extensão por todo o corpo de 48 a 72h.

Esqueletização:

É muito variável. Para Celso Luiz Martins e França: mais de três anos; para C. Símonin: vários anos.

Entretanto, a realidade prática mostra um tempo de esqueletização bem menor, podendo ser evidenciada, inclusive, com poucas semanas. Isso acontece em virtude de fatores do ambiente, fatores biológicos e atuação mais ativa da fauna cadavérica.

10.7. EXAME DO LOCAL DO CRIME

O *exame do local do crime* é diligência das mais importantes. Além do óbvio dever policial de comparecimento ao local dos fatos, é importante ressaltar que, neste sítio, podem ser (e certamente serão) encontradas pistas e indícios que esclarecerão ou ajudarão a esclarecer a mecânica dos fatos.

O primeiro cuidado é a manutenção do local, evitando alterações produzidas por curiosos ou, mesmo, por policiais despreparados e afoitos, que podem destruir evidências. Além dessas pessoas, o autor do crime ou alguém a seu mando podem retornar ao local por algum motivo, até mesmo para eliminar vestígios. É famosa a máxima de que "o criminoso sempre volta ao local do crime", e ela não é destituída de sentido.

Infelizmente, em muitos casos, os peritos, ao chegarem ao local do crime, encontram o mesmo alterado, quer por agentes públicos na ânsia de identificar o autor, quer por populares, ou até mesmo jornalistas, ávidos por passar detalhes do fato criminoso para o público, e que acabam pisando em pegadas, em sangue, chutando elementos balísticos e destruindo importantes vestígios. Não é incomum encontrarmos em grandes jornais fotos de corpos de vítimas de homicídios ainda caídas no local do crime com a companhia de "curiosos" ao lado do corpo, em clara afronta ao que determina a lei processual penal brasileira.[18]

Outro cuidado diz respeito à legalidade dos procedimentos de inquérito e processuais. De nada adianta colher provas de modo ilícito. Nesse caso, além de possibilitarem a anulação do processo, dificultarão o trabalho investigatório. Apenas como exemplo, no caso O. J. Simpson, a acusação deixou de poder utilizar importantes evidências porque as mesmas foram colhidas irregularmente. Esse emblemático caso, ocorrido 1994, instalou a necessidade de cumprimento de uma *cadeia de custódia* por todos os órgãos periciais do mundo. No Brasil, a portaria nº 82 da Senasp (Secretaria Nacional de Segurança Pública), datada de 16 de julho de 2014, estabeleceu as diretrizes sobre os procedimentos a serem observados no tocante à cadeia de custódia de vestígios, tendo força de recomendação para os órgãos periciais.

---

18 CALHAU, Lélio Braga. *Preservando o local do crime nos homicídios*. Disponível em: <http://www.novacriminologia.com.br/Artigos/ArtigoLer.asp?idArtigo=2361>.

A cadeia de custódia é fundamental para garantir a idoneidade e a rastreabilidade dos vestígios, com vistas a preservar a confiabilidade e a transparência da produção da prova pericial até a conclusão do processo judicial. Os procedimentos rigorosos adotados nela conferem aos vestígios certificação de origem e destinação e, consequentemente, atribuem à prova pericial resultante de sua análise, credibilidade e robustez suficientes para propiciar sua admissão e permanência no elenco probatório.

A Lei nº 13.964, de 24 de dezembro de 2019, conhecida como Pacote Anticrime, inseriu a cadeia de custódia no art. 158 do Código de Processo Penal, conferindo força de lei e cumprimento obrigatório aos procedimentos. Um grande avanço para a Justiça Criminal brasileira.

A autoridade policial deve administrar com bom senso as suas tarefas com as dos peritos. Por um lado, o comando da diligência é do Delegado de Polícia, por outro, os peritos que comparecem ao local possuem (ou devem possuir) especialização na tarefa de colher elementos de análise. Ou seja, as tarefas não se confundem, mas se completam. O art. 6º, I e II, do CPP (com a redação dada pela Lei nº 8.862/94) dá a falsa noção de que o perito tem ascendência sobre a autoridade policial, o que seria um absurdo.

No entanto, o perito deve ter preparo inquestionável para realizar a tarefa de avaliar com técnica o local do crime. Embora essa função tenha sido enaltecida e romanceada por séries televisivas como a *CSI*, a realidade em muitos Estados brasileiros é triste e cruel quando se fala em polícia científica. Além da falta absoluta de estrutura e equipamentos para a realização da perícia *in loco*, muitos peritos não têm a formação técnica para o desempenho da função e/ou não estão interessados em realizá-la cumprindo apenas suas cargas horárias e orando para a chegada da aposentadoria, geralmente mais polpuda do que na iniciativa privada. Acreditamos que os peritos, assim como os policiais, devem ser identificados ainda na faculdade na fase de formação e graduação por seus méritos, desempenho e interesse, por observadores das instituições policiais e científicas. Encorajamos acordos informais para a recomendação, a ser avaliada e comprovada subsequentemente, daqueles que resultariam, já formados, em excelentes profissionais da área de segurança. Essa ideia, aparentemente utópica, é largamente empregada em polícias de algumas agências americanas, inglesas e de outros países.

O ideal é que o *laudo de local* permita reconstituir o máximo possível a área do fato, com objetividade e, ainda assim, riqueza de detalhes. A descrição do local deve anotar o maior número possível de elementos, de modo que a pessoa que o ler seja capaz de "passear" pelo local da infração quase como se visse um filme. Nesse sentido, a tomada de fotos, preferentemente coloridas, é muito útil.

Uma regra importante é não desprezar detalhes. Elementos que isoladamente possam parecer insignificantes, muitas vezes, são a peça mais importante do "quebra-cabeça"; em outras ocasiões, são a ponta do fio que puxará toda a história.

O registro do local pode seguir as mesmas fases, *modus in rebus,* do relatório médico-legal (ver capítulo próprio). Deve ser anotada a hora do exame, iluminação, disposição do local, metragens, áreas circunvizinhas, sinais de luta etc. A busca de impressões digitais e fibras também é importante, mas, em nosso país, é prejudicada pela falta de investimento sério em segurança pública e em condições de trabalho e investigação para os órgãos persecutórios.

Após a comunicação do fato, a autoridade policial deve providenciar, se for o caso, assistência médica. Concomitantemente, deve proteger o local contra extravio ou contaminação. Devem ser ouvidas, conforme possível, a vítima, as testemunhas e os suspeitos. Além das fotografias, pode e deve ser feito croqui do local, pesquisa de impressões digitais, fibras, marcas de calçados ou pneus e toda coleta de provas materiais. A colheita das evidências deve ser feita com etiquetas ou sacolas, permitindo identificar claramente o conteúdo e conter as referências básicas sobre o fato e a apreensão.

Sobre a vítima e os suspeitos, deve-se pesquisar sangue, cabelos, pelos, vestuário, material, manchas, fragmentos, pertences, instrumentos, automóveis, enfim, tudo o que for possível. No local, devem ser registrados, além do que já referimos, os meios de acesso, manchas, fragmentos, impressões digitais, impressões plantares, de pneus etc.

Quanto às fotografias, o ideal é a manutenção de registro da data e hora em que foram feitas, a marca e o tipo da máquina utilizada, nome e tempo de foco da lente empregada, abertura, distância aproximada entre a lente e o objeto, tipo de filme e claridade empregados.

Nunca é demais frisar que a inumação da sorte e da truculência na repressão da delinquência, além de ser determinação constitucional, é consequência da melhor preparação da polícia e do uso dos recursos técnicos e científicos. Investindo-se em polícia profissional e com acesso aos modernos instrumentos de investigação, estaremos valorizando o policial, assegurando o respeito à legalidade nas diligências e sendo mais eficientes no combate ao crime.

Falar em segurança pública sem investimentos sérios e continuados no homem e nas suas condições de trabalho não passa de cínica hipocrisia.

Capítulo 11

Questões de Medicina Legal

Como abordado anteriormente, você já deve ter percebido que nos últimos dez anos houve uma enorme popularização do tema Medicina Legal, fato facilmente demonstrado pelo grande sucesso de seriados norte-americanos de televisão *CSI*, *Detetives Médicos*, entre outros, junto à população.

Nos fóruns, em especial, nos tribunais de júri, cada vez mais a Medicina Legal é elevada a elemento de grande debate entre as partes e de indagações por parte do corpo de jurados. Mas isso não é tudo. O tema tem surgido ainda em novelas brasileiras, seriados e durante julgamentos mais polêmicos e ganha as ruas com a população se questionando também sobre os crimes e as provas periciais apresentadas pela Polícia e pelo Ministério Público.

Será cada vez mais frequente nos próximos anos os julgamento do júri em que as provas técnicas ocuparão espaço de destaque nos debates. No julgamento de crimes dolosos contra a vida isso é de grande importância, pois, em muitos casos, os crimes são praticados sem testemunhas presenciais.

No início de 2013, tivemos a transmissão nacional de um júri (Caso Mércia Nakashima), em que as provas periciais foram fundamentais para a condenação do acusado.[1] A população comentava o desenrolar do julgamento e as provas periciais foram o centro dos debates da acusação e defesa.

O desenvolvimento e o aprimoramento da Medicina Legal no Brasil é um caminho sem retorno. Não há dúvida de que as provas técnicas vieram para ficar e a Medicina Legal estará, mais uma vez, no centro das discussões e, inclusive, cada vez mais presente nos concursos públicos no Brasil, em especial, da área policial.

1 Para melhores informações do caso, sugerimos visitar o link: <http://noticias.terra.com.br/brasil/policia/mizael-e-condenado-pela-morte-de-mercia-nakashima,a4430ec5c2a6d310VgnVCM3000009acceb0aRCRD.html>.

11.1. MUITO AINDA PARA SE MELHORAR: O LOCAL DO CRIME

Um dos pontos essenciais na apuração de um crime de homicídio é o cuidado que se deve dirigir para a preservação do local. Ele deve ser isolado imediatamente para a garantia da preservação dos vestígios, os quais serão coletados e analisados pelos peritos criminais.

É a "cena do crime" uma das peças mais importantes da investigação.

É aqui que as pistas (a maioria) para o caso – e para a identidade do perpetrador – têm mais possibilidades de ser encontradas.[2]

O Código de Processo Penal brasileiro determina que a autoridade policial deverá providenciar para que não se alterem o estado e a conservação das coisas até a chegada dos peritos criminais. É uma determinação legal que emana da lei no sentido de se garantir a credibilidade das investigações e do posterior processo criminal.

Isso é essencial para que o trabalho dos peritos não seja prejudicado, como por exemplo, na coleta de digitais, amostras de pegadas, posição do corpo, direção de eventuais tiros, objetos que podem ter sido utilizados para matar a vítima, vestígios de sangue do assassino, entre outras provas, que podem ser encontradas no local.

Para que isso ocorra, é importante que os primeiros agentes, ao chegarem ao local de um crime, um homicídio, por exemplo, não interfiram na disposição dos vestígios. São eles o que a doutrina chama de *first responders*. Geralmente, não possuem formação em Medicina Legal e sua tarefa principal é isolar o local para que a perícia policial possa fazer o melhor trabalho possível, quando da sua chegada. No Brasil, regra geral, são os policiais militares os *first responders* em casos de homicídios.

2 INNES, Brian. *Os Cadáveres Acusam*. Trad. Joana Manuel. Lisboa: Estampa, 2007, p. 9.

First responders

Os *first responders*, sejam eles policiais, investigadores independentes dos direitos humanos ou qualquer outra pessoa, desempenham um papel fundamental em todo o processo de exame do local de crime. As suas responsabilidades iniciais correspondem a preservar a integridade do local e da evidência. Ademais, eles são responsáveis pelo primeiro registro do local do crime, das evidências e de todas as atividades ocorridas no local. Como, na maioria dos casos, os *first responders* não possuem conhecimento técnico-científico pericial; logo, oferecer treinamento adequado para capacitar essas pessoas é uma tarefa crucial.

ONU-UNODC. *Conscientização sobre o local do crime e as evidências materiais, em especial para pessoal não forense*. Publicação traduzida pelo Ministério da Justiça do Brasil, sem data, p. 8.

Infelizmente, o trabalho do Ministério Público e da Perícia é prejudicado, ainda, em diversos casos em que os *first responders*, na ânsia de buscar ajudar acabam por atrapalhar o trabalho da perícia ao interferirem na disposição original dos vestígios. Não é função desses primeiros agentes, que chegam ao local do crime, fazer o trabalho da Perícia, até porque não possuem formação para tanto e prejudicam posteriormente o caso, tendo em vista que o advogado criminal atento poderá buscar inconsistências na análise da prova causadas pela atuação errada dos *first responders*.

No local de crime, a organização e a coordenação do trabalho são baseadas numa avaliação inicial da situação observada. Isso ocorre antes do trabalho do exame pericial forense de local de crime propriamente dito. Organização e coordenação continuam durante o exame pericial e incluem o que necessita ser feito (por exemplo, a sequência de ações, as prioridades etc.), quem está autorizado a entrar no local (por exemplo, o acesso é limitado ao pessoal que desempenha um papel essencial no levantamento do local e no atendimento médico das vítimas presentes na cena), quem é responsável por quais tarefas (por exemplo, designação de um líder, definição de papéis e responsabilidades, atribuição de tarefas e a necessidade de um especialista) e como as ações necessárias serão realizadas (por exemplo, procedimentos aplicáveis, a necessidade de equipamentos especializados e instrumentos e canais de comunicação adequados).[3]

3 ONU-UNODC. *Conscientização sobre o local do crime e as evidências materiais em especial para pessoal não forense*. Publicação traduzida pelo Ministério da Justiça do Brasil, sem data, p. 8.

A delimitação da área a ser preservada é uma atividade complexa e os limites do local podem mudar de acordo com o prosseguimento da sua análise. O que parece ser evidente no início pode mudar e precisar ser reavaliado. Uma vez definida, a área é explicitamente isolada usando-se qualquer tipo de barreira física. Qualquer pessoa não essencial que adentre o local antes do estabelecimento do cordão de isolamento deve ser retirada (e essa informação é registrada) e quaisquer pessoas não essenciais são impedidas de entrar ao local de crime durante todo o exame pericial.[4]

Do início ao fim dos exames periciais do local de crime é importante a aplicação de medidas rígidas para evitar contaminações. Elas incluem: usar peças de vestuário protetoras (por exemplo, luvas e capas para calçados); empregar um único caminho ao entrar no local (isso também é válido para o pessoal médico no atendimento à vítima); evitar o uso de quaisquer recursos disponíveis no local (ex.: banheiro, água, toalhas, telefone); não comer, beber ou fumar; evitar mover algo ou alguém, a menos que seja absolutamente necessário (se algo ou alguém for movido, a localização inicial deve estar cuidadosamente documentada).[5]

A violação do local do crime, além de demonstrar desrespeito ao disposto em nossa lei processual penal, pode trazer problemas na investigação do homicídio, o qual poderá tomar direcionamentos inúteis ou mais longos e custosos para o Estado, ora emperrando, ora oferecendo grande demora para a conclusão das investigações.

Criminólogos norte-americanos entendem que se o homicídio não for devidamente apurado nas primeiras quarenta horas há uma perda substancial de chances de se conseguir levantar as provas mais importantes, ora porque podem ser destruídas, ora porque testemunhas e autores podem simplesmente desaparecer para atrapalhar a investigação. O trabalho da perícia vai garantir que essas evidências não se percam e possam ser utilizadas adequadamente em um processo criminal perante o tribunal do júri.

Em situações em que não há uma perspectiva para a realização do exame pericial no local de crime por peritos forenses, as responsabilidades dos *first responders* poderão ser estendidas para além da atividade de preservação e de documentação. Essas situações, normalmente, ocorrem se o local do crime está localizado em uma área remota, se os peritos forenses qualificados não

4 ONU-UNODC. *Conscientização sobre o local do crime e as evidências materiais em especial para pessoal não forense.* Publicação traduzida pelo Ministério da Justiça do Brasil, sem data, p. 10.

5 ONU-UNODC. *Conscientização sobre o local do crime e as evidências materiais em especial para pessoal não forense.* Publicação traduzida pelo Ministério da Justiça do Brasil, sem data, p. 10.

estão facilmente disponíveis ou se a ação do sistema de segurança pública e de justiça criminal não é a adequada.[6]

Por fim, o desrespeito ao isolamento do local do crime de homicídio traz fragilidade a todo o trabalho desenvolvido pela Polícia Militar, Polícia Civil e pelo Ministério Público nesses casos, por que é comum que a defesa levante essa situação quando do julgamento em plenário pelo Tribunal do Júri e, em gerando dúvida, é o caso de se absolver o réu. É importante que todos os agentes públicos entendam que obter a prova segura para a condenação do culpado no júri é tão importante como prender o mesmo, daí a necessidade de se efetivar sempre a preservação do local do crime para garantir a qualidade do trabalho da perícia criminal.[7]

POR QUE ISSO É IMPORTANTE?

- Um local de crime inadequadamente isolado e preservado acarretará atividades desnecessárias, que poderão modificá-lo, contaminá-lo e comprometer irreversivelmente o local e suas evidências.
- A falta de medidas de proteção pode resultar na destruição de evidências importantes, e desse modo, desorientar e influenciar o resultado final da investigação. Ou pior, pode impedir a solução do caso ou resultar em uma conclusão errônea.
- A ausência ou o uso assistemático de vestuário de proteção pelo pessoal que trabalha no local de crime conduzirá à sua contaminação irreversível (por exemplo, cabelos, marcas dos dedos / impressões papiloscópicas, marcas de solados de sapato / pegadas, cigarros deixados pelo pessoal no local de crime). Essas contaminações podem impedir a solução do caso.
- A ausência ou o uso assistemático de vestuário de proteção também exporá a equipe a riscos desnecessários à sua segurança e à sua saúde.
- Uma vez que o local de crime é liberado, as oportunidades para corrigir erros ou coletar evidências não reconhecidas ou ignoradas raramente permanecem.

Nesse sentido, cada vez mais tem se buscado aprimorar as provas periciais nos crimes de homicídio, sendo que exames que buscam digitais de suspeitos, pesquisa da presença de sangue com Luminol, entre outras iniciativas, têm trazido novos elementos para se elucidar a autoria de um crime.

6 ONU-UNODC. *Conscientização sobre o local do crime e as evidências materiais em especial para pessoal não forense.* Publicação traduzida pelo Ministério da Justiça do Brasil, sem data, p. 5.

7 ONU-UNODC. *Conscientização sobre o local do crime e as evidências materiais em especial para pessoal não forense.* Publicação traduzida pelo Ministério da Justiça do Brasil, sem data, p. 11.

Como funciona o Luminol?

Essa substância, usada pela polícia para detetar vestígios de sangue, provoca uma reação chamada quimiluminescência. Grosso modo, esse "palavrão" descreve uma reação química que libera energia sob a forma de luz. O Luminol é um pó – formado por átomos de carbono, hidrogênio, oxigênio e nitrogênio – que é diluído em água oxigenada. Essa solução, quando borrifada nos locais suspeitos, reage em contato com o ferro presente na hemoglobina do sangue e libera uma luz azulada, suficientemente forte para ser vista no escuro. "É produzida quimicamente uma excitação em um elemento químico. No caso do Luminol em contato com o ferro, esse elemento é o oxigênio", diz o biologista forense Mark Benecke, da International Forensic Research & Consulting, uma entidade de pesquisa criminalística da Alemanha.

Disponível em: <http://mundoestranho.abril.com.br/materia/como-funciona-o-luminol>.

11.2. LUMINOL

O Luminol tem sido de grande importância para a elucidação de muitos crimes de homicídio no Brasil, haja vista que, em muitos casos, o acusado nega ter estado no local do crime ou até o limpa para tentar impedir a descoberta dos vestígios. Mesmo com a limpeza do ambiente, é possível detectar sangue no local com o uso do Luminol, que pode ser aplicado, ainda em roupa, paredes etc.

Onde um violento homicídio teve lugar é frequente existirem grandes quantidades de sangue, não só da vítima e em qualquer arma abandonada, como também em manchas na área circundante e mesmo no telo da sala. Na década de 1930, o patologista escocês, professor John Glaister, classificou as manchas de sangue.[8] A pesquisa delas é de grande utilidade para que um crime seja desvendado, pois cada tipo de mancha (ex.: gotas, pontos, jatos, rastros etc.) pode levar a uma conclusão diferente de como foi a dinâmica do crime.[9]

Durante a investigação do "Caso Isabela", a Perícia conseguiu, através do uso do Luminol,[10] encontrar elementos técnicos seguros, que possibilitaram posteriormente o indiciamento do casal Nardoni e depois a sustentação da

8 INNES, Brian. Os *cadáveres acusam*. Trad. Joana Manuel. Lisboa: Estampa, 2007, p. 141.

9 Aqui não podemos deixar de registrar o seriado de grande sucesso mundial, Dexter, no qual um *serial killer* especialista em manchas de sangue se infiltra na polícia e passa a eliminar criminosos perigosos.

10 PEREIRA,Luís Fernando. *Luminol ajuda a desvendar o caso Isabella*. Disponível em: <http://www1.folha.uol.com.br/fsp/fovest/fo2406200805.htm>. Acesso em: 31 mar. 2013.

tese de acusação no plenário do júri, sendo que os jurados entenderam que os acusados eram culpados pela morte da pequena Isabela.

O fato que tem dificultado é o alto preço do Luminol, que ainda não está disponibilizado em todas as comarcas do país, o que dificulta o seu uso, tendo em vista que é necessário o deslocamento do produto de outros centros maiores em alguns casos, o que atrasa as investigações.

Pesquisa realizada no site do Superior Tribunal de Justiça até o fechamento desta edição ainda não apresenta resultados de processos criminais com a palavra-chave "Luminol", mas, nos tribunais estaduais já são encontrados diversos casos em que o Luminol foi de grande importância para o andamento processual.[11]

Este vídeo disponível livremente no Youtube contém uma explicação clara do uso do Luminol na investigação criminal.

Experimentos de Química: luminol e o fenômeno da catálise

Neste vídeo, descubra como funciona o luminol, um recurso químico utilizado na investigação de crimes

via YouTube

Disponível em: <http://www.youtube.com/watch?v=9pRsoWQ21WM>.

Recentemente, alguns julgamentos repercutiram nacionalmente e as provas técnicas (periciais) foram nucleares para seus resultados, entre eles o julgamento do casal Nardoni (Caso Isabela), Gil Rugai, Mércia Nakashima e o do ex-goleiro Bruno.

A prova pericial nesses casos foi essencial para que a acusação conseguisse demonstrar o seu ponto de vista com segurança aos jurados. Nem as excelentes defesas realizadas na maioria deles puderam impedir o resultado condenatório em primeiro grau, haja vista a fartura de evidências que apontavam a culpa dos condenados.

11.3. HOMICÍDIO SEM CADÁVER: O CASO "ELISA SAMUDIO E O EX-GOLEIRO BRUNO"

Após meses de muita polêmica, o ex-goleiro do Flamengo, Bruno Fernandes de Souza, foi levado a julgamento na cidade de Contagem (MG) e julgado

11 Por todos, podemos citar: TJ-TO. RECURSO EM SENTIDO ESTRITO Nº 5006184-40.2012.827.0000. ORIGEM: COMARCA DE GURUPI – TO. REFERENTE: AÇÃO PENAL Nº 2012.0000.5336-2 DA 3ª VARA CRIMINAL DA COMARCA DE GURUPI – TO. T. PENAL: ART. 121, § 2º, I e III, CP. PROC. JUSTIÇA: MARCO ANTÔNIO ALVES BEZERRA. RELATOR: Desembargador MOURA FILHO.

culpado pelo tribunal do júri pelo homicídio de Eliza Samudio, mãe de seu filho, Bruninho.

O caso ganhou repercussão pelo envolvimento de um astro nacional do futebol, Bruno, que na época era o goleiro de um dos times mais conhecidos do Brasil e, entre as várias especificidades, a que nos interessa neste ponto é a que trata da questão do "homicídio sem cadáver", já que os restos mortais da vítima, Eliza Samudio, nunca foram encontrados.

Poderia um réu ser julgado mesmo sem haver o exame de corpo de delito?

Para Luiz Flávio Gomes é perfeitamente possível a figura do "homicídio sem cadáver" lembrando que o art. 167 do CPP permite o exame de corpo de delito indireto:

> "O art. 158 do CPP exige, como regra, o exame de corpo de delito direto. Diante da sua impossibilidade, pode ser feito o exame de corpo de delito indireto, via testemunhas (CPP, art. 167). Uma testemunha pode ter visto o corpo da vítima e ratificar isso dentro do processo. Se não fosse possível condenar ninguém diante do desaparecimento do corpo da vítima, isso significaria impunidade generalizada. Bastaria matar a vítima e fazer desaparecer o seu corpo. Caso não haja a possibilidade de produzir o exame de corpo de delito direto, excepcionalmente o Estado poderá valer-se do exame de corpo de delito indireto (filmagens, gravações, vestígios de sangue, prova testemunhal etc.). Lembrando que filmagens, gravações, exame de sangue etc., também serão analisados e validados por peritos, reforçando a veracidade e legitimidade da prova. Fica claro que, teoricamente, não podemos negar a possibilidade de uma condenação por homicídio sem que tenha sido encontrado o cadáver, mas desde que estejam presentes outros meios de prova, sobressaindo-se a testemunhal. Paralelamente a essa prova testemunhal podem existir outros indícios. No plenário do júri tudo tem que ficar muito bem esclarecido. Os jurados somente votam pela condenação quando estão convencidos. Sabem que é melhor absolver um culpado que condenar um inocente. Em casos como do goleiro Bruno é fundamental a confiança que cada parte transmite aos jurados."[12]

É esse também o pensamento de Eduardo Cabette que conclui que no que se refere não somente ao crime de homicídio, mas a todos os crimes de fato permanentes (que deixam vestígios), em regra exige-se a produção do exame de corpo de delito como prova de materialidade. No entanto, são admitidas as

12 GOMES, Luiz Flávio. *Caso Bruno*: jurisprudência admite homicídio sem cadáver. Com colaboração de Danilo Fernandes Christófaro. Disponível em: <http://atualidadesdodireito.com.br/lfg/2012/11/13/caso-bruno--jurisprudencia-admite-homicidio-sem-cadaver/>. Acesso em: 31 mar. 2013.

exceções legalmente previstas do suprimento pelo exame indireto e/ou pela prova testemunhal, desde que haja justa causa para a não produção do exame direto, ou seja, não havendo a prova sido prejudicada por falha dos órgãos da persecução criminal.[13]

Segundo, ainda, o Procurador de Justiça do Ministério Público de Minas Gerais, Antonio Sérgio Tonet, hodiernamente a polícia conta com eficientes provas científicas e periciais, tais como exame de DNA; degravações de conversas telefônicas judicialmente autorizadas; definição, a partir de sinais de celular ou de GPS, da localização dos suspeitos no momento em que ocorria o crime; entre outras. E tais provas, devidamente concatenadas e harmônicas com testemunhos ou delações, podem compor o exame de corpo de delito indireto e regularmente convencer a Justiça da ocorrência do crime de homicídio.[14]

Lembra Tonet, que no *habeas corpus* nº 78.719, relatado pelo Ministro Sepúlveda Pertence, o STF autorizou o recebimento de denúncia do Ministério Público e o início de processo por homicídio, mesmo sem se ter no caso descoberto o cadáver, pois "a ausência de exame necroscópico é irrelevante, desde que demonstrada a morte por outras provas". Por sua vez, em recente julgamento, o Superior Tribunal de Justiça decidiu que, se os "homicídios têm por característica a ocultação dos corpos, a existência de prova testemunhal e outras podem servir ao intuito de fundamentar a abertura da ação penal, desde que se mostrem razoáveis no plano do convencimento do julgador" (*habeas corpus* nº 79.735/RJ).[15]

A celeuma, a nosso ver, é determinar o *quantum* da justa causa a justificar essa situação, o que será objeto de muito debate, ainda, nos tribunais.

11.4. "CASO MÉRCIA NAKASHIMA", TERRA E ALGA NO SAPATO DO ACUSADO E INSETOS NO LOCAL DO CRIME

O caso "Mércia Nakashima", em que seu ex-namorado foi acusado e condenado pelo tribunal do júri por tê-la matado em uma represa no Estado de São Paulo, também causou comoção nacional.

O acusado, um ex-policial, negou desde o início a autoria e, inclusive, afirmou que não estava no local do crime. Provas técnicas (inclusive, análise das origens das ligações telefônicas com celular) apresentadas pela Polícia e pelo Ministério Público levaram os jurados a entender que o mesmo estava mentindo e era culpado pelo homicídio de sua ex-namorada.

13 CABETTE, Eduardo Luiz Santos. *Homicídio sem cadáver*. Porto Alegre: Nuria Fabris, 2012, p. 77.

14 TONET, Antonio Sérgio. *Homicídio sem cadáver*. Disponível em: <http://www.ammp.org.br/inst/artigo/Artigo-8.pdf>. Acesso em: 31 mar. 2013.

15 TONET, *op. cit*.

Entre as diversas provas apresentadas, chamou a atenção uma, a possível congruência da terra e uma alga, que foram encontradas no sapato do acusado, como a achada na borda da represa onde o corpo de Mércia foi encontrado em Nazaré Paulista.

Posteriormente, em outro depoimento, essa versão foi contestada, mas nos chama a atenção aqui a possibilidade de exames periciais dessa espécie conseguirem comprovar que uma determinada pessoa esteve no local de um crime por conta de vestígios.

Isso é de extrema relevância em um julgamento no júri, pois uma das técnicas de defesa é a da negativa de autoria com a não presença do acusado no local do crime. Se a defesa alega isso e a acusação prova pela perícia que ele estava no local, a situação do acusado fica muito difícil perante o conselho de sentença. Daí a importância do estudo dessas novas técnicas.

Além do estudo da terra e das plantas, podemos citar a Entomologia Forense, ainda pouco conhecida no Brasil, ciência que aplica os estudos nos insetos nos procedimentos da perícia científica.

A Entomologia Forense consiste no estudo da interação de insetos e outros artrópodes com questões legais. Pode ser dividida em: urbana, referente a produtos alimentares, e médico-legal. Em Entomologia Forense, a investigação criminal pode beneficiar os métodos moleculares de genotipagem, como a identificação do cadáver através do conteúdo gástrico larvar ou a identificação genética da espécie, de uma prova entomológica.[16]

Após a entrada em decomposição de um corpo humano, o estudo dos insetos encontrados no mesmo pode levar à descoberta de dados importantes para a elucidação do crime, como, por exemplo, há quanto tempo ocorreu a morte da vítima ou como a morte ocorreu. Pela fase da decomposição e análise dos insetos encontrados no corpo pode-se ter uma ideia bem aproximada dessas informações, bem como de outras importantes para se desvendar o crime. A análise entomológica é método seguro para a determinação do *intervalo post-mortem* da vítima

A análise da terra e de algas encontradas no sapato do acusado, como ocorreu no caso "Mércia Nakashima" ainda é uma exceção, sendo esse tipo de exame pouco realizado no Brasil, mas com os novos investimentos que estão sendo feitos nas perícias e pelo Ministério da Justiça a tendência é que muito em breve vestígios de terra, plantas (ex.: algas), insetos etc. serão cada vez mais comuns para se apurar um crime violento no Brasil.

16 CAINÉ, Laura Sofia Ramos Mendes. *Entomologia forense:* identificação genética de espécies em Portugal. Tese de doutorado apresentada na Faculdade de Medicina da Universidade de Coimbra, 2010.

11.5. PRINCÍPIOS E REGRAS – DO CHAMADO PROTOCOLO DE ISTAMBUL, DA ORGANIZAÇÃO DAS NAÇÕES UNIDAS (ONU) E O PROTOCOLO BRASILEIRO DE PERÍCIA FORENSE

A Recomendação nº 49, de 01/04/2014, do Conselho Nacional de Justiça, dispõe sobre a necessidade de observância, pelos magistrados brasileiros, das normas – princípios e regras – do chamado Protocolo de Istambul, da Organização das Nações Unidas (ONU), e, bem assim, do Protocolo Brasileiro de Perícia Forense, em casos de crime de tortura e dá outras providências.

As diretrizes e as normas – princípios e regras – inscritas no Protocolo de Istambul, da Organização das Nações Unidas, denominado Manual para Investigação e Documentação Eficazes da Tortura e de outras Formas Cruéis, Desumanas ou Degradantes de Castigo e Punição, apresentado ao Alto Comissariado das Nações Unidas para os Direitos Humanos, em 9 de agosto de 1999, visam a subsidiar os examinadores forenses sobre como devem proceder para identificação, caracterização e elucidação do crime de tortura.

Consoante o art. 1º desta Recomendação, recomenda-se aos Tribunais que (I) observem as diretrizes e as normas – princípios e regras – do denominado Protocolo de Istambul, da ONU e, bem assim, do Protocolo Brasileiro de Perícia Forense, criado em 2003, destinados a subsidiar os examinadores forenses e profissionais do Direito, entre estes os magistrados, sobre como proceder na identificação, caracterização e elucidação do crime de tortura; II – sempre que chegarem ao conhecimento dos magistrados notícias concretas ou fundadas da prática de tortura, que sejam formulados ao perito médico-legista, ou a outro perito criminal (quando da eventual realização de trabalho conjunto), a depender do caso concreto, quesitos estruturados da seguinte forma: 1º) Há achados médico-legais que caracterizem a prática de tortura física? 2º) Há indícios clínicos que caracterizem a prática de tortura psíquica? 3º) Há achados médico-legais que caracterizem a execução sumária? 4º) Há evidências médico-legais que sejam característicos, indicadores ou sugestivos de ocorrência de tortura contra o(a) examinando(a) que, no entanto, poderiam excepcionalmente ser produzidos por outra causa? Explicitar a resposta; III – atentem para a necessidade de constar nos autos do inquérito policial ou processo judicial, sempre que possível, outros elementos de prova relevantes para a elucidação dos fatos que possam vir a caracterizar o delito de tortura, tais como: a) fotografias e filmagens dos agredidos; b) necessidade de aposição da(s) digital(ais) da(s) vítima(s) no auto de exame de corpo de delito (AECD) respectivo, a fim de evitar fraude(s) na(s) identificação(ões) respectiva(s); c) requisição de apresentação da(s) vítima(s) perante o juiz plantonista ou responsável por receber, eventualmente, a denúncia/

representação ofertada pelo Ministério Público; d) obtenção da listagem geral dos presos ou internos da unidade de privação de liberdade; e) listagem dos presos, pacientes judiciários ou adolescentes autorizados pela autoridade administrativa a, no dia dos fatos, realizarem cursos ou outras atividades fora do estabelecimento de privação de liberdade ou de internação, a fim de que sejam o mais rapidamente possível submetidos a auto de exame de corpo de delito (AECD); f) requisição de cópia do livro da enfermaria do presídio, cadeia pública, hospital de custódia e tratamento psiquiátrico ou unidade de internação contendo o nome dos internos atendidos na data do possível delito; g) submissão do(s) próprio(s) funcionário(s) do estabelecimento penal, hospital de custódia ou unidade de internação a AECD, em especial daqueles apontados como eventuais autores dessa espécie de delito; h) requisição às unidades de hospitais gerais ou de pronto-socorro próximos aos estabelecimentos penais, cadeias públicas, hospitais de custódia ou unidades de internação de relação de pessoas atendidas no dia e horário do suposto fato criminoso, permitindo-se, com isso, a realização de AECD indireto; i) oitiva em juízo dos diretores ou responsáveis por estabelecimentos penais, cadeias públicas, hospitais de custódia ou unidades de internação quando das notícias ou suspeitas de crime de tortura; IV – instar delegados de polícia responsáveis pela condução de inquéritos, juízes plantonistas ou juízes responsáveis pela condução de processos a filmarem os depoimentos de presos, pacientes judiciários ou adolescentes, nos casos de denúncia ou suspeita da ocorrência de tortura.

ATOS NORMATIVOS

Conselho Nacional de Justiça
PJe - Processo Judicial Eletrônico
Consulta Processual

05/05/2014

Número: **0002352-04.2013.2.00.0000**

Classe: **ATO NORMATIVO**

- Relator: **GUILHERME CALMON NOGUEIRA DA GAMA**

Partes	
Tipo	**Nome**
REQUERENTE	**CONSELHO NACIONAL DE JUSTIÇA - CNJ**

Documentos			
Id.	**Data da Assinatura**	**Documento**	**Tipo**
1404978	05/05/2014 16:47	Intimação	Intimação
1403944	02/05/2014 17:50	Recomendação n 49-GP-2014	Recomendação

TRF2EXT201402259

Conselho Nacional de Justiça

Autos: **ATO NORMATIVO - 0002352-04.2013.2.00.0000**
Requerente: CONSELHO NACIONAL DE JUSTIÇA - CNJ
Requerido: CONSELHO NACIONAL DE JUSTIÇA - CNJ

CERTIDÃO

Certifico que a Recomendação n. 49, de 1º de abril de 2014 que dispõe sobre a necessidade de observância, pelos magistrados brasileiros, das normas - princípios e regras - do chamado Protocolo de Istambul, da Organização das Nações Unidas (ONU), e, bem assim, do Protocolo Brasileiro de Perícia Forense, em casos de crime de tortura e dá outras providências, foi publicada no Diário Eletrônico nº 58/2014, páginas 4-6, disponibilizado em 3/4/2014, conforme cópia em anexo.

Brasília, 02 de maio de 2014.

Carla Fabiane Abreu Aranha

Coordenadora de Processamento de Feitos

Num. 1404978 - Pág. 1

TRF2EXT201402259

Poder Judiciário

Conselho Nacional de Justiça

RECOMENDAÇÃO N. 49 , DE 01 DE ABRIL DE 2014

Dispõe sobre a necessidade de observância, pelos magistrados brasileiros, das normas - princípios e regras - do chamado Protocolo de Istambul, da Organização das Nações Unidas (ONU), e, bem assim, do Protocolo Brasileiro de Perícia Forense, em casos de crime de tortura e dá outras providências.

O PRESIDENTE DO CONSELHO NACIONAL DE JUSTIÇA (CNJ), no uso de suas atribuições legais e regimentais;

CONSIDERANDO o disposto em tratados internacionais firmados pela República Federativa do Brasil na questão do combate direto ou indireto à tortura, em especial o que consta da Declaração Universal dos Direitos do Homem, adotada e proclamada pela resolução 217 A da Assembleia Geral das Nações Unidas – ONU - em 10 de dezembro de 1948 (art. V); das Regras Mínimas para o Tratamento de Reclusos, adotadas pelo 1º Congresso das Nações Unidas sobre Prevenção do Crime e Tratamento de Delinquentes, realizado em Genebra, em 1955 e aprovadas pelo Conselho Econômico e Social da ONU por meio da Resolução 663 C I, de 31 de julho de 1957, aditada pela Resolução 2076, de 13 de maio de 1977 e rerratificada por meio da Resolução 1984/47, do Conselho Econômico e Social da ONU em 25 de maio de 1984 (Regras 32 e 33, entre outras); das Regras Mínimas das Nações Unidas para Proteção dos Jovens Privados de Liberdade, aprovadas durante o VIII Congresso das Nações Unidas sobre a Prevenção do Delito e o Tratamento do Delinquente (art. 86, alínea "a"); do Pacto Internacional de Direitos Civis e Políticos (Resolução 2200 A (XXI) da Assembleia Geral, de 16 de dezembro de 1966); da Convenção contra a Tortura e Outros Tratamentos ou Penas Cruéis, Desumanas ou Degradantes (Resolução 39/46 da

Num. 1403944 - Pág. 1

TRF2EXT201402259

Poder Judiciário

Conselho Nacional de Justiça

Assembleia Geral, de 10 de dezembro de 1984, art., 15); da Resolução 40/33 da Assembleia Geral das Nações Unidas, de 29 de novembro de 1985; das Regras Mínimas das Nações Unidas para a Administração da Justiça da Infância e da Juventude; da Convenção sobre os Direitos da Criança (Resolução 44/25 da Assembleia Geral, de 20 de novembro de 1989); da Convenção Americana de Direitos Humanos, de 1969, ratificada pelo Brasil em 1992 (Pacto de São José da Costa Rica – art. 8º, § 3º);

CONSIDERANDO o teor dos incisos III e XLIII e o § 3º, todos do art. 5º da Constituição Federal;

CONSIDERANDO o disposto no Decreto n. 40, de 15 de fevereiro de 1991, que promulgou a Convenção contra a Tortura e Outros Tratamentos ou Penas Cruéis, Desumanos ou Degradantes (1984);

CONSIDERANDO o teor do Decreto Legislativo n. 483, de 20 de dezembro de 2006, que aprovou, no Brasil, o Protocolo Facultativo à Convenção contra a Tortura e Outros Tratamentos ou Penas Cruéis, Desumanos ou Degradantes, de 18 de dezembro de 2002;

CONSIDERANDO os ditames da Lei n. 9.455/97, que define os crimes de tortura no ordenamento jurídico brasileiro e dá outras providências;

CONSIDERANDO as diretrizes e as normas – princípios e regras - inscritas no Protocolo de Istambul, da Organização das Nações Unidas, denominado Manual para Investigação e Documentação Eficazes da Tortura e de outras Formas Cruéis, Desumanas ou Degradantes de Castigo e Punição, apresentado ao Alto Comissariado das Nações Unidas para os Direitos Humanos, em 9 de agosto de 1999, que visam subsidiar os examinadores

Num. 1403944 - Pág. 2

TRF2EXT201402259

Poder Judiciário

Conselho Nacional de Justiça

forenses sobre como devem proceder para identificação, caracterização e elucidação do crime de tortura;

CONSIDERANDO as diretrizes e as normas – princípios e regras - inscritas no Protocolo Brasileiro de Perícia Forense no Crime de Tortura, criado em 2003, no âmbito da Secretaria de Direitos Humanos da Presidência da República, visando adaptar à realidade nacional as normas, regras e orientações do Protocolo de Istambul aos peritos forenses, servidores policiais, ouvidores e corregedores de polícia, advogados, membros do Ministério Público, da Defensoria Pública e do Poder Judiciário;

CONSIDERANDO a decisão plenária tomada no julgamento do Ato Normativo n. 0002352-04.2013.2.00.0000, na 184ª Sessão Ordinária deste Conselho, realizada em 11 de março de 2014;

RESOLVE

Art. 1º Recomendar aos Tribunais que:

I – observem as diretrizes e as normas – princípios e regras - do denominado Protocolo de Istambul, da ONU e, bem assim, do Protocolo Brasileiro de Perícia Forense, criado em 2003, destinados a subsidiar os examinadores forenses e profissionais do direito, entre estes os magistrados, sobre como proceder na identificação, caracterização e elucidação do crime de tortura;

II – sempre que chegarem ao conhecimento dos magistrados notícias concretas ou fundadas da prática de tortura, que sejam formulados ao perito médico-legista, ou a outro perito criminal (quando da eventual realização

Num. 1403944 - Pág. 3

TRF2EXT201402259

Poder Judiciário

Conselho Nacional de Justiça

de trabalho conjunto), a depender do caso concreto, quesitos estruturados da seguinte forma:

1º) há achados médico-legais que caracterizem a prática de tortura física?

2º) há indícios clínicos que caracterizem a prática de tortura psíquica?

3º) há achados médico-legais que caracterizem a execução sumária?

4º) há evidências médico-legais que sejam característicos, indicadores ou sugestivos de ocorrência de tortura contra o(a) examinando(a) que, no entanto, poderiam excepcionalmente ser produzidos por outra causa? Explicitar a resposta;

III – atentem para a necessidade de constar nos autos do inquérito policial ou processo judicial, sempre que possível, outros elementos de prova relevantes para a elucidação dos fatos que possam vir a caracterizar o delito de tortura, tais como:

a) fotografias e filmagens dos agredidos;

b) necessidade de aposição da(s) digital(ais) da(s) vítima(s) no auto de exame de corpo de delito (AECD) respectivo, a fim de evitar fraudes na(s) identificação(ões) respectiva(s);

c) requisição de apresentação da(s) vítima(s) perante o juiz plantonista ou responsável por receber, eventualmente, a denúncia/representação ofertada pelo Ministério Público;

d) obtenção da listagem geral dos presos ou internos da unidade de privação de liberdade;

e) listagem dos presos, pacientes judiciários ou adolescentes autorizados pela autoridade administrativa a, no dia dos fatos, realizarem cursos ou outras atividades fora do estabelecimento de privação de liberdade ou de internação, a fim de que sejam o mais rapidamente possível submetidos a auto de exame de corpo de delito (AECD);

Num. 1403944 - Pág. 4

Poder Judiciário

Conselho Nacional de Justiça

f) requisição de cópia do livro da enfermaria do presídio, cadeia pública, hospital de custódia e tratamento psiquiátrico ou unidade de internação contendo o nome dos internos atendidos na data do possível delito;

g) submissão do(s) próprio(s) funcionário(s) do estabelecimento penal, hospital de custódia ou unidade de internação a AECD, em especial daqueles apontados como eventuais autores dessa espécie de delito;

h) requisição às unidades de hospitais gerais ou de pronto-socorro próximos aos estabelecimentos penais, cadeias públicas, hospitais de custódia ou unidades de internação de relação de pessoas atendidas no dia e horário do suposto fato criminoso, permitindo-se, com isso, a realização de AECD indireto;

i) oitiva em juízo dos diretores ou responsáveis por estabelecimentos penais, cadeias públicas, hospitais de custódia ou unidades de internação quando das notícias ou suspeitas de crime de tortura;

IV – instar delegados de polícia responsáveis pela condução de inquéritos, juízes plantonistas ou juízes responsáveis pela condução de processos a filmarem os depoimentos de presos, pacientes judiciários ou adolescentes, nos casos de denúncia ou suspeita da ocorrência de tortura.

Art. 2º Publique-se e encaminhe-se cópia desta Recomendação a todos os Tribunais.

Ministro **Joaquim Barbosa**

Num. 1403944 - Pág. 5

QUESTÕES

1. INTRODUÇÃO À MEDICINA LEGAL

Prova: Delegado de Polícia – BA (Cefet)

1. **O documento médico-legal, ditado ao escrivão logo após a realização do exame pericial, é denominado:**

   a) auto;

   b) parecer;

   c) atestado;

   d) relatório;

   e) notificação.

Prova: Delegado de Polícia – SP (PCSP)

2. **Em um relatório médico-legal, o chamado *visum et repertum* refere-se:**

   a) ao histórico;

   b) ao preâmbulo;

   c) à descrição;

   d) à discussão e conclusão;

   e) à resposta aos quesitos.

Prova: Delegado de Polícia – SP (PCSP)

3. **Perícia médico-legal baseada exclusivamente em prontuários médicos denomina-se:**

   a) complementar;

   b) indireta;

   c) documental;

   d) subsidiária;

   e) direta.

Prova: Delegado de Polícia – GO (UEG)

4. Em relação às perícias médicas, é CORRETO afirmar.

a) Na falta de perito oficial, o exame poderá ser feito por duas pessoas idôneas, portadoras de curso superior preferencialmente na área específica, dentre as que tiverem habilitação técnica relacionada com a natureza do exame.

b) Os peritos devem apenas responder por escrito aos quesitos formulados pelas partes, motivo pelo qual eles não podem prestar esclarecimentos orais em juízo.

c) Pela atual legislação processual penal são necessários dois peritos oficiais para a realização do exame de corpo de delito.

d) Os peritos não estão sujeitos à arguição de suspeição.

Prova: Delegado de Polícia – SP (PCSP)

5. A diferença entre laudo e auto médico-legal é:

a) os dois são ditados a um escrivão;

b) o auto é apenas um resumo do laudo;

c) o primeiro é escrito e o segundo é ditado a um escrivão perante testemunhas;

d) os dois são pareceres;

e) o laudo só pode ser realizado pelo médico legista.

Prova: Delegado de Polícia – RJ (Ceperj)

6. Sobre o exame de corpo de delito e outras perícias, é correto afirmar.

a) O laudo pericial será elaborado no prazo de 10 dias, podendo ser prorrogado no máximo para 30 dias, em casos excepcionais, a requerimento dos peritos.

b) Serão realizados por dois peritos oficiais, portadores de diploma de curso superior, designados pela Autoridade competente.

c) Serão realizados por mais de um perito oficial em caso de perícia complexa que abranja mais de uma área de conhecimento especializado, com escusa de indicação de outro assistente técnico pela parte.

d) O Ministério Público, o assistente de acusação, o ofendido, o querelante e o acusado terão permissão para formular quesitos e indicar assistente técnico.

e) Os assistentes técnicos indicados pelas partes poderão realizar pareceres em prazo fixado pelo juiz, mas não será admitida sua inquirição em audiência do mesmo modo que os peritos.

Prova: Técnico Judiciário TRT – 1ª Região (FCC)

7. No que concerne ao exame de corpo de delito e às perícias em geral, é correto afirmar.

a) A autópsia só poderá ser feita pelo menos seis horas depois do óbito, ainda que os peritos, pela evidência dos sinais de morte, julgarem que possa ser feita antes desse prazo.

b) O exame de corpo de delito só poderá ser feito nos dias úteis, das 8:00 às 18:00 horas.

c) Para representar as lesões encontradas no cadáver, os peritos juntarão aos autos esquemas e desenhos devidamente rubricados, mas não poderão fotografar o cadáver.

d) Quando a infração deixar vestígios, será dispensável o exame de corpo de delito se houver confissão do acusado.

e) A prova testemunhal poderá suprir a falta do exame de corpo de delito, se este não puder ser realizado por haverem desaparecido os vestígios do crime.

Prova: Escrivão de Polícia Civil – RN (Cespe)

8. Em relação às necropsias, assinale a opção incorreta.

a) Toda necropsia deverá ser realizada após decorridas seis horas do óbito.

b) As docimasias são realizadas principalmente nos casos de infanticídio.

c) No cadáver, a retirada de sangue da veia femoral é a mais indicada para pesquisa de ingestão de álcool.

d) A lei que dispõe sobre a utilização de tecidos e órgãos para fins de transplantes exclui óvulos e esperma.

e) Na ausência de médicos, a declaração de óbito poderá ser feita por duas pessoas idôneas.

Prova: Escrivão de Polícia Civil – RN (Cespe)

9. Considerando as perícias médico-legais, assinale a opção correta.

a) O corpo de delito só se refere a exame do corpo humano.

b) As necropsias não poderão ser realizadas à noite.

c) Os laudos poderão ser assinados por um perito apenas.

d) O laudo pericial deve ser entregue no prazo de dez dias, prorrogáveis.

e) Autópsia é diferente de necropsia.

Prova: Promotor de Justiça – PE (FCC)

10. Quanto aos documentos médico-legais, é correto dizer.

a) A notificação às autoridades competentes sobre moléstias infecto-contagiosas e doenças do trabalho não se inclui entre eles, por ser facultativa em respeito à regra do sigilo profissional.

b) O relatório, que pode ser um auto ou um laudo, é o documento médico-legal por excelência e dele devem constar, exclusivamente, o histórico, os quesitos e suas respostas objetivas.

c) Os atestados em geral, também chamados de certificados médicos, não têm nenhum interesse para a medicina legal, visto que são atos espontâneos praticados pelo profissional.

d) O atestado de óbito somente se enquadra na categoria de documento médico-legal quando assinado por médico-legista no exercício de sua função oficial.

e) O depoimento oral é um deles, quando o perito é chamado a prestar esclarecimentos sobre o laudo, seja explicando a terminologia técnica, seja respondendo objetivamente às perguntas formuladas.

Prova: Promotor de Justiça – PE (FCC)

11. Em matéria de perícias médico-legais, o médico produz documentos que apresentam configuração que varia conforme sua situação e finalidade. Nesse sentido, analise.

I. Caso em que uma consulta médico-legal envolve divergências importantes quanto à interpretação dos achados de uma perícia, de modo a impedir uma orientação correta dos julgadores, estes podem solicitar esclarecimentos mais aprofundados tecnicamente de uma instituição que tem competência inquestionável, ou de um professor cuja autoridade na matéria seja reconhecida.

II. Afirmação simples e por escrito de um fato médico e suas consequências, podendo ter uso oficioso, administrativo e judiciário, sem exigência de compromisso legal, mas sem abrir mão do compromisso com a verdade.

III. Narração escrita e minuciosa de todas as operações de uma perícia médica determinada por autoridade policial ou judiciária a um ou mais profissionais anteriormente nomeados e compromissados na forma da lei, feito, geralmente por dois peritos.

Referidos documentos denominam-se, respectivamente,

a) parecer médico-legal, atestado médico e relatório médico-legal;

b) consulta médico-legal, parecer médico-legal e relatório médico-legal;

c) relatório médico-legal, atestado médico e parecer médico-legal;

d) parecer médico-legal, relatório médico-legal e consulta médico-legal;

e) relatório médico-legal, atestado médico e parecer médico-legal.

Prova: Delegado de Polícia – MG (PCMG)

12. Quando os dois Peritos não chegam, na perícia criminal, a um ponto de vista comum, cada um apresentará à parte o seu próprio relatório. Chama-se a isso de perícia:

a) nula;

b) contraditória;

c) complementar;

d) sucinta.

Prova: Delegado de Polícia – MG (PCMG)

13. Constitui comunicação compulsória feita por médico às autoridades competentes, de fato profissional, por necessidade social ou sanitária:

a) atestado;

b) notificação;

c) parecer;

d) relatório.

Prova: Perito Médico-Legista PCDF/2015

14. Assinale a alternativa que apresenta o documento médico-legal caracterizado por ser uma declaração das consequências de um fato médico, de maneira resumida, que implicam em providências de ordem administrativa, judiciária ou oficiosa:

a) atestado;

b) notificação;

c) relatório;

d) auto;

e) parecer.

Prova: Perito Médico-Legista PCDF/2015

15. Quanto ao laudo médico-legal, é correto afirmar que:

a) é um esclarecimento prestado em consequência de dúvidas, fatos controversos e omissões de ordem técnica em uma interpretação pericial dos vestígios deixados por uma infração penal;

b) são partes integrantes de um laudo: preâmbulo, histórico, descrição, relatório, discussão, conclusão e resposta aos quesitos;

c) clareza, fidelidade, totalidade e ilustrações são características que configuram qualidade ao laudo e o tornam compreensível e útil para quem o acessar;

d) auto é um tipo de laudo que se caracteriza por ser ditado a um escrivão, tendo por exemplos a ata de embalsamamento e a ata de exumação;

e) a discussão é a parte integrante de um laudo médico-legal que comporta, com todos os detalhes, os achados objetivos e subjetivos dos exames realizados.

Prova: Delegado de Polícia PC/PE (Cespe)

16. **Com relação aos conhecimentos sobre corpo de delito, perito e perícia em medicina legal e aos documentos médico-legais, assinale a opção correta.**

a) Perícia é o exame determinado por autoridade policial ou judiciária com a finalidade de elucidar fato, estado ou situação no interesse da investigação e da justiça.

b) O atestado médico equipara-se ao laudo pericial, para serventia nos autos de inquéritos e processos judiciais, devendo ambos ser emitidos por perito oficial.

c) Perito oficial é todo indivíduo com expertise técnica na área de sua competência incumbido de realizar o exame.

d) É inválido o laudo pericial que não foi assinado por dois peritos oficiais.

e) Define-se corpo de delito como o conjunto de vestígios comprobatórios da prática de um crime evidenciado no corpo de uma pessoa.

2. ANTROPOLOGIA FORENSE

Prova: Delegado de Polícia – RO (Funcab)

1. **Identidade médico-legal é o conjunto de características apresentadas por um indivíduo que o torna único. Assinale a opção INCORRETA acerca da identificação médico-legal.**

a) O sistema de identificação dactiloscópica de Vucetich é um processo de grande valia e de extraordinário efeito, porque apresenta os requisitos essenciais para um bom método: unicidade, praticabilidade, imutabilidade e classificabilidade; só não apresenta o requisito de perenidade.

b) Identificação médico-legal pode ser realizada em um indivíduo vivo ou em cadáver, inteiro, espostejado ou reduzido a ossos.

c) Na identificação médico-legal, são considerados os seguintes parâmetros: idade, sexo, raça, estatura e peso, pois, partindo-se do geral, chega-se ao particular, ao indivíduo.

d) Características ocasionais, tais como a presença de tatuagens, calos de fraturas ósseas e próteses dentárias, ósseas ou de outros tipos, não possuem valor para a antropologia forense.

e) Medidas de dimensões de ossos longos e comparações com tabelas podem dar ideia da estatura de indivíduos quando vivos.

Prova: Delegado de Polícia – MG (Fumarc)

2. **No esqueleto, a estimativa do sexo, faz-se pelas características morfológicas observadas, após a puberdade. Os achados mais evidentes do dismorfismo sexual são observados no(a):**

a) clavícula;

b) úmero;

c) fêmur;

d) pelve.

Prova: Delegado de Polícia – RJ (Ceperj)

3. Durante operação policial na favela do Barbante, em Campo Grande, foi encontrado um crânio humano incompleto que apresentava em análise preliminar:

1. suturas cranianas bem visíveis;

2. fronte verticalizada;

3. glabela curva;

4. margens supraorbitárias finas;

5. orifício em tronco de cone com o bisel voltado para a face externa do osso frontal;

6. processos mastoideos pouco volumosos;

7. ausência de crista na nuca;

8. côndilos occipitais curtos e largos.

Assinale a opção que aponta o diagnóstico pericial.

a) Mulher jovem com uma lesão de saída de projétil de arma de fogo no osso frontal.

b) Homem adulto com uma lesão de entrada de projétil de arma de fogo no osso frontal.

c) Mulher adulta com uma lesão de saída de projétil de arma de fogo no osso frontal.

d) Homem jovem com uma lesão de saída de projétil de arma de fogo no osso frontal.

e) Mulher idosa com uma lesão de entrada de projétil de arma de fogo no osso frontal.

Prova: Delegado de Polícia – GO (UEG)

4. Em Antropologia Forense, os ângulos faciais (Jacquart, Cloquet e Curvier) são determinantes para:

a) altura;

b) idade;

c) sexo;

d) raça.

Prova: Médico Legista – RO (Funcab)

5. A identificação do sexo de um cadáver humano adulto encontrado esqueletizado pode ser realizada por meio do estudo de algumas estruturas. Quais as principais estruturas ósseas que contribuem para essa identificação?

a) Fêmur, mandíbula, metatarsos, falanges.

b) Vértebras, falanges, costelas, ossos da pelve.

c) Vértebras, úmeros, metatarsos, ossos do tórax.

d) Crânio, ossos da pelve, mandíbula, ossos do tórax.

e) Crânio, falanges, ossos da pelve, arcada dentária.

Prova: Delegado de Polícia – GO (UEG)

6. No local do crime, os peritos arrecadaram um desenho digital que apresentava um delta à esquerda. Pelo sistema de Vucetich, esse desenho é classificado como:

a) presilha interna;

b) verticilo;

c) presilha externa;

d) arco.

Prova: Perito Médico-Legista PCDF/2015

07. Quanto à identificação criminal e aos processos utilizados para esse fim, é fundamental a presença de requisitos técnicos elementares. Acerca desse tema, assinale a alternativa correta.

a) Identificação é o conjunto de caracteres físicos, psíquicos e funcionais, que podem ser natos ou adquiridos com o tempo, permanentes que podem diferenciar os indivíduos.

b) A classificabilidade é o requisito técnico que torna o processo de identificação aplicável à rotina pericial.

c) A unicidade é uma condição de não se ver a repetição de um determinado conjunto de caracteres pessoais em indivíduos distintos.

d) A imutabilidade é um requisito técnico caracterizado pela capacidade de certos elementos não se perderem com a ação do tempo.

e) A praticabilidade é a condição que permite guardar, catalogar e encontrar, quando for possível, os conjuntos de caracteres que são próprios de um indivíduo, permitindo a sua identificação.

08. Quanto às características morfológicas de identificação, nas perícias antropológicas em esqueletos ou em ossos isolados, é preciso inicialmente determinar:

a) a estatura;

b) o gênero;

c) a raça;

d) a idade;

e) se o material e humano ou não.

09. Acerca do sistema datiloscópico de Vucetich, qual das alternativas abaixo apresenta corretamente as quatro formas básicas de desenhos de cristas papilares das polpas digitais?

a) Arco, presilha interna, verticilo e presilha externa.

b) Presilha interna, deita presilha externa e verticilo.

c) Arco, delta, presilha interna e presilha externa.

d) Delta, arco, presilha interna e verticilo.

e) Presilha externa, verticilo, delta e arco.

Prova: Perito Criminal – Odontologia (Cespe)

10. A recomendação segura de um método de identificação depende dos seguintes requisitos básicos:

a) temporalidade e classificabilidade;

b) unicidade e transmissibilidade;

c) transmissibilidade e praticabilidade;

d) unicidade e imutabilidade;

e) temporalidade e imobilidade.

Prova: Perito Médico-Legista PCDF/2015

11. No processo de identificação da espécie humana, a identificação da raça pode ser estabelecida por métodos de medida do ângulo facial. Acerca desse tema, assinale a alternativa correta.

a) Para Cloquet, o ângulo facial é formado por um plano que passa pelos bordos inferiores das órbitas e superiores dos orifícios do conduto auditivo e por uma reta que, partindo do ponto de inserção dos incisivos, passa pelo começo do nariz.

b) Na classificação das raças pelo ângulo facial, são enquadrados, na classificação de mesognata, os grupos raciais caucásicos e indianos.

c) O plano aurículo-orbitário para o estabelecimento do ângulo facial foi proposto por Jacquart.

d) Grupos raciais prognatas são aqueles que apresentam, por meio das medidas estabelecidas por Cloquet, um ângulo facial superior a 85 graus, compreendendo os grupos negros e australoides.

e) A medida do ângulo facial estabelecida por Camper permite classificar a face em ortognata, mesognata e prognata.

Prova: PCPA: Papiloscopista

12. Quanto à identificação morfológica em ossadas, é correto afirmar que:

a) a determinação da idade fica prejudicada, através da evolução do aparelho dentário, uma vez que ao longo da vida a queda dos dentes e a colocação de próteses, inviabiliza a estimativa da idade pelo exame da arcada dentária;

b) nenhum caráter tomado isoladamente tem valor absoluto; é o conjunto de sinais e sua convergência que permite determinar o sexo (gênero). Assim, o crânio da mulher é mais pesado, a fronte é inclinada para trás, a mandíbula é mais grossa, com cristas de inserção muscular acentuadas;

c) os estudos antropológicos em ossadas visando à caracterização do tipo racial apresentam resultados considerados válidos para aplicabilidade geral, sendo o fêmur, considerado como a estrutura óssea que oferece o maior número de indicações anatômicas para o estudo das características raciais;

d) para a determinação da estimativa da estatura, os trabalhos dos antropólogos forenses mostram a existência de uma relação constante entre o comprimento dos ossos longos e o comprimento do corpo;

e) podem ser considerados de maior valia na determinação do sexo (gênero), pela ordem de importância: em primeiro lugar o fêmur, seguido do crânio e por último, dentre os três, a pelve.

Prova: PCPA: Papiloscopista

13. Quanto à Lei nº 12.037, de 2009, que dispõe sobre a identificação criminal do civilmente identificado, é correto afirmar que um dos processos a ser juntado aos autos da comunicação da prisão em flagrante ou do inquérito policial ou outra forma de investigação é o processo:

a) de identificação do padrão de voz;

b) fotográfico;

c) de mensuração de partes do rosto;

d) de medição e anotação de dados relacionados com os olhos;

e) do sistema de identificação através da rusgocopia palatina.

Prova: PCPA: Papiloscopista

14. Quanto à identificação do civilmente identificado, nos termos da Lei nº 12.037, de 2009, é correto afirmar que:

a) a identificação criminal do indicado constará em atestados de antecedentes ou em informações não destinadas ao juízo criminal, antes do trânsito em julgado da sentença condenatória;

b) os dados constantes dos bancos de dados de perfis genéticos terão caráter sigiloso, respondendo civil, penal e administrativamente aquele que permitir ou promover sua utilização para fins diversos dos previstos nesta lei ou em decisão judicial;

c) as informações obtidas a partir da coincidência de perfis genéticos deverão ser consignadas em laudo médico firmado por geneticista, regularmente inscrito no conselho regional de medicina;

d) as informações genéticas contidas nos bancos de dados de perfis genéticos poderão revelar traços somáticos ou comportamentais das pessoas, exceto determinação genética de gênero, consoante as normas constitucionais e internacionais sobre direitos humanos, genoma humano e dados genéticos;

e) a exclusão dos perfis genéticos dos bancos de dados ocorrerá no momento do trânsito em julgado da sentença condenatória irrecorrível.

3. TRAUMATOLOGIA FORENSE

Prova: Delegado de Polícia – BA (Cefet)

1. Num ferimento de entrada de projétil de arma de fogo, geralmente se encontra a presença de:

a) bordas evertidas e zona de chamuscamento;

b) bordas invertidas e abundante sangramento;

c) ferimento de forma irregular e zona de esfumaçamento;

d) ferimento de forma regular e bordas invertidas;

e) sangramento abundante e ferimento de forma irregular.

Prova: Delegado de Polícia – BA (Cefet)

2. Nas feridas cortantes ou incisas, geralmente se encontra a presença de:

a) extensão maior que profundidade;

b) pouco sangramento e bordas irregulares;

c) predomínio da profundidade em relação à extensão;

d) bordas evertidas e com grande profundidade;

e) lesões cujo instrumento transfere a energia por pressão.

Prova: Delegado de Polícia – CE (CEV-UECE)

3. O tipo de lesão produzida por ação de um projétil de arma de fogo é o:

a) contundente;

b) perfurocortante;

c) perfurocontundente;

d) dilacerante.

Prova: Escrivão de Polícia Civil – MG (Fumarc)

4. **A eletricidade natural ou cósmica, reportando ao capítulo das energias lesivas de ordem física, agindo letalmente sobre o homem, denomina-se:**
   a) eletroemissão;
   b) eletroplessão;
   c) fulminação;
   d) fulguração.

Prova: Escrivão de Polícia Civil – MG (Fumarc)

5. **Considerando as lesões produzidas por projéteis de arma de fogo, o diagnóstico diferencial entre o ferimento de entrada e o de saída no plano ósseo craniano, é feito pelo sinal de:**
   a) Bonnet;
   b) Carrara;
   c) Strassmann;
   d) "Terraza" de Hoffmann.

Prova: Delegado de Polícia – GO (UEG)

6. **Quando o projétil de arma de fogo é transfixante observa-se, no corpo humano, um segundo orifício, ou seja, o orifício de saída, cuja lesão apresenta a seguinte característica:**
   a) orla de escoriação e halo de enxugo;
   b) forma e bordas da ferida são regulares;
   c) normalmente diâmetro maior do que o de entrada;
   d) sangramento menor em relação ao orifício de entrada.

Prova: Delegado de Polícia – SP (PCSP)

7. **O sinal de Werkgaertner é:**
   a) o halo fuliginoso deixado sobre as peças ósseas nos disparos encostados;
   b) a zona de tatuagem deixada pela pólvora sobre a pele nos disparos a curta distância;
   c) o ângulo oblíquo do orifício de entrada nos disparos efetuados a longa distância;
   d) o desenho da boca e da alça de mira da arma sobre a pele;
   e) o arrancamento da epiderme causado pela rotação do projétil sobre a pele.

Prova: Escrivão de Polícia Civil – MG (FUMARC)

8. **Diante de uma ferida linear, com regularidade de suas bordas, associada a abundante hemorragia, predominância do comprimento sobre a profundidade e apresentando cauda de escoriação, pode-se afirmar que a lesão foi produzida por instrumento:**
   a) cortocontundente;
   b) contundente;
   c) perfurante;
   d) cortante.

Prova: Delegado de Polícia – SP (PCSP)

9. **A figura do "perigo de vida" nas lesões corporais diz respeito:**
   a) ao perigo decorrente da situação em que esteve a vítima por ocasião da agressão;
   b) ao perigo resultante do dano pessoal ocasionado pelo ato criminoso;
   c) à situação de prognóstico médico de grave dano;
   d) a situação de expectativa de risco de vida relacionada à agressão;
   e) todo tipo de atividade relativa a vítima em seu cotidiano.

Prova: Delegado de Polícia – MG (FUMARC)

10. **A capacidade de diagnosticar e mensurar a dor, alegada em um exame pericial, constitui um desafio da medicina legal, por se tratar de um dado subjetivo. O sinal de dor, avaliado pela contagem prévia do pulso radial, compressão do ponto doloroso alegado e nova contagem do pulso, é denominado sinal de:**
    a) Mulher;
    b) Levi;
    c) Imbert;
    d) Mankof.

Prova: Delegado de Polícia – MG (FUMARC)

11. **Considerando as lesões corporais dolosas graves relativas à eventualidade "perigo de vida", pode-se afirmar que:**
    a) constitui prognóstico de morte futura;
    b) constitui provável complicação letal vindoura;
    c) constitui situação concreta de morte iminente;
    d) todas as opções listadas acima contemplam o conceito perigo de vida.

Prova: Delegado de Polícia – MG (Fumarc)

12. Uma luxação do ombro caracteriza a ação de um instrumento:

a) cortante;

b) perfurante;

c) contundente;

d) cortocontundente.

Prova: Delegado de Polícia – MG (Fumarc)

13. A classificação das queimaduras, que considera a profundidade das lesões, é definida em graus, do primeiro ao quarto. Uma queimadura que apresenta vesículas ou flictenas, contendo líquido seroso, remete-se:

a) primeiro grau;

b) segundo grau;

c) terceiro grau;

d) quarto grau.

Prova: Delegado de Polícia – RJ (Ceperj)

14. Analise os itens abaixo e marque a opção correta.

1. A metalização refere-se à imantação de metais produzida pela corrente elétrica, que desaparece após 24 horas.

2. A morte pela corrente elétrica de alta voltagem decorre do aumento da temperatura cerebral e parada respiratória central.

3. A morte tardia por eletroplessão ocorre por depressão do centro respiratório e parada respiratória periférica.

4. As lesões da fulguração são profundas e com destruição da derme, formando escaras secas.

a) Todas as frases estão corretas.

b) Apenas as frases 1 e 3 estão corretas.

c) Apenas a frase 4 está incorreta.

d) Apenas a frase 2 está correta.

e) Todas as afirmativas estão incorretas.

Prova: Delegado de Polícia – MG (Fundep)

15. Uma lesão caracterizada por infiltração hemorrágica nas tramas dos tecidos é denominada:

a) entorse;

b) equimose;

c) escoriação;

d) rubefação.

Prova: Delegado de Polícia – MG (Fundep)

16. O percurso realizado por um projétil de arma de fogo no interior do corpo humano é denominado:

a) deformação;

b) halo;

c) trajeto;

d) trajetória.

Prova: Delegado de Polícia – RO (Funcab)

17. Ao ler um laudo cadavérico, um delegado encontra a seguinte descrição: ferida na região occipital, com sinais de Benassi e de Werkgaertner. Essa ferida caracteriza:

a) saída de tiro;

b) entrada de tiro à distância;

c) característica de instrumento de ação cortocontundente;

d) entrada de tiro com cano encostado com plano ósseo logo abaixo;

e) entrada de tiro de arma de projéteis múltiplos.

Prova: Escrivão de Polícia Civil – RN (Cespe)

18. Considerando as lesões corporais quanto ao seu meio ou instrumento, assinale a opção correta.

a) A faca é um instrumento contundente.

b) O soco é um instrumento cortante.

c) A zona de tatuagem acha-se presente nos tiros de curta distância ou a queima-roupa.

d) A rubefação é uma lesão provocada por instrumento incisivo.

e) As lesões contusas e as incisas são provocadas pelo mesmo instrumento.

Prova: Delegado de Polícia – MG (PCMG)

19. Constituem características da ferida contusa, exceto:

a) Pouco sangrenta.

b) Fundo irregular.

c) Cauda de escoriação.

d) Bordas irregulares.

Prova: Promotor de Justiça – PB (MPE-PB)

20. Nos itens abaixo, assinale a alternativa que contém característica não encontrada em feridas produzidas por instrumento cortante:

a) presença de golpe de mina;

b) forma linear;

c) regularidade das bordas;

d) centro da ferida mais profundo que as extremidades;

e) perfil de corte de aspecto bisel, quando o instrumento atua em sentido oblíquo.

Prova: Promotor de Justiça – PB (MPE-PB)

21. A respeito das lesões produzidas por projétil de arma de fogo, considere as proposições abaixo e, em seguida, indique a alternativa que contenha o julgamento devido sobre elas.

I - A apresentação de aréola equimótica no ferimento de entrada afasta a possibilidade de ter sido o tiro deflagrado a curta distância.

II - A orla de escoriação ou de contusão é um dos sinais comprovadores de ferimento de entrada nos tiros dados a qualquer distância.

III - O ferimento de saída terá forma irregular, bordas reviradas para fora, maior sangramento e halo de enxugo, não apresentando orla de escoriação e nem elementos químicos resultantes da decomposição da pólvora.

a) Apenas a proposição I está correta.

b) Apenas a proposição III está correta.

c) Apenas a proposição II está correta.

d) Todas as proposições estão corretas.

e) Todas as proposições estão incorretas.

Prova: Promotor de Justiça – PE (FCC)

22. Nas lesões punctórias observa-se que, se o instrumento for cilíndrico ou cilindrocônico, não diminuto, mas com maior diâmetro.

a) a ação ocorre por meio de pressão e deslizamento sobre a pele ou tecido dos órgãos, sendo que as lesões apresentam, entre outras características, margens lisas e regulares, e existência frequente da cauda de escoriação ou de saída;

b) ocorrerá um afastamento maior dos tecidos e, em razão das linhas de tensão da pele, assumirá a conformação de um ferimento produzido por um instrumento perfurante de dois gumes;

c) atua inicialmente por pressão de uma superfície para em seguida perfurar a região atingida, sendo as lesões típicas dos projéteis de arma de fogo, com exclusão de outros instrumentos como a ponta de um guarda-chuva ou de um picador de gelo;

d) ocorrerão lesões graves que se apresentam, ou se caracterizam, como dilacerantes, contuso-dilacerantes, pérfurodilacerantes ou cortodilacerantes, porque o instrumento é dilacerante;

e) em certas regiões onde há cruzamento de fibrilas, o afastamento das bordas da lesão, assume o aspecto de seta, de triângulo, ou mesmo de quadrilátero em conformidade com a Lei de Filhós.

Prova: Delegado de Polícia – GO (UEG)

23. Os agentes mecânicos são responsáveis pela maioria das lesões provocadas no corpo humano. São exemplos de lesões contusas:

a) bossa, empalamento;

b) equimose, esgorjamento;

c) esquartejamento, entorse;

d) luxação, degolamento.

Prova: Médico Legista – RO (Funcab)

24. Em um cadáver encontrado próximo à rede ferroviária devem ser consideradas as seguintes hipóteses: suicídio, homicídio, acidente ou atropelamento "*post mortem*" para dissimular homicídio. Assinale a alternativa correta.

a) As lesões observadas externamente não se relacionam com as lesões dos órgãos internos, configurando desproporcionalidade entre as lesões.

b) Nos atropelamentos "*post mortem*" para dissimulação de homicídio nota-se grande número de lesões com reação vital.

c) Nos acidentes, é mais frequente a secção dos membros superiores e do pescoço.

d) Nos casos de suicídio ou acidente são achados incomuns a presença de reação vital das lesões como manchas equimóticas e infiltração hemorrágica dos tecidos.

e) A observação de secção transversal ao nível do pescoço ou do abdome faz pensar em suicídio.

Prova: Delegado de Polícia – GO (UEG)

25. Verificando o local de encontro de cadáver, o delegado anota as lesões presentes no corpo descritas pelo perito como "lesão cortante na região anterior do pescoço, retilínea, profundidade uniforme atingindo até a coluna vertebral". Com essas observações, o delegado infere o nome da lesão e sua natureza jurídica como:

a) degolamento - homicídio;

b) degolamento - suicídio;

c) esgorjamento - suicídio;

d) esgorjamento - homicídio.

Prova: Médico Legista – RO (Funcab)

26. Quais as características encontradas em feridas provocadas por ação cortante que ajudam a diferenciá-las daquelas provocadas por ação contundente?

a) Irregularidade das bordas, fundo de lesão irregular e sujo, afastamento das bordas das feridas.

b) Regularidade das bordas, fundo regular, formato linear, presença de cauda de escoriação.

c) Predomínio da profundidade sobre o comprimento, aproximação das bordas das feridas, paredes da ferida irregulares e rugosas.

d) Centro da ferida sujo, pouco hemorrágico, bordas irregulares, ausência de cauda de escoriação.

e) Perfil de corte irregular, vertentes cortadas de formato anárquico, fundo sujo, bordas regulares.

Prova: Delegado de Polícia – PB (Cespe)

27. Considerando que o laudo de exame de corpo de delito descreva ferida com bordas regulares e cauda de escoriação medindo 5 cm na região escapular esquerda, assinale a opção correta.

a) A lesão descrita foi produzida por instrumento perfurocontundente.

b) A lesão em apreço pode ter sido causada por instrumento com duplo gume.

c) De acordo com a descrição, trata-se de lesão causada por arma disparada a curta distância.

d) Na situação considerada, o instrumento causador da lesão possui, necessariamente, menos que 5 cm de largura.

e) No caso em questão, é correto concluir que se trata de lesão corporal de natureza leve.

Prova: Delegado de Polícia – GO (UEG)

28. A lesão conhecida como mordedura ou dentada produzida pela arcada dental humana, em razão de suas características, classifica-se como:

a) cortocontudente;

b) contundente;

c) perfurante;

d) perfurocontundente.

Prova: Perito Médico-Legista PCDF/2015

29. Assinale a alternativa que apresenta lesão contusa caracterizada por hiperemia produzida por congestão vascular (dilatação de capilares e vênulas) de uma região do corpo, fugaz e que, portanto, exige urgência na realização da perícia, sob pena de desaparecer:

a) edema traumático;

b) rubefação;

c) bossa sanguínea;

d) hematoma;

e) equimose.

Prova: Perito Médico-Legista PCDF/2015

30. A tripla reação de Lewis é um processo fisiológico relacionado a uma lesão contusa. Considerando essa informação, assinale a alternativa que apresenta essa lesão:

a) bossa linfática;

b) escoriação;

c) ferida contusa;

d) entorse;

e) edema traumático.

Prova: Perito Médico-Legista PCDF/2015

31. A presença de cauda de escoriação em uma ferida indica a ação de instrumento:

a) contundente;

b) perfurocontundente;

c) cortante;

d) cortocontundente;

e) perfurante.

Prova: Perito Médico-Legista PCDF/2015

32. Assinale a alternativa que apresenta uma característica médico-legal importante na avaliação pericial de uma equimose, podendo determinar o tempo de ocorrência da lesão;

a) coloração;

b) dimensões;

c) localização;

d) forma;

e) cicatrização.

Prova: Perito Médico-Legista PCDF/2015

33. A lesão provocada pela ação de um instrumento perfurante de pequeno calibre é denominada:

a) ferida punctória;

b) ferida incisa;

c) espostejamento;

d) botoeira;

e) petéquia.

Prova: Perito Médico-Legista PCDF/2015

34. Uma ferida incisa profunda localizada na face posterior da região cervical é denominada:

a) biconvexa alongada;

b) ferida contusa;

c) degola;

d) perfuroincisa;

e) esgorjamento.

Prova: Perito Médico-Legista PCDF/2015

35. Assinale a alternativa que apresenta lesão contusa caracterizada por ser decorrente de uma ação tangencial de um instrumento contundente:

a) escoriação;

b) entorse;

c) luxação;

d) ferida incisa;

e) bossa sanguínea.

Prova: Perito Médico-Legista PCDF/2015

36. A presença de uma ferida perfurocontusa relacionada a um disparo de arma de fogo e associada a uma zona de tatuagem local caracteriza:

a) o sinal de Bonnet;

b) um orifício de saída;

c) um orifício de entrada de disparo a distância;

d) um orifício de entrada de disparo encostado sem plano ósseo subjacente;

e) um disparo a curta distância.

Prova: Perito Médico-Legista PCDF/2015

37. Assinale a alternativa que apresenta um elemento caracterizador de um disparo de arma de fogo encostado com plano ósseo subjacente:

a) zona de queimadura;

b) câmara de mina de Hoffmann;

c) orla de esfumaçamento espiralada;

d) anel de Fisch;

e) descolamento epidérmico.

Prova: Perito Médico-Legista PCDF/2015

38. A lesão desencadeada pela eletricidade artificial que se apresenta esbranquiçada e de consistência endurecida, mumificada, tendo a forma circular elíptica ou estrelada com o centro encovado e as bordas elevadas é denominada:

a) metalização;

b) marca elétrica de Jellinek;

c) sinal de Werkgaertner;

d) sinal de Lichtenberg;

e) sinal de Benassi.

Prova: Perito Médico-Legista PCDF/2015

39. Assinale a alternativa que apresenta a ação sistêmica letal produzida pela energia elétrica cósmica:

a) fulguração;

b) eletroplessão;

c) eletrocussão;

d) arco voltaico;

e) fulminação.

Prova: Delegado de Polícia/MA

40. Em face da Medicina Legal é correto afirmar que:

a) são elementos para se classificar uma lesão corporal como de natureza gravíssima, a constatação pericial de: Incapacidade permanente para o trabalho; Perda de membro, sentido ou função; Enfermidade incurável; Deformidade permanente; Aborto;

b) são elementos para se classificar uma lesão corporal como de natureza grave, a constatação pericial de: Incapacidade para o trabalho por mais de trinta dias; Perigo de Vida; Debilidade temporária de membro, sentido ou função; Aceleração do Parto;

c) de acordo com a Doutrina Médico-Legal brasileira, as Lesões Corporais são classificadas, quanto aos seus graus, em Levíssima, Leve, Grave, Gravíssima e Lesão Corporal Seguida de Morte;
d) o dano estético é classificado, de acordo com a Doutrina Médico-Legal brasileira, em leve, grave e gravíssima;
e) o aborto pode ser enquadrado como lesão corporal de natureza grave ou como de natureza gravíssima, na dependência de ter ou não havido concordância da vítima na sua perpetração.

4. ASFIXIOLOGIA FORENSE

Prova: Delegado de Polícia – GO (UEG)

1. É impossível que a morte tenha ocorrido em virtude de suicídio ou acidente, na hipótese de:

a) estrangulamento;
b) enforcamento;
c) afogamento;
d) esganadura.

Prova: Delegado de Polícia – MG (Fumarc)

2. Constitui um exemplo de asfixia mecânica pura de interesse médico-legal:

a) sufocação direta;
b) estrangulamento típico;
c) enforcamento completo;
d) esganadura antebraquial.

Prova: Delegado de Polícia – RO (Funcab)

3. Assinale a afirmativa INCORRETA com respeito às asfixias.

a) Por constrição do pescoço pelas mãos: estrangulamento.
b) Em ambientes por gases irrespiráveis: confinamento, asfixia por monóxido de carbono e asfixia por outros vícios de ambiente.
c) Por constrição passiva do pescoço, exercida pelo peso do corpo: enforcamento.
d) Por obstrução dos orifícios ou condutos respiratórios: sufocações diretas ou indiretas.
e) Por transformação do meio gasoso em meio líquido: afogamento.

Prova: Delegado de Polícia – CE (CEV-Uece)

4. **A morte decorrente de compressão suficiente do tórax e do abdomem, impedindo os movimentos respiratórios, levando à asfixia é classificada como:**

   a) asfixia pura (sufocação direta);

   b) asfixia complexa (enforcamento);

   c) asfixia mista (estrangulamento);

   d) asfixia pura (sufocação indireta).

Prova: Delegado de Polícia – PB (Cespe)

5. **Um médico legista, ao chegar à sala de necropsia, deparou-se com três cadáveres cuja causa da morte foi asfixia. O primeiro apresentava elementos sinaléticos que constavam de sulco único, com profundidade variável e direção oblíqua ao eixo do pescoço; no segundo, os sulcos eram duplos, de profundidade constante e transversais ao eixo do pescoço; no terceiro, em vez de sulcos, havia equimoses e escoriações nos dois lados do pescoço.**

   Na situação acima descrita, os tipos de morte mais prováveis são, respectivamente:

   a) enforcamento, estrangulamento e esganadura;

   b) esganadura, enforcamento e estrangulamento;

   c) estrangulamento, esganadura e enforcamento;

   d) esganadura, estrangulamento e enforcamento;

   e) enforcamento, esganadura e estrangulamento.

Prova: Delegado de Polícia – MG (Fundep)

6. **A presença de mancha verde abdominal na parte inferior do pescoço e, não, na fossa ilíaca direita como classicamente observamos em outras situações, é compatível com:**

   a) afogamento;

   b) esgorjamento;

   c) soterramento;

   d) sufocação.

Prova: Instituto Geral de Perícias – IGP/SC

7. **Em um cadáver com cogumelo de espuma qual a causa da morte?**

   a) Fulguração.

   b) Eletroplessão.

   c) Estrangulamento.

   d) Afogamento.

Prova: Perito Médico-Legista PCDF/2015

8. **A asfixia causada por uma constrição cervical que se valha de um laço com nó atípico e deslizante é chamada de:**

a) esganadura;

b) estrangulamento;

c) sufocação direta;

d) sufocação indireta;

e) enforcamento.

Prova: Polícia Civil/PE

09. **A sufocação direta e a sufocação indireta são asfixias geralmente associadas:**

a) no confinamento;

b) no soterramento;

c) no afogamento;

d) no estrangulamento;

e) no enforcamento.

5. TOXICOLOGIA FORENSE

Prova: Médico Legista – RO (Funcab)

1. **Ao estudar as energias de ordem química, deve-se conhecer a ação dos cáusticos e venenos. Assinale a alternativa correta.**

a) A ação dos cáusticos é, principalmente, interna, com alterações da coagulação sanguínea.

b) Os cáusticos, assim como os venenos, podem ser classificados quanto ao seu estado físico em líquidos, sólidos e gasosos, podendo agir internamente e externamente.

c) As lesões descritas como vitriolagem são causadas por envenenamento crônico.

d) São fases do percurso do veneno no organismo: penetração, absorção, distribuição, fixação, transformação, eliminação.

e) São formas de se classificar os cáusticos: estado físico, origem, funções químicas e quanto ao uso.

2. **A respeito de toxicologia forense, numere a coluna da direita de acordo com sua correspondência com a da esquerda.**

   (1) Estado de intoxicação periódica ou crônica, nocivo ao indivíduo ou à sociedade, pelo uso constante e repetido de uma droga, com tendência a aumentar a dose.

   (2) Conjunto de sintomas e sinais desagradáveis, opostos aos produzidos pela droga, que surgem quando é baixo ou nulo o teor da droga no sangue.

   (3) Capacidade de suportar doses consideradas nocivas ou fatais, em quantidades cada vez maiores.

   (4) Necessidade de progressivo aumento da dose para conseguir efeitos semelhantes, chegando até a doses fatais para pessoas normais.

   ( ) toxicomania

   ( ) hábito

   ( ) tolerância

   ( ) síndrome de abstinência

   Assinale a alternativa que apresenta a sequência correta na coluna da direita, de cima para baixo:

   a) 2, 4, 3, 1;

   b) 4, 2, 1, 3;

   c) 4, 1, 3, 2;

   d) 3, 1, 2, 4;

   e) 3, 1, 4, 2.

7. PSICOLOGIA FORENSE

Prova: Delegado de Polícia – BA (Cefet)

1. **Quanto aos fatores relacionados com o uso do álcool e/ou de outras substâncias psicoativas, exclui-se o que se refere:**

   a) à personalidade do indivíduo;

   b) ao tipo de substância consumida;

   c) aos fatores sociais;

   d) aos fatores econômicos;

   e) ao trabalho, única e exclusivamente.

Prova: Delegado de Polícia – RJ (Ceperj)

2. As chamadas natural, herbal ou *legal highs* pertencem a uma nova geração de drogas fabricadas em laboratório a partir de substâncias sintéticas que reproduzem os efeitos de maconha, cocaína, *ecstasy* e *LSD*, mas que não contêm nenhum componente proibido pela legislação. Os seus usuários já compram e utilizam estas substâncias psicoativas sem infringir a lei, uma vez que seus princípios ativos são substituídos por compostos sintéticos lícitos e, posteriormente, misturados a ervas naturais. Sobre as toxicomanias e legislação atual sobre drogas, marque a alternativa correta.

a) O usuário só poderá ser apenado pelo cumprimento de medidas educativas, independentemente de recusa ou reincidência.

b) É permitido ao usuário oferecer droga à pessoa de seu relacionamento para juntos a consumirem, em caráter eventual e sem objetivo de lucro.

c) O médico que prescreve ou ministra, culposamente, drogas ao seu paciente em doses excessivas ou em desacordo com norma legal ou regulamentar comete apenas infração penal.

d) O dependente químico sempre será considerado inimputável se no momento do delito era inteiramente incapaz de entender o caráter ilícito do fato ou de determinar-se de acordo com esse juízo.

e) Assim como as *legal highs*, os solventes inalantes são substâncias psicolépticas lícitas.

Prova: Polícia Civil/PI_2008_Nucepe

Prova: Instituto Geral de Perícias – IGP/SC

3. Em relação à classificação das drogas ou substâncias psicoativas, assinale a alternativa correta:

a) falta de coordenação motora e perda de memória são alguns dos sintomas característicos produzidos por substâncias psicoanalépticos;

b) drogas ou substâncias psicoativas podem ser classificadas quanto ao potencial de uso nocivo e utilidade clínica ou ainda quanto à sua origem;

c) drogas consideradas psicolépticas são aquelas estimulantes do sistema nervoso central, segundo classificação quanto aos efeitos farmacológicos;

d) o ecstasy e a dietilamina do ácido lisérgico (LSD) são consideradas substâncias psicoanalépticos.

8. Psicopatologia Forense – Psiquiatria Forense

Prova: Delegado de Polícia PE/2016 (Cespe)

1. Psiquiatria forense é o ramo da Medicina Legal que trata de questões relacionadas ao funcionamento da mente e sua interface com a área jurídica. O estabelecimento do estado psíquico no momento do cometimento do delito e a capacidade de entendimento desse ato são dependentes das condições de sanidade psíquica e desenvolvimento mental, que também influenciam na forma de percepção e no relato do evento, com importância direta para o operador do direito, na tomada a termo e na análise dos depoimentos. A respeito de Psiquiatria Forense e dos múltiplos aspectos ligados a essa área, assinale a opção correta.

a) A surdo-mudez é motivo de desqualificação do testemunho, da confissão e da acareação, pois, sendo causa de desenvolvimento mental incompleto, impede a comunicação.

b) Nos atos cometidos, pode haver variação na capacidade de entendimento, por doente mental ou por indivíduo sob efeito de substâncias psicotrópicas ou entorpecentes, do caráter ilícito do ato por ele cometido; cabe ao perito buscar determinar, e assinalar no laudo pericial, o estado mental no momento do delito.

c) A perturbação mental, por ser de grau leve quando comparada a doença mental, não reflete na capacidade cível nem na imputabilidade penal.

d) Em indivíduos com intoxicação aguda pelo álcool, observam-se estados de automatismos e estados crepusculares.

e) O desenvolvimento mental incompleto ou retardado, tecnicamente denominado oligofrenia, está diretamente relacionado à ocorrência de epilepsia.

Prova: Perito Médico-Legista PCDF/2015

2. A perícia médico-legal em psiquiatria forense envolve a verificação da existência ou não de transtorno mental e seu nexo ou relação de causalidade com um ilícito penal praticado. Avalia, ainda, a capacidade de entendimento e de autodeterminação do periciado, tendo por objetivo a determinação ou não de um requisito básico que pode decidir a responsabilização jurídica por um fato punível. Com base nessas informações, assinale a alternativa que apresenta o requisito mencionado:

a) imputabilidade penal;

b) periculosidade;

c) culpabilidade;

d) sanidade mental;

e) medida de segurança.

9. SEXOLOGIA FORENSE

Prova: Delegado de Polícia – GO (UEG)

1. **A interrupção voluntária da gravidez, em virtude de má formação do feto, caracteriza o aborto:**
   a) sentimental;
   b) terapêutico;
   c) eugênico;
   d) social.

Prova: Delegado de Polícia – GO (UEG)

2. **A perícia médico-legal, conhecida como docimásia, serve para esclarecer:**
   a) se houve estado puerperal;
   b) se houve vida extrauterina;
   c) se houve vida intrauterina;
   d) o tempo de vida gestacional.

Prova: Delegado de Polícia – MG (Fundep)

3. **Os distúrbios qualitativos do instinto sexual são denominados parafilias. A forma patológica relativa à atração sexual por mulheres desasseadas e de baixa condição higiênica é denominada:**
   a) clismafilia;
   b) coprofilia;
   c) riparofilia;
   d) urolagnia.

Prova: Delegado de Polícia – MG (Fundep)

4. **O aborto realizado por médico para salvar a vida da gestante amparado pelo estado de necessidade é denominado:**
   a) eugênico;
   b) moral;
   c) piedoso;
   d) terapêutico.

Prova: Delegado de Polícia – MG (PCMG)

5. **Considerando o hímen é correto afirmar.**
   a) É formado por uma única face de membrana mucosa.
   b) Sua implantação não varia com a idade.
   c) Pode ser múltiplo em diferentes planos anatômicos.
   d) Quanto maior a sua altura maior é o seu óstio.

Prova: Delegado de Polícia – MG (Fumarc)

6. **Representa uma docimásia extrapulmonar:**
   a) Siálica de Souza-Dinitz;
   b) Hidrostática de Galeno;
   c) Táctil de Nero Rojas;
   d) Visual de Bouchut.

Prova: Instituto Geral de Perícias – IGP/SC

7. **O que é bestialismo?**
   a) Atração sexual por velhos.
   b) Satisfação sexual com pessoas de outras raças.
   c) Transtorno de identidade sexual.
   d) Satisfação sexual com animais.

Prova: Perito Médico-Legista PCDF/2015

8. **No crime de infanticídio, a perícia na criança (feto nascituro ou recém-nascido) tem por base o estabelecimento ou não do nascimento com vida. Uma das maneiras de comprovação da atividade respiratória baseia-se na densidade do tecido pulmonar, que pode ser menor ou maior do que a água, na vigência ou não de respiração. Esse teste de flutuação pulmonar também é conhecido como docimasia:**
   a) diafragmática de Plauquet e Másper;
   b) hidrostática de Icard;
   c) hidrostática de Galeno;
   d) de Vedren;
   e) de Breslau.

Prova: Perito Médico-Legista PCDF/2015

9. **Assinale a alternativa que apresenta a alteração quantitativa da libido, no sexo masculino, caracterizada pelo seu aumento ou exaltação:**
   a) satiríase;
   b) anafrodisia;
   c) ninfomania;
   d) uranismo;
   e) onanismo.

Prova: Perito Médico-Legista PCDF/2015

10. A parafilia caracterizada por uma preferência sexual por bonecas ou manequins com conformação humana é denominada:

a) ecdiseísmo;

b) anfissexualismo;

c) coprofilia;

d) bondagismo;

e) dollismo.

Prova: Delegado de Polícia PC/PE

11. Sexologia forense é o ramo da Medicina Legal que trata dos exames referentes aos crimes contra a liberdade sexual, além de tratar de aspectos relacionados à reprodução. Acerca do exame médico-legal e dos crimes nessa área, assinale a opção correta.

a) Para a configuração do infanticídio, são necessários dois aspectos: o estado puerperal e a mãe matar o próprio filho.

b) O crime de aborto configura-se com a expulsão prematura do feto, independentemente de sua viabilidade e das causas da eliminação.

c) O crime de abandono de recém-nascidos, que consiste na ausência de cuidados mínimos necessários à manutenção das condições de sobrevivência ou exposição à vulnerabilidade, só estará caracterizado se for cometido pela mãe.

d) Para se determinar um estupro, é necessário que respostas aos quesitos sobre a ocorrência de conjunção carnal ou ato libidinoso sejam afirmativas: essas ocorrências sempre deixam vestígios.

e) Para a resposta ao quesito sobre virgindade da paciente, a integridade do hímen pode não ser necessária, desde que outros elementos indiquem que a periciada nunca manteve relação sexual.

Prova Perito Médico-Legista PCDF/2015

12. O estudo do hímen apresenta grande relevância na busca de vestígios nos casos de crimes sexuais. Com relação a esse assunto, é correto afirmar que:

a) o hímen complacente se dá por elasticidade excessiva ou exiguidade da membrana;

b) irregularidades na borda livre himenal sempre estão relacionadas à ocorrência de um traumatismo local;

c) as roturas himenais se caracterizam pela disposição irregular, não simétrica, ocorrendo ao acaso e apresentando borda irregular com ângulos abertos;

d) hímen complacente é aquele que permite o coito vestibular sem se romper;

e) entalhes são irregularidades congênitas localizadas na borda livre da orla himenal, de aspecto irregular, com ângulos agudos e bordas cobertas por tecido cicatricial.

Prova: Instituto Geral de Perícias – IGP/SC

13. O que é uma carúncula mirtiforme?

a) Cicatrização retrátil dos mamilos.

b) Brotos cicatriciais himenais após cicatrização das rupturas.

c) Cicatrização irregular após ferimento abrasivo.

d) Cicatrização retrátil da pele nas queimaduras por água fervente.

10. TANATOLOGIA FORENSE

Prova: Delegado de Polícia – GO (UEG)

1. São sinais macroscópicos observados em um cadáver sugestivos de que as lesões foram produzidas depois da morte:

a) ausência de infiltrações hemorrágicas nos tecidos moles;

b) escoriações com desnudamento de derme e formação de crosta;

c) ferimentos com bordas afastadas;

d) presença de tonalidades das esquimoses.

Prova: Delegado de Polícia – GO (UEG)

2. Verificou-se em um cadáver os seguintes fenômenos: rigidez generalizada, esboço de mancha verde abdominal, reforço da fragmentação venosa e desaparecimento das artérias do fundo de olho. Com base apenas nessas observações e desconsiderando outros fatores ambientais, a morte teria ocorrido:

a) de 2 a 4 horas;

b) mais de 8 e menos de 16 horas;

c) mais de 16 e menos de 24 horas;

d) de 48 a 72 horas.

Prova: Delegado de Polícia – BA (Cefet)

3. O sinal mais precoce de putrefação do cadáver é uma mancha verde que aparece, primeiramente:

a) na cabeça;

b) no abdome;

c) no tórax;

d) nas costas;

e) nos pés.

Prova: Escrivão de Polícia Civil – MG (Fumarc)

4. **Constitui um fenômeno transformativo destrutivo observado nos cadáveres:**
   a) calcificação;
   b) corificação;
   c) adipocera;
   d) autólise.

Prova: Escrivão de Polícia Civil – MG (Fumarc)

5. **Estudando a evolução temporal da putrefação cadavérica, denominamos o seu primeiro sinal externo visível de:**
   a) circulação cutânea póstuma;
   b) mancha verde abdominal;
   c) combustão espontânea;
   d) enfisema putrefativo.

Prova: Promotor de Justiça – PB (MPE-PB)

6. **Não é considerado como fenômeno transformativo conservador do cadáver a:**
   a) mumificação;
   b) saponificação;
   c) calcificação;
   d) corificação;
   e) maceração.

Prova: Delegado de Polícia – SP (PCSP)

7. **No processo de putrefação do cadáver se sucedem as seguintes fases, pela ordem:**
   a) gasosa, cromática, coliquativa e de esqueletização;
   b) cromática, gasosa, coliquativa e de esqueletização;
   c) cromática, coliquativa, gasosa e de esqueletização;
   d) gasosa, coliquativa, cromática e de esqueletização;
   e) coliquativa, cromática, gasosa e de esqueletização.

Prova: Delegado de Polícia – MG (Fumarc)

8. **Denomina-se o processo especial de transformação, que ocorre no cadáver do feto retido no útero materno, do sexto ao nono mês de gravidez:**
   a) maceração;
   b) corificação;
   c) mumificação;
   d) saponificação.

Prova: Delegado de Polícia – RJ (Ceperj)

9. **Em relação às exumações administrativas e suas indicações, é correto afirmar que são realizadas para:**
   1. Verificar particularidades que possam elucidar circunstâncias da morte.
   2. O translado de ossos para o ossário ou columbário.
   3. Mudança de local de inumação.
   4. Verificação da causa de morte.
   5. Verificação de identidade de cadáver.
   a) Todas as assertivas estão corretas.
   b) Apenas uma assertiva está correta.
   c) Apenas duas assertivas estão corretas
   d) Apenas três assertivas estão corretas.
   e) Todas as assertivas estão incorretas.

Prova: Delegado de Polícia – MG (Fundep)

10. **Em uma autópsia, o médico-legista descreveu em seu laudo pericial o achado de "alimentos plenamente reconhecíveis em seus diversos tipos no interior do estômago".**
    Qual o tempo aproximado, em horas, entre a última refeição realizada pela vítima e o seu falecimento?
    a) Uma a duas.
    b) Duas a quatro.
    c) Quatro a sete.
    d) Sete a doze.

Prova: Delegado de Polícia – MG (Fundep)

11. **A "circulação póstuma de Brouardel" caracteriza o período:**
    a) cromático da putrefação;
    b) enfisematoso da putrefação;
    c) coliquativo da putrefação;
    d) liquefativo da putrefação.

Prova: Promotor de Justiça – PB (MPE-PB)

12. Para se constatar a certeza da morte, urge a observação de fenômenos que surgem no corpo humano, representados por mudanças física, química ou estrutural, de origem natural ou artificial. Assim, considere as proposições abaixo e, em seguida, indique a alternativa que contenha o julgamento devido sobre elas:

I - Perda da consciência e cessação da respiração são considerados fenômenos abióticos (avitais) consecutivos.

II - Rigidez cadavérica e espasmo cadavérico são considerados fenômenos abióticos (avitais) imediatos.

III - Autólise e putrefação são fenômenos transformativos destrutivos.

a) Apenas a proposição I está correta.
b) Apenas a proposição II está correta.
c) Todas as proposições estão corretas.
d) Apenas a proposição III está correta.
e) Todas as proposições estão incorretas.

Prova: Delegado de Polícia – MG (Fumarc)

13. Constituem fatores, que interferem na evolução da putrefação cadavérica, EXCETO:

a) temperatura ambiente;
b) espasmo cadavérico;
c) idade do morto;
d) umidade do ar.

Prova: Promotor de Justiça – PE (FCC)

14. Foi encontrado um cadáver de um adulto do sexo masculino, sem identificação, já com mancha verde abdominal e flacidez generalizada. Apenas por essas características, pode-se concluir que a morte se deu:

a) entre 8 e 12 horas;
b) entre 12 e 24 horas;
c) entre 18 e 36 horas;
d) entre 36 e 48 horas;
e) há mais de 48 horas.

Prova: Delegado de Polícia – MG (PCMG)

15. A fixação definitiva da hipóstase cadavérica ocorre em torno das:

a) duas horas *post mortem*;

b) quatro horas *post mortem*;

c) seis horas *post mortem*;

d) oito horas *post mortem*.

Delegado de Polícia – GO (UEG)

16. A respeito dos documentos médico-legais, tem-se o seguinte:

a) relatório médico somente poderá ser elaborado por médico legista;

b) laudo e auto são documentos idênticos;

c) o atestado de óbito poderá ser assinado por profissional não médico;

d) notificação é uma comunicação feita pelo médico ao delegado de polícia sobre um fato relevante na investigação.

Prova: Instituto Geral de Perícias – IGP/SC

17. Quando aparece a "circulação póstuma de Brouardel"?:

a) Em média de 3 a 5 dias do óbito.

b) Em média de 12 horas do óbito.

c) Em média de 24 horas do óbito.

d) Em média de 1 hora do óbito.

Prova: Polícia Civil/PI (NUCEPE)

18. A respeito dos FENÔMENOS CADAVÉRICOS, considere as seguintes afirmativas:

I - A putrefação é dividida em fases ou períodos: cromática, gasosa, coliquativa e esqueletização.

II - Entre os fenômenos transformativos conservadores estão a mumificação e a saponificação.

III - Brouardel observou que, no primeiro dia após a morte, os gases são não inflamáveis; entre o segundo e o quarto dia são inflamáveis, voltando a ser não inflamáveis após o quinto dia da morte.

IV - A mancha verde abdominal quase sempre se localiza inicialmente na fossa ilíaca direita.

São verdadeiras as afirmativas:

a) I e II;

b) II e III;

c) II e IV;

d) I, II, e IV;

e) Todas.

Prova: Instituto Geral de Perícias – IGP/SC

19. Considerando-se a rigidez cadavérica:

a) inicia uma hora após a morte;

b) não existe nas mortes após septicemia;

c) não existe na criança menor de 1 ano;

d) inicia-se 12 horas após a morte.

Prova: Médico-Legista/MA FCC

20. No que diz respeito à cronotanatognose é correto afirmar que:

a) a rigidez cadavérica se instala crânio-caudalmente e se desfaz no sentido contrário;

b) as hipóstases começam a aparecer cerca de seis horas depois da morte;

c) a circulação póstuma de Brouardel costuma anteceder a mancha verde abdominal;

d) o resfriamento do corpo é um bom elemento para a cronotanatognose, todavia se deve levar em conta a temperatura do ambiente, o arejamento do ambiente, eventual estado febril precedendo a morte, o tipo das vestes e se o cadáver estava ou não mergulhado em meio líquido;

e) nos afogados, a fase de coloração frequentemente se inicia pela mancha verde abdominal, que antecede a mancha verde torácica.

Prova: Instituto Geral de Perícias – IGP/SC

21. Assinale os sinais abióticos consecutivos de morte:

a) Resfriamento corporal, imobilidade e arreflexia;

b) Parada cardíaca e respiratória e imobilidade;

c) Resfriamento corporal, hipostase e rigidez cadavérica;

d) Resfriamento corporal, abolição do tônus muscular e mancha verde abdominal.

Prova: Perito Médico-Legista PCDF/2015

22. No esclarecimento da causa da morte, é importante a aplicação de conceitos técnicos em tanatologia para um melhor entendimento dos sinais encontrados no cadáver.

Quanto à cronotanatognose, é correto afirmar que:

a) as técnicas atuais à disposição dos peritos tornaram possível o estabelecimento da hora da morte com precisão, não sendo pertinente a consignação, nos laudos cadavéricos, de uma aproximação em uma faixa de tempo segura que inclua o momento real da morte;

b) o fenômeno cadavérico que tem como fatores de influência, na sua rapidez de instalação, baixa umidade do ar, temperatura elevada, boa ventilação e superfície corporal ampla é conhecido como livor hipostático;

c) o sinal de Sommer, também conhecido como mancha negra esclerótica, apresenta relação direta com a ocorrência de algidez cadavérica;

d) os livores hipostáticos são um sinal precoce da realidade da morte;

e) a temperatura corporal é mantida por um equilíbrio entre a produção interna de calor (reações químicas) e as perdas para o meio ambiente nas quais o aquecimento da pele e a irradiação de calor se dão pela presença da circulação sanguínea, que cessa após a morte, desaparecendo assim o principal mecanismo de aquecimento da pele e favorecendo a constatação de um fenômeno cadavérico de ordem física denominado algidez cadavérica.

Prova: Perito Médico-Legista PCDF/2015

23. A clássica regra de Nysten está relacionada a um fenômeno cadavérico de ordem química denominado:

a) autólise;

b) livor hipostático;

c) rigidez cadavérica;

d) putrefação;

e) desidratação.

Prova: Perito Médico-Legista PCDF/2015

24. A fase da putrefação que aparece após 18 a 24 horas de morte e é caracterizada pela distensão abdominal resultante da produção de gás por bactérias, que comprime os grandes vasos e o coração, levando à ocorrência da circulação póstuma de Brouardel, denomina-se:

a) fase de enfisema;

b) fase de coliquação;

c) fase de coloração;

d) maceração;

e) mancha verde abdominal.

Gabarito

1. INTRODUÇÃO À MEDICINA LEGAL

01. Resposta: A – *Vide* Cap. 1, item RELATÓRIO MÉDICO-LEGAL.

    Comentários: Parecer é a resposta a uma consulta. Atestado é a afirmação simples e por escrito de um fato médico e suas consequências. Relatório é a descrição (narração) escrita e minuciosa de um fato médico e de suas consequências, requisitado por autoridade competente. Notificações são comunicações compulsórias feitas pelos médicos às autoridades competentes de um fato profissional, por necessidade social ou sanitária. O documento médico-legal, ditado ao escrivão após a realização do exame pericial é o denominado AUTO. Portanto, a resposta correta é a letra A.

02. Resposta: C – *Vide* Cap. 1, item RELATÓRIO MÉDICO-LEGAL.

    Comentários: A DESCRIÇÃO é a parte básica e a mais importante do relatório, contendo o *visum et repertum* ("ver e repetir"). Essa parte do laudo deve ser a reprodução fiel e minuciosa de todos os exames praticados e de todas as verificações feitas. Deve conter todos os dados colhidos. A reprodução do que for visto deve ser completa, metódica, sem dar lugar a ideias ou hipóteses preconcebidas. Portanto, a resposta correta é a letra C.

03. Resposta: B – *Vide* Cap. 1, item O CORPO DE DELITO.

    Comentários: O ponto-chave da questão é a difererenciação entre exame de corpo de delito direto, exame de corpo de delito indireto e exame de corpo de delito de forma indireta. Não se deve confundir exame de corpo de delito de forma indireta com exame de corpo de delito indireto. O exame de corpo de delito direto é o exame realizado pelos peritos sobre vestígios de infração existentes. O exame de corpo de delito indireto são as informações testemunhais, quando não existir vestígios materiais. Por fim, o exame de corpo de delito de forma indireta é aquele feito por meio de dados contidos em cópias de prontuários, relatórios de hospital ou simples boletins de atendimento médico, quando diante da impossibilidade do exame do periciando, principalmente em casos de lesões corporais. Portanto, a resposta correta é a letra B.

04. Resposta: A – Art. 159, § 1º, do CPP.

Comentários: A questão é solucionada pela leitura do Código de Processo Penal, vejamos:

a) Correta: "Na falta de perito oficial, o exame será realizado por 2 (duas) pessoas idôneas, portadoras de diploma de curso superior preferencialmente na área específica, dentre as que tiverem habilitação técnica relacionada com a natureza do exame" (CPP, art. 159, § 1º).

b) Incorreta: "Art. 159, § 5º. Durante o curso do processo judicial, é permitido às partes, quanto à perícia: I – requerer a oitiva dos peritos para esclarecerem a prova ou para responderem a quesitos (...)".

c) Incorreta: "Art. 159. O exame de corpo de delito e outras perícias serão realizados por perito oficial, portador de diploma de curso superior".

d) Incorreta: "Art. 280. É extensivo aos peritos, no que lhes for aplicável, o disposto sobre suspeição dos juízes".

05. Resposta: C – *Vide* Cap. 1, item RELATÓRIO MÉDICO-LEGAL.

Comentários: Nao há, em essência, diferença entre auto e laudo médico-legal. Se o relatório for ditado ao escrivão ou escrevente, na presença da autoridade, policial ou judicial, será chamado de auto médico-legal. Lado outro, caso seja elaborado posteriormente pelo próprio perito, estaremos diante do laudo médico-legal. Portanto, a resposta é a letra C.

06. Resposta: D – Art. 159, § 3º, do CPP.

Comentários: A questão é solucionada pela leitura da legislação seca, vejamos: A alternativa "a", está errada pois o prazo será, o máximo, de dez dias, e poderá ser prorrogado, em casos excepcionais, a requerimento dos peritos, conforme art. 160, parágrafo único, do CPP. Ou seja, não há menção ao prazo de 30 dias para prorrogação.

O equívoco da alternativa "b" está no fato de não ser mais necessário dois peritos, mas sim, somente um. No caso de peritos não oficiais, aí sim, serão dois (pessoas idôneas, preferencialmente portadores de diploma de nível superior, e prestarão compromisso de bem e fielmente desempenhar o encargo), conforme art. 159, § 1º e § 2º, ambos do CPP.

No caso da alternativa "c", para perícias complexas, com mais de uma área de conhecimento, poderá ser designado mais um perito oficial, e a outra parte indicar um assistente técnico, conforme art. 159, § 7º, do CPP. A alternativa "e" está incorreta, pois os assistentes técnicos poderão apresentar pareceres em um prazo fixado pelo juiz ou ser inquiridos em audiência, conforme redação do art. 159, II, do CPP.

Portanto, a alternativa correta é a letra D, conforme redação expressa do art. 159, § 3º do CPP.

07. Resposta: E – Art. 167 do CPP.

Comentários: A questão pode ser solucionada pela leitura do CPP.

A alternativa "a" está incorreta, pois o art. 162, CPP prevê que a autópsia será feita pelo menos 6 (seis) horas depois do óbito, salvo se os peritos, pela evidência dos sinais de morte, julgarem que possa ser feita antes daquele prazo, o que declararão no auto.

O item "b" está errado considerando a redação do art. 161 do CPP, que prevê que o exame de corpo de delito poderá ser feito em qualquer dia e a qualquer hora.

A letra "d" está errada, pois o art. 165 do CPP prevê que, para representar as lesões encontradas no cadáver, os peritos, quando possível, juntarão ao laudo do exame provas fotográficas, esquemas ou desenhos, devidamente rubricados.

A letra "d" está errada, pois o art. 158, CPP prevê que quando a infração deixar vestígios, será indispensável o exame de corpo de delito, direto ou indireto, não podendo supri-lo a confissão do acusado.

Portanto, a única alternativa correta é a letra E, conforme redação do art. 167 do CPP.

08. Resposta: A – Art. 162 do CPP.

Comentários: A alternativa "A" deveria ser assinalada, pois é a única incorreta. Isso porque nem toda necropsia deverá ser realizada após decorridas seis horas do óbito. Essa é a regra, mas há exceção prevista no art. 162 do CPP ao dispor que a autopsia pode ser feita antes se os peritos estiverem certos da morte.

A letra "B" está correta pois, de fato, as docimasias são realizadas principalmente nos casos de infanticídio. DOCIMASIA é utilizado em Medicina Legal como termo de verificação se uma criança nasceu viva ou morta, circunstância importante essa constatação para fins de tipificação do infanticídio.

A letra "C" está correta, pois, de fato, a retirada de sangue da veia femoral é a mais indicada para pesquisa de ingestão de álcool, uma vez que o sangue perto do estômago ou intestino pode estar contaminado pelo álcool ainda não digerido pelo organismo.

A letra "D", está correta pois a lei que dispõe sobre a utilização de tecidos e órgãos para fins de transplantes exclui óvulos e esperma. Trata-se da Lei nº 9.434/97 (Lei de Doação de Órgãos), que dispõe em seu parágrafo único do art. 1º que: "Para os efeitos desta Lei, não estão compreendidos entre os tecidos a que se refere este artigo o sangue, o esperma e o óvulo."

Por fim, a letra "E" está correta, pois na ausência de médicos, a declaração de óbito poderá ser feita por duas pessoas idôneas, segundo dispõe o § 1º do art. 158 do CPP segundo o qual: "Na falta de perito oficial, o exame será realizado por 2 (duas) pessoas idôneas, portadoras de diploma de curso superior preferencialmente na área específica, dentre as que tiverem habilitação técnica relacionada com a natureza do exame."

09. Resposta: D – Art. 160, parágrafo único, do CPP.

Comentários: A única alternativa correta está na letra "D", segundo o disposto no art. 160, parágrafo único. do CPP, que prevê: "Art. 160. Os peritos elaborarão o laudo pericial, onde descreverão minuciosamente o que examinarem, e responderão aos quesitos formulados. Parágrafo único. O laudo pericial será elaborado no prazo máximo de 10 dias, podendo este prazo ser prorrogado, em casos excepcionais, a requerimento dos peritos."

10. Resposta: E – *Vide* Cap. 1, itens DOCUMENTOS MÉDICO-LEGAIS, ELABORAÇÃO DO LAUDO PERICIAL.

    Comentários: Somente a alternativa E está correta, pois, de fato, o depoimento oral é um dos documentos médicos-legais e pode ser elaborado quando um perito é chamado para prestar esclarecimentos sobre o laudo, seja explicando a terminologia técnica, seja respondendo as perguntas que lhe forem formuladas.

11. Resposta: A – *Vide* Cap. 1, itens DOCUMENTOS MÉDICO-LEGAIS.

    Comentários: ATENÇÃO: Essa questão foi elaborada em 2008, por isso a opção III afirma que o laudo é feito normalmente por 2 peritos. Atualmente se pede apenas um perito (só haverá dois peritos em perícias complexas, ou seja, que envolvam mais de uma área de conhecimento).

    Relembremos os conceitos:

    PARECER MÉDICO-LEGAL: Caso em que uma consulta médico-legal envolve divergências importantes quanto à interpretação dos achados de uma perícia, de modo a impedir uma orientação incorreta dos julgadores, estes podem solicitar esclarecimentos mais aprofundados tecnicamente de uma instituição ou de um profissional cuja autoridade na matéria seja reconhecida.

    ATESTADO: Afirmação simples e por escrito de um fato médico e suas consequências, podendo ter uso oficioso, administrativo e judiciário, sem exigência de compromisso legal, mas sem abrir mão do compromisso com a verdade.

    RELATÓRIO MÉDICO-LEGAL: Narração escrita e minuciosa de todas as operações de uma perícia médica determinada por autoridade policial ou judiciária a um ou mais profissionais anteriormente nomeados e compromissados na forma da lei, feito, geralmente por dois peritos.

    Portanto, a resposta correta é a letra A.

12. Resposta: B – *Vide* Cap. 1, item OUTRAS OBSERVAÇÕES A RESPEITO DAS PERÍCIAS.

    Comentários: Em matéria de perícia criminal, perícia contraditória é aquela que ocorre quando os peritos divergem sobre a conclusão do exame de corpo de delito. Portanto, a resposta correta está na letra B.

13. Resposta: B – *Vide* Cap. 1, item DOCUMENTOS MÉDICO-LEGAIS.

    Comentários: Atestado é a afirmação simples e por escrito de um fato médico e suas consequências. Parecer é a resposta a uma consulta. Relatório é a descrição (narração) escrita e minuciosa de um fato médico e de suas consequências, requisitado por autoridade competente. Notificações são comunicações compulsórias feitas pelos médicos às autoridades competentes de um fato profissional, por necessidade social ou sanitária. Portanto, a resposta correta é a letra B.

14. Resposta A – *Vide* Cap. 1, item DOCUMENTOS MÉDICO-LEGAIS

    Atestado é a afirmação simples e por escrito de um fato médico e suas consequências. Os atestados podem ser oficiosos, quando solicitados por particulares a cujos interesses atenderem; administrativos, quando exigidos por autoridade administrativa; e judiciários, se requisitados por juiz.

15. Resposta C – *Vide* Cap. 1, item ELABORAÇÃO DO LAUDO PERICIAL

O laudo médico-legal é a descrição (narração) escrita e minuciosa de um fato médico e de suas consequências, requisitada por autoridade competente. Deve ser claro, preciso, conciso, metódico e simples, contendo todas as etapas (operações) da perícia.

16. Resposta A – *Vide* Cap. 1, item PERÍCIAS E PERITOS

Perícia é o exame técnico feito em pessoa ou coisa para comprovação de fatos e realizado por alguém que tem determinados conhecimentos técnicos ou científicos adequados à comprovação. A perícia é realizada porque o magistrado não tem tais conhecimentos ou porque a lei a exige. Atestado médico, que é uma afirmação simples e por escrito de um fato médico e suas consequências, não se equipara a laudo pericial, que é o relato do técnico ou especialista designado para avaliar determinada situação que está dentro de seus conhecimentos. O laudo é a tradução das impressões captadas pelo técnico ou especialista, em torno do fato litigioso, por meio dos conhecimentos especiais de quem o examinou, tendo por estrutura padrão: preâmbulo, quesitos, histórico, descrição, discussão, conclusão e resposta aos quesitos. Perito oficial é a pessoa investida na função por lei, para a realização de exames periciais em geral, e não por nomeação do juiz ou da autoridade administrativa (geralmente a autoridade policial). O art. 159, § 1º, do CPP prevê que na falta de perito oficial, o exame será realizado por 2 (duas) pessoas idôneas, portadoras de diploma de curso superior preferencialmente na área específica, dentre as que tiverem habilitação técnica relacionada com a natureza do exame.

2. ANTROPOLOGIA FORENSE

01. Resposta: D – *Vide* Cap. 2, item TÉCNICAS DE INVESTIGAÇÃO.

Comentários: A única alternativa incorreta está na letra "D". Isso porque, as características ocasionais, tais como a presença de tatuagens, calos de fraturas ósseas e próteses dentárias, ósseas ou de outros tipos, possuem, sim, valor para a antropologia forense. As demais alternativas estão corretas.

02. Resposta: D – *Vide* Cap. 2, item TÉCNICAS DE IDENTIFICAÇÃO.

Comentários: As diferenças sexuais começam a se desenvolver no esqueleto antes mesmo do nascimento. A largura da chanfradura isquiática da pelve, a qual constitui um dos traços mais distintivos em adultos, aumenta mais rapidamente em mulheres durante o crescimento fetal. Para adultos, o pesquisador deve considerar a morfologia do esqueleto como um todo, porém valorizando mais os detalhes da pelve. As estimativas de sexo baseadas no exame cuidadoso de uma pelve bem conservada costuma ter precisão de aproximadamente 100%, segundo a doutrina especializada. Portanto, a resposta correta é a letra "D".

03. Resposta: A – *Vide* Cap. 2, item TÉCNICAS DE IDENTIFICAÇÃO.

Comentários: Os processos mastoideos são menos desenvolvidos nas mulheres e a fronte verticalizada também pode ser observada em mulheres; homens possuem côndilos occipitais longos e estreitos. Por fim, quando as suturas cranianas são bem visíveis, é possível afirmar que a vítima tinha menos de 30 anos. Resposta correta é a letra A.

04. Resposta: D – *Vide* Cap. 2, item TÉCNICAS DE IDENTIFICAÇÃO.

Comentários: Dentre os elementos que caracterizam as raças, os principais são: forma do crânio, o índice cefálico e o ângulo facial, seguindo-se as dimensões da face, o tipo de cabelo e a cor da pele. O ângulo facial pode ser medido por vários critérios, servindo para determinar o grau de prognatismo (projeção da mandíbula ou do maxilar para a frente). Esse ângulo facial é máximo nos brancos e mínimo nos negros. Em suma: Elementos utilizados na diferenciação da raça: a) forma do crânio; b) ângulos faciais; c) índice cefálico. Elementos utilizados na diferenciação do sexo: a) estudo dos ossos; b) cariotipagem; b) estudo da cromatina sexual. A resposta correta, portanto, é a letra D.

05. Resposta: D – *Vide* Cap. 2, item TÉCNICAS DE IDENTIFICAÇÃO.

Comentários: As diferenças entre os sexos aparecem após a puberdade e são geradas por hormônios. A pelve feminina tem formato mais circular que a do homem e uma cavidade pélvica maior que facilita a passagem do bebê no parto. No esqueleto, a separação sexual faz-se pela discriminação dos ossos, principalmente os do crânio, da mandíbula, do tórax e da pelve. Portanto, a resposta correta é a letra D.

06. Resposta: C – *Vide* Cap. 2, item TÉCNICAS DE IDENTIFICAÇÃO.

Comentários: O sistema de Vucetich baseia-se na impressão digital (ou desenho digital), que é o desenho da impressão da polpa dos dedos. Quando já colhida, é a figura impressa que deve ser denominada. No caso, o desenho já foi colhido e, apresentando delta à esquerda, trata-se de presilha externa. Por isso, a resposta correta é a letra C.

07. Resposta C – *Vide* Cap. 02, item TÉCNICAS DE IDENTIFICAÇÃO

Comentários: Unicidade: também chamado de individualidade, ou seja, que determinados elementos sejam específicos daquele indivíduo e diferentes dos demais. Imutabilidade: são as características que não mudam e não se alteram ao longo do tempo. Perenidade: consiste na capacidade de certos elementos resistirem à ação do tempo, e que permanecem durante toda a vida, e até após a morte, como por exemplo o esqueleto. Praticabilidade: um processo que não seja complexo, tanto na obtenção como no registro dos caracteres. Classificabilidade: este requisito é muito importante, pois é necessária certa metodologia no arquivamento, assim como rapidez e facilidade na busca dos registros.

08. Resposta E – *Vide* Cap. 02, item

Comentários: A primeira providência é determinar se os restos mortais encontrados são humanos (ou melhor, de qual espécie se tratam). A partir daí, define-se os critérios restantes: raça, sexo, idade etc.

09. Resposta A – *Vide* Cap. 02, item TÉCNICAS DE IDENTIFICAÇÃO

Comentários: No sistema de Vucetich, os desenhos digitais são divididos em quatro tipos fundamentais: arco, presilha interna, presilha externa e verticilo.

10. Resposta D – *Vide* Cap. 02, item TÉCNICAS DE IDENTIFICAÇÃO

Comentários: Unicidade: também chamado de individualidade, ou seja, que determinados elementos sejam específicos daquele indivíduo e diferentes dos demais. Imutabilidade: são as características que não mudam e não se alteram ao longo do tempo.

11. Resposta E – *Vide* Cap. 02, item TÉCNICAS DE IDENTIFICAÇÃO

Comentários: A descrição dada na opção A refere-se ao ângulo de Jacquart, não de Cloquet. Em relação à letra B, ela está errada porque a classificação das raças pelo ângulo facial, na classificação mesognata, os grupos raciais mongólicos meridionais. O método de Camper compreende um plano aurículo-orbitário que passa pelos bordos inferiores das órbitas e pelas bordas superiores dos orifícios do conduto auditivo e por uma reta que, partindo do ponto de inserção dos incisivos, passa pelo começo do Fórmula de Retzius. Grupos raciais prognatas são aqueles que apresentam, por meio das medidas estabelecidas por Cloquet, um ângulo facial de 58° graus.

12. Resposta D – *Vide* Cap. 02, item TÉCNICAS DE IDENTIFICAÇÃO

Comentários: A letra A está errada uma vez que os dentes constituem uma grande influência na classificação da idade. "Levando-se em conta a primeira e a segunda dentições há, embora de maneira não tão rigorosa, condições de se ter uma aproximação da idade de um indivíduo, a partir de 5 meses de nascido, tomando por base a cronologia da erupção dentária"[1]. A letra B está errada porque, na mulher, a fronte é mais vertical, a glabela menos pronunciada, os arcos superciliares menos salientes, os rebordos superorbitários cortantes, a articulação frontonasal curva, as apófises estiloides curtas e finas e a mandíbula menos robusta. A letra C está errada uma vez que a estrutura óssea que apresenta maior número de indicações anatômicas para características raciais é o crânio. A letra E está errada porque a ordem de importância é pelve, mandíbula, crânio e tórax.

13. Resposta B – *Vide* Cap. 02, item LEIS N°s 5.553/1968, 9.454/1997 E 12.037/2009

Comentários: Art. 5º da Lei nº 12.037/2009: A identificação criminal incluirá o processo datiloscópico e o fotográfico, que serão juntados aos autos da comunicação da prisão em flagrante, ou do inquérito policial ou outra forma de investigação.

Parágrafo único. Na hipótese do inciso IV do art. 3º, a identificação criminal poderá incluir a coleta de material biológico para a obtenção do perfil genético.

14. Resposta B – *Vide* Cap. 02, item LEIS N°s 5.553/1968, 9.454/1997 E 12.037/2009

Comentários: A letra A está errada porque o art. 6º da Lei nº 12.037/2009 prevê: "É vedado mencionar a identificação criminal do indiciado em atestados de antecedentes ou em informações não destinadas ao juízo criminal, antes do trânsito em julgado da sentença condenatória". A letra C está incorreta uma vez

1 FRANÇA, Genival Veloso de. *Medicina legal*, p. 55.

que o art. 5º-A, § 3º, dispõe: "As informações obtidas a partir da coincidência de perfis genéticos deverão ser consignadas em laudo pericial firmado por perito oficial devidamente habilitado". A letra D está errada porque o § 1º do art. 5º-A prevê: "As informações genéticas contidas nos bancos de dados de perfis genéticos não poderão revelar traços somáticos ou comportamentais das pessoas, exceto determinação genética de gênero, consoante as normas constitucionais e internacionais sobre direitos humanos, genoma humano e dados genéticos". A letra E está incorreta uma vez que o art. 7º-A expressamente traz que "a exclusão dos perfis genéticos dos bancos de dados ocorrerá no término do prazo estabelecido em lei para a prescrição do delito.

3. TRAUMATOLOGIA FORENSE

01. Resposta: D – *Vide* Cap. 3, item LESÕES E MORTES PRODUZIDAS POR AÇÃO PERFUROCONTUNDENTE.

Comentários: Os ferimentos de entrada apresentam as seguintes características: forma arredondada (regular), borda invertida; possui as orlas e zonas; o diâmetro é proporcional ao projétil; há pouco ou nenhum sangramento. Os ferimentos de saída, por sua vez, têm: forma irregular; borda invertida; não possuem orlas e zonas; o diâmetro é desproporcional; há muito sangramento. Portanto, a resposta correta é a letra D.

02. Resposta: A – *Vide* Cap. 3, item LESÕES E MORTES PRODUZIDAS POR AÇÃO CORTANTE.

Comentários: As lesões produzidas pelos instrumentos cortantes são denominadas lesões incisas e têm como características: regularidade e nitidez de suas margens e bordas; hemorragia quase sempre abundante; predomínio da extensão sobre a profundidade; afastamento das bordas da ferida. A resposta correta, portanto, é a letra A.

03. Resposta: C – *Vide* Cap. 3, item LESÕES E MORTES PRODUZIDAS POR AÇÃO PERFUROCONTUNDENTE.

Comentários: Os projéteis de arma de fogo são instrumentos perfurocontundentes. As características das lesões produzidas por armas de fogo dependem de dois fatores: a arma e a munição. A resposta correta é a letra C.

04. Resposta: C – *Vide* Cap. 3, item ELETRICIDADE.

Comentários: Eletricidade natural ou cósmica: – Fulminação: ação letal – Fulguração: ação não letal Sinal de Licthemberg: lesões arboriformes Eletricidade industrial ou artificial – Eletroplessão (Letal ou não letal). Sinal de Jellinek: bordas elevadas, contéudo amarelado ao redor da ferida, formato circular ou elíptico. A resposta correta é a letra C.

05. Resposta: A – *Vide* Cap. 3, item ESTUDO DAS LESÕES PRODUZIDAS POR PAF.

Comentários: Sinal de funil de Bonnet: diferencia o ferimento de entrada e o de saída na estrutura óssea, em especial no crânio. Na lâmina externa do osso, o de entrada é arredondado, regular e em forma de "saca-bocado". Na lâmina interna, é maior, irregular e com bisel em formato de funil. O de saída é o contrário: amplo bisel externo com o mesmo formato, mas com a base voltada para fora. Dá o diagnóstico diferencial entre o orifício de entrada e saída no plano ósseo, principalmente no crânio e outro ossos chatos. A resposta correta é a letra A.

06. Resposta: C – *Vide* Cap. 3, item LESÕES E MORTES PRODUZIDAS POR AÇÃO PERFUROCONTUNDENTE.

Comentários:

	FERIMENTO DE ENTRADA	ORIFÍCIO DE SAÍDA
Forma	Arredondada (regular)	Irregular
Borda	Invaginadas Invertidas	Evertidas
Elementos	Orlas e Zonas	Sem Orlas e Zonas
Diâmetro	Proporcional ao projétil	Desproporcional

07. Resposta: D – *Vide* Cap. 3, item ESTUDO DAS LESÕES PRODUZIDAS POR PAF.

Comentários: Os tiros encostados ainda permitem deixar impresso o desenho da "boca" e da alça de mira na pele através de um halo de tatuagem e esfumaçamento conhecido como sinal de Werkgaertner. A resposta correta é a letra D.

08. Resposta: D – *Vide* Cap. 3, item LESÕES E MORTES PRODUZIDAS POR AÇÃO CORTANTE.

Comentários: Lesões produzidas por ação de cortante: a) regularidade das bordas; b) regularidade do fundo da lesão; c) ausência de vestígios traumáticos em torno da ferida; d) hemorragia quase sempre abundante; e) predominância do comprimento sobre a profundidade; f) afastamento das bordas da ferida; g) presença de cauda de escoriação voltada para o lado onde terminou a ação do instrumento; h) vertentes cortadas obliquamente; i) centro da ferida mais profunda que as extremidades; j) perfil de corte de aspecto angular, quando o instrumento atua de forma perpendicular, ou em forma de bisel, quando o intrumento atua em sentido oblíquo. A resposta correta é a letra D.

09. Resposta: A – *Vide* Cap. 3, item LESÕES CORPORAIS GRAVES, perigo de vida.

Comentários: O perigo de vida não tem o mesmo significado de risco de vida. O perigo de vida é a probabilidade concreta e objetiva de êxito letal próximo. A resposta é a letra A.

10. Resposta: D – *Vide* Cap. 3, item LESÕES CORPORAIS CULPOSAS, a perícia da dor.

Comentários: O perito deverá realizar exames especiais para afastar as possibilidades de simulação, metassimulação e dissimulação. A simulação tem como sintoma mais referido a dor. Para pesquisar a existência ou não deste fenômeno, utilizam-se os sinais da dor, como os seguintes: sinal de Mankoff, sinal de Imbert, sinal de Müller, sinal de Levi. O sinal de Mankoff consiste em deixar em repouso o paciente durante alguns minutos, depois de prévia contagem de seu pulso radial. Em seguida, rapidamente comprime-se a região dolorosa alegada e contam-se novamente os batimentos do pulso. Seu aumento faz o diagnóstico de existência da dor referida. O sinal de Imbert, utilizado para os casos de simulação dolorosa dos membros, consiste em colocar o paciente em repouso e contar suas pulsações radiais, para em seguida, mandá-lo ficar apoiado na perna referida ou segurar um peso com o braço afetado. Quando a dor alegada realmente existir ocorrerá aumento das pulsações. O sinal de Müller é pesquisado, marcando-se com um compasso a região onde a dor é referida. Em seguida, assinala-se o ponto doloroso e mantendo o indivíduo de olhos vendados, comprime-se com o dedo um ponto que não seja sensível à dor. Dentro do mesmo círculo, passa-se rapidamente a comprimir o ponto doloroso. Quando existe metassimulação, o examinando não percebe a mudança. O sinal de Levi é feito pedindo-se ao paciente que mantenha seu olhar a distância e no local referido como doloroso faz-se uma compressão. Quando a dor realmente existe, verificam-se contrações e dilatações pupilares. Portanto, a resposta correta é a letra D.

11. Resposta: C – *Vide* Cap. 3, item LESÕES CORPORAIS GRAVES, perigo de vida.

    Comentários: Há que se provar que houve perigo de vida devido a eminente situação de morte da vítima. Decorre de um diagnóstico e não de mero prognóstico. É preciso para que ocorra essa agravante da lesão, que pelo menos em determinado momento do processo patológico, mais ou mesmos longo, tenha se verificado uma efetiva probabilidade de êxito letal. O perigo, em suma, há que ser sério, atual e efetivo, e não remoto ou presumido. A situação de perigo deve ser real, séria, e ter nexo com a lesão. Ex.: lesões de crânio e de órgãos internos. A resposta correta está na letra C.

12. Resposta: C – *Vide* Cap. 3, item LESÕES E MORTES PRODUZIDAS POR AÇÃO CONTUNDENTE, luxação.

    Comentários: Luxação é o deslocamento permanente das superfícies articulares. As luxações costumam ser provocadas por uma ação a distância do agente contundente. Portanto, a resposta é a letra C.

13. Resposta: B – *Vide* Cap. 3, item ENERGIAS FÍSICAS. AÇÃO TÉRMICA, ENERGIA ELÉTRICA E RADIOATIVIDADE.

    Comentários: Adota-se usualmente a seguinte classificação das queimaduras (a) Primeiro grau (vermelhão, a pele apresenta-se inchada e quente, dolorida; presença de eritema, "sinal de Christinson". A epiderme descasca após alguns dias); (b) Segundo grau (a superfície apresenta vesículas com líquido amarelado; dependendo da área afetada, pode haver abalos no mecanismo, levando à morte. As bolhas, "sinal de Chambert", podem infeccionar, produzindo manchas); (c) Terceiro grau (são as queimaduras produzidas, geralmente, por chama ou sólido superaquecido e determinam a queima da pele. A queimadura de terceiro grau incide até no plano muscular. Forma-se uma placa dura e preta que, retirada, resulta em úlcera, sendo necessário o enxerto. A pele fica retrátil, com cicatrizes chamadas sinéquias); (d) Quarto grau (é a carbonização do plano ósseo. Pode ser total ou generalizada). Portanto, a resposta é a letra B.

14. Resposta: D – *Vide* Cap. 3, item ENERGIAS FÍSICAS. AÇÃO TÉRMICA, ENERGIA ELÉTRICA E RADIOATIVIDADE.

    Comentários: O erro do item I está no fato de que a metalização não desaparece, ela mistura-se à pele.

    O item III está incorreto, pois a morte tardia por eletroplessão ocorre por depressão do centro respiratório e parada respiratória periférica. CONCEITO DA ELETROCUÇÃO: é a descarga elétrica decorrente de eletricidade industrial – JELLINEK (transformada e explorada pelo homem, como a corrente elétrica que abastece as cidades), não letal na qual o indivíduo sofre variadas lesões, como por exemplo queimaduras.

    O item IV está incorreto, pois as lesões da fulguração são profundas e com destruição da derme, formando escaras secas. CONCEITO DA FULMINAÇÃO: é a descarga elétrica natural – LICHTEMBERG (é a que provém da natureza) não letal. Pode gerar lesões, mas não chega a matar a pessoa. Portanto, o único item correto é o II. A resposta da questão é a letra D.

15. Resposta: B – *Vide* Cap. 3, item LESÕES E MORTES PRODUZIDAS POR AÇÃO CONTUNDENTE, equimose.

    Comentários: Entorse: Lesões nas articulações e ligamentos. Equimose: infiltração hemorrágica nos diferentes planos teciduais com extravasamento sanguíneo. Existem as denominadas "equimoses figuradas" que por muitas das vezes trazem a marca dos instrumentos na pele; destaco aqui as famosas estrias pneumáticas de Simonin (trazem as marcas de pneu na superfície da pele). Escoriação: envolve o arrancamento da epiderme, e desnudamento da derme. Não cicatrizam, apenas regeneram. Rubefação: não há rompimento de vaso sanguíneo, apenas uma dilatação do mesmo. Exteriorizada na forma de mancha vermelha e transitória, deve ser diagnosticada com certa rapidez. A resposta correta é a letra B.

16. Resposta: C – *Vide* Cap. 3, item LESÕES E MORTES PRODUZIDAS POR AÇÃO PERFUROCONTUNDENTE.

    Comentários: Trajeto é o caminho percorrido pelo projétil de arma de fogo no interior do corpo. Trajetória, por sua vez, é o caminho percorrido desde o disparo até a vítima. Portanto, a resposta correta é a letra C.

17. Resposta: D – *Vide* Cap. 3, item ESTUDO DAS LESÕES PRODUZIDAS POR PAF.

    Comentários: Sinal de Benassi é a fuligem preta que fica marcada no osso da vítima quando o tiro é disparado com o cano encostado e sobre um osso. Os tiros encostados ainda permitem deixar impressos na pele o chamado sinal de Werkgaertner representado pelo desenho da boca e da massa de mira do cano, produzido por sua ação contundente ou pelo seu aquecimento. Portanto, a resposta correta é a letra D.

18. Resposta: C – *Vide* Cap. 3, item ESTUDO DAS LESÕES PRODUZIDAS POR PAF.

    Comentários: A faca é um instrumento CORTANTE. O soco é um instrumento CONTUNDENTE. Rubefação é vermelhidão em volta da região do impacto, pode também estar presente nas demais lesões contusas. Lesão Contusa é ferimento causado por pressão, sem corte ou perfuração. Lesão Incisa é um ferimento causado por instrumento de corte (pressão + deslizamento); lembrar de incisão. Portanto, a resposta correta é a letra C.

19. Resposta: C – *Vide* Cap. 3, item LESÕES E MORTES PRODUZIDAS POR AÇÃO CONTUNDENTE, ferida contusa.

    Comentários: As feridas contusas são geralmente causadas por objeto não cortante. Acontecem por compressão, apresentam bordas irregulares, alterações na borda, fundo irregular, vertentes irregulares, são mais compridas que profundas e de difícil coaptação. Geralmente, deixam cicatrizes largas e irregulares, como no caso de esmagadura e agressões sexuais. São, ainda, pouco sangrentas, mas não apresentam cauda de escoriação, que é a parte final da ferida produzida por meio cortante, que age por deslizamento sobre a pele. Portanto, a resposta a ser assinalada é a letra C.

20. Resposta: A – *Vide* Cap. 3, item LESÕES E MORTES PRODUZIDAS POR AÇÃO CORTANTE.

    Comentários: Mina de Holfman: ocorre em tiros com arma encostada, ou seja, instrumento perfurocontundente. Quando existe uma estrutura óssea embaixo do tecido (exemplo o crânio), ocorrerá a expansão de gases entre o osso e a pele, provocando a ruptura irregular, de dentro para fora, o que caracterizará a chamada "boca de mina de Hoffmann". São, portanto, lesões causadas por instrumento perfurocontundente. Portanto, a única alternativa que apresenta uma característica não encontrada em lesões por instrumentos cortantes, mas perfurocontundentes é a letra A.

21. Resposta: C – *Vide* Cap. 3, item LESÕES E MORTES PRODUZIDAS POR AÇÃO PERFUROCONTUNDENTE.

    Comentários: O item I: "A apresentação de aréola equimótica no ferimento de entrada afasta a possibilidade de ter sido o tiro deflagrado a curta distância". Está INCORRETO, pois, independentemente de o tiro ser a curta distância ou não, o furo de entrada, nas armas de fogo, apresentará aréola equimótica. Aréola equimótica: ruptura de pequenos vasos localizados na vizinhança do ferimento. O item II: "A orla de escoriação ou de contusão é um dos sinais comprovadores de ferimento de entrada nos tiros dados a qualquer distância" está CORRETO, pois a orla de escoriação também está presente em todos os ferimentos de entrada. Item III: "O ferimento de saída terá forma irregular, bordas reviradas para fora, maior sangramento e halo de enxugo, não apresentando orla de escoriação e nem elementos químicos resultantes da decomposição da pólvora". Está INCORRETO.

    Portanto, a resposta da questão é a letra C, pois apenas o item II está CORRETO.

22. Resposta: B – *Vide* Cap. 3, item LESÕES E MORTES PRODUZIDAS POR AÇÃO PERFURANTE.

    Comentários: a) A lesão que ocorre por deslizamento, e frequentemente deixa cauda de escoriação ou de saída, é a cortante, e não a punctória (instrumento perfurante). INCORRETA.

b) As feridas com solução de continuidade "assemelham-se às produzidas por instrumentos perfurocortantes de dois gumes. CORRETA.

c) Os projéteis de arma de fogo ("bala") não produzem lesões perfurantes, mas lesões mistas (perfurocontundente). INCORRETA.

d) Lesão punctória não é produzida por ação dilacerante, mas por ação perfurante (punctória, relativa a ponto, perfuração). INCORRETA.

e) O conceito refere-se à Lei de Langer, e não à Lei de Filhos.

23. Resposta: A – *Vide* Cap. 3, item LESÕES E MORTES PRODUZIDAS POR AÇÃO CONTUNDENTE.

Comentários: Bossa Sanguínea: AÇÃO CONTUNDENTE – apresenta-se sobre um plano ósseo e pela sua saliência bem pronunciada na superfície cutânea. Conhecemos como "Galo". Equimose: AÇÃO CONTUNDENTE – lesões com infiltração hemorrágica nas malhas dos tecidos, estravasamento sanguíneo. Luxação: AÇÃO CONTUNDENTE – deslocamento de dois ossos cujas superfícies de articulação deixam de manter suas relações. Podendo ser parcial, quando a perda do contato é superficial, e completa, quando se separam totalmente. podendo ser fechadas ou expostas. Mais comum nos joelhos, cotovelos, ombro e tornozelo. Entorse: AÇÃO CONTUNDENTE – uma distenção ou ruptura ligeira dos ligamentos que servem para fixar as articulações. Empalamento: AÇÃO CONTUNDENTE – é uma forma especial de encravamento caracterizada pela penetração de um objeto de grande eixo longitudinal (sem formato de ponta ou qualquer que facilite a penetração), lesões variadas e múltiplas, pois dependem do impacto e dimensão do objeto. Observação: é necessário lembrar que existe o empalamento, que é a introdução de corpos estranhos no ânus, objetos menos irregulares, pois neste caso não se observa multilações periniais e dificilmente ocorrem lesões intra-abdominais. Degolamento/decaptação: AÇÃO CORTANTE – separação da cabeça do corpo. Esgorjamento: AÇÃO CORTANTE – longa ferida tranversal do pescoço, profunda, lesando além dos planos cutâneos (sem separar a cabeça do corpo)

Esquartejamento: AÇÃO CORTANTE – ato de dividir o corpo em quartos, por amputação ou desarticulação.

24. Resposta: E – *Vide* Cap. 3, item LESÕES E MORTES PRODUZIDAS POR AÇÃO CONTUNDENTE.

Comentários: Segundo a doutrina especializada, a localização e o tipo das lesões em pescoço e abdômem são indícios comuns nos casos de suicídio. Portanto, a resposta correta é a letra E.

25. Resposta: D – *Vide* Cap. 3, item LESÕES E MORTES PRODUZIDAS POR AÇÃO CORTANTE.

Comentários: Esgorjamento: ação cortante na parte anterior ou lateral do pescoço. No caso em questão, trata-se de um homicídio, pois se fosse um suicídio, o sujeito morreria antes de atingir a coluna vertebral. A resposta correta é a letra D.

26. Resposta: B - *Vide* Cap. 3, item LESÕES E MORTES PRODUZIDAS POR AÇÃO CORTANTE.

    Comentários: As feridas cortantes diferenciam-se das demais lesões pelas seguintes características: a) forma linear; b) regularidade das bordas; c) regularidade do fundo da lesão; d) ausência de vestígios traumáticos em torno da ferida; e) hemorragia quase sempre abundante; f) predominância do comprimento sobre a profundidade; g) afastamento das bordas da ferida; h) presença de cauda de esconação voltada para o lado onde terminou a ação do instrumento; i) vertentes cortadas obliquamente; j) centro da ferida mais profundo que as extremidades; l) paredes da ferida lisas e regulares; m) perfil de corte de aspecto angular, quando o instrumento atua de forma perpendicular, ou em forma de bisel, quando o instrumento atua em sentido oblíquo. A resposta correta é a letra B.

27. Resposta: B - *Vide* Cap. 3, item LESÕES E MORTES PRODUZIDAS POR AÇÃO PERFUROCORTANTE.

    Comentários: a) a lesão descrita foi produzida por instrumento perfurocontundente. ERRADO Predominância de ação cortante; b) a lesão em apreço pode ter sido causada por instrumento com duplo gume. CORRETO. Pode ter sido causada por ação cortante ou perfurocortante (duplo gume), por exemplo, um punhal; c) de acordo com a descrição, trata-se de lesão causada por arma disparada a curta distância. ERRADO. Lesão por projéteis são perfurocontusas, não há cauda de escoriação; d) no caso, o instrumento causador da lesão possui, necessariamente, menos que 5 cm de largura. ERRADO; e) no caso em questão, é correto concluir que se trata de lesão corporal de natureza leve. ERRADO. Essas lesões podem ser fatais devido a hemorragia abundante.

28. Resposta: A - *Vide* Cap. 3, item LESÕES E MORTES PRODUZIDAS POR AÇÃO CORTOCONTUNDENTE.

    Comentários: Segundo a doutrina especializada, um exemplo bem peculiar de lesões cortocontudentes, que se apresentam com características próprias, é a mordedura ou dentada", produzida pelo homem ou por animais, atuam por pressão e secção. Portanto, a resposta correta é a letra A.

29. Resposta B - *Vide* Cap. 3, item LESÕES E MORTES PRODUZIDAS POR AÇÃO CONTUNDENTE, RUBEFAÇÃO

    Comentários: Rubefação é a congestão de pouca intensidade. Por desaparecer em pouco tempo (minutos ou horas), é preciso rapidez na efetivação do exame pericial para configurá-la em função do seu caráter fugaz.

30. Resposta E - *Vide* Cap. 3, item LESÕES E MORTES PRODUZIDAS POR AÇÃO CONTUNDENTE, EDEMA TRAUMÁTICO

    Comentários: Edema Traumático é o aumento de volume na região traumatizada, provocado pela saída do plasma do interior dos vasos sanguíneos que se infiltra nos tecidos. Possui intensidade variada, depende da gravidade e da presença de outras lesões no local. Surge após 1 a 3 minutos. A tríplice resposta de Lewis é até hoje considerada o modelo clássico para explicar as alterações vasculares, sendo ela: hiperemia no ponto de impacto; extensão da hiperemia para a área ao redor; palidez da zona central pelo edema.

31. Resposta C – *Vide* Cap. 3, item LESÕES E MORTES PRODUZIDAS POR AÇÃO CORTANTE

Comentários: Características das feridas produzidas por instrumento cortante (feridas incisas): bordos nítidos, lisos e regulares; ausência de outros vestígios traumáticos em torno da lesão; regularidade do fundo da ferida, que não apresenta pontes de tecido nem regiões mortificadas; secção perfeita dos tecidos moles subcutâneos; hemorragia, geralmente abundante; afastamento das bordas da ferida, presença de cauda de escoriação voltada para o lado onde terminou a ação do instrumento, centro da ferida mais profundo que as extremidades, paredes da ferida lisas e regulares.

32. Resposta A – *Vide* Cap. 3, item LESÕES E MORTES PRODUZIDAS POR AÇÃO CONTUNDENTE, EQUIMOSE

Comentários: Espectro equimótico é a mudança da coloração da equimose, com o passar do tempo. O estudo da variação da cor da equimose no processo de recuperação é útil para determinar a data aproximada da lesão. Foi observado primeiramente por Legrand du Saulle, que emprestou seu nome ao fenômeno.

33. Resposta A – *Vide* Cap. 3, item LESÕES E MORTES PRODUZIDAS POR AÇÃO PERFURANTE

Comentários: Ferida incisa: é aquela feita por instrumento cortante, que fica com a cicatrização "certa" (ex.: feita por faca, lâmina de barbear). Espostejamento: é a redução do corpo a diversos e irregulares fragmentos. Botoeira: são ferimentos que possuem tal formato, com uma fenda regular, e quase sempre linear, com um ângulo agudo e outro arredondado, produzidos por instrumentos perfurocortantes de um só gume. Petéquias são equimoses puntiformes, como cabeças de alfinete, frequentes nas mortes rápidas, septicemias, asfixias, coqueluche. Decorrem do aumento da permeabilidade dos vasos capilares por hipoxia (diminuição do oxigênio) e/ou aumento da pressão nestes vasos (hipertensão capilar).

34. Resposta C – *Vide* Cap. 3, item LESÕES E MORTES PRODUZIDAS POR AÇÃO CORTANTE

Comentários: As feridas têm forma biconvexa alongada (em botoeira), com bordas regulares e simétricas, providas de ângulos muito agudos e com a mesma direção na mesma região anatômica do corpo, a extensão dependendo do diâmetro da haste. As feridas contusas apresentam bordos de ângulos irregulares, com feridas escoriadas ou equimosadas. Os tecidos apresentam traves de tecido íntegro e de tecido ferido. O fundo da lesão é "sujo", isto é, desigual, irregular, com traves de tecido são e traves de tecido lesionado. A pele próxima ao ferimento se descola. São feridas de cicatrização difícil. A Ferida perfuroincisa possui formato habitualmente regular, geralmente com bordas de ferida regulares (também a depender do tipo de elemento causador da lesão), normalmente causado por objetos que penetram a pele com pouco impacto mas com bom potencial de divulsão de tecidos. Esgorjamento consiste na produção da ferida incisa na parte anterior do pescoço.

35. Resposta A – *Vide* Cap. 3, item LESÕES E MORTES PRODUZIDAS POR AÇÃO CONTUNDENTE, ESCORIAÇÃO

Comentários: Escoriação ocorre quando o instrumento contundente age tangencialmente à superfície corpórea, produzindo o arrancamento da epiderme, deixando a derme descoberta. Em suma, é toda perda epidérmica traumática. Entorse é lesão nas articulações e ligamentos. Luxação é a perda definitiva (mas não irreversível) de contato entre as superfícies articulares, e segue-se, via de regra, de rotura de ligamentos. Ferida incisa é aquela feita por instrumento cortante, que fica com a cicatrização "certa" (ex.: feita por faca, lâmina de barbear). Bossa sanguínea ocorre quando o hematoma faz protrusão na pele.

36. Resposta E – *Vide* Cap. 3, item FERIDA DE ENTRADA, ORLAS E ZONAS DE CONTORNO

Comentários: A zona de tatuagem (tatuagem verdadeira) decorre da incrustação de grânulos e fragmentos de pólvora não combusta pelo disparo na região atingida, não sendo removível. Ocorre em disparos a curta distância. O sinal de Bonnet é a formação de um cone, cuja base é voltada para a tábua óssea posterior ao trajeto do projetil.

37. Resposta B – *Vide* Cap. 3, item FERIDA DE ENTRADA, ORLAS E ZONAS DE CONTORNO

Comentários: No tiro encostado à pele, a lesão provocada pelo disparo dependerá da presença de estrutura óssea embaixo do tecido e da tensão colocada no cano em direção à pele. Quando esta força for pequena, por motivo da pressão dos gases exalados pelo cano da arma, possibilitará o afastamento da pele à arma, ocasionando aparecimento da orla de esfumaçamento. Porém, quando encontramos plano ósseo subjacente (abaixo da pele), ex.: crânio, observa-se a câmara de mina descrita por Hoffmann, que é devido à expansão dos gases entre a calota craniana e o couro cabeludo, provocando a ruptura irregular, muitas vezes estrelada, deste tecido, de dentro para fora. É possível que fique tatuada na pele da vítima a marca da boca do cano e da mola recuperadora, conhecida como sinal de Werkgaertner.

38. Resposta B – *Vide* Cap. 3, item ELETRICIDADE

Comentários: Metalização é a deposição cutânea de metal em decorrência de correntes elétricas. A marca elétrica de Jellinek é descrita como lesão de entrada produzida por alguns tipos de corrente elétrica, escavada, em baixo relevo, com bordos elevados, secos, duros, apergaminhados, com tonalidade amarelo-acastanhado ou mesmo esbranquiçada. O sinal de Werkgaertner é a lesão de queimadura, produzida pelo cano da arma ainda quente, ao ponto de imprimir na pele da vítima a marca circular do cano. O sinal de Lichtenberg ocorre quando a descarga elétrica forma um sinal em arborização (vasos subjacentes), sendo um sinal patognomônico. Sinal de Benassi é o halo fuliginoso na lâmina externa do osso (crânio, costelas, escápulas) em orifício de entrada com arma apoiada sobre a pele.

39. Resposta E – *Vide* Cap. 3, item ELETRICIDADE

Comentários: Fulguração é a ação lesiva ao organismo vivo, provocada pelo raio, sem o êxito letal. Eletroplessão é o dano corporal com ou sem êxito letal produzido pela eletricidade industrial. Eletrocussão é a morte provocada pela exposição do corpo a uma carga letal de energia elétrica industrial. Arco voltaico caracteriza-se pela passagem significativa de corrente elétrica por um material normalmente não condutivo, como o ar, movimentando-se a altas velocidades (aproximadamente 100 m/s). Na fulminação, há morte instantânea pela ação da descarga elétrica natural.

40. Resposta A - *Vide* Cap. 3, item LESÕES CORPORAIS GRAVÍSSIMAS

Comentários: O art. 129 do Código Penal prevê o crime de lesão corporal, classificando-a em lesão corporal, lesão corporal de natureza grave, lesão corporal de natureza gravíssima, lesão corporal seguida de morte, lesão corporal culposa e lesão corporal decorrente de violência doméstica. Em seu § 1º estão previstas as modalidades de lesão corporal de natureza grave: incapacidade para as ocupações habituais, por mais de trinta dias, perigo de vida, debilidade permanente de membro, sentido ou função, aceleração de parto. O § 2º prevê que são lesões corporais de natureza gravíssima: incapacidade permanente para o trabalho, enfermidade incurável, perda ou inutilização do membro, sentido ou função, deformidade permanente e aborto.

4. ASFIXIOLOGIA FORENSE

01. Resposta: D - *Vide* Cap. 4, item INTRODUÇÃO.

Comentários: A doutrina especializada é categórica em afirmar que a esganadura é sempre homicida, sendo IMPOSSÍVEL a forma suicida ou acidental. Portanto, a resposta a ser assinalada é a letra D.

02. Resposta: A - *Vide* Cap. 4, item INTRODUÇÃO.

Comentários: Asfixias Puras: a) asfixias em ambientes por gases irrespiráveis: confinamento; b) obstáculo a penetração do ar nas vias respiratórias: sufocação direta e sufocação indireta; c) transformação do meio gasoso em meio líquido: afogamento; d) transformação do meio gasoso em meio sólido: soterramento. A resposta correta, portanto, é a letra A.

03. Resposta: A - *Vide* Cap. 4, item INTRODUÇÃO.

Comentários: Letra a) INCORRETA: trata-se de esganadura, na qual não há sulco e não há laço. A força utilizada é a do próprio agressor, em regra, as mãos. Deixam marcas da pele como hematomas, equimoses, marcas de unhas.

Letra b) Correta: Trata-se de asfixia por sufocação direta. Sufocação - é a modalidade de asfixia mecânica provocada pelo impedimento, direto ou indireta, à penetração do ar atmosférico nas vias aéreas ou por permanência forçada em espaço fechado, que é o caso de confinamento - modalidade de asfixia mecânica por sufocação direta de indivíduo enclausurado em espaço restrito ou fechado, sem renovação do ar atmosférico.

Letra c) Correta: trata-se de enforcamento. Neste há laço e formação do sulco, o qual é oblíquo, ascendente e descontínuo. A força exercida no enforcamento é a do próprio corpo da vítima. Pode, ainda, ser classificado como típico ou completo: suspensão total do corpo da vítima em relação ao chão. Atípico ou incompleto: vítima com os pés no chão.

Letra d) Correta: Trata-se de caso de sufocação, a qual pode ser direta ou indireta. Na direta a obstrução pode ser externa: aquela produzida nos orifícios externos do corpo, ou seja, boca e narina. Interna: em qualquer lugar da via respiratória, como exemplo, o engasgamento por alimentos, brinquedos, ou ainda o conhecido Edema de Glote, provocado por alergias ou choques anafiláticos. Já a sufocação indireta é aquela em que se obstrui os movimentos da caixa toráxica, como por exemplo, indivíduo sob escombros, viga de concreto que cai sobre tórax da vítima de desabamento, impedindo a respiração.

Letra e) Correta: Trata-se de asfixia por mudança do meio gasoso para o líquido – afogamento – modalidade de asfixia mecânica desencadeada pela penetração de líquido nas vias respiratórias, por permanência da vítima totalmente ou apenas com parte do corpo imersa no mesmo; a morte desenvolve-se em três fases: de resistência, de exaustão e de asfixia;

04. Resposta: D – *Vide* Cap. 4, item INTRODUÇÃO.

Comentários: A asfixia pura (ou sufocação indireta) é a compressão toráxica, que gera a impossibilidade de movimentos respiratórios, causando cor violácea intensa da face, pescoço e parte superior do tórax (Máscara equimótica de Morestin ou cianose cérvico-facial de Le Dentut), causada, geralmente, por escoriações equimoses e feridas contusas por ação contundente, fraturas de arcos costais e roturas pulmonares. A resposta, portanto, é a letra D.

05. Resposta: A – *Vide* Cap. 4, item ESTRANGULAMENTO, ENFORCAMENTO E ESGANADURA.

Comentários: 1. Modalidades de asfixias: impedir que o ar chegue aos pulmões: SUFOCAMENTO: (i) Direta: osbtrução dos orifícios respiratórios (boca e nariz) ou das vias aéreas superiores (laringe, traqueia etc.); (ii) Indireta: Compressão do toráx; crucificação; paralisia muscular respiratória. 1.2 – Modificação do ambiente respirável: (A) AFOGAMENTO: é a dificuldade respiratória causada pela aspiração de líquido não corporal por submersão ou imersão; (B) SOTERRAMENTO: é o preenchimento das vias respiratórias por material pulverulento, de forma a impedir a circulação de oxigênio. Tem que entrar na árvore respiratória, senão, será morte causada pela compressão do tórax; (C) CONFINAMENTO: asfixia em que o indivíduo fica preso em um ambiente sem adequada renovação do ar. 1.3 – Constrição do pescoço: (A) ENFORCAMENTO: Constrição do pescoço com fio, laço, sem utilização das mãos fazendo força. O próprio corpo aperta o laço. Ex.: Suicida que amarra ponta de uma corda em uma árvore alta e com a outra ponta faz um laço e amarra ao redor do seu pescoço. Ao pular, o peso do seu próprio corpo o enforcará. (i) Completo: todo o corpo fora do chão (ii) incompleto: alguma parte do corpo encosta no chão; (B) ESTRANGULAMENTO: constrição do pescoço com um fio, arame, laço, ou qualquer instrumento apertado pelas mãos do autor da ação. Ex.: Dexter entra sorrateiramente no carro de uma de suas vítimas e, utilizando-se de um fio, coloca-o em volta do pescoço da vítima e aperta com a força de suas mãos. (C) ESGANADURA: Constrição do pescoço com as próprias mãos.

06. Resposta: A – *Vide* Cap. 4, item AFOGAMENTO.

Comentários: A presença de mancha verde da putrefação no esterno ou na parte inferior do pescoço, e não na fossa ilíaca direta, como classicamente se conhece noutras situações, é um dos sinais externos cadavéricos do afogamento. Logo, a resposta correta é a letra A.

07. Resposta D – *Vide* Cap. 4, item AFOGAMENTO

Comentários: As características do afogamento são: presença de areia, lama, algas etc. nos cabelos, orelhas, boca, axilas, embaixo das unhas etc.; é comum a saída pela boca e narinas do ar expelido pelo pulmão, criando o chamado cogumelo de espuma; a pele fica ansevina, isto é, como de ave depenada, arrepiada; o cadáver fica agigantado, em virtude da putrefação (em, aproximadamente, 24 horas); o cadáver é atacado pela fauna marítima (peixes, crustáceos), apresentando feridas, principalmente, no globo ocular, nos lábios, nas narinas, orelhas e nos órgãos genitais; a tríade asfíxica, ou seja, sangue fluido claro (diluído pela água), equimose de Tardieu e congestão polivisceral (inchamento).

08. Resposta E – *Vide* Cap. 4, item ENFORCAMENTO

Comentários: Na esganadura, a ação no pescoço é executada diretamente pela mão. No estrangulamento, há ação de um laço, pela força muscular (mão, em geral). A sufocação direta dá-se pela oclusão das vias respiratórias (boca, nariz). A sufocação indireta ocorre pela compressão torácica por contenção externa impeditiva da respiração. No enforcamento, há a ação de um laço, pela força do próprio peso da vítima.

09. Resposta B – *Vide* Cap. 4, item SOTERRAMENTO

Comentários: O confinamento decorre da colocação do indivíduo em ambiente diferente do ar atmosférico, hermeticamente fechado. Ocorrem, nesta espécie de asfixia, modificações quantitativas dos componentes do ar, como diminuição do oxigênio, aumento de temperatura, excesso de umidade etc. O soterramento é uma forma de asfixia mecânica motivada por obstrução das vias respiratórias por terra ou substâncias pulverulentas. Na vítima sempre se encontram lesões traumáticas de várias espécies, pelo desabamento ou desmoronamento, muitas delas capazes de, por si sós, produzir a morte ou contribuir para tanto. Assim, a resposta correta é a letra B.

5. TOXICOLOGIA FORENSE

01. Resposta: D – *Vide* Cap. 5, item INTRODUÇÃO.

Comentários: O percurso do veneno através do organismo tem as seguintes fases: penetração, absorção, distribuição, fixação, transformação, eliminação, mitridatização, toxicidade, intolerância, sinergismo e equivalente tóxico. Portanto, a resposta correta é a letra D.

02. Resposta E – *Vide* Cap. 5, item TOLERÂNCIA E DEPENDÊNCIA

Comentários: Toxicomania é a capacidade de suportar doses consideradas nocivas ou fatais, em quantidades cada vez maiores.

Hábito é o estado de intoxicação periódica ou crônica, nocivo ao indivíduo ou à sociedade, pelo uso constante e repetido de uma droga, com tendência a aumentar a dose.

Tolerância é a necessidade de progressivo aumento da dose para conseguir efeitos semelhantes, chegando até a doses fatais para pessoas normais.

Síndrome de abstinência é o conjunto de sintomas e sinais desagradáveis, opostos aos produzidos pela droga, que surgem quando é baixo ou nulo o teor da droga no sangue.

7. PSICOLOGIA FORENSE

01. Resposta: E – *Vide* Cap. 7, item EMBRIAGUEZ.

Comentários: É um conjunto de fatores que devem ser levados em conta pela autoridade ao valorar a conduta ilícita praticada pelo usuário de álcool e/ou de outras substâncias psicoativas, como por exemplo: sua personalidade, o tipo de droga consumida, os fatores sociais ou econômicos preponderantes, os conflitos familiares, porém, jamais serão considerados apenas os fatores relacionados ao seu trabalho, única e exclusivamente. Portanto, a resposta é a letra E.

02. Resposta: D – *Vide* Cap. 7, item TOXICOMANIAS.

Comentários: *Legal highs*: são drogas sintéticas, produzidas em laboratório, que fazem (mimetizam) os mesmos efeitos das drogas ilícitas. Seu uso é livre, posto que não estão na Portaria nº 344. Podem ser psicolépticas, psicoanalépticas, psicodislépticas (têm, portanto, efeitos múltiplos). Exemplos de drogas psicoativas ou psicotrópicas: 1) psicoanalépticas ou estimulantes: cocaína, crack, oxi, merla, anfetaminas etc. 2) psicolépticas ou tranquilizantes: morfina, heroína, barbitúricos etc. 3) psicodislépticas ou alucinógenas: LSD, cogumelos, *canabis sativa* etc. A resposta correta é a letra D.

03. Resposta B – *Vide* Cap. 7, item TRANSTORNOS RELACIONADOS A SUBSTÂNCIAS

Comentários: A resposta "a" está errada porque substâncias psicoanalépticas ou estimulantes produzem aumento da atividade cerebral, diminuem a fadiga, aumentam a percepção ficando os demais sentidos ativados. A resposta C também está errada uma vez que as drogas psicolépticas, também chamadas de sedativos, são as drogas que diminuem a dor e combatem a insônia, os estados de ansiedade e de agitação psicomotora. Muitas delas possuem efeito hipnótico, induzindo ao sono. A resposta D está incorreta uma vez que o ácido lisérgico (LSD) é uma substância psicodisléptica, também denominada alucinógena, que perturba a atividade cerebral, causando alucinações em seus usuários.

8. PSICOPATOLOGIA FORENSE – PSIQUIATRIA FORENSE

01. Resposta B – *Vide* Cap. 8, item IMPUTABILIDADE PENAL E CAPACIDADE CIVIL

Comentários: A resposta A está errada porque o art. 202 do Código de Processo Penal prevê que "toda pessoa poderá ser testemunha".

A resposta C está errada porque o art. 26 do Código Penal prevê que "é isento de pena o agente que, por doença mental ou desenvolvimento mental incompleto ou retardado, era, ao tempo da ação ou da omissão, inteiramente incapaz de entender o caráter ilícito do fato ou de determinar-se de acordo com esse entendimento. A pena pode ser reduzida de um a dois terços, se o agente, em virtude de perturbação de saúde mental ou por desenvolvimento mental incompleto ou retardado não era inteiramente capaz de entender o caráter ilícito do fato ou de determinar-se de acordo com esse entendimento."

A resposta D está errada porque a intoxicação aguda pelo álcool divide-se em fases: excitatória (sensação de relaxamento, desinibição, às vezes quietude, introspecção ou agressividade; estado de ataxia, incoordenação, queda do "juízo critico", aumento da "autoconfiança" (risco de acidente automobilístico); depressora (com efeito combinado final dos sistemas GABA-érgicos e glutamatérgicos, ou seja, ação neuronal diminuída, na qual os níveis de alcoolemia atingem mais de 200 a 250 mg%, provocando efeitos narcóticos do etanol. Em bebedores, a alcoolemia pode chegar de 300 a 350 mg%; há o risco de depressão respiratória e circulatória e a hospitalização de urgência pode ser necessária); ressaca (os metabólitos do etanol são tóxicos, principalmente o acetaldeído, que é responsável pela sensação de mal-estar, náuseas, vômitos, cefaleia, tonturas e indisposição pós-embriaguez). Logo, os sintomas narrados dependem de um nível mais alto de intoxicação, sendo a questão, portanto, incompleta.

A resposta E está errada porque oligofrenia e epilepsia são classificações de doenças mentais, juntamente com a neurose, a psicopatia e a psicose.

02. Resposta A – *Vide* Cap. 8, item IMPUTABILIDADE PENAL E CAPACIDADE CIVIL

Comentários: Imputabilidade penal é capacidade do agente de entender e de querer, ou seja, de entender o caráter ilícito do fato e de determinar-se de acordo com esse entendimento. Periculosidade é a qualidade daquilo que é perigoso ou arriscado para a vida. Um agente pode ser inimputável, mas ainda assim ter reconhecida sua periculosidade. Culpabilidade é a relação de reprovação pessoal entre o fato e o agente. Sanidade mental é um termo usado para descrever um nível de qualidade de vida cognitiva ou emocional ou a ausência de uma doença mental. Medida de segurança é uma sentença absolutória imprópria, que tem finalidade diversa da pena, pois se destina à cura ou, pelo menos, ao tratamento daquele que praticou um fato típico e ilícito, mas não culpável.

9. SEXOLOGIA FORENSE

01. Resposta: C – *Vide* Cap. 9, item ABORTO EUGÊNICO/ANENCEFALIA.

Comentários: Art. 128 – Inciso I. Aborto necessário – terapêutico (risco de morte para mãe);
Inciso II. sentimental, ético ou humanitário (resultado de estupro); não permitidos: aborto social ou econômico; (mãe que não tem condições materiais); aborto eugênico ou eugenia; (crianças com anomalias congênitas); aborto *honoris causa* (esconder desonra de gravidez sem casamento). Portanto, a resposta correta é a letra C.

02. Resposta: B – *Vide* Cap. 9, item INFANTICÍDIO.

Comentários: DOCIMÁSIAS: São provas da possível respiração ou dos seus efeitos. Existem inúmeras docimásias, entretanto as mais frequentes incluem: – docimásia hidrostática pulmonar de (Galeno: realizada em 4 fases, somente tem valor nas primeiras 24 horas *post mortem*. – docimásia histológica de Balthazard: análise microscópica do pulmão. Pode ser usada em fetos putrefeitos. – Contribuem para o diagnóstico de vida extrauterina: presença de corpos estranhos nas vias respiratórias e de substâncias alimentares no tubo digestivo. A resposta, portanto, é a letra B.

03. Resposta: C – *Vide* Cap. 9, item ABERRAÇÕES SEXUAIS (PERVERSÕES).

Comentários: CLISMAFILIA: a clismafilia é uma parafilia não muito comum e consiste na excitação ou desejo sexual por clisters, que é a injeção de líquidos dentro do reto.

COPROFILIA: coprofilia (também conhecido pela palavra inglesa *scat*) consiste na excitação sexual relativa ao contato com fezes do parceiro sexual. Abrange um largo espectro de práticas, que pode inclusive chegar à coprofagia (ingestão).

RIPAROFILIA: atração sexual por mulheres desasseadas.

UROLAGNIA: consiste no prazer sexual em ver alguém no ato da micção ou em ouvir o ruído do jato urinário.

04. Resposta: D – *Vide* Cap. 9, item ABORTO CRIMINOSO (ARTS. 124 A 128 DO CP)

Comentários: o aborto realizado pelo médico para salvar a vida da gestante amparado pelo estado de necessidade – quando, para se salvar a vida da mãe, cujo valor é mais relevante, sacrifica-se a vida do filho – é denominado terapêutico. O aborto eugênico consiste na intervenção não amparada, ou seja, criminosa, em fetos defeituosos ou com possibilidade de o serem. O aborto moral ou também chamado de piedoso ou sentimental refere-se aos casos de estupro, onde o legislador autoriza, por questões eminentemente emocionais, desde que com o consentimento da gestante, a intervenção, o aborto.

05. Resposta: C – *Vide* Cap. 9, item SEXUALIDADE CRIMINOSA. ESTUPRO E ESTUPRO DE VULNERÁVEIS

Comentários: O hímem apresenta-se com um orifício por onde a menstruação se exterioriza, este orifício pode ser central ou ser múltiplo. Portanto, a resposta correta é a letra C.

06. Resposta: A – *Vide* Cap. 9, item PROVA DE VIDA EXTRAUTERINA.

Comentários: As docimásias extrapulmonares são provas que não se baseiam na respiração fetal, mas em outras atividades vitais desenvolvidas pelo recém-nascido, como a deglutição. Existem várias, dentre as quais a docimasia siálica de Dinitz-Souza: consiste na pesquisa de saliva no estômago do feto. A reação positiva é um indicativo de que existiu vida extrauterina. Portanto, a resposta correta é a letra A.

07. Resposta D – *Vide* Cap. 9, item ABERRAÇÕES SEXUAIS (PERVERSÕES)

Comentários: Gerontofilia é a atração sexual por pessoas de idade avançada; etnoinversão é a forte atração sexual por pessoas de raça diversa da própria. Para a Medicina Legal, o transtorno de identidade sexual chama-se transexualismo.

08. Resposta C – *Vide* Cap. 9, item PROVA DE VIDA EXTRAUTERINA

Comentários: Docimasia diafragmática de Paluquet e Cásper: aberta a cavidade toracoabdominal do examinado, observam-se horizontalidade diafragmática, nos casos em que houve respiração, e convexidade exagerada das hemicúpulas do diafragma, quando a respiração autônoma não existiu. Docimasia hidrostática de Icard: são provas realizadas como complemento da docimasia hidrostática de Galeno nos casos de dúvidas. São duas: por aspiração e por imersão em água quente. Docimasia Auricular de Vreden, Wendt e Gele: consiste em seccionar-se o pavilhão auricular em sua linha de implantação e bem junto à parede óssea, descobrindo-se o meato acústico externo, cortando longitudinalmente a parede inferior do meato retirando as duas metades e expondo-se a membrana do tímpano. Leva-se a cabeça para dentro da água e, com um bisturi ou uma agulha grossa, punciona-se o tímpano. Quando houve respiração, sai de dentro da cavidade uma bolha de ar que se rompe na superfície do líquido. Docimasia Gastrointestinal de Breslau: o ar penetra no tubo digestivo com as primeiras incursões respiratórias. Essa prova consiste em tirar-se o aparelho gastrointestinal, colocá-lo num recipiente com água, observando-se se ele sobrenada ou afunda. Em seguida, corta-se em vários segmentos e verifica-se se eles flutuam.

09. Resposta A – *Vide* Cap. 9, item DESVIOS DE SEXUALIDADE

Comentários: Anafrodisia: é a diminuição do instinto sexual do homem. Ninfomania: é o desejo sexual insaciável da mulher. Chamado de furor uterino ou uteromania. Uranismo: sinônimo de homossexualidade. Onanismo: Automasturbação masculina; sensação de prazer sexual causada pelo estímulo aos próprios órgãos genitais.

10. Resposta E – *Vide* Cap. 9, item ABERRAÇÕES SEXUAIS (PERVERSÕES)

Comentários: Ecdiseísmo: fetiche por se despir a fim de provocar outrem. Coprofilia: consiste na excitação sexual relativa ao contato com fezes do parceiro sexual. Bondagismo: Fetiche por ser amarrado, imobilizado.

11. Resposta A – *Vide* Cap. 9, item INFANTICÍDIO

Comentários: Infanticídio é o ato de a mãe matar o próprio filho, durante o parto ou logo após, sob influência do estado puerperal. Aborto é a interrupção da gravidez antes que o feto seja viável, isto é, antes que o mesmo possa viver fora do útero. O art. 134 do Código Penal, ao definir o crime de exposição ou abandono de recém-nascido, cria, na verdade, uma modalidade especial de abandono de incapaz, uma vez que, não se pode negar, o recém-nascido goza do *status* de incapaz exigido pelo art. 133 do mesmo estatuto repressivo. No entanto, preferiu a lei penal dar tratamento diferenciado a esse tipo de abandono, levando em consideração alguns dados que o tornam especial comparativamente ao abandono de incapaz. Assim, o art. 134 do Código Penal pune aquele que expõe ou abandona recém-nascido para ocultar desonra própria. O estupro não é um delito que sempre deixa vestígio, por exemplo, sexo oral. O delito configura-se, contudo, não é possível identificar vestígios, sobretudo se passado muito tempo entre o exame e a prática do crime.

12. Resposta A – *Vide* Cap. 9, item SEXUALIDADE CRIMINOSA. ESTUPRO E ESTUPRO DE VULNERÁVEIS, HÍMEN

    Comentários: Tem o hímen a propriedade de elastecer-se, dando-lhe maior ou menor dilatabilidade. Sua elasticidade pode chegar ao ponto de permitir a penetração de corpos mais calibrosos sem se romper. São os hímens complacentes, por excesso de membrana. Geralmente, sua complacência quando existe, sempre é por exiguidade de membrana. O coito vestibular é aquele em que não há penetração, é ato realizado no meio das pernas. O hímen complacente aguenta o coito completo sem se romper, e não apenas o vestibular. A rotura apresenta comumente profundidade completa na orla himenal, chegando até sua inserção na parede vaginal, bordas irregulares, disposição assimétrica, justaposição completa das bordas, bordas recobertas por tecido fibroso cicatricial esbranquiçado, ângulo de rotura em forma de V, sinais de cicatrização ao nível das bordas e, quando recente, infiltração hemorrágica, sangramento ou sinais de supuração. Já o entalhe mostra pouca penetração na orla himenal, bordas irregulares, disposição frequentemente simétrica, justaposição impossível das bordas, bordas revestidas por epitélio pavimentoso estratificado idêntico ao restante do hímen, ausência de sinais de cicatrização recente e de infecção localizada e ângulo de clivagem arredondado.

13. Resposta B – *Vide* Cap. 9, item SEXUALIDADE CRIMINOSA. ESTUPRO E ESTUPRO DE VULNERÁVEIS, HÍMEN

    Comentários: Carúncula mirtiforme é a excrescência arredondada e irregular secundária à rotura e cicatrização do hímen, após as primeiras relações sexuais.

10. TANATOLOGIA FORENSE

01. Resposta: A – *Vide* Cap. 10, Item DIAGNOSE DIFERENCIAL ENTRE LESÕES PRODUZIDAS EM VIDA E DEPOIS DA MORTE.

    Comentários: As lesões pós-morte não apresentam: infiltração de sangue; sangue coagulado; retração dos tecidos, após algumas horas da morte; formação de equimose; reação inflamatória; crosta na região da escoriação, a qual adquire aspecto pergaminhado; mudança de tonalidade da equimose. Portanto, a resposta correta é a letra A.

02. Resposta: C – *Vide* Cap. 10, item CRONOLOGIA TANATOLÓGICA (DIVERSOS AUTORES).

    Comentários: Rigidez cadavérica: – menos que duas horas: corpo flácido; – maior que 2 horas e menor que 6, rigidez de cima para baixo, começando pelo masseter (mandíbula); – Entre 6 e 8 horas – corpo rígido acima dos pés; – mais que 8 horas: rigidez generalizada. Portanto, a resposta correta é a letra C.

03. Resposta: B – *Vide* Cap. 10, item FENÔMENOS CADAVÉRICOS, putrefação.

Comentários: A questão trata da Mancha Verde de Brouardel, que é formada com a reação do gás produzido pelas bactérias da putrefação (gás sulfídrico) reagindo com a hemoglobina, originando a sulfoxi-hemoglobina. Normalmente, ela aparece no abdômen. Portanto, a resposta correta é a letra B.

04. Resposta: D – *Vide* Cap. 10, item FENÔMENOS CADAVÉRICOS, Fenômenos Transformativos.

Comentários: A) calcificação: é um fenômeno transformativo conservador que se caracteriza pela petrificação ou calcificação do corpo; B) corificação: é um fenômeno transformativo conservador muito raro, sendo encontrado em cadáveres que foram acolhidos em urnas matálicas fechadas hermeticamente, principalmente de zinco; C) adipocera: conhecido também como saponificação, é um processo conservador que se caracteriza pela transformação do cadáver em substância de consistência untuosa, mole e quebradiça, dando uma aparência de cera ou sabão; D) autólise: é o processo de destruição celular, caracterizado por uma série de fenômenos fermentativos anaeróbicos que se verificam na intimidade das células e que levam à destruição do corpo humano logo após a morte. CORRETA.

05. Resposta: B – *Vide* Cap. 10, item FENÔMENOS CADAVÉRICOS, putrefação.

Comentários: Algumas regras podem ser estabelecidas de modo a utilizar o avanço do processo putrefativo na cronotanatognose: – Período cromático, tem início com a mancha verde, entre a 18ª e 24ª horas, e a sulfomete-hemoglobina confere cor verde enegrecida ao corpo todo até o fim da primeira semana. Portanto, a resposta correta está na letra B.

06. Resposta: E – *Vide* Cap. 10, item FENÔMENOS CADAVÉRICOS, Fenômenos Transformativos.

Comentários: Fenômenos cadavéricos: 1. Abióticos 1.1 Imediatos (imobilidade, ausência de pulso.) 1.2 Consecutivos (resfriamento do corpo, rigidez cadavérica). 2. Transformativos. 2.1 Destrutivos: autólise, putrefação e maceração. 2.2 Conservadores: mumificação, saponificação, calcificação e corificação. Portanto, a resposta correta está na letra E.

07. Resposta: B – *Vide* Cap. 10, item FENÔMENOS CADAVÉRICOS, putrefação.

Comentários: Fases de putrefação: cromática ou coloração; gasosa; liquidação ou coliquativa; esqueletização. 1 – Fase cromática ou coloração: afora os livores, aparecerão outros tipos de manchas, verdes. A mancha verde aparece porque as bactérias que estavam no corpo da pessoa, e que não lhe faziam mal, começam a se reproduzir no intestino, avançam para o sistema circulatório e lá, com o sulfohemo-lobina, produzem mancha verde. Aparece com um ponto e depois formam linhas até ficar todo verde. Sempre aparece primeiro no abdômem, exceto nos casos de afogamento, em que aparecerá primeiro no tórax. 2 – Fase Gasosa: a ação bacteriana produzirá muitos gases e o cadáver flutuará. Como se estabelece o sexo do cadáver afogado? Pela existência de útero ou próstata. 3 – Fase de Liquefação: na pele se formam os liquitemas, com material necrótico dentro e mal cheiroso. Esse liquitema irá se romper. Pode ocorrer a contaminação do lençol freático, pois a chuva lavará o cadáver e acabará em referido lençol. 4 – Fase da Esqueletização: todo esse processo dura em torno de 24 meses. A esqueletização encerra o processo de putrefação. Portanto, a resposta correta está na letra B.

08. Resposta: A – *Vide* Cap. 10, item FENÔMENOS CADAVÉRICOS, maceração.

Comentários: Maceração é um fenômeno de transformação destrutiva em que a pele do cadáver, que se encontra em meio contaminado, se torna enrugada e amolecida e facilmente destacável em grandes retalhos, com diminuição de consistência inicial, achatamento do ventre e liberação dos ossos de suas partes de sustentação, dando a impressão de estarem soltos; ocorre quando o cadáver ficou imerso em líquido, como os afogados, feto retido no útero materno. Assim, a resposta correta está na letra A.

09. Resposta: C – *Vide* arts. 163 a 166 do CPP.

Comentários: O ato de translado consiste em remover o corpo cadavérico ou os restos mortais já exumados de uma sepultura para outra (no mesmo ou em outro cemitério), para o forno crematório ou para uso das autoridades. As exumações podem ser requeridas administrativa ou judicialmente, pelos herdeiros ou pelas autoridades. Apenas os itens 2 – o translado de ossos para o ossário ou columbário e 3 – mudança de local de inumação, são hipóteses de exumação administrativa, as demais são exumações judiciárias. Portanto, a resposta correta é a letra C.

10. Resposta: A – *Vide* Cap. 10, item CRONOLOGIA TANATOLÓGICA (DIVERSOS AUTORES).

Comentários: Do estado físico do que foi ingerido: a água e certos líquidos iniciam de pronto a evacuação do estômago, passando quase que imediatamente ao duodeno. Os alimentos sólidos são transformados em uma pasta semilíquida – o quimo –, que permanece, por termo médio, 3 a 4 horas e meia no estômago. Portanto, a resposta correta é a letra A.

11. Resposta: B – *Vide* Cap. 10, item FENÔMENOS CADAVÉRICOS, putrefação.

Comentários: Sobre a putrefação, a fase ENFISEMATOSA OU GASOSA: caracteriza o aumento do volume do corpo em detrimento dos gases no seu interior, que causam distensão dos intestinos, aspecto volumoso, principalmente no rosto (projeção dos olhos e da língua), ventre e órgãos genitais masculinos (aspecto *boxeur*). Cirulação Póstuma de Bronardel – a presença de gases no interior do corpo expande o sangue para as extremidades. Com a expansão da derme esboça-se um desenho vascular conhecido como circulação póstuma de Brouardel. Portanto, a resposta correta é a letra B.

12. Resposta: D – *Vide* Cap. 10, item FENÔMENOS CADAVÉRICOS, Fenômenos Transformativos.

Comentários: Item I – Errado. Perda da consciência e cessação da respiração são fenômenos abióticos imediatos. Item II – Errado. Rigidez cadavérica e espasmo cadavérico são fenômenos abióticos consecutivos (ou tardios). Item III – Certo. Autólise é a autodestruição das células, é um fenômeno microscópico e químico. A Putrefação se inicia 24 horas após a morte e di*vide*-se em 4 fases: Cromática (ou de Coloração); Enfisematosa (Gaseificação); Redutora (Coliquação) e Esquelitização. Portanto, a resposta correta é a letra D.

13. Resposta: B – *Vide* Cap. 10, item FENÔMENOS CADAVÉRICOS, putrefação.

    Comentários: O espasmo cadavérico é uma forma rara de enrijecimento muscular que ocorre no momento da morte. Portanto, não interfere na evolução da putrefação cadavérica. A resposta a ser assinalada está na letra B.

14. Resposta: E – *Vide* Cap. 10, item CRONOLOGIA TANATOLÓGICA (DIVERSOS AUTORES).

    Comentários: Segundo a doutrina especializada, a flacidez muscular ocorre após 36 a 48 horas do início da rigidez cadavérica, na mesma ordem de implantação. Portanto, a resposta é a letra E.

15. Resposta: D – *Vide* Cap. 10, item CRONOLOGIA TANATOLÓGICA (DIVERSOS AUTORES)

    Comentários: Após o óbito, o sangue acumula-se em veias situadas nas posições de maior declive, são os livores de hipóstases ou cadavéricos e as hipóstases viscerais. Esse fenômeno, segundo a doutrina especializada, costuma ocorrer a partir das 8 horas do óbito. Assim, a resposta correta é a letra D.

16. Resposta: C – *Vide* Lei nº 6.216/75, art. 75 e Cap. 10, item DIAGNÓSTICO DA MORTE REAL.

    Comentários: É permitido que duas pessoas, que tiverem presenciado ou verificado o óbito, o atestem, se não houver médico na localidade. Delton Croce esclarece que "será permitido o sepultamento do cadáver sem o atestado de óbito, por inexistência de médico no lugar, o qual, conforme o art. 77 da Lei nº 6.015, de 31 de dezembro de 1973 (Lei de Registros Públicos), é suprido pelo testemunho de duas pessoas qualificadas que tiverem presenciado ou verificado a morte. E o art. 83 estabelece que: "Quando o assento for posterior ao enterro, faltando atestado de médico ou de duas pessoas qualificadas, assinarão, com a que fizer a declaração, duas testemunhas que tiverem assistido ao falecimento ou ao funeral e puderem atestar, por conhecimento próprio ou por informação que tiverem colhido, a identidade do cadáver". Portanto, a resposta correta está na letra C.

17. Resposta A – *Vide* Cap. 10, item FENÔMENOS TRANSFORMATIVOS DESTRUTIVOS, PUTREFAÇÃO

    Comentários: A mancha verde abdominal surge entre 24 e 36 horas depois da morte. "Essa mancha verde se estende a todo o corpo depois do 3º ao 5º dia e sua tonalidade se acentua cada vez mais, dando uma coloração verde-enegrecida ao corpo, com presença de vesículas contendo líquido hemoglobínico, e, pelo destacamento de amplos retalhos de epiderme, surgem os desenhos vasculares em forma arborescente, conhecidos como "circulação póstuma de Brouardel."[2]

2 FRANÇA, Genival Veloso de. *Medicina legal*. 9ª ed. Rio de Janeiro: Guanabara Koogan, 2012, p. 443.

18. Resposta E – *Vide* Cap. 10, item FENÔMENOS ABIÓTICOS

    Comentários: São fenômenos que alteram a aparência normal do cadáver e podem ser destrutivos (autólise, putrefação e maceração) ou conservadores (mumificação, saponificação, calcificação, corificação, congelação, fossilização e cabeça reduzida).

19. Resposta A – *Vide* Cap. 10, item FENÔMENOS ABIÓTICOS, RIGIDEZ CADAVÉRICA

    Comentários: "A rigidez cadavérica é um fenômeno cujo aparecimento pode ser tardio ou extremamente precoce. Em geral surge na mandíbula e nuca da 1ª a 2ª h depois do óbito; da 2ª a 4ª h nos membros superiores; da 4ª a 6ª h nos músculos torácicos e abdominais e, finalmente, entre a 6ª e 8ª h *post mortem* nos membros inferiores"[3].

20. Resposta D – *Vide* Cap. 10, item CRONOTANATOGNOSE

    Comentários: A flacidez muscular, pelo desaparecimento da rigidez cadavérica, aparece progressivamente na mesma sequência, iniciando-se portanto, pela mandíbula e pela nuca. Os livores de hipóstase surgem em média 2 a 3 horas depois da morte, fixando-se definitivamente em torno das 12 horas *post mortem*. A circulação póstuma de Brouardel é posterior ao aparecimento da mancha verde abdominal.

21. Resposta C – *Vide* Cap. 10, item FENÔMENOS ABIÓTICOS

    Comentários: Os fenômenos ABIÓTICOS CONSECUTIVOS (tardios) são: evaporação tegumentar (desidratação); resfriamento do corpo; hipóstase; rigidez cadavérica; espasmo cadavérico.

22. Resposta E – *Vide* Cap. 10, item CRONOTANATOGNOSE

    Comentários: Cronotanatognose consiste na determinação do momento da morte, tomando-se por base os conhecimentos dos fenômenos cadavéricos, tais como desidratação cadavérica, resfriamento do corpo (algidez cadavérica), livores da hipóstase (que começam de duas a três horas após a morte), rigidez cadavérica, gases de putrefação, uso da crioscopia (ponto de congelamento do sangue), desenvolvimento de fauna cadavérica etc. O Sinal de Sommer (mancha esclerótica ou *livor sclerotinae nigrencens*) ocorre durante a desidratação cadavérica. Hipóstase ou livores é uma mancha que irá se fixar na parte mais baixa do corpo, em razão da força da gravidade, que forçará os elementos pesados do sangue (as hemácias) a se deslocarem, chegando a formar uma placa de cor vermelha e rosa. Através da avaliação da hora, podemos definir se o cadáver foi mudado de posição.

23. Resposta C – *Vide* Cap. 10, item FENÔMENOS ABIÓTICOS, RIGIDEZ CADAVÉRICA

    Comentários: Cessada a circulação, os detritos que as células devem libertar não podem mais ser removidos e permanecem, dando origem à acidificação, que concorre para a produção da rigidez muscular. A sequência de aparecimento desta rigidez é a seguinte: mandíbula, nuca, tronco, membros torácicos e membros abdominais (Lei de Nysten), sendo certo que o desaparecimento da rigidez ocorre na mesma ordem.

3 FRANÇA, Genival Veloso de. *Medicina legal*. 9ª ed. Rio de Janeiro: Guanabara Koogan, 2012, p. 443.

24. Resposta C – *Vide* Cap. 10, item FENÔMENOS TRANSFORMATIVOS DESTRUTIVOS, PUTREFAÇÃO

Comentários: No período de coloração, tem-se a exteriorização do início da putrefação, em geral, pela mancha verde, comumente na fossa ilíaca direita. Depois, esta mancha se estende cada vez mais, tomando abdome, tórax, cabeça e membros. O tempo para o seu aparecimento varia, principalmente em razão da temperatura ambiente, entre 18 e 22 horas, para alguns autores, e, para outros, em torno de 24 horas. F. Fávero diz que este período pode durar até sete dias.

Referências

ALMEIDA JR., A.; COSTA JR., J. B. de O. *Lições de medicina legal*. 14. ed. Rio de Janeiro: Cia. Editora Nacional, 1977.

BATISTA, Nilo. *Decisões criminais comentadas*. 2. ed. Rio de Janeiro: Liber Juris, 1984.

BLANCO, Roberto. *Apostila de medicina legal*. 2000.

CABETTE, Eduardo Luiz Santos. *Comentários iniciais à nova lei de identificação criminal* – Lei nº 12.037/2009. Disponível em: <http://www.novacriminologia.com.br/Artigos/ArtigoLer.asp?idArtigo=2667>.

CABRAL, Alberto Franqueira. *Manual da prova pericial*. Rio de Janeiro: Peritus, 1996.

CALHAU, Lélio Braga. *Vítima e direito penal*. 2. ed. Belo Horizonte: Mandamentos, 2003.

_______. *Revista de Direito Penal*. Disponível em: <http:// www. novacriminologia. com.br>.

_______. *Resumo de criminologia*. 6. ed. Niterói: Impetus, 2011.

_______. Preservando o local do crime nos homicídios. Revista *Jus Vigilantibus*, 6 fev. 2009. Disponível em: <http://jusvi.com/artigos/38224>.

CARDOSO, Leonardo Mendes. *Medicina legal para o acadêmico de direito*. Belo Horizonte: Del Rey, 2006.

CARVALHO, Hilário Veiga de; SEGRE, M. *Compêndio de medicina legal*. São Paulo: Saraiva, 1992.

CARVALHO, José Carlos Maldonado de. *Responsabilidade civil médica*: acórdãos (na íntegra) dos tribunais superiores. 2. ed. Rio de Janeiro: Destaque, 2001.

CARVALHO, Luis Gustavo Grandinetti de (Org.); CARREIRA ALVIM, José Eduardo; CAMPOS, Antônio; SILVA, Leandro Ribeiro; PRADO, Geraldo Luiz Mascarenhas. *Lei dos juizados especiais cíveis e criminais*: comentada e anotada. Rio de Janeiro: Lumen Juris, 2000.

CROCE, Delton; CROCE JÚNIOR, Delton. *Manual de medicina legal*. 2. ed. São Paulo: Saraiva, 1995.

FÁVERO, Flamínio. *Medicina legal*. 3. ed. Rio de Janeiro: Freitas Bastos, 1994.

FORD, R.G.; FORD K.T. *Conquer Your Headaches*. International Headache Management, Inc. 1994.

FRANÇA, Genival Veloso de. *Medicina legal*. 6. ed. Rio de Janeiro: Guanabara Koogan, 2001.

GARRIDO, Rafael Muñoz. *Historia de la medicina legal*. v. V. Salamanca: Responsa Iurisperitorum Digesta, 2003.

GIAMMARCO R.; EDMEADS J.; DODICK D. *Critical decisions in headache management*. Philadelphia: BC Decker Inc., 1998.

GOMES, Abel Fernandes; PRADO, Geraldo; DOUGLAS, William. *Crime organizado.* 2. ed. Niterói, RJ: Impetus, 2000.

GOMES, Abel Fernandes; BOCHENEK, Antônio César; LUCAS, Flávio; VALDEZ, Frederico.

GOMES, Luiz Flávio; MACIEL, Silvio. *Crime de embriaguez ao volante e ativismo punitivista do STJ (Parte 2).* Disponível em: <www.jusbrasil.com.br/.../crime-de-embriaguez-ao-volante-e-ativismo-punitivista-do-stj-parte-2>.

GRANADO, Marcello; BODNAR, Zenildo. *Nova lei antidrogas.* Niterói, RJ: Impetus, 2006.

GOMES, Hélio. *Medicina legal.* 31. ed. Rio de Janeiro: Freitas Bastos, 1994.

GONÇALVES, Victor Eduardo Rios. *Juizados especiais criminais.* São Paulo: Saraiva, 1998.

GRECO, Rogério. *Curso de direito penal – Parte* geral. 12. ed. Niterói: Impetus, 2010.

______. *Curso de direito penal* – Parte especial. v. II. 7. ed. Niterói: Impetus, 2010.

______. *Curso de direito penal* – Parte especial. v. III. 7. ed. Niterói: Impetus, 2010.

______. *Curso de direito penal* – Parte especial. v. IV. 6. ed. Niterói: Impetus, 2010.

______. *Código penal comentado.* 4. ed. Niterói: Impetus, 2010.

______. *Direito penal do equilíbrio.* 5. ed. Niterói: Impetus, 2010.

GRINOVER, Ada Pelegrini; GOMES FILHO, Antonio M.; FERNANDES, Antonio Scarance; GOMES, Luiz Flavio. *Comentários à Lei nº 9.099/95*: juizados especiais criminais. 3. ed. São Paulo: RT, 1999.

HUSS, Mattew T. *Psicologia forense.* Tradução de Sandra Maria Mallman da Rosa. Porto Alegre: Artmed, 2011.

JARDIM, Afranio Silva. *Informativo Forense, Ano II, nº* 14, dez. 1995.

JESUS, Damásio E. de. *Lei dos juizados especiais criminais anotada.* 4. ed. São Paulo: Saraiva, 1997.

JOSEF, Flavio. *Homicídio e doença mental*: estudo clínico-psiquiátrico de um grupo de homicidas no Rio de Janeiro. Rio de Janeiro: Forense, 2000.

KAPLAN, Harold I.; SADOCK, Benjamin J.; GREBB, Jack A. *Compêndio de psiquiatria.* 7. ed. Porto Alegre: Artmed, 1997.

KRYMCHANTOWSKI, Abouch Valenty. Você tem dor de cabeça? Rio de Janeiro: Imago, 1996.

______. *Medicina legal para delegado de polícia.* Rio de Janeiro: Degrau Cultural, 1996.

______. *Dor de cabeça e enxaqueca:* os caminhos para o alívio. São Paulo: Espaço Editorial, 2008.

______. *Condutas em cefaleia.* Maryland: Lippincott Williams & Wilkins, 2008.

KUEHNE, Maurício; GUARAGNI, Fábio André; JUNG, André Luiz Medeiros; FISCHER, Félix. *Comentários à lei dos juizados especiais.* 2. ed. Curitiba: Juruá, 1997.

LANCE J. *Mechanism and management of headache.* Oxford: Butterworth-Heinemann, 1993.

LEANDRO, Paschoal Carmelo. *Cadernos da OAB-MT, nº 2,* 1996.

LOPES, Maurício Antonio Ribeiro; FIGUEIRA JÚNIOR, Joel Dias. *Comentários à lei dos juizados especiais cíveis e criminais.* 3. ed. São Paulo: Editora RT, 2000.

MARANHÃO, Odon Ramos. *Curso básico de medicina legal.* 8. ed. São Paulo: Malheiros, 1996.

MARTINS, Celso Luiz. *Medicina legal.* Rio de Janeiro: Espaço Jurídico, 1989.

MIRABETE, Julio Fabbrini. *Código de processo penal interpretado.* 5. ed. São Paulo: Atlas, 1997.

MONTEIRO, Samuel. *Dos crimes fazendários*: compêndio teórico e prático. t. I. 2. ed. São Paulo: Iglu, 2000.

MORAES, José Mauro de. *Manual de medicina legal.* Belo Horizonte: Health, 1998.

MOREIRA, Rômulo de Andrade. Acareação. *Revista Síntese de Direito Penal e Processual Penal*, Porto Alegre, nº 5, dez./jan. 2001.

MOURA NETO, Rodrigo. O estágio atual da investigação de paternidade. *Revista Justiça e Cidadania*, maio 2000.

NUCCI, Guilherme de Souza. *Manual de processo penal e execução penal.* 2. ed. São Paulo: RT, 2006.

OLIVEIRA, Marcelo Leal de Lima. *Responsabilidade civil odontológica.* Belo Horizonte: Del Rey, 2000.

FEITOZA, Denilson. *Direito processual penal:* teoria, crítica e práxis. 6. ed. Niterói, RJ: Impetus, 2009.

PEATFIELD R. *Headache.* New York: Springer-Verlag, 1986.

PEREIRA, Rodrigo Miranda. *A contribuição da odontologia legal na identificação humana em acidentes aeronáuticos.* 2003. Dissertação (Mestrado em Deontologia e Odontologia Legal) – Universidade de São Paulo, São Paulo, 2003.

PRADO, Leandro Cadenas. *Provas ilícitas no processo penal*: teoria e interpretação nos tribunais superiores. Niterói, RJ: Impetus, 2006.

RADICCHI, Ronaldo. A odontologia legal e os institutos médico-legais: uma parceria histórica. *Nova Criminologia.com.br,* 15 ago. 2006. Disponível em: <http://www.direitopenal.adv.br>.

ROJAS, Nério. *Medicina legal.* Buenos Aires: El Ateneo, 1964.

SAPER, J.; MAGEE, K. *Freedom from headaches.* Fireside. Nova York: Simon & Shuster, Inc., 1981.

SILVA JR., Ernestino Lopes da. *Manual de medicina legal.* São Paulo: Escola de Polícia, 1964.

SIMONIN, Camille. *Medicina legal judicial.* 2. ed. Barcelona: Jims, 1962. Tradução espanhola.

SOUZA, Sérgio Ricardo de. *A nova lei antidrogas.* Niterói: Impetus, 2006.

SOLOMON, S.; FRACCARO, S. *The headache book.* Nova York: Consumer Reports Books, 1991.

SOUZA, Moacyr B. de. *Mentira e simulação em psicologia judiciária penal.* São Paulo: RT, 1988.

SOUZA, Sérgio Ricardo. *A nova lei antidrogas.* Niterói: Impetus, 2006.

SZNICK, Valdir. *Crime organizado*: comentários. São Paulo: Leud, 1997.

TEIXEIRA, Elza Spanó; SANTOS, Márcia Regina Soares Seixas. *Medicina legal e genética aplicada à defesa penal.* São Paulo: LTr, 1998.

TORNAGHI, Hélio. *Instituições de processo penal.* 2. ed. São Paulo: Saraiva, 1977.

TOURINHO FILHO, Fernando da Costa. *Processo penal.* 13. ed. São Paulo: Saraiva, 1992.

TUBENCHLAK, James. *Tribunal do júri*: contradições e soluções. 4. ed. São Paulo: Saraiva, 1994.

VASCONCELOS, Gerardo. *Lições de medicina legal.* Rio de Janeiro: Forense, 1976.

JURISPRUDÊNCIA

A consulta de jurisprudência para citação e identificação de correntes foi feita em revistas, livros e nos Diários Oficiais, em meio digital e/ou impresso. Os CDs pesquisados foram os seguintes:

CONSELHO DA JUSTIÇA FEDERAL . *Jurisprudência dos Tribunais Regionais Federais.* 22. ed. Brasília.

JUIS – Jurisprudência Informatizada Saraiva. São Paulo: Saraiva.

JURIS SÍNTESE. São Paulo, jul./ago. 2004.

REVISTA DO SUPERIOR TRIBUNAL DE JUSTIÇA. Regimento interno e Súmulas do STJ. *Ementário da Jurisprudência do STJ*, v. 113-124.

SPODE, Guinther (Coord.). *Juizados especiais cíveis e criminais.* Caxias do Sul: Plenum.

LINKS SUGERIDOS PARA CONSULTA:

FRANÇA, Genival Veloso de. *Direito médico:* <http://www.pbnet.com.br/openline/gvfranca/>.

SOCIEDADE BRASILEIRA DE MEDICINA LEGAL: <http://www.sbml.com.br/>.

Índice Remissivo

C

D

E

F

J

L

M

N

O

P

Q

R

S

T

U

V

ANOTAÇÕES

EDITORA IMPETUS

Av. Ernani do Amaral Peixoto, 507 – Loja 05
24020-072 – Centro – Niterói – RJ
Telefax: (21) 2621-7007

www.impetus.com.br

Esta obra foi impressa em papel offset 63 grs./m²